A COURSE IN FORECASTING OF STOCKS
一门关于股票预测的投资教程

"THE REAL BIBLE OF TECHNICAL ANALYSIS"
一部关于技术分析的真正圣经

TECHNICAL ANALYSIS AND STOCK MARKET PROFITS

Authored by Richard W. Schabacker
the Former Financial Editor of Forbes Magazine

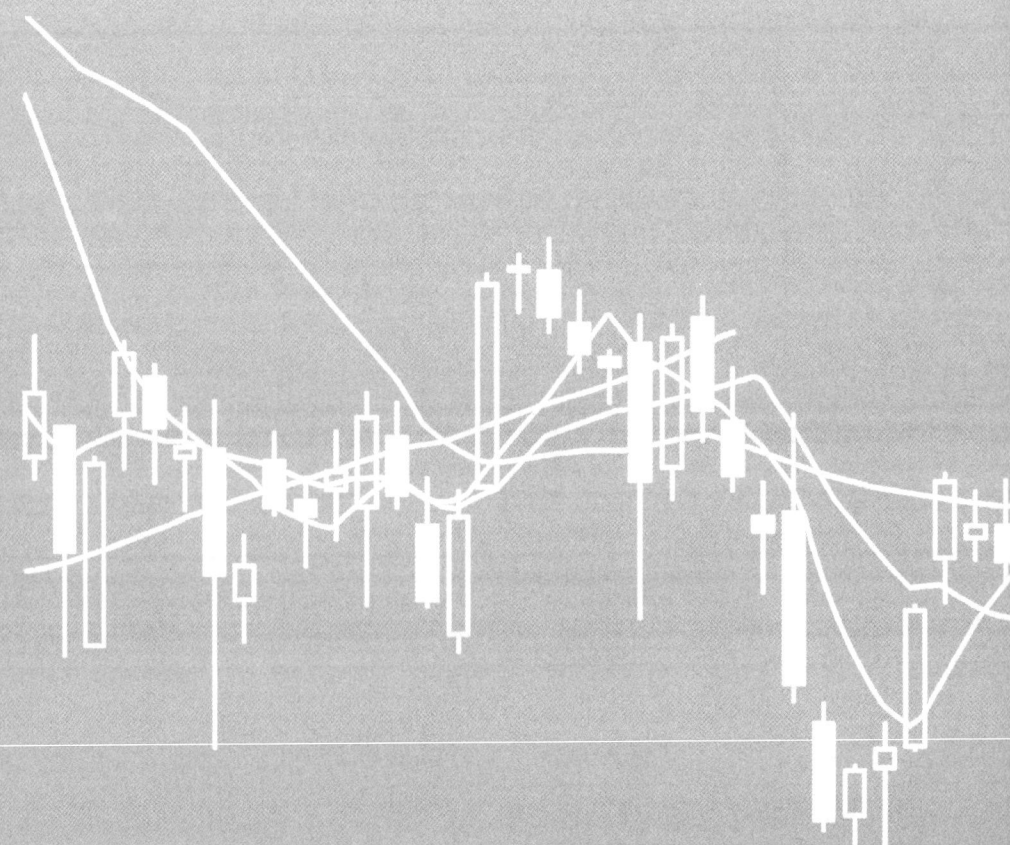

股市趋势技术分析
全 书

〔美〕理查德·W.夏巴克/著 秦雪征 沈芳瑶/译

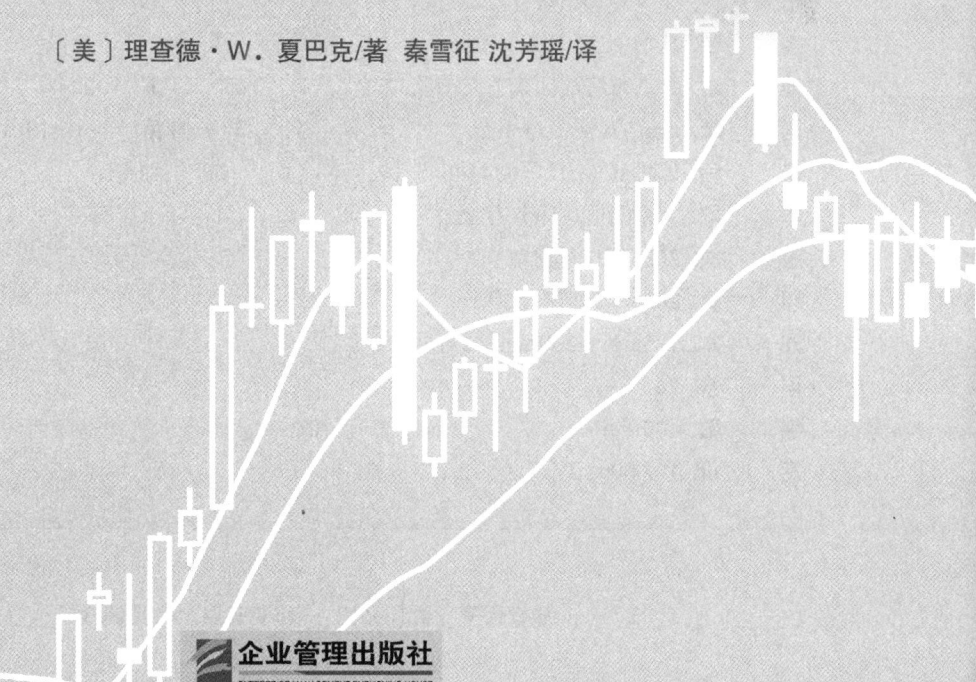

企业管理出版社
ENTERPRISE MANAGEMENT PUBLISHING HOUSE

图书在版编目（CIP）数据

股市趋势技术分析全书 /（美）理查德·W.夏巴克著；秦雪征译. — 北京：企业管理出版社，2024.12
ISBN 978-7-5164-3045-3

Ⅰ.①股… Ⅱ.①理… ②秦… Ⅲ.①股票交易 – 基本知识 Ⅳ.①F830.91

中国国家版本馆CIP数据核字(2024)第065575号

书　　名：	股市趋势技术分析全书
作　　者：	（美）理查德·W.夏巴克
译　　者：	秦雪征　沈芳瑶
书　　号：	ISBN 978-7-5164-3045-3
责任编辑：	尚　尉
出版发行：	企业管理出版社
经　　销：	新华书店
地　　址：	北京市海淀区紫竹院南路17号　　邮　编：100048
网　　址：	http://www.emph.cn　　电子信箱：qiguan1961@163.com
电　　话：	编辑部（010）68414643　　发行部（010）68701816
印　　刷：	北京明恒达印务有限公司
版　　次：	2025年1月第1版
印　　次：	2025年1月第1次印刷
开　　本：	185mm×260mm　　1/16
印　　张：	26
字　　数：	400千字
定　　价：	108.00元

版权所有　　翻印必究 · 印装有误　　负责调换

前 言

许多学习股票图表和市场分析的学员明确提出需要一套清晰的辅助材料,正是由于这个原因,本书应运而生,通过十二讲课程,作者系统介绍了成功进行股票交易的技术分析方法。

有的学员刚刚接触技术分析的内容,他们可能是立志从事股市相关的职业,也可能是想在进行股票投资之前做些全面研究。还有一些学员则或多或少地具有一定实际交易经验,他们曾经要么跟随"直觉",要么听从他人的建议进行过操作,并且逐渐意识到股票市场确实大为有利可图,但绝不能只靠"运气",或盲目依赖别人。

第三类学员则是经验丰富,甚至非常成功的交易者或投资者,他们明白正确评估市场技术力量的重要性,以便在最佳时机获得更多投资利润。

最后,总有一些企图寻找捷径的人,他们希望通过某个"神奇公式"毫不费力地赚大钱。

本书当然不是为最后一种人设计的。股票市场中根本不存在获利的"神奇公式"。本书作者夏巴克是技术分析与市场预测方法的创始人,他在多年的市场分析与研究中,检验了许多投资"体系"和公式——不仅通过书面论证检验,也通过市场交易——没有发现任何可靠的捷径,没有一种体系能够取代对技术分析原则谨慎而持续的使用。

不过,需要声明的是,人们寻找"神奇公式"能带来一线希望的研究从未停止。虽然研究处于发展阶段,但是市场中供给与需求的基本定律永远不会废除。本书介绍的一些逐渐修正的内容,也经受住了严峻的市场检验。

所以,对于那些寻求捷径的读者,我们只能说:一分耕耘,一分收获。你从本书中收获的多少,取决于你投入的多少,以及后续市场操作中努力了多少。

但是,态度真诚的学员不必因此而不安。我们将尽全力——相信也比较成功地将每一个观点、每一种方法以易于理解且可行的方法进行阐释。我们去掉了一些复杂的,有些可能知名度还很高的理论,因为大量检验表明,这些理论花费的时间和精力与最终的收获不成比例。我们将重点放在带领学员探索基本的原则和方法,使他们有空时可以自己去应用,同时不需要为持续获得统计数据或咨询服务而花钱。

总之,本书适用于每天只投入一小时左右时间,以及仅仅几百美元交易资金的普通学员，也适用于专业的职业操盘手。

　　同时，我们也努力促使学员独立思考。毋庸置疑，不论什么时候，投资者只有形成独立判断和操作的素质，才能在股票市场中赚钱并最终获利。本书意在使学员能自己发现机会，自己决定"买卖什么"和"什么时候买卖"，并充满信心地进行交易。

　　一位具有普通智力水平，能够清醒地在股票市场分析中学习和应用所学知识的学员——正如大量例子所证明——都可以在股票市场中获得可靠的利润，不论何时，不论市场繁荣还是衰退。即使在1928—1929年的大萧条中，学员也不会遭受几千美元的严重损失。同时还会发现一件有趣的事，股票投资是唯一一种在经济衰退和经济繁荣中都可以赚钱的生意。[1]

---

[1] 本书内容源自作者1930—1937年期间为华尔街投资者开设的培训课程，共包括12部分，即12讲。

译 序

本书是美国股票技术分析学派的先锋之作，为现代技术分析理论的诞生和发展奠定了坚实的基础。这本经典著作的主要内容来源于作者理查德·W. 夏巴克先生在他就职于《福布斯》杂志和《分析家》周刊期间所做的开创性研究。通过全书，夏巴克详细介绍了技术分析的基本思想。这些基本思想被后来的股票市场研究者加以传承和发展，形成了股票技术分析学派的理论和方法体系，而夏巴克先生也因此被冠以"现代技术分析之父"的美誉。

在本书问世 16 年以后（即 1948 年），由爱德华兹和迈吉所著的《股市趋势技术分析》一书正式出版，这标志着技术分析学派的正式创立。在这本经典之作的前言中，有这样一段话："本书第一部分内容是建立在理查德·W. 夏巴克先生的研究成果之上。如果学员研读过夏巴克先生的著作，就会发现本书第一部分除了一些例子和少部分创新之外，都是非常熟悉的内容。"两位作者非常坦率地说明，技术分析中许多方面的理论并非由他们自己创立，而是从夏巴克先生那里传承而来。由此，人们开始关注夏巴克先生和他的这本具有划时代意义的经典教材，即我们翻译并取名《股市趋势技术分析全书》的这本书。我们认为，这种不随时间褪色的经典著作绝不应该消失在历史洪流中。因此，我们将这本书引入中国，希望为更多技术分析爱好者带来福音。

对于任何一位投资者，无论是刚入道的新手，还是颇有投资经验的基金经理，在投资中最关键的时点就是新趋势的出现。此时，投资者需要判断当前股价是处于峰值并即将回落，还是处于谷底并即将回升。根据投资者对长期、中期或短期的判断，这种趋势的改变可能带来利润，也可能导致损失。在卖空操作中，投资者也面临着类似的困境。为了帮助投资者做出这一关键的决策，夏巴克先生将反转形态作为教材的重中之重而予以强调，希望读者能够充分掌握反转形态的相关知识，从而更好地应对市场变化。

在众多反转形态中，作者选择将头肩形态及其变化作为最重要的介绍对象。首先，他描述了头肩形态的理想形状，接着他介绍了辅助判断的因素，同时强调了这种形态预测存在的缺点。这种强调并不是为了让投资分析复杂化，而是为了提醒读者对股价未来变化莫测的走势做好准备，并时刻保持开放心态，注意观察图表中重要的预测线索。其中一个作者反复强调的因素是成交量（即使富有经验的技术分析师，也常常忽略成交量的变化，这可能是因为该变化本身较难解读），通过观察股价运动伴随的成交量上升、下降或保持不变，来确定对形态的判断。通过类似的方法，夏巴克先生还介绍了其他反转形态，如圆形反转、对称三角形态、直角三角形态、下降三角形态、上升三角形态、扩散三角形态、喇叭顶、钻石形态、矩形、岛形反转等等。虽然对于这些形态的介绍都比较容易理解，但读者需要注意实际情况中可能与各个形态架构出现偏离的情况。

在介绍完反转形态之后，接下来作者用几讲的篇幅介绍了整理形态。大部分情况下，这种形态正如它的名字一样，表明股价将继续在当前趋势上积攒力量。这组形态也比较容易辨认，因为它们的名字和形状都非常一致，比如旗形、三角旗形、矩形和多种三角形态。在少数情况下，整理形态会变成反转形态，给图表分析师设下可怕的陷阱。不过，市场就是这样，有时我们也不得不接受。尽管如此，只要投资者认真学习并吸收，作者描述的分析方法仍然能够帮助投资者在股价、时间和成交量的分析中获利。

接下来的几讲中，作者将注意力转移到其他技术分析上，例如突破缺口、整理缺口、普通缺口和竭尽缺口，以及号角形态、之字运动、趋势线、通道、支撑和阻力位等等。另外，夏巴克认为，成交量指标与股票图表的分析具有密不可分的联系，因此除了在全书中多次提到成交量之外，还单独留出一节来强调成交量在股价分析中的重要性。另一个技术分析者常用的工具是均值及测量理论，用于估计下一次股价运动的可能幅度，而这一重要工具在本书中也有所体现。此外，书中还介绍了一个经常让技术分析者头疼的问题，即虚假移动和突然下跌，这些市场表现往往会带来投资者的损失。在这里，夏巴克先生富有新意地向我们展示了这些陷阱可能具有的积极意义，它们非常具有启发性。

夏巴克在全书中用通俗的语言，由浅入深的叙述方式，将技术分析学派的基本知识细细阐述，并辅之以大量具有针对性例子，方便读者学习。同时，他从自己丰富的教学经验中总结出许多初学者极易犯的错误，并在教材中反复提醒，希望读者在学习时能够多加注意。可能有的读者会有一个疑问：这本数十年前写成的教材，难道不会因为后来（尤其在计算机技术诞生之后）大量技术分析理论的最新发展而过时吗？对此，我们的答案是"不会"。因为从根本上来说，股票市场并没有发生本质改变，而且组成市场的人群也没有改变。今天某只股票的图表和过去任何时点上某只股票的图表没有本质差别。人们在面临投资时存在的希望、恐惧、野心等心理特征也没有改变。不管是昨天、今天，还是明天的投资者，他们在市场中都进行买入与卖出。因此，夏巴克先生的这本教材放在今日，仍然是富有生命力和指导性的重要教材，难怪西方投资大师们称之为一本"真正的圣经"！

译　者

目 录
CONTENTS

第1讲 股票交易的技术方法

股票图的定义 003	选择股票 013
股市操作"进阶课程" 003	制图用纸 014
纯技术行为 004	坐标轴图纸 014
技术走势中反映出的基本面因素 004	构建坐标轴 015
适于制图的股票 004	绘制价格数据 016
使用股票图的"图形"优势 005	交易量 016
股票图的"完整记忆"优势 005	改变交易量线位置 017
股票图技术行为——新的科学 006	时间度量 017
技术因素 vs 基本面因素 007	时间度量中的假日问题 017
技术与基本面结果矛盾的原因 007	除息及其他信息的绘制 018
技术分析方法的总结 008	对于基本面数据的几点附注 018
开始前的警告 009	新建一张图 019
小心"早期推定"陷阱 009	必要的时间范围 020
想获利，无捷径 009	股票价格趋势 020
刊载股票技术分析图的报纸 010	主要趋势 021
刊载股票技术分析图的杂志 011	中期趋势 021
提供技术分析图的专业服务 011	微小趋势 021
成品图 012	月线图显示出的主要趋势 023
自制图的好处 012	周线图显示出的中期趋势 023
与股票形成更紧密的联系 012	学习解读微小趋势的重要性 026
所需股票图的数量 013	

第 2 讲　重要的反转形态（1）

股票图优势的总结 ... 031	头肩形态中的典型成交量 ... 041
公众人士 vs 内部人士 ... 031	"突破颈线" ... 043
为什么公众投资者往往会输 ... 032	两肩的不同跨度 ... 045
如何成为内部人 ... 032	实践时间 ... 045
职业操盘手群体 ... 033	出现下垂肩形的警告 ... 048
利用图表发现职业群体的操作 ... 034	形态中的形态 ... 048
建立形态 ... 034	上升颈线的操作 ... 049
转折点最重要 ... 035	同时绘制几只股票图表的优势 ... 049
成交量的重要性 ... 035	头肩底形态 ... 050
为什么反转出现时成交量会上升 ... 036	头肩底反转形态的例子 ... 050
克服动量需要的成交量 ... 036	头肩底形态的变化 ... 051
日内反转 ... 037	平坦的肩形 ... 051
日内反转的例子 ... 037	顶部形态必须出现在上涨运动后 ... 055
"峰值"与"谷底"的相对成交量 ... 038	未完成的头肩形态 ... 055
必须同时考虑股价与成交量 ... 038	等待明确的确认信号 ... 056
显示出内部人与公众操作相反的成交量 ... 039	周线图和月线图中的形态 ... 056
对前面的总结 ... 040	头肩形态的可靠性 ... 059
主要反转 vs 微小反转 ... 040	衡量价格运动的程度 ... 059
头部和肩部的描述 ... 040	图表形态背后的逻辑 ... 060
头肩顶的股票图示例 ... 041	头肩反转形态的逻辑 ... 060

第 3 讲　重要的反转形态（2）

平缓的反转 ... 063	圆形反转中的成交量 ... 069
普通反转的定义 ... 063	普通反转中的成交量增加 ... 069
圆形顶的股票图示例 ... 064	三角形态或线圈形态 ... 069
均价图的形态 ... 066	三角形态是不可靠的反转形态 ... 070
圆形底形态 ... 066	突破运动 ... 070

更多地指示调整而非反转	071	更可靠的预测信号	082
提前判断的帮助	071	下降三角形反转	082
三角反转的例子	072	初始突破时的成交量不是必要要求	083
突破点需经成交量确认	072	边线之外的股价运动	085
端点并非总能达到	074	卖空操作	085
突破可能迅速出现	074	市场总体对单个股票的影响	087
三角顶形态的变化	075	上升三角反转	087
边线绘制的要求	075	周线图中的直角三角形态	089
早期突破较可靠	075	楔形形态	089
周线图与月线图中的三角形态	077	楔形形态的示例	092
三角底反转	077	向上与向下楔形反转	092
形态规模与价格运动的关系	081	楔形形态必须严格符合定义	092
端点之后的波浪运动	081	三角反转形态的总结	095
直角三角形态	082	形成三角形态的可能原因	095

第4讲 重要的反转形态（3）

前面介绍的四种反转形态	099	均价图中的双重顶与双重底	112
一个被严重误解的形态	099	可靠的复合形态	115
与之前价格运动的关系	100	与双重顶和双重底的关系	115
典型的双重顶如何形成	100	双头双肩顶形态	116
双重顶反转的示例	100	简单头肩形态的变化	116
较短的间隔段	104	利用双头双肩形态进行交易	116
双重底形态的示例	104	单头多肩形态	119
多重顶和多重底	108	复合底部形态的变化	119
多重反转形态中的成交量变化	108	复合反转形态的成交量	122
伪双重顶的解释	110	不同高度的肩部	122
多重底形态	110	一种少见且复杂的形态——喇叭顶	122
长期图表中的双重顶和双重底	110	喇叭顶形态的描述	123
"M"和"W"形态	112	喇叭顶形态的示例	123

形态的完成 125	"做多"与"做空"操作的区别 129
喇叭顶形态的重要意义 126	喇叭底形态非常罕见 129
一些重要的技术特征 126	未完成的喇叭形态 129
结束大牛市 126	喇叭顶形态的解释 130
喇叭顶形态完成后的反弹 127	本讲回顾 130

第5讲 其他反转形态

主要反转形态总结 133	矩形底部反转 147
较少出现的反转形态 133	矩形形态的重要性 147
扩散三角形态 134	出现在顶部的矩形反转 150
扩散三角形态与普通三角形态的不同之处 134	静止状态的突破 150
扩散对称三角形态 134	一个常见的长期底部形态 150
一个更典型但不易获利的例子 135	技术图形的快速变化 152
扩散直角三角形态 135	活跃股票的相对静止状态 152
带有向下斜边的扩散三角形态 138	岛形反转 155
利用扩散三角形态进行交易的困难 138	初识"缺口" 155
带有上升斜边的扩散三角形态 140	岛形反转的描述 157
扩散三角形态的解释 140	缺口应该在相同高度 157
菱形形态 142	一个强有力的岛形反转示例 157
菱形形态的示例 142	一日岛形预测 158
1936年4月的市场顶部 142	岛形形态的其他预测结果 158
菱形底部反转 145	岛形形态的解释 161
矩形反转 145	两张颇有意思的走势图 161
解读方式与三角形态相同 145	接下来是整理形态 161

第6讲 重要的整理形态

| 整理形态的定义 .... 165 | 内部人操作与整理形态 .... 165 |
| 整理形态的逻辑解释 .... 165 | 市场决定自己的走势 .... 166 |

回顾对称三角形态	166
向上整理三角形	167
对前文阐述的示例	169
整理三角形态中的成交量变化	169
下降趋势中的整理三角形	170
整理直角三角形	170
作为整理形态的直角三角形	170
阿那康德公司的图形	172
虚假移动将在后面介绍	175
下跌趋势中的下降三角形	175
之前几讲中的例图	175
作为整理形态的扩散三角形	177
扩散对称三角形的示例	177
几乎完成的喇叭顶形态	179
扩散直角三角形更为可靠	179
有利可图的扩散三角形示例	179
作为整理形态的矩形	183
上涨趋势中矩形形态的示例	183
1935年克莱斯勒公司走势图中的矩形	185
下跌趋势中的整理矩形形态	185
1931年熊市中的例子	185
其他例图中的矩形整理形态	189
旗形与三角旗形——可靠的预测信号	189
在旗杆上飘扬的旗形形态	190
上涨趋势中的旗形示例	190
旗形形态的变化与解读	192
上涨趋势中的向上旗形	192
下跌趋势中的旗形	195
三角旗形——旗形与楔形的融合	195
周线图中的旗形与三角旗形	195
三角旗形与楔形形态的关系	197
"头肩"整理形态	197
皇冠瓶盖公司的示例	197
唯一有用的指示	199
与头肩反转形态的区别	199
整理形态的总结	200
实际操作中的应用	201
改变预测意义的形态	201

第7讲 其他中期形态及现象

总体介绍	205
下垂底	206
清楚地预示整理	208
下垂底提供快速获利的机会	208
加速顶形态	210
圆形底反转的组成部分	210
加速顶之前没有明显突破的例子非常少见	210
利用加速形态进行交易	211
号角形态	211
作为整理形态的号角形态	214
扩散号角形态	214
区域类形态的总结	217
线外运动	217
有时类似真正的突破	217
线外运动的示例	218
线外运动的解释	220

两日线外运动	220	突破缺口的实际应用	234
对称三角形中的线外运动	220	整理和竭尽缺口	234
前几讲中线外运动的例子	222	整理缺口与突破缺口的关系	236
锯齿形运动	222	竭尽缺口的特点	236
锯齿形运动的示例	223	竭尽缺口伴随高成交量	237
价格运动的重复模式	223	只有暂时效应的竭尽缺口	237
扇形模式——机会还是警告	225	竭尽缺口并不常见	238
关于重复运动的警告	228	回顾岛形形态	238
股价缺口——有趣但也有迷惑性的现象	228	形成整理岛形的缺口	239
对缺口的一般说明	230	一个异常的岛形反转	239
缺口在交易稀少的市场中更常见	230	形态内岛形的预测意义有限	241
缺口的四种分类	230	无法分类的缺口	241
普通缺口——很快被封堵	232	除息日和除权日的缺口	242
突破缺口	232	除息引起的突破应舍弃	242
突破缺口的示例	232	对于缺口的总结	242
被封堵的明显突破缺口	233	缺口的更多含义将在后面学习	243
直接分类的困难	233		

第8讲 趋势线

趋势线分析	247	趋势内出现的形态	254
技术线——工作定义	247	确立新的长期趋势线	252
长期趋势线示例	247	完成对巴尔的摩—俄亥俄公司图表的研究	256
趋势线理论	249	利用主要趋势线进行交易	259
趋势线的实际应用	249	双趋势线或趋势通道	259
描绘趋势线的试错法	251	建立平行趋势线	260
趋势线的合适角度	251	描绘平行趋势线的试错法	260
在股票图中的实践	252	利用主要趋势	261
试验性的长期线	252	顺趋势与逆趋势获利的比较	261
接下来的6个月	254	趋势线帮助我们扩大利润	263

趋势线常常给出反转的早期信号	263	总结之前介绍过的成交量特点	274
水平交易区域	265	作为反转信号的成交量	274
作为反转信号的趋势线	265	反转处典型的成交量变化	275
是什么构成了显著的突破	267	顶部与底部成交量变化的区别	275
突破趋势线的成交量变化	267	趋势暂停时的成交量变化	276
扇叶式散开与熨平趋势	267	形态过程中成交量的下降	276
熨平趋势类似圆形反转	268	作为调整信号的成交量	276
利用形态帮助解读趋势线现象	268	成交量与股价运动的关系	277
突破趋势线后的回撤现象	270	成交量与基本趋势的关系	277
回撤现象的实际应用	270	对利用中期趋势的交易最有帮助	277
利用趋势线估计后续运动的幅度	271	道氏理论	278
对数尺度的趋势线	271	道氏理论中的两个指数	278
对数标尺 vs 算术标尺	272	道氏理论中的主要趋势	279
对成交量的综述	272	道氏理论在股票交易中的应用	280
成交量的历史变化非常重要	274		

第 9 讲　支撑与阻力水平

反转水平的重要性	283	熊市中建立的支撑与阻力位	288
术语的选择	283	相反趋势中重复出现的价位	290
预测阻力价位的方法	284	预测通用电气公司的下一步走势	290
阻力价位将来成为支撑价位	284	中期趋势中的阻力和支撑位	293
反转价位的合理解释	284	微小顶部不久变成微小底部	293
记忆因素的影响	285	微小支撑价位的反向作用	293
人为因素偶尔也有影响	285	形态与趋势线中的阻力位	295
供给与需求价位的可靠程度	286	趋势线确立的支撑与阻力	295
过去的底部变为未来的顶部	286	被突破的趋势线将很快失去技术意义	296
过去的顶部变成新的底部	287	支点——强阻力点	296
周线图的预测价值	287	头肩反转形态中的支撑与阻力	296
成交量是估计未来影响的因素	288	多重形态中的支撑与阻力线	298

矩形和直角三角形的分析 298	买入或卖出的第二次机会 305
对称三角形中建立的支撑与阻力水平 300	旧支撑或阻力价位的有效期 305
形态顶点显著的情况 300	50、100等价位的特殊意义 306
对称三角形构成"支点" 302	中期运动的半途理论 306
第三种情况 302	从支撑或阻力位"弹开"的效应 307
预测支撑水平时需要灵活判断 304	获利的良机 307
缺口现象中的支撑与阻力 304	卖空操作中支撑和阻力价位的作用 308
形态阻力研究的应用 305	

第10讲 测量法则和形态

支撑和阻力位的历史追溯 311	一个不太容易解读的例子 323
当前股票图中没有重要价位 312	多重缺口理论 323
趋势线的测量含义 312	也适用于两个调整型缺口的情况 324
主要趋势线更加可靠 313	测量缺口分析的实例 324
形态的测量含义 313	多重缺口规则的可靠性 325
头肩形态的测量含义 313	测量过程的时间因素 325
测试头肩形态的测量公式 314	虚假移动和突然下跌 325
头肩形态测量法则的可靠性 314	股票图中最令人困惑的敌人 326
三角形态的测量含义 315	幸运的是虚假移动不常出现 326
旗形与三角旗形的测量方法 315	三角形态最容易发生虚假移动 327
测量规则仅适用于旗杆 316	普通对称三角形态的虚假移动 327
旗形测量规则不能预测反转 316	大多数虚假移动都伴随着低成交量 329
"半旗杆"震荡形态 316	伴随高成交量的特殊虚假移动 329
半旗杆震荡形态的例子 317	直角三角形态的虚假移动 331
一个不太明显的例子 317	矩形的虚假移动 331
半旗杆形态的可靠性 320	虚假移动 vs 线外运动 333
缺口的测量理论 320	头肩形态之后的虚假移动 333
单缺口测量理论 320	如何防范虚假移动 333
缺口之后的股价运动非常多变 321	高成交量的突然下跌 334

突破规则的严格定义 334	缺口提供新的基点 342
运用止损指令应对虚假移动 334	结束美国橡胶公司例子的讨论 343
虚假移动的积极作用 335	终于被执行的止损指令 343
"甩尾"——不是虚假移动 335	卖空操作中的止损指令 344
止损指令 337	卖空操作初始止损指令的布置 344
止损指令的原理 338	卖空交易中的止损指令是买入指令 ... 346
何时下达止损指令 338	"心理"止损的使用 347
改变止损指令 339	形态内设置止损指令几乎无用 348
在什么价位上设置止损指令 339	不要忽略其他图形信号 348
多头仓位中止损价位确定原则的应用 341	止损指令的其他用途 348
止损价位的第一次改变 341	

第11讲 长期图表、均值图和组图的使用

回　顾 351	图表研究的其他方面 362
月线图 351	其他交易媒介的制图 362
月线图中的形态 352	债券市场 363
月线图在交易中用处不大 354	债券市场操作的示例 363
均线图的作用 354	商品期货市场的图表 365
行业图的应用 356	选择多样性对图表技术的影响 365
研究个股更有利可图 356	选项的不同制图方法 366
长期分析的要点 358	全部活跃选项的平均值 366
如何在制图中采用更短的时间间隔 358	不同市场或交易所的制图 367
日间隔的分解 358	不同谷类商品之间价格的密切联系 367
实时交易图 359	小麦图表中出现的形态 367
小幅运动图表 359	整理三角形和测量缺口 369
微小趋势线图 360	基本形态和意义保持不变 369
点数图 360	棉花市场的图表 370
点数图的局限性 361	棉花市场图表示例 370
日内图表只具有特定价值 361	商品交易本身的问题 372

第12讲　交易技巧

利用图表形态进行实际交易 375	限价 vs 市价指令 383
实际交易中的一些提醒 375	勇气——说给天生保守交易者 383
操作股票的挑选 376	过于保守的学员 384
风险分散 376	保守型 vs 自大型 384
股票的相对振荡力量 376	固执的危险 385
资本及杠杆因素 377	给市场表现的机会 385
研究你的股票的运动习惯 377	提前衡量风险 385
振荡习惯持续性的示例 378	如何避免过度交易 386
两只铁路股票的相对振荡力量 378	不要过分依靠外界建议 387
不适合作图的股票 380	让市场自己给出预测 387
不要强求图表形态 380	图表交易者的性格测试 388
等待理想时机 382	纸上交易 388
不建议过分关心市场 382	总结和回顾 388
将日线图的制作规律化 383	针对初学者的练习项目 391

# 第 1 讲

股票交易的技术方法

- ◎ 股票图的定义
- ◎ 股市操作"进阶课程"
- ◎ 纯技术行为
- ◎ 技术走势中反映出的基本面因素
- ◎ 适于制图的股票
- ◎ 使用股票图的"图形"优势
- ◎ 股票图的"完整记忆"优势
- ◎ 股票图技术行为——新的科学
- ◎ 技术因素 vs 基本面因素
- ◎ 技术与基本面结果矛盾的原因
- ◎ 技术分析方法的总结
- ◎ 开始前的警告
- ◎ 小心"早期推定"陷阱
- ◎ 想获利,无捷径
- ◎ 刊载股票技术分析图的报纸
- ◎ 刊载股票技术分析图的杂志
- ◎ 提供技术分析图的专业服务
- ◎ 成品图
- ◎ 自制图的好处
- ◎ 与股票形成更紧密的联系
- ◎ 所需图的数量
- ◎ 选择股票
- ◎ 制图用纸
- ◎ 坐标轴图纸
- ◎ 构建坐标轴
- ◎ 绘制价格数据
- ◎ 交易量
- ◎ 改变交易量线位置
- ◎ 时间度量
- ◎ 时间度量中的假日问题
- ◎ 除息及其他信息的绘制
- ◎ 对于基本面数据的几点附注
- ◎ 新建一张图
- ◎ 必要的时间范围
- ◎ 股票价格趋势
- ◎ 主要趋势
- ◎ 中期趋势
- ◎ 微小趋势
- ◎ 月线图显示出的主要趋势
- ◎ 周线图显示出的中期趋势
- ◎ 学习解读微小趋势的重要性

股票图的定义

要进行关于股票图的讨论，最好的方法莫过于从弄清定义开始："股票图是对一只或一组股票交易历史的图记录。"这个定义非常简洁，同时也涵盖了我们接下来将要讨论的所有图表、图形和形态的一般特点。

设想用一个简单的图记录某只股票连续五年中每年最后一天的收盘价，这个图可能没有什么重大意义，但它符合我们之前提出的定义，即它以图形形式记录了这只股票的交易历史，因此它就是一个股票图。事实上，它与我们接下来可能构建的最完整、最精细、最复杂的股票图之间只是在程度上有所差别。

股市操作"进阶课程"

本讲是建立在读者非常熟悉股票的基础之上，即读者了解证券的一般知识、公开市场交易的基本理论与实践，以及"交易历史"这一术语中涵盖的大量股票交易技术细节。从这个意义来说，本讲是一门股票市场操作的"进阶课程"。只有在学习和掌握股票市场的基础知识之后，读者才能真正从本门课程中获益。

不过，除了介绍性的概括知识之外，我们力争通过简洁易懂的语言、对要点反复的强调、充实丰富的例子，甚至可能有点无聊的重复，来实现读者对本书所讲授内容的完全理解。在这里，我们也希望那些天资聪颖或者更富有经验的读者，在面对一遍遍的知识回顾时，能够有足够的耐心和谅解。

下面我们对刚刚讲解的股票图定义问题进行一次更为细致的考察。股票图是对任意股票历史交易的一种图形表示。在对股票图的研究中，我们只关心实际的交易——任意公开市场上众多有条不紊地买入与卖出行为所构成的交易结果。

纯技术行为

例如，我们对所研究股票背后的公司并不感兴趣，我们不关心这家公司是制造捕鼠器、锡罐、机车还是铝制牙签，我们也不去区分公司是属于工业、铁路、公用事业，还是其他什么行业。从技术分析的角度，股票背后的公司甚至可能处于破产过程，已经关门歇业，但是就我们分析的根本目的来说，只要公司的股票还在公开证券交易所进行有序且积极的交易，股票图的制作和分析就没有什么不同。

尽管如此，读者绝不可以认为基本面因素在股票交易、分析及预测中是不重要的。事实上，当我们研究某只股票或某张股票图时，基本面是一个重要因素。这里我们仅仅是希望明确，股票图的图形本身与基本价值因素无关，而只与股票在公开市场的交易记录有关。

技术走势中反映出的基本面因素

上述交易过程的记录中，包含着对各种各样基本面因素的影响的评估，并通过股票图的净差额予以衡量和表示。

很大程度上，股票的每位多头与空头正是在基本面因素的影响下，做出交易该股票的决定。那么，作为股票交易记录的图形表示，股票图本身已经反映出基本面因素的影响。因此，从纯技术分析的角度来看，我们不需要再单独考虑股票图中的基本面因素。

适于制图的股票

顺便说一下，既然股票图仅仅是交易的记录，那么理所当然地，股票只要有市场交易，就可以用来制图。不仅是任何一只股票，其实任何一种根据公开标价进行买卖的商品或服务，都可以制图。当然，出于分析的实用性目的，如果一只股票是有研究价值的，那么它应该是在自由开放的市场上进行积极的交易（这一点我们将在后面学习到）。不过从基本原理来看，任何交易中的股票都可以通过股票图进行图形表示。

类似地，根据我们的定义可知，股票图可能同时表示多只股票的交易记录。任意数量的股票可以包含在一张股票图中，但要获得最清楚明了的表示，一般会在一个时点上取所有成份股票或数字的平均值，最终得到一个看上去好像只有一只股票，但实际上是许多只股票交易结果的复合记录。这种一组股票的复合股票图被称为"均价图"（averages）。

进一步理解我们关于股票图的定义，可以注意到它是一种图形式的记录。也就是说，股票图本质上是一个图，它最简单易懂的优点之一，就是通过图形呈现出数月甚至数年股票交易的历史中，任意一个我们想了解的瞬间的情况。而如果没有股票图，我们将花费数小时，甚至数周的辛勤研究才能实现这个目的。

使用股票图的"图形"优势

股票图是历史交易的记录，因此它建立在每次实际交易之上。最常见和最有名的股票交易场所是纽约股票交易所（New York Stock Exchange，简称"纽交所"）。纽交所的交易结果最初通过证券报价机（stock ticker）记录在全美的经纪商办公室。但是由于许多显而易见的原因，大部分投资者无法从每天上午 10 点到下午 3 点[①]，亲自到经纪商办公室注视着交易记录的变化。报纸、期刊和其他服务可以通过报导每天的交易结果来弥合这一缺陷。因此，任何对股票市场感兴趣的人，可以查阅媒体报道的当天交易汇总结果，从而每天节省约 5 个小时的时间。

就像报纸等媒体通过汇总每天股票交易行情来节省投资者的时间和精力一样，股票图可以帮助一个感兴趣的学员（或分析者）节省数天、数周、数月，甚至数年的时间。如果不借助股票图，一位学员想回顾某只股票过去一年的交易历史，就必须翻查过去 300 天的报纸，或者更好点的情况，他自己收集汇总的 300 天的交易记录。但是如果他充分利用股票图的优势，那么他可以省下所有翻查、收集工作的时间和精力，只要扫一眼股票图，他就立刻获得了那只股票过去一年每日交易的完整记录。

股票图的"完整记忆"优势

即使不考虑节省时间和精力的特点，股票图仍然拥有非常重要的优势，那就是

---

① 现在纽交所的营业时间为纽约时间上午九点半至下午四点。——译者注

"完整记忆"。假设某个读者很愿意将自己宝贵的时间花费在钻研过去一年某只股票的交易记录中，那么他仍然会面对一个巨大的障碍，就是要在研究10月份股价记录的时候，还能清楚地记得2月份的交易情况。除非他有近乎超能力的记忆，否则他就不得不一遍遍地来回查看各个时期的股价变动，才能在研究中得到完整的排序或者分析。

但是，如果他采用股票图，同样的任务将变得非常简单！想象一下，他的眼前是一张黑白的、永久的、精准的、完整的图，而且就是那张他原本需要艰难地模糊地在心中回忆并构造的图！

因此，股票图的中心价值，就在于它是对交易历史的图形记录。由于它本质上就是一张图，故股票图可以使任何股票过去的交易历史一目了然，清楚简单，易于阅读，易于研究。它的广泛应用正如同望远镜、X射线、电子眼等众多现代设备那样，在基础工作的细节阶段让我们节省了大量时间和精力，得以采用更高效的方法进行学习与研究。

股票图技术行为——新的科学

对股票图的这种认识自然将我们带来了它目前最为重要的实用性优势。因为股票图使基础工作中对各种事实的讨论变得如此简单、如此易于掌握，自然而然地人们开始对于它绘制的图形所呈现的历史交易结果以及反映出的行为模式、规则与特点，进行更为细致地研究。简言之，股票图引领我们进入一个新的科学，即股票图技术行为（technical chart action）的科学。

股票市场中的技术行为是一种排除了基本面等其他因素后，仅仅基于股票市场本身现象的分析。事实上，技术行为也可以被解释为基本面分析的对立面。股票市场的基本面分析重点关注的是股票背后的企业，如企业的业务、前景、历史现在和未来的收益、资产负债表、财务实力、管理水平等等。基本面因素包括所关注股票的股息率、市值、收益率、分布情况以及无数其他可能直接或间接地对股票内在价值、理论价格、投资者期望价格或者真实价值产生影响的因素。

这种基本面因素非常重要，投资者或交易员在分析时应加以慎重考虑。但是他们不属于我们接下来要学习的技术因素。对于技术因素，我们可以这样理解，即对股票的可能市场价值产生影响的所有因素中刨除较为浅显和基本的因素之后，得到的剩余部分。

技术因素 vs 基本面因素

当我们完成了对于收益、财务实力等因素的基本面分析之后，就要决定未来某只股票的价格，还有一些需要考虑的其他因素。这些其他因素就是市场技术行为。

意识到"其他因素"的存在和重要性会使得对它们的分析更为简单。我们前面已经给出了市场技术行为的定义，即基于股票市场本身现象的分析。从本质来看，股票市场无外乎是一群买家与一群卖家的斗争。很明显，在任何公开市场上，如果卖家数量多于买家数量，或者说股票卖出的数目多于买进的数目，那么股票的报价将下降。

我们的任务不是去论证为什么股票卖出多于买进的情况能够持续，而仅仅是去发现市场上存在着卖家多于买家的事实。这是非常关键的一点，因为它意味着股票价格将会下降，即使所有的基本面因素都指出股价将上升。

这种考虑方法构成了我们本讲开头所作结论的基础，即股票图（也就是说技术行为）的主要分析中不考虑收益、管理、资产负债表等基本面因素。接下来我们将看到，基本面因素是技术行为的重要辅助，而且在很多情况下，比短暂的技术层面分析更加适合于长期规划。但是为了更好地形成对股票图的基本理解，我们必须认识到，它们完全忽视了基本面因素。事实上，它们完全忽视了除市场技术行为、买家与卖家之间的平衡、任何一只或一组股票的供需平衡之外的所有因素。简言之，它们只考虑自由公开的市场上实际交易过程的种种现象本身。

技术与基本面结果矛盾的原因

当一只股票的基本面因素非常强，但由于弱的技术行为而使股价下跌时，我们并不需要对这种矛盾进行质疑。可能读者认为我们这是在耍花招蒙混过关，但事实上出现这种情况时，可能存在的原因非常多，但我们只需要知道，就如同技术行为本身一样，这些原因都是股票市场本身产生的。

可能是投机者在数月前就买下了这只股票，等到此时有利的基本面因素出现时，卖出股票获利。可能是一群有势力的内部人士或者公司的高级职员之前对本公司股票持仓太重，现在想要清掉。还可能是他们意识到基本面因素并没有新闻上宣称的那么好，等等。还有很多原因可以说明为什么技术点位和基本面点位是相反的。

关键的是，当这两个结果出现差别时，技术点位会胜出，因为它更贴近市场，而公开市场是股价变化的根本动力所在。至少来讲，差异出现后的瞬间，技术层面会胜出，即使只是短暂地胜出，对于在当前股票价格运动中寻觅利润的短线交易商或投机者，而不是买入股票后收藏起来等待长线利润的投资者，技术分析比基本面分析更为重要。

虽然通过股票图，我们可以获得对当前股票市场技术行为更好的判断，但是技术行为始终在不断变化，并且能够在几天，极少数特殊情况下甚至在几小时内出现从非常强到非常弱的快速且剧烈的摆动。巨量的买进与卖出操作可能瞬间进入市场，进而反映在技术行为中，进入我们的股价分析，带来大幅波动。

不过，从现实来看，技术操作往往不会变动得那么快。而且在决定了技术点位是强还是弱之后，我们实际上已经处于领先位置，因为技术点位会影响未来（尽管只是短暂的未来）股价上升还是下降的走势，而不是昨天或者现在。

除非基本面受到一个非常强烈的冲击，以至于打破了股票供需之间的"现状"，否则技术层面不会发生快速的变化。一般来说，一个强有力的技术点位需要数天、数周或者数月建立，对接下来的几个月发挥作用，并在数周或数月之后才最终耗尽并转换至较低的技术点位。在整个渐进变化中，我们可以通过对技术点位的正确分析在市场上获利。

技术分析方法的总结

学完上述内容，读者不仅了解了股票的基本面分析，更重要的是了解了股票的技术层面分析。在短期范围内，技术分析甚至比基本面数据更为重要，不过要成为真正的高手，读者需要对两种方法都有充分的掌握。基本面分析对于普通读者来说比较简单，但是技术层面的学习就相对复杂且多变，但通过研究股票图，我们可以将技术分析在一定程度上简化为一门系统性的学科。借助股票图，我们可以对股票市场上渐进的、不断变化的供需力量平衡现象获得更好的理解。

开始前的警告

接下来的课程中，保持一种包容而谨慎的心态是非常重要的。在课程开始前，如果用一句话来概括股票图学习最重要的事情，那就是读者应对任何表面上确定的事情都持有怀疑的态度。这听上去像是一个糟糕的提醒，但请相信我们有充分的理由。

我们对股票图的实用性和描绘个股与市场技术点位的巨大价值深信不疑。在我们看来，股票图是预测未来股价运动趋势时最重要的工具，是成功股票交易中必不可少的帮手。

小心"早期推定"陷阱

不过，正是对股票图效用的十足信心，使我们有必要提出"开始前的警告"，以防读者踏入过分自信和过分怀疑的误区。对于初学者来说，当他开始掌握股票图分析的基础原则，并第一次做出正确预测时，他所体会到的兴奋是无与伦比的。但接下来，当他意识到自己所做分析的巨大价值之后，学习股票图分析的最大危险正潜伏在四周。经历了最初几次预测的成功，读者很可能会武断地将一个预测的结果当成确定的事件，过分自信而过量交易，直到突然发现自己陷入了严重亏损的泥潭，更可怕的是，他发现自己对股票图预测变得优柔寡断、过分怀疑甚至痛苦地彻底失望。

想获利，无捷径

在我们的教学中和生活中，有数以千计不幸失败的例子。有的学员在第一次预测成功之后就自以为是"万事通"，见到技术分析带来的早期回报后就变得贪婪起来，一头扎进股票图阅读和交易的陷阱，根本没有耐心去完成学习，或者加深对基本原则的理解。

读者可以确定的是，在接下来的学习中提到的各个股票图和技术操作的原则都是重要且有价值的，否则它们不会被选入书中进行讲解。但同时，读者也可以同样确定的是，这些原则中没有一条可以保证百分之百不会出错。我们可以针对其中每一个走势、每一条规则找到例外情况，尽管有时比较不易找到。事实上，就我们所知，所有的股票图或股票交易的规则都会在这样或那样的情况下，出现例外。

因此，成功的股票图阅读与交易技术需要一种良好的心理状态：提前发现这些例外情况；对于理论中的规则或走势保持一种潜意识里的怀疑态度；最重要的是，尽量避免或限制由于例外情况产生的亏损。

我们会努力提供各种办法，帮助读者达到良好的心理状态。但是通常来说，只有在经历过长期的研究，积累了丰富的经验，养成了高瞻远瞩的思维方式之后，我们才能够真正实现对技术分析的正确应用。总而言之，我们希望读者养成一个健康的学习心态，对所有的规则保持有益的怀疑态度、保守的学术精神，去虚心学习这一伟大的科学，并形成在交易实践中深化学习的良好习惯。

刊载股票技术分析图的报纸

近几年来，由于公众及职业投资者对股票技术分析图的需求快速增长，一些机构开始出售制作好的股票图。有一些报纸甚至还刊登个股的分析图，周期从每天连续发布到偶尔发布均有。不过，定期出版的报纸所提供的股票图一般还是限于"均价图"，或者是一揽子主要股票的历史价格，而不会提供某只股票的情况。

《纽约日报投资新闻》（New York Daily Investment News）和《华尔街日报》（Wall Street Journal）[①]都是定期刊登股票均价图的报纸。《华尔街日报》每天更新一份自制的由30只铁路股、30只工业股、20只公共事业股和40只债券构成的均价指数记录，是对股票图深层分析最重要的辅助。《纽约日报投资新闻》提供一份知名的90只股票长线均价图。另外，这些均价图中，大部分还同时反映纽交所的每日交易量。

《纽约先驱论坛报》（New York Herald Tribune）于每天早晨提供一份备受推崇的100只股票前日收盘均价图。《纽约时报》（New York Times）也在早晨出版一份"纽约时报50只股票均价图"。在晚间报纸中，《纽约太阳报》（New York Sun）会登出一份50只股票均价图。类似的，大部分传统的都市类报纸都会定期登出金融、商业以及股票走势的图。

[①] 此处提供的报纸、杂志和图书服务信息大多是作者生前所处时代的信息媒介，今天我们可以通过方便快捷的网络渠道第一时间获取当日的股票市场数据、图等。不过需要指出的是，现在仍有一些机构提供优秀的每周股票期货图册子，它们对于许多技术分析师的工作来说仍像1930年那样必不可少。——译者注

刊载股票技术分析图的杂志

相比报纸，在公众对股票兴趣日渐高涨的潮流中，杂志的脚步慢了一些。不过，仍然有一些杂志在定期刊登反映股票市场情况的图。其中，每两周出版一次的《华尔街杂志》（Wall Street Magazine）可能是最有名的，它不仅出版自己编制的一份包含295只普通股的均价图，同时还提供一系列其他金融图。《福布斯杂志》（Forbes Magazine）定期刊登一份长期均价图，汇总过去4-5年间《纽约时报》等三家时报对25只工业股、25只铁路股和50只工业铁路股混合指数的周均价情况。

由《纽约时报》出版的《分析家》（Annalist）杂志提供一组在较短期内汇总的均价图，同样还提供一系列非常有意思的反映各个重要行业中龙头股票均价情况的可比图。由道琼斯公司（Dow, Jones & Company）每周出版的《巴伦周刊》（Barron's）提供的每日股票分析图与《华尔街日报》相近。

每月免费发布使用的《纽约证券交易所公报》（New York Stock Exchange Bulletin）中，包含大量有价值的统计信息以及种类繁多的金融股票趋势分析。

提供技术分析图的专业服务

均价图可以帮助我们探测股票市场趋势变动，但是对于真正希望在图分析方面有所作为的读者来说，获得个股相关图是非常必要的，因为它们是股票技术分析的坚实基础。

位于纽约市的图形市场统计（Graphic Market Statistics）公司是成品股票图出版行业中的先驱和佼佼者。这家公司提供纽约证券交易所全部上市股票自1926年或股票上市日至今的日线图或周线图。

该公司同样采用定期出版的方式，一般印制活页书，主体部分为记录100只活跃个股和市场均价的超过500张日线、周线或月线图（从1924年至今）。如果学员不需要跟踪那么多只股票，那么他可以从两套分别记录50只活跃个股的类似出版物中进行选择。

尽管同一对象的日线、周线和月线图是技术分析中非常实用的工具，但是有偏好的学生可以从两套标准50只股图表出版物中进行自由选择，对这三张图进行独立研究。

图形市场统计公司还提供对证券、商品期货图的订制服务，根据顾客需求绘制任意尺寸、种类和期间的图。

成品图

尽管近几年来个人订阅者逐渐增加，但成品图专业制作服务公司的主要客户仍然是银行、清算所和其他金融机构。我们当然不反对学习股票技术图分析的读者去订阅这种专业服务。事实上，我们认为这确实是着手进行股票图研究最快捷、最简单的方法。

成品图帮助读者毫不费力地得到了正确分析现状所必需的历史情况。不过在此之后，我们建议读者绘制自己的图。如果他愿意，他可能会选择继续购买成品图，因为这样比自己绘制图更有利于对更多只股票的周线和月线情况进行跟踪。但是，如果完全依赖成品图，读者对股票分析的学习将养成一种不愿付出的态度。这种方式太简单了。可能读者觉得这是在夸大其词，但相信我们，这绝不是危言耸听。

自制图的好处

纯粹从心理因素来看，几乎可以肯定的是，定期购买成品图的读者对图的重视程度不如必须每天自己绘制图的读者。除非前者有着非同寻常的意志力和集中力，否则一般他都是在早晨或傍晚挤出一点时间，草草浏览一下图，或者根本不看就收了起来。到了第二天，他可能想起来继续研究这些图，但也可能不会。毕竟一旦开启了"得过且过"的闸门，可能就一发不可收拾了。

而需要自己制作图的读者的心理就完全不同了。或许他也想某天偷个懒，但这就意味着接下来的工作更难进行，所以他有动力将每天制作图的"任务"融入自己的生活，形成一个规律的习惯。

与股票形成更紧密的联系

除了心理因素之外，自己绘图还有一个更为重要的实用意义，就是让读者每天都与股票保持接触。如果看着一张成品图，那么他很可能会略过大部分股票，而只关注其中某几只比较感兴趣的股票，导致他错过了其余股票中的重要盈利信号。

而自己制作图的读者，由于他在制作每一张图时都有严格的要求，需要对每一只股票投入一定的时间和精力，不管他是否对这些股票特别感兴趣。因此，当某只股票走出比较确定的盈利趋势时，这种与每只股票形成的紧密联系使得自己制作图的读者更容易及时发现并转移自己的分析重点。

所需股票图的数量

制作图的第一件事就是确定所需股票的数量以及构成股票组合的个股。对于没有十足把握能够投入大量时间和精力来学习股票图分析的一般初学者来说，一组15~20只股票的图形跟踪足以进行短期尝试。而对于非常希望研究股票图分析的交易人员来说，一组50~100只个股的图形跟踪也不算太多。

经过几个月的时间，每天跟踪并更新股票图已经成为例行程序时，学生将惊讶于他进步之神速。如果全力以赴，他完成一张图将只需45秒钟。也就是说，他记录10张图的交易情况仅需8分钟，50张图仅需40分钟，100张图仅需80分钟，以此类推。如果他幸运地拥有一位妻子、秘书或某个愿意帮他念出报纸上的股票数字，那么所需时间将减半或者更短。

选择股票

在选择要制图的股票时，个人的偏好会有一定影响，一般会包括学生自己喜爱的股票。不过在同等情况下，像"龙头股"这种比较活跃、比较重要的股票更适合进行图形分析，因为它们的波动方式更为普遍，更容易成为持续的市场热点，而且能够更清晰地显示出市场整体的变动趋势。

另一方面，我们也应当选择有一定规模流通股的股票。这种股票较容易获得市场关注，价格较为市场化，交易较为积极，而且一般呈现出较为明显的技术走势。

要达到最佳的制图效果，我们应每天规划固定的时间来进行这项工作，一般比较适宜于在股市开市前的早晨或闭市后的傍晚进行。其中，傍晚时间效果更佳，因为我们可以接着投入一些时间去研究技术形态和投资项目，如果希望积极促成交易，可以在傍晚通过邮件发出经纪指令。

不论选择哪个时间段进行制图，要想最终取得成功都应固定时间并持之以恒。如果没有定下一条坚不可摧的规则，那么我们就可以找到一万个理由或借口告诉自己说，这个项目没有什么前景，不必再花时间制图了。

制图用纸

自己绘制图的第二步就是找到正确、合适的纸张。纸张的选择因人而异，许多学习制图的读者都有自己专用的纸张。大部分专业股票图制作者都使用一种24英寸长、12英寸宽的活页夹，不过普通的个人制图者适合稍小一点的尺寸，如标准的8.5英寸宽、11英寸长。

相比于大尺寸图纸，小尺寸图纸占用更少的空间，绘图时更少地留白，可以放在公文包中随身携带，而且可以更方便地进行整理。

使用大尺寸图纸的最大优势在于纸张更换频率较低。尽管如此，使用小一点的纸，并快一点进行更换也有好处。比如说，换纸绘制新图时，我们可以将价格轴向上或向下移动，从而这一期间的股票价格区间可以被全部包含在图上。在这个意义上，小一点的纸更为实用，因为它使绘图期间的股票价格变化呈现得更加清楚。

无论如何，我们不需要对纸张类型的选择过分重视。只要习惯于绘制和阅读自己所选择的纸张，那么不论哪种纸都可以达到令人满意的结果。

坐标轴图纸

股票图用纸的首要条件是在水平和垂直方向上有标尺，这种图纸更普遍地被称为坐标纸（co-ordinate paper）。坐标纸横轴和纵轴方向上的线越多越好，这点我们稍后进行解释。有的坐标纸在纵轴上按天数或年份进行标注，这可以节省记录日期的工作，但有时也会扭曲股票图含义，因为这种标注下我们必须为股市休市的节假日保留出相应的空位。

简单、标准、无字、水平方向和垂直方向每英寸分成20行，这种坐标纸几乎所有大型文具商店中都可以买到，而且可以完成所有一般的制图需求。在我们的制图工作中，Keuffel & Esser 公司生产的358-17号特制坐标纸是绘制证券相关图中最实用的，这种坐标纸尺寸一般为标准的 8.5 英寸宽、11 英寸长，侧边有用于放入活页夹的圆孔，而且坐标纸水平方向以 1/6 为单位，代表正常工作周的 6 个工作日，垂直方向以 1/8 为单位，方便表示交易价格中的 1/8 价差。同一公司生产的 358-17L 号坐标纸尺寸为 11 英寸宽、16.5 英寸长，其他方面没有差异。Keuffel & Esser 公司还生产其他多种多样的绘图纸和文件夹，学生可以直接从公司购买，或者根据宣传目录从纽约、芝加哥及新泽西的霍博肯的商店订购。

位于马萨诸塞州诺伍德市的 Codex Book 公司同样提供种类繁多的坐标纸，是一家专业的股票图纸提供商。

构建坐标轴

在拿到合适的坐标纸、选好要绘图的个股之后，下一步就是构建坐标轴。坐标纸的水平线用于衡量股价和交易量，其实际数值绘制在垂直线上，即左边的空白处。

价格度量因情况而异，主要由纸张的尺寸和设计以及股票价格的区间决定。如果我们使用一张普通坐标纸，即水平和垂直方向每英寸分为 20 行，则可以将表示每英寸或每 20 行的线用粗体突出显示。如果股票价格为 100，则垂直方向每条粗体显示的线表示 5 点，进而每条线表示 1/4 点，每两条线的中线表示 1/8 点。

当开始绘图时，较好的做法是先回顾过去一年的股票价格范围并取均价，作为垂直方向位于中间的粗体线。假设所取均价为 65，则在它之上的第一条粗体线代表 70，在它之下的第一条粗体线代表 60，左边的标尺依此类推。

如果股票价格变动范围和波动幅度很大，则我们需要一个更宽的价格标尺。每条粗线（即垂直方向第 20 条线或者说英寸线）代表 10 点或 20 点，进而每条细线代表 0.5 点或 1 点。这时不容易表示更小分值的价格，不过在这种较大的价格范围之下，我们不需要如此程度的精确。

如果使用 K&E 公司的 358-17 号坐标纸，坐标轴的构建遵循相同的原则。对于大多数股票的价格范围来说，垂直方向的每条粗线（这里是第 8 条线）代表 1 点，每条细线代表 1/8 点。如果股价变动幅度大或股价本身较高，例如美国制罐公司（American Can）和美国电话电报公司（AT&T）的股票，那么每条粗线可以表示 2 点，每条细线代表 1/4 个线。如果股价变动幅度小或股份本身较低，则每条粗线可以表示 0.5 点，依此类推。

绘制价格数据

坐标纸左侧建立起适宜的价格标尺之后，进行数据绘制就比较简单了。每天的报纸会提供所需数据——股票的最高价、高低价、收盘价和交易量。分别画出最高价和最低价，然后将两点垂直连接来表示当日股价变动范围。收盘价是完整股票图中的一个重要项目，在垂直连接线上相应价格位置上画出一条水平短线来代表收盘价。

如果需要的话，我们可以同时画出开盘价和收盘价，不过从实用角度来看，只画出收盘价即可。开盘价很少与前一日的收盘价出现重大变化，而且它们的分析价值也远不如收盘价。而且，我们觉得在图中包含开盘价是得不偿失的，因为在图中加入过多的信息反倒会损害基本图形，并可能在分析时引起困惑。如果一定要同时包含开盘价和收盘价，那么可以在当天价格变动线的左侧用水平线表示开盘价，右侧用类似方法表示收盘价。

交易量

交易量是完整股票图中的另一个重要项目，一般用一条从基线出发的与价格线类似的垂直线来表示。任选一条顶部或底部的水平粗线代表零值，具体数值的度量也在左侧空白处，位置稍低或稍高于价格标尺。

如果股票的交易量较低，则可以令每条零值以上的粗线代表日交易 2 万股。如果交易量较高，或者可能会越来越高，可以令每条粗线代表 10 万股。在当天价格线所在垂直线上绘制交易量，从零值开始向上画一条垂直线，直至当天该股票的总交易量的对应点。

通常来说，将交易量放在图下部的效果更好，因为可以将价格线放在稍高的位置，使交易量的变化不至于与价格线相交。如果某段时期交易量异常的大，即将与价格线相交，通常的做法是将交易量线画到相交前最高处，同时上端用虚线代替实线，提示精确的交易量数值暂时未被表示出来，并在虚线上方用小字标注实际交易量。如果这种情况持续一段时间，可能使图变得比较乱，因此一般用尽可能小的字体，并以千股为单位进行标注。

改变交易量线位置

然而，如果股票的价格在几个月里连续下降，一直降到与图底部的正常交易量线相交，那么一般的做法是将整个交易量度量标尺从图底部移动到顶部，从而防止交易量线与价格线相交。

当然，这种做法会破坏图中交易量表示的一致性，但是读者在绘制自己的图时，可以进行这一改变，否则他不得不因为这处特殊价格而将整张图作废，重新绘制一张价格标尺与交易量标尺距离足够远的图。这是在特殊时期或者股价快速变动时期的一种"急救"方法。

一般来说，这种位置的改变不会对图的效果产生严重影响，因为比较基线分别位于底部和顶部的两部分交易量图并非难事。当将交易量图转移到上方时，需要注意基线的位置，以防交易量大时超出标尺上限。

时间度量

图底部是对日期的度量，表示图中价格、交易量变化所跨连续时间段。时间的度量比较简单，我们之前绘制的每一条垂直线都代表某一个交易日的结果。在开始绘图时，要首先画出正确的开始日期，即第一价格线和交易量线的日期。实际使用的图纸上，垂直线一般排列都很密，如果将每一天对应的日期都标示，则图会非常杂乱。大家可以决定自己的时间表示方式，他可以只标注周六，或周一，或任何他认为合适的规律日期，只要在整个绘图期间保持。

时间度量中的假日问题

许多股票图会在纽约证券交易所假日闭市的日子空出一条垂直线，有的甚至在每周日也留空，但是我们并不赞成这种做法。从理论和实用的角度来讲，我们应忽略纽交所闭市的日子，不论闭市的原因是什么，除非闭市将持续很长一段时间，比如1914年第一次世界大战期间或1933年3月的"银行假期"。

只要在市场上任何股票都没有进行公开的免费交易，那么我们就不应该在股票图上留出一条空白的垂直线。如果留出了空白垂直线，则交易的图形记录会发生扭曲，而这个图形记录正是我们进行股票图分析和技术操作的基础。

为了更清楚地进行说明，让我们假设纽交所出于某种原因决定在某周的周二和周三停止交易。这时，我们不应在股票图中周二和周三的位置留下空白，而是周四的股票交易结果应该紧挨着表示周一交易结果的垂线。同理，周一的交易图形应当紧邻周六的，而不应为周日的假期留下空白。

按照这一理论，我们同样反对一种年化坐标纸的设计，即图纸上的垂线将全年每一天都表示出来。进一步来看，我们也反对使用特制图纸，即提供以 1/6 为单位的日期标示，不过这种图纸至少省略了周日，因此比年化坐标纸要好些。

另一方面，如果交易所正常营业，但是所记录的股票没有任何交易，那么在图上的当天留出一条空白垂线就是非常合理的了。这与假日留白完全是两码事，因为在这种情况下股票本身可以交易，但没有交易发生这一事实就是股票交易历史中不可或缺的部分，当然应该包含在股票图形中。

此时，我们可以采用简化记法，即价格垂线空白，在交易量基线稍下方画一个小"×"或"0"，代表这一天已被记录，但是交易量为零。

有一些绘图者选择用虚线表示当天收盘时的多头和空头报价，不过在我们看来，这种做法用途不大，反而会加大图表解读的困难。

除息及其他信息的绘制

在股票交易历史中还有一些需要标注的特殊事件。例如，当股票发生除息时，如果不进行标注，那么明显不利于我们的正确分析。这时可以在除息日的价格线上方标注一个"X"。同理，当股票除权或除股票股利时，分别在该日的价格线上方标注"XR"和"XS"。

对于基本面数据的几点附注

许多读者喜欢在股票图的空白处记录与该股票相关的重要基本面信息，通过将不断更新基本面事实及评论，可以每天获知这些重要数据，而不用在需要时再去搜集。

一般来说，可以放在股票图空白处的比较重要的基本面数据包括：比较期间的收入、股息率、股息会议的日期、市值、流通在外股数、融资债务、大型银行或 RFC 贷款、速动资产与负债的比例等。

如果研究股票的基本面情况后，预期会出现某种程度的提前抵抗（关于抵抗的知识我们将在后面介绍）或下跌，则可以通过价格线进行确认，并根据走势的重要情况做出不同的标注。另外，还可以在图上标注出你感兴趣的相关新闻，不过要注意的是，这些标注都不能对技术走势的分析形成干扰。

新建一张图

当一张图画到页尾时，我们就要画一张新图，并准备好合适的标尺。需要注意的是，在开始画新图时一般不要改变标尺，除非上一张图的标尺已经非常不适用，因为改变标尺会改变股票图的所有方面，并很大程度地降低新图与旧图的图形比较价值。

如果仅仅将左侧标尺的位置上下移动，而不改变标尺本身，则对我们的绘图比较有利。比如说，假如旧图最低的水平线代表的价格为40，而在旧图最后股票的价格已经跌至46，那么下一张图的价格标尺应该适当下移，使最低价格为20而不再是40。这种做法将使新图上的价格线向上方移动至中线附近，不仅更易于阅读，而且防止价格继续下跌而超出标尺下限。如果股价出现快速的上涨，使价格线离标尺顶端过近时，处理方法依此类推。

在有些股价大涨或大跌的罕见情况下（其实制图者非常希望出现这种情况），价格线可能在该图纸未用完时就已经到达标尺顶端。此时，我们应开始一张新图，并重新安排标尺的位置，使上张图最后的价格位于新图的中线附近。在考虑整体的价格走势时，可以剪掉旧图后面剩余的空白处，与新图合并比较。

有时你可能会发现，由于之前价格标尺间隔过大，使得股价很快就突出了标尺的范围。当这一错误出现时，只能再画一张标尺间距较小的新图，即缩小1点价格变化对应的垂直距离。另外，如果两张图的标尺单位不同，则较难比较，此时可以重画第一张图，修改成一致的标尺。当然，这种情况最好不要经常发生。你将很快学习到如何恰当地设置标尺，以较好地容纳所绘股票价格的正常范围或者"摇摆"运动。

我们应对记录同一只股票的所有图进行编号，在图上任意方便的位置，标注股票的名字。注意：在每一幅该股票的图上都应进行标注。

使用钢笔和墨水当然可以完成制图工作，不过我们的经验是，使用铅笔——最好是 2 号或中软度铅笔——制图更简单、更快速，而且效果一样好。根据股票图分析得到的趋势线、形态以及其他记录常常需要修正，因此一般用可擦除的浅色铅笔来标记（我们建议使用较细的 3 号铅笔）。

必要的时间范围

为了达到学习股票走势及技术操作的实用性目的，绘制的日线图至少应涵盖几周的数据，最好能涵盖几个月的数据。涵盖期间越长，得到的图形记录越完整，进而股票图用于学习和分析的效果越好、价格越高。

虽然日线图对于利用近期价格变化探测近期微小技术趋势是必不可少的，但我们实际可以灵活选择绘图数据的时间间隔，例如周线图、月线图甚至年线图。请参见美国制罐公司的日线、周线和月线图（图 1.2、1.3、1.4）。

周线图的制图频率比日线图低，记录图形比日线图紧凑，不过它们在分析短期技术走势方面不如日线图。周线图的主要价值在于帮助大家更好地判断股票的长期趋势与构形，并为决定预期到的强买力量或强卖力量导致的价格顶或底提供有力的辅助。

月线图为长期的牛市或熊市价格变化提供紧凑的图形记录，并有显示出这种主要趋势中的重要转折处。尽管月线图也存在只能为短期交易提供有限帮助的问题，但是它在长期分析中非常有用。总体来看，日线图和周线图是所有类型中最适合技术分析的股票图。

到目前为止，我们已经基本介绍了关于单个股票绘图的全部内容。但我们在前面提到，股票图还可以描述一组股票甚至整个市场的交易记录——事实上，任何在公开免费市场上的物品，其交易价格的变化都可以作为我们记录的对象。

股票价格趋势

在股票价格变动的历史中，不论是日变化、月变化还是年变化，我们发现有三种明确的运动趋势同时出现。这三种趋势为：主要趋势，指整体的牛市或熊市趋势；中期趋势，即伴随主要趋势过程的次级上升或下降趋势；微小趋势，即构成中期趋势的日或周波动。

主要趋势

主要趋势指长期持续发生（如在牛市或熊市中）的价格变化趋势，一般持续一年以上，适于有大量资本金和耐心获取长线收入的投资者。这种趋势改变频率很低，往往与经济周期紧密相关。基本经济规律对这种趋势的影响，多于我们主要关注的供需因素的影响。

道琼斯工业平均指数图表（见图1.1）清晰地描绘了从1897年至1937年8月的13次牛市或熊市的趋势，这对应着6个完整的经济周期和本书写作时尚未完成的第7个经济周期。可以发现，牛市往往开始于标志性的低交易量时期，接着是股价的攀升，以及与股票收益不符的异常大量的交易，这又标志着牛市的末尾。还可以看到熊市一般发端于牛市顶峰的下方，起初是交易量与股价的双双上升，接着就是交易活跃度逐渐下降，直到空头压力全部释放，为下一次牛市打下基础。

我们还可以看到，1924—1929年的大牛市前的漫长基底期，1932年后大衰退期间的严重熊市，以及后期出现的低谷至今的恢复。这幅图非常清晰地展现出选对市场"阵营"的重要性，以及认为"买了股票后可压在箱底等待升值"的愚蠢。

中期趋势

在每一次牛市和熊市过程中，存在许多被称为"中期投机趋势"的次级摆动，通常一年中发生数次。这种趋势为擅长技术分析的交易员提供了极好的获利机会，其获利总量远胜于长线投资者在主要趋势中的持有收益。

中期趋势里的价格和交易量特征与构成的主要趋势中基本相同。不过，由于中期趋势的变化相对频繁，持续期间较短，要想持续获利就需要比判断主要趋势更准确的预测方法。正是在中期趋势操作中，对技术分析原则的透彻理解和娴熟运用能够带来最大的回报。

微小趋势

组成每个中期趋势的众多短期价格运动被称为微小趋势或者即时趋势，一般只持续几周、几天、几小时甚至几分钟。但是，只有最聪敏、最熟练的职业交易员才

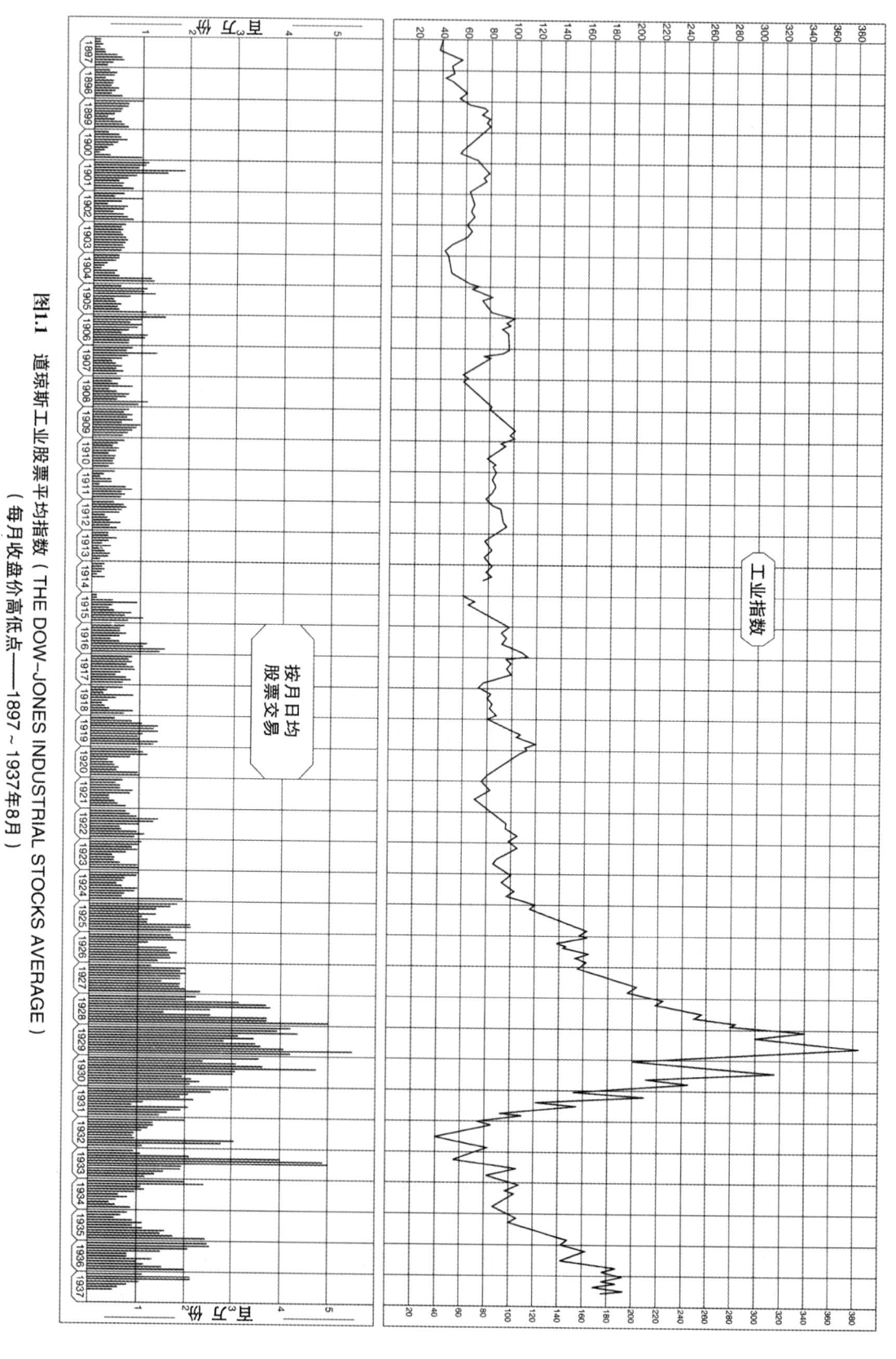

图1.1 道琼斯工业股票平均指数（THE DOW-JONES INDUSTRIAL STOCKS AVERAGE）
（每月收盘价高低点——1897～1937年8月）

能从如此短的变化中持续获利。跟踪微小趋势交易产生的佣金、税等费用与其收益往往并不配比，更不要提这种迅速发生的变动对新手心理的折磨，以及不断累积的资金风险。尽管如此，微小趋势对技术分析仍然很有作用，它在价格趋势方向尚不确定时给出一些早期的线索，预示着新的中期趋势变化的开始，而且对市场操作时机的确定很有帮助。

月线图显示出的主要趋势

从美国制罐公司的月线图、周线图和日线图（分别见图 1.2、图 1.3 和图 1.4）中可以看到上面介绍的三种主要股票价格趋势。图 1.2 的月线图涵盖 1924 年至 1937 年中的交易，描绘出 1924 年至 1929 年末大幅上涨的牛市，1929 年末至 1932 年中大幅下降的熊市，以及 1932 年中至 1935 年末又一波大幅上涨的牛市。从 1935 年末至 1937 年中的下降趋势既可以被看作一波大幅下降的熊市行情，也可以是 1932 年开始的牛市中的一波异常长的中期"修正"趋势。至于哪种理论正确，只有后来发生的结果能够给出答案，因为从理论上来说，一轮新趋势的初期运动和旧趋势中一次重大的中期转折往往难以区分。不过，从交易实用性来说，没有必要深究理论含义，如果能够识别出中期趋势的转折点，且能够在中期趋势向上时买入并在向下时卖出，那么不论主要趋势如何，都能获得稳健的收益。

周线图显示出的中期趋势

图 1.3 为美国制罐公司 1934 年 7 月至 1937 年 6 月间的价格变化。其间出现了 6 个中期趋势——1934 年 6 月至 10 月的上行，1936 年 2 月的下行，1936 年 7 月的上行，1936 年 8 月的下行，1936 年 11 月的上行和 1937 年 6 月的下行。每一次价格运动（除了 1936 年 8 月至 11 月间的有限上行）都为交易者提供了获利机会。

像美国制罐公司周线图中显示的那样，预测中期趋势将是本书学习的核心，因为它能让我们获得最稳健、最可靠的利润。但是为了预测这些趋势，学会跟踪和解读中期趋势形成中价格的微小波动是非常必要的。而要学习对微小趋势的解读，我们必须使用日线图。

图1.2 美国制罐公司——股价月线图（AMERICAN CAN）

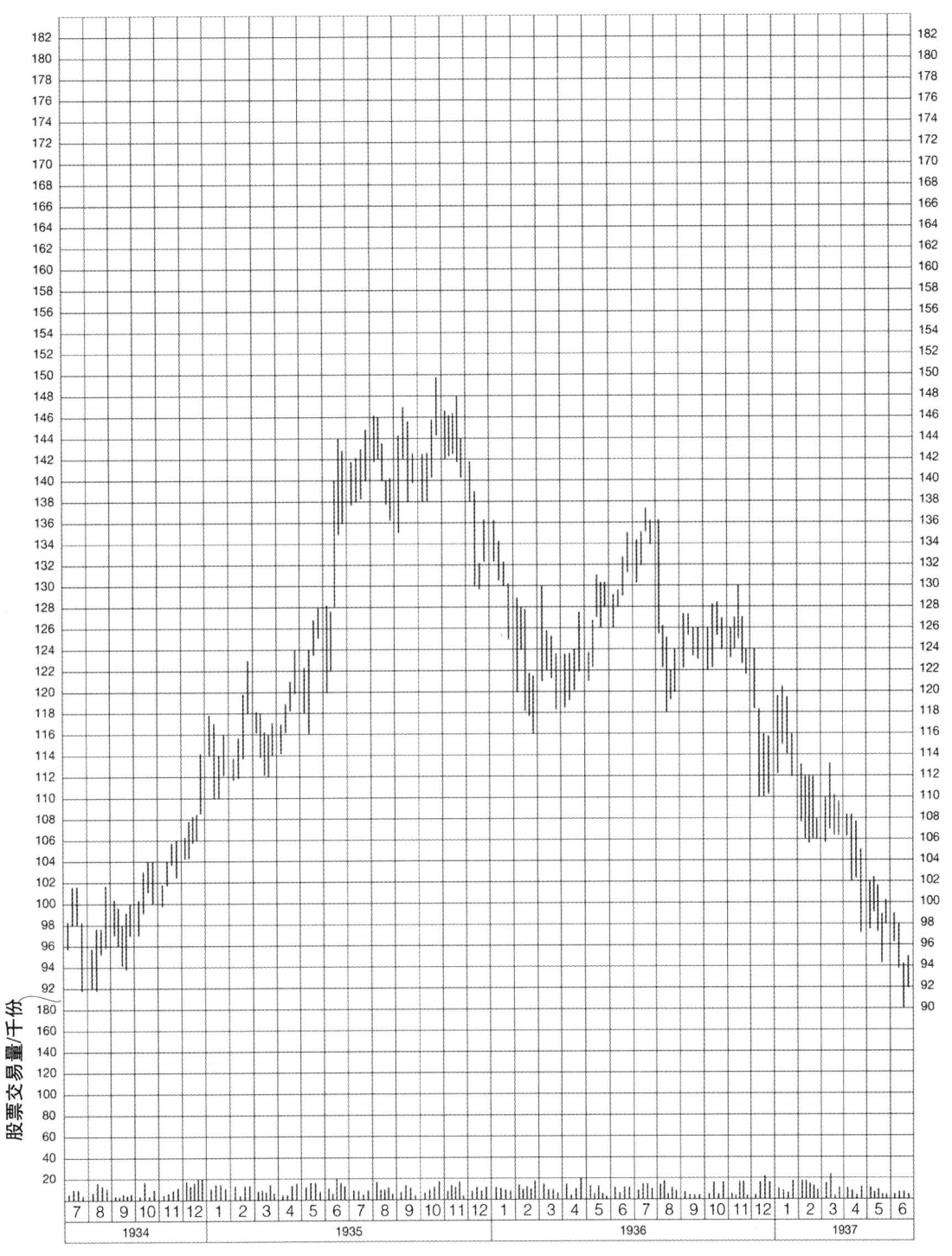

图1.3 美国制罐公司（AMERICAN CAN）

第1讲 股票交易的技术方法 | 025

学习解读微小趋势的重要性

图 1.4 是美国制罐公司 1936 年 4 月至 9 月间每日价格与交易量的记录。将该图与周线图相比较，我们可以发现日线图包括自 1936 年 2 月份开始的中期趋势的后半段、8 月发生的所有"修正"运动（与主要趋势方向相反的中期趋势一般被称为修正运动），以及 11 月份的上行中期趋势。在这 6 个月的日价格变化中，我们可以找到至少 20 个微小价格运动，每一个持续时间从几天到几周不等。

我们将会看到，微小趋势中价格的变化幅度大多很小（往往为几个百分点），而且持续时间太短，我们无法进行套利交易。但是，它们的价值在于打造技术分析的基础和各种形态，或者帮助我们抓住制罐公司股票中期趋势变化的信号。

本书接下来的几讲中，我们将致力于分析和解读微小趋势。现在我们需要牢记于心的是，股票价格的运动中同时包含这三种趋势，而且微小趋势是最重要的，因为它们的变化预示着中期趋势的变化，而中期趋势正是我们交易获利的工具。

从广义来讲，股票技术分析实际上是一门研究股票价格和交易量变动规律及其意义的学问。这些规律和变化通过股票变动来反映，因为需要借助股票图工具来探测、研究和解读。事实上，如果没有股票图的记录，要理解和分析股票规律是极为困难的。这就是为什么我们这门课要建立在图表使用基础上的原因，并非因为图表本身有什么魔力，而是因为图表帮助我们更简单地做出股票头寸的正确分析，并预测未来可能的价格趋势。

图1.4 美国制罐公司（AMERICAN CAN）

第 2 讲

重要的反转形态 (1)

- ◎ 股票图优势的总结
- ◎ 公众人士 vs 内部人士
- ◎ 为什么公众投资者往往会输
- ◎ 如何成为内部人
- ◎ 职业操盘手群体
- ◎ 利用图表发现职业群体的操作
- ◎ 建立形态
- ◎ 转折点最重要
- ◎ 成交量的重要性
- ◎ 为什么反转出现时成交量会上升
- ◎ 克服动量需要的成交量
- ◎ 日内反转
- ◎ 日内反转的例子
- ◎ "峰值"与"谷底"的相对成交量
- ◎ 必须同时考虑股价与成交量
- ◎ 显示出内部人与公众操作相反的成交量
- ◎ 对前面的总结
- ◎ 主要反转 vs 微小反转
- ◎ 头部和肩部的描述
- ◎ 头肩顶的股票图示例
- ◎ "突破颈线"
- ◎ 两肩的不同跨度
- ◎ 实践时间
- ◎ 出现下垂肩形的警告
- ◎ 形态中的形态
- ◎ 上升颈线的操作
- ◎ 同时绘制几只股票图表的优势
- ◎ 头肩底形态
- ◎ 头肩底反转形态的例子
- ◎ 头肩底形态的变化
- ◎ 平坦的肩形
- ◎ 顶部形态必须出现在上涨运动后
- ◎ 未完成的头肩形态
- ◎ 等待明确的确认信号
- ◎ 周线图和月线图中的形态
- ◎ 头肩形态的可靠性
- ◎ 衡量价格运动的程度
- ◎ 图表形态背后的逻辑
- ◎ 头肩反转形态的逻辑

股票图优势的总结

在上一讲的课程中，我们观察到股票图的几项优势，如免除从报纸上搜集数据的辛劳、回顾某只股票的全部交易历史以及提供研究技术行为的方法等等。股票图不仅节省时间，提供完整"记忆"，而且通过将交易历史用简单的坐标方式进行记录，它得到一个非常简单的图形，便于我们深挖技术行为的规律。

关于技术行为，我们知道它是由除基本面因素之外的各因素构成，这些关注市场交易本身的技术因素对预测未来价格运动有决定作用。

当对股票图已经熟悉之后，我们将注意图中各种各样的形态。但是如果我们想完全掌握和利用技术分析，一个重要的提醒是：不要忽略这些形态中的基本面因素。

基本面因素蕴涵在实际的股票市场交易中，而实际的股票市场交易是千万投资者根据他们的憧憬、担心、预期、掌握的知识、不知晓的信息、需求和计划而做出的个体交易的结果。我们必须警惕股票图对这些人性因素的忽视，这些因素是非常基本的，我们应当将其纳入研究框架之中。

公众人士 vs 内部人士

总的来说，对价格产生重大影响的股市交易者可以分为两类，他们是公众和内部人士[①]。两个群体都是总称，都不包罗万象，但他们都是我们接下来阐述的主要对象。

公众人士由全世界在公开市场买卖股票的个人组成。他们的交易目的是投资或者投机，一般比较随意、业余，且资金量较小。

内部人士由职业从事交易的个人、群体或组织组成。他们买卖股票是为了在业务中盈利。

根据上述定义，我们不难看出为什么内部人士的交易活动往往比公众人士更成功。他们人数虽少，但更有组织，更具备专业知识；他们的潜在资本可能比公众交易的总

[①] 作者这里描述的情况一直持续到1934年证券交易法案的实施，之后直到今天，内部人交易和股票操纵已经困难得多。——译者注

潜在资本要小得多，但这些资本获利的效率要强百倍。因为他们以职业的方式有组织地投入特定领域进行交易，严谨、目标明确而清晰地进行最大化地使用资本。

内部人士严谨、有效交易的唯一明确目标就是降低或抬升某只特定股票、某组特定股票甚至整个市场的价格，但其最终目的是为了让内部人士获利。这一般可以通过两种方式实现：内部人从公众手中买入股票，再高价卖出；或者内部人将股票卖给公众，再低价买回。

为什么公众投资者往往会输

如果内部人士能够像前面提到的那样频繁地进行操作，那么显而易见，其交易对手——公众投资者——必将损失资本，被内部人作为利润拿走。换言之，公众就是"下金蛋的鹅"。许多监管者和股评家会抗议这种大胆、彻底的言论。他们过去就是这样，但这一说法现在依旧成立。

当我们考虑到内部人是专门从事股票交易的职业人士时，上面的说法就更加有理。股票交易是他们的生计，是收入来源。他们必须获得一个体面的比平均水平更高的利润，否则他们将无法继续从事这个行业。失败的内部人将被迫退出，但是成功的人士将继续组成这个通过不断从公众手中买入和卖出股票持续获利而谋生的群体。

尽管如此，我们并不希望读者对这样的情形持悲观态度。首先，内部人并非常胜将军，他们也会犯错误，只是犯错的数量较少罢了。其次，相对应地，公众投资者并非总是输。第三，认为当内部人获利时，公众就会损失是一种宽泛、概括的观点。在很多情况下，两者可以同时获利。

最后，我们前面对内部人和公众的定义也是非常概括的，实际上这两个群体并没有非常分明的界线。一位在基奥卡克开杂货店的老板可能具有超常的交易能力，并获得与真正的内部人士差不多的丰厚利润，那么他可以归为内部人，虽然严格来说，他并不符合我们前面的定义。他就像我们眼中的模范学生，彻底消化吸收了股票市场交易的知识，比其他同学（如公众投资者）更擅长从股票交易中获利。

如何成为内部人

前面提到的两类交易者都可以从这次课程的学习中获益，但我们更主要的目的是帮助有雄心壮志的公众投资者获得和内部人等同的交易能力、技术和利润。

完成这一目标有两个主要途径。第一个是研究市场情况，分析内部人的交易路线，因为内部人是技术行为分析的专家。第二个是发现内部人在市场中正在进行的操作，并紧跟其后。

第一种方法要求我们分析公众投资者的未来交易动向。第二种方法则要求分析内部人的未来交易动向。因此，技术分析课程的学员处于二者之间，而且希望能比二者都有优势。

许多情况下，我们无法区分某个技术信号对应的是公众投资者还是内部人，但其实这种区分并不必要。例如，如果我们的股票图分析指出，某只股票的多头力量远强于空头，那么此时我们不需要担心这股多头力量是来自内部人还是公众。或许，内部人发出的信号会让我们对分析结果更有信心，但真正重要的事情是这个信号已经出现，我们应在分析中做重点考虑。

因此，公众投资者的买入与卖出对我们的技术图形有非常大的决定作用，但是我们必须意识到，最有力最重要的信号来自内部人有组织的买卖交易。我们必须时刻关注这两类投资者的动态，但我们也会发现，内部人的活动更为可信，而且更有指导意义。

职业操盘手群体

在过去，职业内部交易者群体中最著名最重要的一类是"池（pool）"①。我们不会详细地向读者解释什么是池以及它如何运作。老式的"池"已经被证券交易委员会禁止。但是职业操盘手仍然在市场上进行操作，并构造出和过去相同的技术形态。我们可以将"职业操盘手群体"定义为一个由内部人组成的、目的是对一只或一组股票进行操作的组织。这种操作包括四部分——买入、上涨、卖出、下跌，合起来构成一个动态变化周期。

一个"牛市"群体的操作包括买入、上涨和卖出。一个"熊市"群体的操作包括卖出、下跌和买入。前者通过从公众手中买入股票，抬升股价，然后卖回给公众来获利。后者通过将股票卖给公众，压低价格，然后买入相同股票以获利。

---

① 在今天，本书中描述的各个交易群体操作股票活动已经不再被称为"池"。一般使用"赞助者（sponsorship）"描述现在交易所中这种普遍的操作，尽管这与过去的池仍关系密切。正所谓"万变不离其宗"。——译者注

当然，这里的"公众"并非总是同一组个人投资者，但确实都是公众类型的投资者。另外，我们这里并不是说"牛市"群体抬升或压低特定股票价格的行为是欺诈或不公平的。相反，如果职业群体做出了正确的分析，那么股价将在其原本应该变化的方向上变动。总而言之，股票图帮助我们观察反复出现的走势形态及结果，发现这些职业群体的操作，选择正确的方向进行跟踪交易。

利用图表发现职业群体的操作

股票图持续不断地为我们描绘出股票的交易历史，这些图形并非总是可识别的。事实上，有预测意义的走势很少出现。但是当它们真的出现时，就非常重要，因为图表阅读技术就是研究这些特定图形，通过观察连续的价格运动是否遵循某个标准模式，帮助我们预测未来价格运动的趋势。

在观察到这些模式或图形的规律之后，我们将给出这些技术形态的名称。我们将学习到一些预示着价格运动方向反转的图形，以及其他预示着价格运动趋势持续的图形。依据这些形态与之前运动方向相对位置的不同，可以将其分为买入、卖出、上涨和下跌，接下来我们就可以利用分析结果在实际市场交易中进行对应操作。

这些图形中，有的非常合乎逻辑，有的只适用于交易过程一成不变的股票，还有的除了使用一些模糊、复杂的理论之外，根本无法解释。但是，如果我们发现某个图形在预测股价未来运动趋势时非常有用，那么就不必过分担心其成因或结果。就交易的实用性目的来说，能够识别出形态并了解其可能的含义就足够了。

建立形态

接下来的课程将尽可能完整地介绍几种重要的形态、规则和惯例。

但是，图表阅读的学问并非只是背诵形态、记忆预测意义那么简单。任何一张股票图都是无数不同形态的结合体，要对它做出准确的分析，需要持续不断地学习，积累长期买入的经验，以及掌握技术、基本面等重要知识点，最重要是训练权衡不同指示信号并从图形细微处进行专业评估的能力。

转折点最重要

技术分析最重要的是股票价格运动趋势中的重要变化，或者说转折点。具体来讲，这是我们未来学习中最主要的部分。下面我们就介绍几个关于反转分析的基本知识。

对于任意股票或者整个市场的价格来说，长时间地保持静止都是异常的，或者说，价格是"闲不住"的。它们或者上升或者下降，而且一般都会形成趋势——虽然并不规律，但仍然是种趋势。如果形成了一个主要趋势，那么我们可以合理地认为这种趋势将持续，直到发生反转。这个简单的结论告诉我们，在图表分析中探测转折点是非常重要的。后面我们将看到在主要趋势中错误反转的后果。

总而言之，把握趋势是股票图交易技术中一个重要且实用的获利方法。我们应跟踪趋势，直到清晰的反转点出现。当然，这并非易事。因为趋势中有许多微小的反转，它们会误导业余投资者，甚至是有经验的专业之人。

不过，有一些总体观察可以帮助我们。一个主要趋势很少在没有前兆的情况下突然反转。当一个趋势成形后，需要花费很多时间和力量才能反转它。因此，在实际出现转折之前，我们可以获得反转的信号。

最重要的信号是微小反转开始出现，之前的趋势开始减速，或者出现圆滑过渡。当前一个趋势的最终价格确定后，它必须由接下来发生的一系列价格运动进行验证。如果这些价格运动与前一个趋势背道而驰，那么这个证据告诉我们一个确定的反转正在发生。

成交量的重要性

价格线并非判断转折点的唯一工具。对于一个有经验的投资者来说，当然有很多细微的指示信号，但是其中最容易分辨、最有价值的就是成交量的增加。

在整个学习过程中，我们将不断介绍成交量的应用，尤其是在第8讲介绍反转形态的成交量运动中。但是，在学习开始阶段，我们有必要针对为什么成交量对反转形态的识别是重要的给出一个合理的解释。

图表和技术行为研究的基础是公开市场中买卖力量的平衡。我们已经看到，当多头力量强于空头时，价格趋于上升，反之亦然。所以，当股票处在一个下降的主要趋势中时，供给方或空头的力量应当处于优势，直到市场中的技术形势改变。

为什么反转出现时成交量会上升

那么，当市场中的技术形势改变时，买卖双方会发生怎样的变化呢？自然，多头力量将上升。因为要反转一个下降的趋势，合理的方法是加大加强多头力量。渐渐地，多头将变得活跃起来，并回到与空头平衡的位置。最终，如果多头力量继续增强，它将超过空头并占有相对优势，于是主要趋势就被反转了。

但是在这个过程中，成交量如何受到影响？当然，每个多头需要一个空头才能完成交易，但我们必须考虑到，主要趋势有一定的动量。空头交易会逐渐停滞，使得均衡变化时成交量不再增加。但是空头力量有充分的动量持续一段时间，直到公众投资者开始意识到不应该继续卖出。他们一般要在趋势反转之后很久才会反应过来。而我们的目的就是赶在公众投资者之前发现反转。

克服动量需要的成交量

假定大多数情况下，在转折发生时，空头保持比较稳定的成交量，此时要反转主要趋势，需要更大量的买入。虽然一笔交易中卖出与买入量必定相等，但是要阻止和逆转下行趋势的动量，买卖双方都需要付出更多。因此在重要的转折点，成交量指标会比之前的正常数值有所增加。

如果读者不能一下理解上面过程的图形表示，现在也无须担心。从实用角度来看，对转折点出现高成交量的这种解释并不重要，而且也并不完整，在我们未来的学习中将对此做出更完善的解释。

事实上，如果这是唯一的解释，那么转折点上的成交量增加幅度将不会很大，甚至可能非常小，以至于对这一现象的研究显得不那么重要。我们之所以先给出这种解释，是因为它是最基本也最直接的一个，但是还有很多其他的解释，而且比这一种更重要也更易懂。

另外一种解释成交量增加的观点是，之前的价格运动遇到了阻挡。手中有大量股票要交易的内部人必须谨慎地行动，唯恐使价格出现快涨或快跌。但是当他们看到股价能够更容易地承受这些买入或卖出时，他们的本能反应就是加快操作的速度，加大成交量，形成反转，前提是此时新出现的多头或空头继续进行交易。

职业操盘手和其他的市场操作也是这样。内部人士买入股票的最佳方式是先大量卖出将股价压低,如通过虚假交易(已被证券交易委员会禁止)来提高成交量,吸引市场交易注意力,然后突然扭转为买入操作,买入前面卖出的所有股票。我们可以很清楚地看到,这些人为的操纵将如何提高转折点或反转点的成交量。

在第8讲中,我们将提到一种例外情况,即高成交量出现在转折点之后而非之前。这种例外情况在熊市趋势扭转为牛市趋势的过程中发生最为频繁,但几乎从未在牛市转为熊市的过程中出现。

日内反转

成交量法则普遍适用,但是可能会导致出现日内反转的情况,即很多人称为 a turnover day, a volume shake-out, 或者峰形。如果市场以稳定的成交量逐渐下跌,那么可能会突然出现某一天成交量异常地高,而且价格快速从低变高,收盘价在最高价附近。

合理的假设是,日内反转的目的是获得股票。操作者上午快速地大量卖出,然后在股价下跌的过程中接盘不停卖出的股票。同时,剧烈下跌的股价以及高成交量使市场注意到这只股票,许多不谨慎的交易者开始卖出股票,期望在更低的价格买回。

就在股价跌至谷底、成交量升至顶峰时,操作者扭转战术,买入所有在售的股票。下午股价逐渐上升,他们接盘了比上午更多的股票,因为很多旁观者觉得这种恢复只是短暂的,于是涌入市场进行卖出。

收市时,股价回升至最高价附近,准备下一个或几个交易日内继续攀升,而内部人已经为将来的操作买入下一条漂亮的股价线。高成交量是这种股价变化的伴随效应。

日内反转的例子

日内反转发生在股价顶端,预示着下行趋势即将出现;同理,发生在股价底端时,预示着上行趋势即将出现。不管哪种情况,其共同点是一天内高成交量伴随着股价上行继续深入之前的运动方向,下午掉头向相反方向,最终收盘价是当日与开盘价相反的价格范围端点之上。

我们可以通过图来看几个日内反转的例子。

图 2.2——5 月 14 日出现日内底部反转；（见本书第 44 页）

图 2.3——2 月 5 日出现精彩的日内底部反转；2 月 25 日出现日内顶部反转，不过由于成交量没有之前的高，因此不太典型；（见本书第 46 页）

图 2.5——4 月 23 日出现日内底部反转。（见本书第 52 页）

需要注意的是，在实际交易中，日内反转本身并不需要过度重视。首先，不是所有的日内反转都会带来股票快速、显著的变化，有时需要很多天甚至很多周之后，股票才会行动起来。

不过，日内反转经常出现在其他指示性形态或模式中，因此它仍然是预测可能出现趋势的重要线索，而且它帮助我们时刻关注股票图表的变化，伺机而动。

"峰值"与"谷底"的相对成交量

我们目前讨论的主题是伴随股价变化的高成交量，并顺便解释了经常出现的日内反转现象。需要强调的是，成交量要从相对值角度来看。也就是说，当我们谈到"高成交量"时，意思是说交易量高于之前的普遍水平。在比较预示"峰值"（或掉头向下趋势）的成交量和预示"谷底"的成交量时，关于"相对量"的提醒尤为重要。两种情况下，成交量都相对很高，即比该点之前的成交量普遍值要高，但是"峰值"对应的成交量几乎总是远大于"谷底"对应的成交量。

不难理解，"峰值"与"谷底"对应成交量之间差距的主要原因是公众投资者对牛市比熊市更感兴趣，因此需要更大的成交量来扭转公众的乐观交易。

必须同时考虑股价与成交量

从前面的讨论中可以看到，股价图和成交量图各自都非常重要，但是要进行完整、有效的技术形态分析，必须同时考虑股价和成交量。

我们已经知道成交量在扭转上涨或下跌价格趋势时的重要性。读者将会发现在许多其他情形中，成交量对于预测反转点也很有帮助。

不论通过何种方法，进行实际操作的交易者深有体会的是，一只股票或整个市场常常往与公众预期相反的方向运动。公众的预测一般都是错的，否则价格按谁都知道的方向移动，那么没有人能够获利。

内部人交易的目的就是赚钱，但是"随大流"是无法赚钱的，他们会进行与公众投资者相反的操作，从而获利。

显示出内部人与公众操作相反的成交量

因此，技术分析非常有利于我们发现何时内部人与公众操作相反，准备反转一个明显的股价运动趋势。例如1931年10月，股票市场从大幅下跌转为中等程度的恢复调整。就在那时，伍尔沃思（Woolworth）公司宣布发放超额股利，媒体纷纷预测股票上涨，而且有传言称该公司将分拆它的英国分支。

这只股票看起来如此美好，几乎没有理由认为它会再下跌。公众投资者狂热地购买该股票，使股价在几天之内从45上升至55，但是就在好消息不断出现时，股价却停滞不前——股票的成交量极高，但接下来几天里股价基本没动。

读者想必已经猜到，这是内部人交易在干扰。当公众不断买入时，股价并没有出现合理的攀升。为什么？因为内部人正在大量卖出。到10月末，股价只比55多一点，等到年底更跌回到35。

另一个证明高成交量预示着股价与公众预期相反的例子，是1931年12月1日，罗瑞拉德（Lorillard）公司突然恢复派息，但在宣告该消息的当天，股价仅仅上涨了2点，而且停滞不前。成交量高得惊人，单日交易量将近40000股，而正常的平均交易量仅为每天不到10000股。在接下来的一周内，股价不仅回跌2点，甚至跌至历史最低点。

再来看1931年11月3日，股市整体陷入了极为消沉的状况：RKO公司被接管，连带Radio公司也麻烦不断；沃巴什（Wabash）公司也被接管，而且看起来好像许多公路股接下来也难以幸免；铁路公司薪酬争端刚刚出现恶化。一切都给股票市场带来了坏消息。自然地，公众投资者开始卖出。结果呢？

当天开始交易时市场确实下跌，但均值只比前一日收盘情况下跌了1点。接下来是缓慢但稳定的恢复调整，最终市场收盘净涨3个点。严格来讲，这也是日内反转。成交量比之前一段时间要高，但又不是极端高。学员需要明白的是，公众面对种种坏消息一定会大量卖出，但是价格却上涨了。唯一合理的结论就是内部人在坏消息下依然大量买入。仅仅4天后，市场涨到过去两个月里的最高点，并在主要趋势的强支撑和买入操作显现之后，继续强劲上涨了12点。

对前面的总结

到这里，我们希望为股票图和技术行为的学习打下进一步的铺垫。我们向读者展示了为什么技术行为非常重要，以及图表如何帮助我们学习这种行为，并特别强调了在主要或长期的趋势中发现反转早期信号的重要性。同时，我们也看到了赶在公众投资者醒悟之前分析反转出现的重要性，这些反转点一般是强大的内部人操作的结果。另外，我们针对为什么技术行为常常提醒我们市场不会朝公众预期方向运动的问题给出了合理的解释。

最后我们发现，在描绘交易记录时，成交量和价格运动同样重要。我们可以发现一些并不经常出现的形态和图形，能够为分析可以获利的未来趋势提供可靠的线索。现在，我们具体地学习一种最常见、最可靠的技术图表形态。

主要反转 vs 微小反转

在学习更重要的图形或形态之前，应该先学习预示趋势出现反转的形态，因为我们已经明白这种转折处的重要性。从实际交易的角度看，这些形态提醒我们的短期投机操作应从原先趋势转换为反转后趋势。

反转点常常出现在长期或主要趋势中，但并不真正改变总体趋势。不过，这种说法有点纠结于细节，因为中等程度的反转点就可能很有价值。形成形态的时间越长，这种形态的预测意义越强，接着发生的价格运动也越久。形态的长短、大小和强弱告诉我们它将是一个主要反转还是微小反转，进而决定是否要为它改变操作。

头部和肩部的描述

我们介绍的第一个重要反转形态是"头肩"形态（Head and Shoulders pattern）。在头肩顶中，开始时股票价格按原趋势方向上涨至一定高度，下跌后重新上涨至更高的高度，再度下跌后第三次上涨，但只达到第一次的高度，低于第二次。

第三次上涨的顶点就是原趋势方向上的最后一个转折点，接下来股价将逐渐进入一个相反方向的新趋势，即反转方向趋势。

与我们介绍的大多数图形一样，这种形态在上行与下行方向都适用。如果之前的运动趋势向上，反转形态出现在顶部，则被称为"头肩顶"（Head and Shoulders top）。如果之前的运动趋势向下，反转形态出现在底部，则被称为"头肩底"（Head and Shoulders bottom）。

以"头肩顶"为例，我们可以更容易地看懂术语命名方式。之前描述的三个高点中的第一个被称为左肩，旁边更高的第二个高点是头部，而第三个或最后一个与左肩差不多的高点，被称为右肩，三者组合起来的完整形态类似于人的头与肩膀的形态。

"头肩底"形态与"头肩顶"正好相反，即将"头肩顶"的图形上下颠倒，就像人们倒立时的头肩位置。"头肩底"形态有时也被称为"吊坠底"（Pendant Bottom），因为图形看起来也类似一条项链的形状，而且这种叫法对于其反转意义也更为贴切。

头肩顶的股票图示例

如果现在读者还不能想象出头肩形态的图形，下面几个具体的股票图例子会有所帮助。一个几近完美的头肩形态出现在1929年大牛市中共和钢铁（Republic Steel）股票的高峰处（见图2.1）。注意观察图形的大趋势，8月最后一周的冲高点B形成左肩，B点至C点间的小幅下跌构成颈部的左半边。从C点开始出现一股强上涨运动，至9月第三周的最高点F后出现反转，形成头部。F点至I点间价格急剧下降，构成颈部的右半边，然后价格上升至J点，形成右肩。之后又出现反转，股价在新趋势中迅速下跌，并在之后的三年中保持了下跌的主要趋势。

我们说这个例子是"几近完美"，是因为在一个真正完美的头肩形态中，左右两肩和颈部的左右半边是基本水平的，但这个例子中明显不是这样。尽管如此，图2.1仍然显示出一个极好的、典型的头肩形态，整个形态的跨度为两个月，其间价格变化的幅度显示出反转后趋势的重要程度。

头肩形态中的典型成交量

在共和钢铁例子的头肩形态中，成交量变化也是典型的，即伴随左肩形成过程的高成交量、头部形态过程的更高成交量，以及右肩过程中仅比正常情况稍有增加

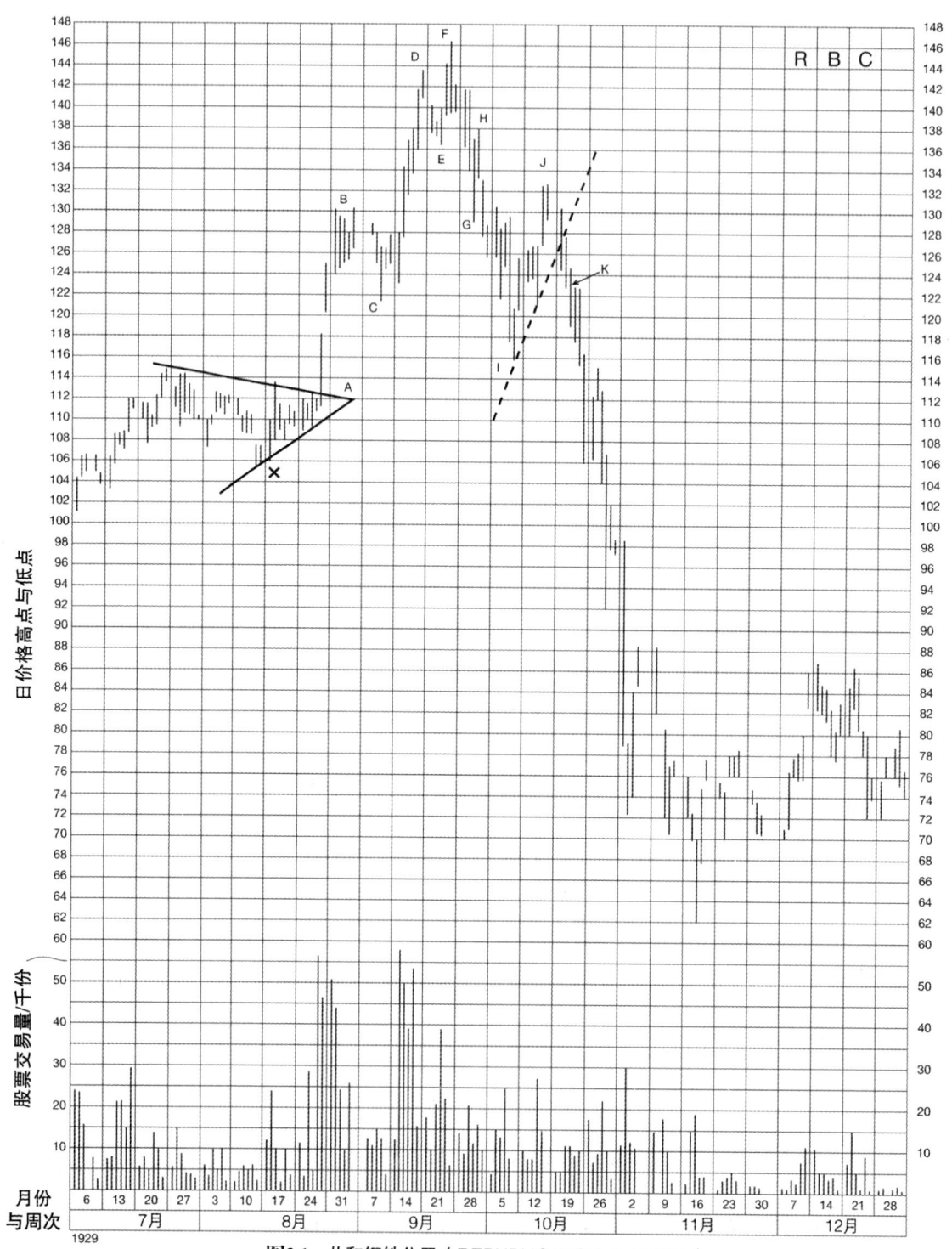

图2.1 共和钢铁公司（REPUBLIC IRON & STEEL）

的成交量。这是头肩形态的典型成交量变化图形，但是这里需要注意的是，两肩和头部成交量的相对关系并非总是如此典型，例如右肩的成交量可能大于左肩，少数情况下甚至大于头部。但是普遍情况下，头和双肩形态过程中都伴随着成交量的增加，这一点从之前介绍的反转处伴随高成交量的角度也很好理解。

接下来，我们将回到形态中颈线含义的解释，并探讨图2.1中显示出的其他引人关注的特点。首先，我们来看另一个头肩顶的例子，虽然其形态没有前一个例子那么明显，但肩部和颈部的幅度与理想情况更为贴近。

"突破颈线"

在西部联盟（Western Union）1934年前6个月的股票图中（见图2.2），我们看到ABCD区域构成左肩，E点代表头部，FGHI区域构成右肩。这个形态的很多特征都符合理想情况，如形成两肩的时间基本相等，头部对应的高成交量，以及几乎水平的颈部底线（BDFH），这些特征预示着价格将大幅跳水。在这幅图中，左肩形成过程中的成交量超过了头部当天成交量，这是经常发生的情况；而右肩对应的成交量则仅比之前几天稍有增加。

现在我们来学习颈线的处理，这是头肩形态中至关重要的一环。首先需要注意的是，头肩形态直到股价从头和右肩末I点抵达并穿透左肩底线继续向下时才真正结束。当市场对2月17日的I点做出反应，我们有理由怀疑头肩反转正在形成。事实上，一个大胆、资金充足的交易者可能会选择冒着风险开始卖出西部联盟的股票。但是，假设I点后价格跌至61并停住，然后再次掉头上涨，那么头肩形态就没有形成。这时那位过于大胆的交易者就要承受一定损失，或者不得不等到下跌行情真正出现时，才能获利。

因此，真正出现头肩反转形态的重要信号是价格下跌突破颈线，即例子中的2月23日，收盘价为59.5，突破颈线B-H。另外，注意：伴随价格突破颈线，成交量较之前几天出现明显增加。这点进一步确认了收盘价低于水平颈线是真正出现头肩形态的信号。

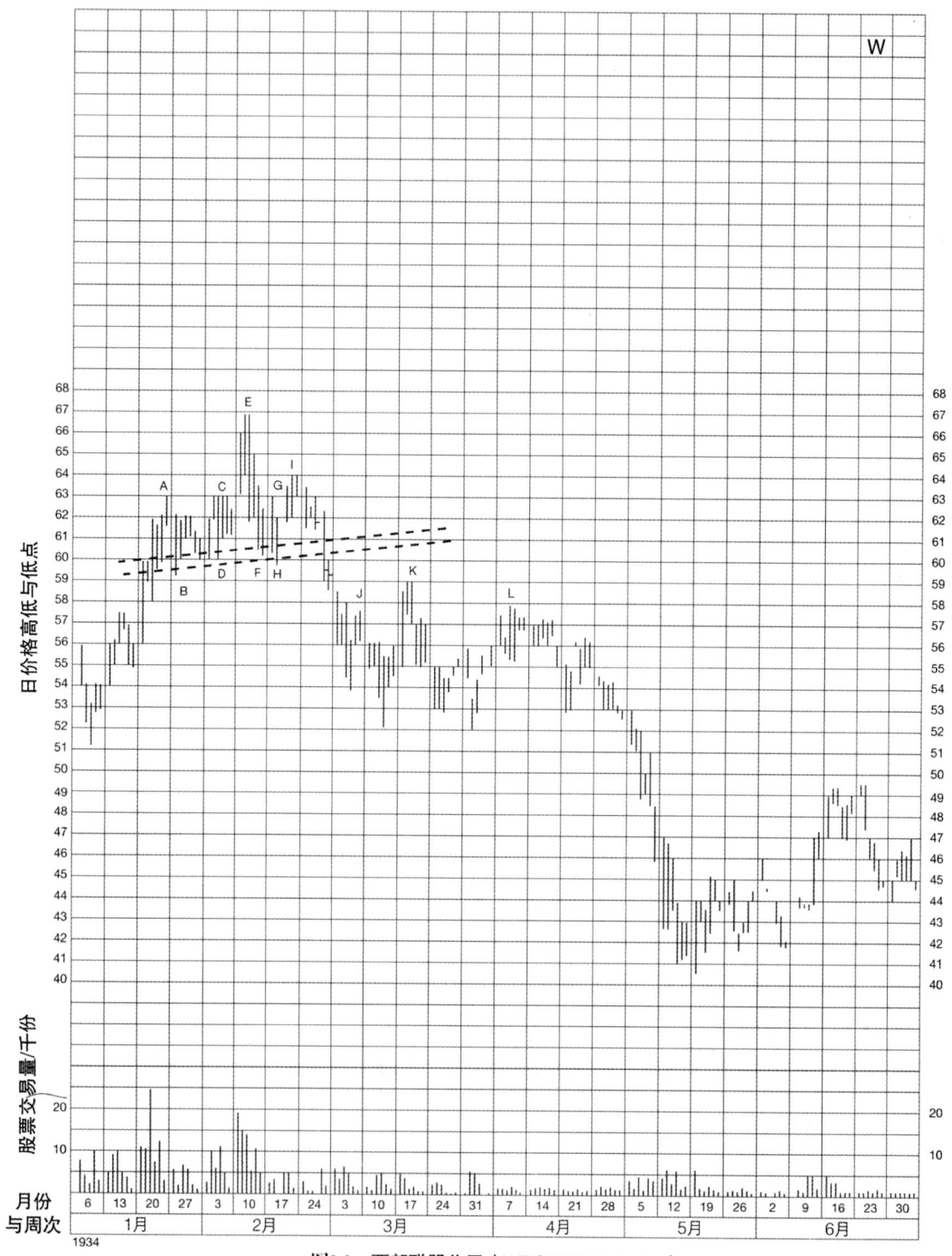

图2.2 西部联盟公司（WESTERN UNION）

两肩的不同跨度

在进一步解释突破颈线问题之前，我们先回头看几个头肩形态变化的例子，这些变化极为常见，读者必须能够识别并解读。在美国工业酒精公司（US Industrial Alcohol）1931年前半年的股票图中（见图2.3），我们可以看到右肩（F点）比左肩的形成时间长得多。根据E点到F点的价格变化路径，我们可以画出C-E颈线，但虽然3月12日的价格突破了C-E颈线，但对应的成交量非常小，因此不符合趋势反转的关键特点，即预示着多头力量还没有耗尽。如果考虑G点的价格，画到C-G颈线，可以发现3月19日价格突破C-G颈线，伴随着高成交量，因此反转形态至此完成。

顺便请读者注意一下此图中比较典型的成交量变化，如3月10日的日内反转现象。

现在我们来看图2.4，波登公司（Borden）1931年前6个月的股价变化。这个例子的情况与图2.3正好相反，左肩形成时间和幅度都高于右肩，4月15日的价格突破B-D颈线，伴随着高成交量。

通过比较工业酒精公司和波登公司的两幅图，我们现在来解释两肩跨度不同的原因。当左肩更宽，即波登公司的状态下，大量股票持有者准备在73~74的价格区间卖出获利，内部人的卖出操作基本完成，尽管仍然有大量潜在多头力量。在最后一轮价格冲高后，高涨的空方供给大幅下降，内部人退出，只剩相对弱势的公众空头继续卖出，因此接下来形成的右肩就既窄，而且幅度小了。而在工业酒精公司的情况下，股票持有者并没有打算在左肩的价格峰值处（即B点）卖出股票，市场仍在买入。直到D点，卖出正式开始，并一直持续到多头对股票彻底没有兴趣（即H点），接下来价格就一路下泻。

这是一种非常简化的解释，没有考虑众多影响趋势反转的其他因素，但我们必须记住，不需要过分纠结"为什么"的问题。只要市场按照这种方式进行，我们就不关心它为什么会这样。

实践时间

现在我们回到突破颈线问题。我们已经知道，当价格穿透颈线时，头肩形态才完成，而且价格的穿透需要增加的成交量的呼应。显然，价格确定跌破颈线的时候，

图2.3 美国工业酒精公司（US INDUSTRIAL ALCOHOL）

图2.4 波登公司（BORDEN）

就是卖出股票的时候。根据形态的不同规模，以及形成过程中价格波动的不同范围和时间跨度，反转后的价格运动的程度也不同。一个清晰的头肩形态之后，一般会出现一波值得操作的价格运动，向留心的学员提供一次获得可观利润的机会。如果他已经持有这只股票，则头肩形态是立刻卖出获利的重要信号。

在我们所举的例子中，除了共和钢铁（图 2.1）之外，由价格和成交量确认的卖出的信号出现在下行趋势形成动量之前，因此为获利操作留出足够的时间。现在我们来更仔细地学习图 2.1。

出现下垂肩形的警告

在过热的市场中，如 1929 年大牛市末尾，公众会积极参与股市交易，很快形成新的技术条件，接着趋势反转以惊人的速度进行。

头肩顶形态中，下垂的颈线一般预示着技术弱势的出现。下垂线出现的原因是，价格从头部最高点下跌至低于左侧颈线的水平，如共和钢铁股票走势中（见图 2.1），I 点位置低于 C 点。这种形态是一个确定的警示，即使接着形成的右肩高于左肩，如钢铁共和国股票图中，价格从低点 I 上升至 J 点，使得右肩的价格高点高于左肩的高点 B，这种形态仍然预示将出现看跌行情。甚至，右肩的高点可能高过头部，如图中的 F 点，接下来还是会出现重大反转。我们在第 4 讲介绍喇叭顶形态时，将更具体地做出说明。

另一方面，这种形态中的颈线仍然至关重要。直到价格明确地穿透颈线，头肩形态才形成，反转信号才真正出现。在共和钢铁股票的例子中，颈线（即图中 C 点和 I 点之间未画出的线）直到 10 月 19 日，价格跌至 106，收盘于 111 时才被穿透。

幸运的是，带有下垂颈线的头肩顶形态中，能够找到其他关键线或者技术指标来帮助我们在颈线被最终穿透之前，确定反转趋势出现的信号。由于目前还没有学到这些其他的形态和关键线，因此这里不做深入展开，我们将在后面的学习中以合理的顺序为大家讲解。

形态中的形态

在图 2.1 中，我们只讲解了规模较大且明显的头肩形态，但这个头肩形态直到右颈线端点 I，甚至突破点 J 时，才完全形成。如果更仔细地检视图中的价格走势，我们可以发现在 D、E、F、G、H 点已经形成了一个较小的头肩形态。虽然这一形态并不足以说服我们之前的上涨趋势即将反转，可能它只预示着一轮微小或中等趋势的变化，但是它确实反映出技术弱点，提醒我们注意接下来的价格变化。而且它确实成功地预示点 F 至点 I 间的中期下跌趋势。

现在我们将进入图表中其他线或标记的学习。这些与本书未来会学到的各种形态和重要价格变动密切相关。

上升颈线的操作

在讲解图 2.1 的头肩顶形态时，我们提到下垂或下降的颈线显示出技术弱点，并预示着快速的价格下跌。但是，需要强调的是，读者不要简单类推，认为与其对应的上升颈线也是快速下跌信号。所有的头肩顶形态都有看跌的含义，但如波登公司股票图所示，上升颈线的头肩顶形态有几点值得注意的地方。首先，其后的下跌趋势并不会很快出现。而且，由于"卖出"信号出现得比较及时，交易者可以抓住下跌行情进行操作，从而获利的可能性更大。通常，带有上升颈线的头肩形态是最显著的信号，而且如果结合正确的操作，可以带来最大的利润。

在上升颈线中，价格突破颈线点是否有成交量的增加比下垂颈线中更为重要。在下垂颈线形态中，突破点的成交活动可能只有少许增加，然后成交量才伴随价格的下跌而快速上升。简而言之，带有下降颈线的头肩形态是目前为止最棘手的形态，交易者需要较高的技术敏感性才能获得最大回报。

同时绘制几只股票图表的优势

从下垂肩形对技术敏感性的高要求，我们可以进一步得到同时对几只不同股票进行制图的优势。

头肩形态在主要上升趋势或较强的中期上升趋势的顶端极为常见，也非常容易识别。正因为这个原因，我们才能在 1929 年大牛市顶端和 1933 年前半年的价格冲高后找到那么多关于头肩形态的好例子。但是，并非所有的股票都在同一时间达到顶峰，有一些股票比其他股票早数周（如中等程度的趋势中）甚至数月（如主要反转趋势中）到达峰值。当学员看到自己制图的股票中，有的已经走出头肩形态（或者其他稍后讲解的反转形态）时，应该预期其他处于上升阶段的股票也可能有类似的表现。

一般来说，带有上升颈线的头肩顶形态最容易出现在提前于市场整体到达峰值的股票走势中，而且一般在大规模平仓之前。晚些达到峰值的股票在市场整体走向弱势时，更容易走出带有下降颈线的头肩形态，进而股价出现更猛烈的下跌。

因此，同时对许多股票进行制图的学员，如果在其中几幅图中看到了反转趋势，那么他就得到了其他股票发生反转的警告，故可以在反转趋势发展时，及时、快速、明确地进行操作。

头肩底形态

目前为止，我们讨论的头肩形态主要为峰值时出现，即头肩顶，它预示着价格将出现从上涨到下跌的反转趋势。但是我们前面提到，头肩形态在价格下降趋势的底部同样有效，即头肩底，有时还被称为吊坠形态。

在仔细观察典型的头肩底形态之前，我们可以先进行一些大致的比较。在对转折点处成交量重要程度的介绍中，我们提到股票成交量的一个特点是，下跌行情后比上涨行情后的绝对量要低。在严重熊市末尾——如1932—1933年间——这一点尤其显著，公众对股票交易普遍失去兴趣，交易基本由职业操盘手完成（当然，公众投资者群体永远不会彻底地退出股市），底部比顶部成交量低的基本规律反映在典型的头肩底形态中。由于交易活动低落，这种形态一般幅度较小，形成时间较长，而且在头部和两肩的顶点（以及突破颈线的当天）成交量也相对不显著。另外，同样因为交易活动不积极的原因，新趋势中价格的上涨往往出现得比较慢。也就是说，在很多情况下，头肩底形态的操作需要我们具有更多的耐心。

事实上，就其本质而言，由于头肩形态一般由较大幅度的价格波动构成，因此一个良好的头肩形态更多地出现在顶部。尽管如此，底部的头肩形态依然存在，而且同样重要且可信。

头肩底反转形态的例子

图2.5显示出伍尔沃思公司1936年前6个月的股价走势。跟踪过这只股票的

读者应该能回想起，就在这段时间以前，该股票的价格处在长期缓慢的下跌中，而到 10 月中期，股价又迅速攀升至 63。图中有一个大型的头肩形态，即点 A 构成左肩，点 D 构成头部，以及点 H 构成右肩，这是一个近乎完美的头肩形态，而且它的规模和幅度都预示着一次剧烈的价格运动。B-G 颈线在 6 月 9 日被突破，当日成交量也出现激增。两肩和头部的成交量并没有显著升高，但是我们之前已经提过，这是底部反转形态中比较常见的情况。

在伍尔沃思公司的股票图中，C-D-F 构成了另一个头肩形态，虽然规模较小，但同样有意义。当颈线（即过 E 点的虚线）在 5 月 13 日被突破时，我们已经有把握对股票走势做出判断。G 点与 H 点之间的一小波下跌是对我们耐心的考验，一般价格回归到颈线底部时，真正的主要趋势才正式开始。保守的交易者一般会等待大型的、更确定的形态完成后，才买入股票。

头肩底形态的变化

在头肩顶形态的讨论中，我们考虑了可能出现两肩宽度、高度不同的变化形态。在头肩底反转中，也有类型的变化。例如，图 2.6 显示了蒙哥马利—沃德公司（Montgomery Ward）1933 年 10 月出现的带有下垂颈线（B-D 线）的头肩反转形态。图 2.7 则阐释了杜邦公司（Du Point）股价走势中一个由宽阔左肩和狭窄右肩构成的头肩形态。

在蒙哥马利—沃德公司的例子中，9 月 7 日股价于点 F 突破颈线，伴随着成交量的显著增加，接下来股价上升趋势运动一段后，遇到阻挡。在将近两个月的非明确运动后，价格重新回到上涨趋势。

在杜邦公司的例子中，较窄的右肩预示着一次较快开始的新趋势。B-D 颈线基本水平，尽管成交量有所增加，但 F 点的价格却有所回落。最终的突破出现在 9 月 7 日，伴随着高成交量，当天价格收盘于颈线上一点，明确地预示着多头力量战胜了空头。

平坦的肩形

在最初介绍头肩形态时，我们将其三个组成部分描述为原趋势上的"剧烈波动"。

图2.5 伍尔沃思公司（WOOLWORTH）

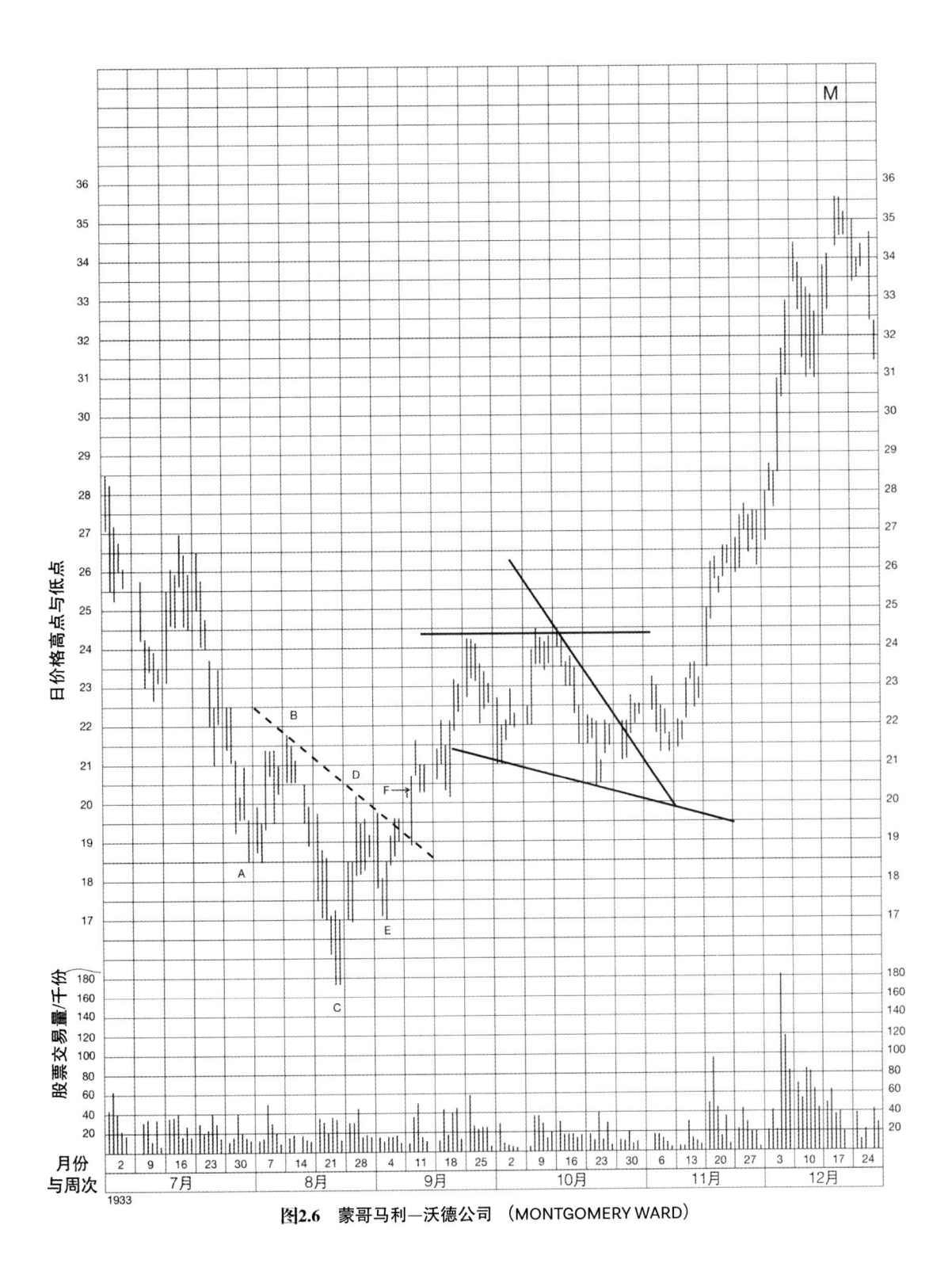

图2.6 蒙哥马利—沃德公司（MONTGOMERY WARD）

第2讲 重要的反转形态（1） | 053

图2.7 杜邦公司（DU PONT）

这种描述能够帮助初学者最清晰地勾勒出图形，但其实并不准确。头肩形态总是由三个阶段构成，但它们通常并非剧烈运动，仅是平坦或者缓缓倾斜的价格运动轨迹。

两肩的形态尤其如此，它们可能是尖的、圆的、平坦的或者缓缓倾斜的。关键点是，股票不断试图保持原趋势运动，但接连被反方向运动的压力所阻碍。这种压力称为支撑或阻挡，我们将在后面学到。

头部形态也可能是平坦的，但只有在例外情况下才如此。一般头部的高点会出现我们前面介绍过的日内反转。

在本讲的几张例图中，学员可以发现价格剧烈运动构成头肩形态的好例子。

顶部形态必须出现在上涨运动后

对于有经验的学员，这一点可能显而易见，但是考虑到仍有许多初学者，我们还是要在这里进行强调。许多"新手"在发现某种形态后过于急切，忽略了对该形态所处主要趋势的分析。

因此，请记住，顶部反转形态只出现在上涨运动后，底部反转形态只出现在下跌运动后。这一结论适用于包括头肩形态在内的所有反转形态。

因此，在价格没有明显的上涨或下跌运动，而只是横向运动的时期，即使出现了明显的头肩形态，也并没有技术意义。同样，学员可能在下跌趋势的价格走势中发现了头肩顶形态，或者在上涨趋势中发现了头肩底形态，这样的形态都不能预示趋势发生反转。事实上，这样的形态常常发展成为调整形态，预示着原趋势将恢复或持续。我们将在后面的学习中涉及调整形态。

未完成的头肩形态

另一个常见的新手错误是"操之过急"，即在貌似正在形成头肩形态时，没等到决定性的颈线突破点，就草率地下结论并据之操作。这种错误有很大的诱惑性，特别是预期反转即将发生时，出现了反转形态正在形成的信号。

图 2.8 中，1937 年 5 月至 6 月初的股价走势符合头肩底形态的所有特征。如果你遮住图中 6 月第二周之后的部分，可以看到为什么那时很多交易者都看涨克莱斯

勒公司（Chrysler）的股票。但结果是，颈线 N-N 一直没有被突破。6 月第一周的股价上涨停滞在 115，之后股价掉头向下，到 6 月最后一天跌至 94。

仔细观察任意一张活跃股票的股价图，都可以发现很多当时貌似正在形成，但其实从未完成的头肩形态。

等待明确的确认信号

技术分析的初学者可能对我们关于小心谨慎的不断提醒感到厌烦。不可否认，没有经验的交易者发现在等待或者遵循保守原则的期间，损失了一定的潜在利润，会感到不高兴。但是，从长期交易的角度来看，就会发现他的得大于失，用利润上少量的牺牲预防了因为不成熟的交易操作而承受的大量损失和心理压力。华尔街有一种说法，"总是试图在最低谷买入或者在最高峰卖出的人，往往失大于得。"

在头肩形态的学习中，我们反复强调的一个要点是，在明确突破颈线之前，头肩形态未完成，不能用于预测反转趋势。同时，这种明确的突破一般需要较大的成交量增加来确认。本着谨慎的态度和过往的经验，我们为读者，尤其是各位初学者，推荐一条选择操作时机的原则。总体来说，如果股价范围在 50~100 之间且较为稳定，那么明智的做法是等到股价收盘于颈线以外至少一个点时，再进行操作；如果股价波动剧烈，那么安全边际应降为半个点；如果股价在 100 以上，那么安全边际应相应增加。

希望这一原则能帮助一些鲁莽、缺少耐心的学员更理性地操作。

周线图和月线图中的形态

在结束本讲之前，我们认为应该在长期图表中检验头肩形态。图 2.9 画出了两个头肩顶形态，一个在艾奇逊—托皮卡—圣菲铁路公司（Atchison）1934—1935 年间的周线图中，另一个则是联合化学公司（Allied Chemical）1932 年月线图中长期下降趋势的反转。

除了纯粹的研究价值外，长期图表中的形态也可以帮助长线交易者或投资者确认周期性变化的发生。同时，我们可以利用周线图和月线图来检验形态预测的准确度和可靠性。此外，它们有时也可以帮助交易者抓住主要趋势，防止进行反方向操作。

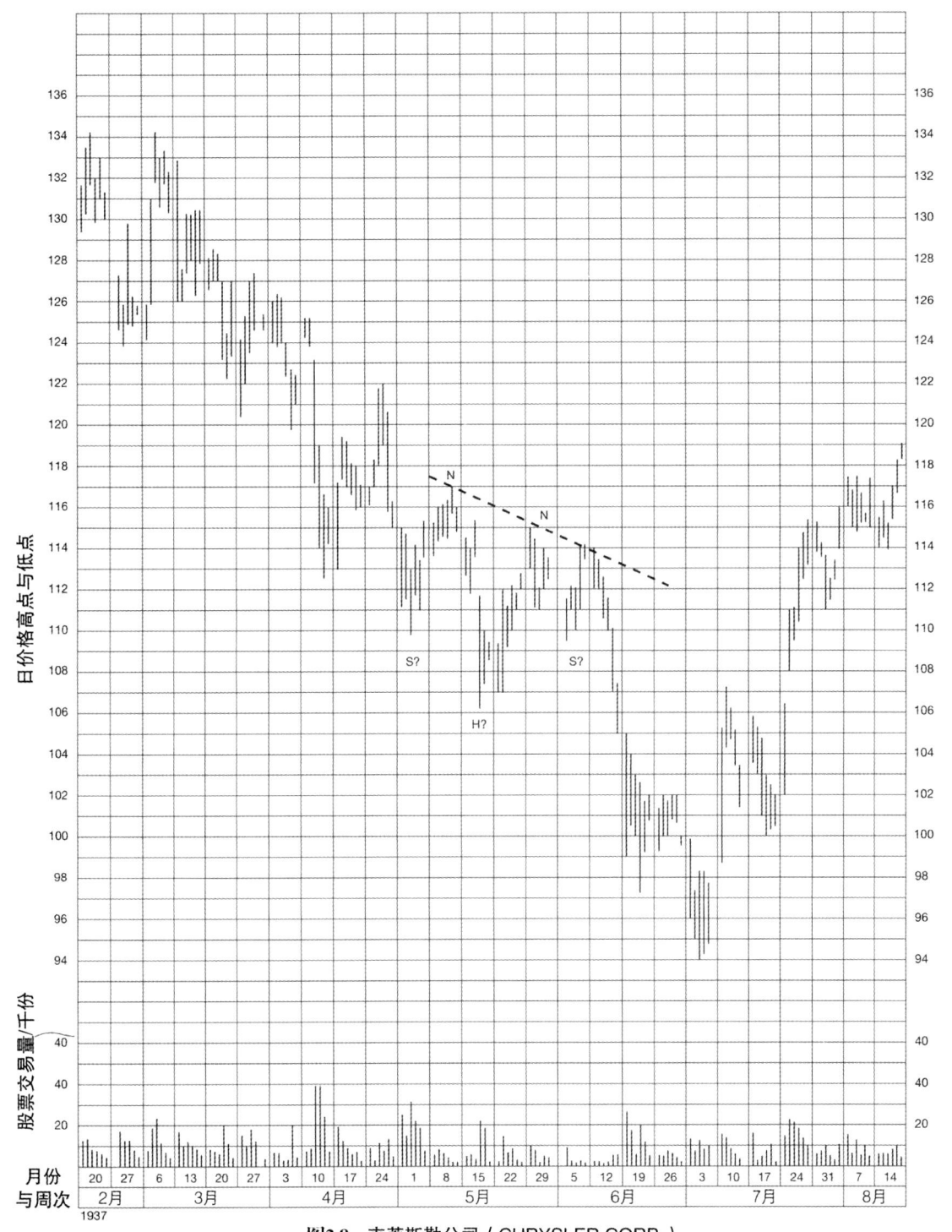

图2.8 克莱斯勒公司（CHRYSLER CORP.）

图2.9 头肩顶形态

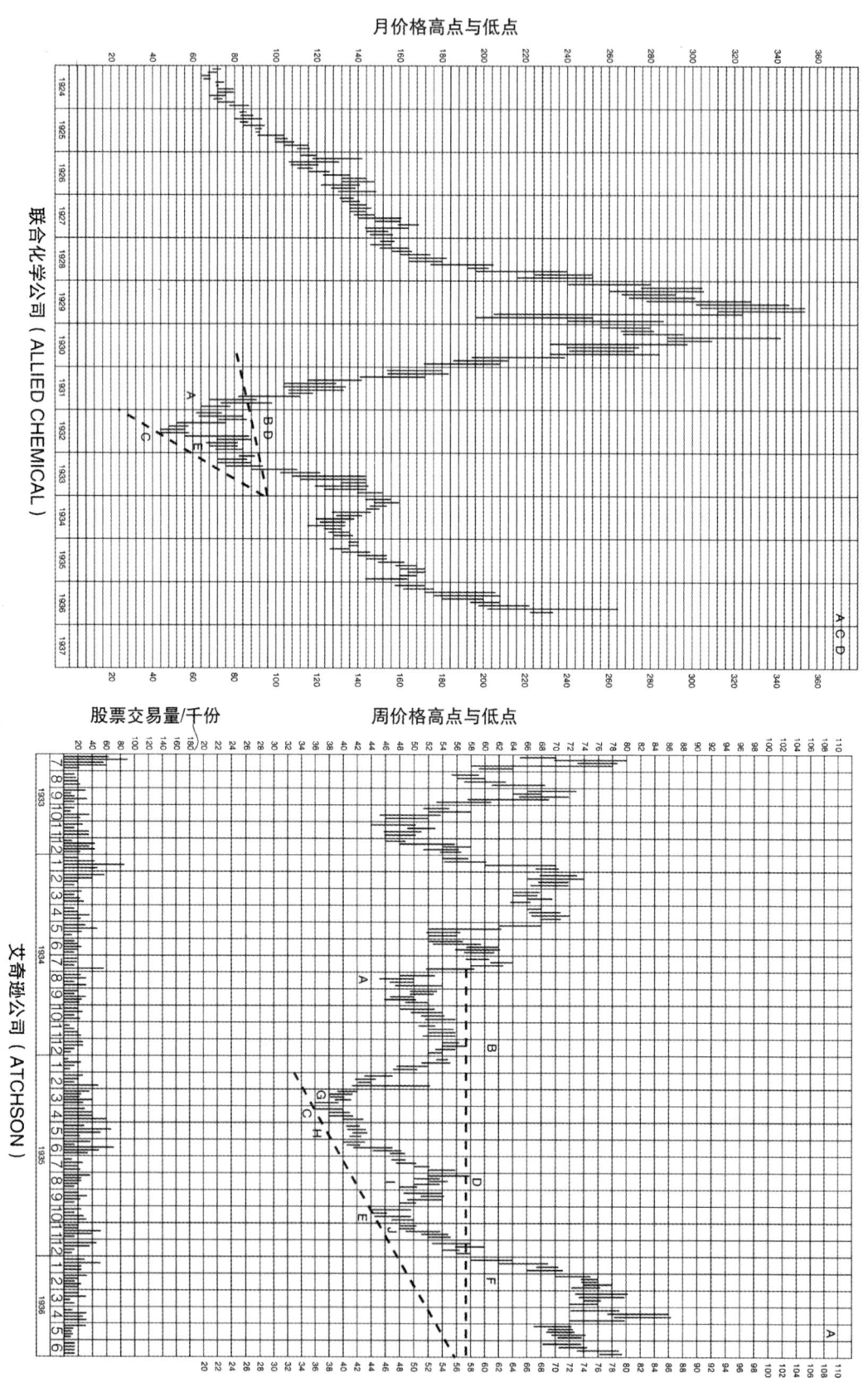

058 | 股市趋势技术分析全书

最后，长期图表让我们注意到某只股票正在出现的强劲趋势，进而将它纳入日线图研究的范围。我们利用日线图来获取有利可图的买入或卖出时机，一般日线图的价格运动与主要趋势是相符的，但如果我们发现周线图预测的趋势与日线图相反，也没有必要过于紧张。

头肩形态的可靠性

在完成关于头肩形态的讲解前，我们要再次强调，这一形态不仅是最常见、最流行、最著名的反转形态，而且它在实际中也是最重要和最可靠的。当然，与我们后面介绍的众多形态一样，头肩形态并非绝无错误。所有的形态都有例外，但是头肩形态的失败情况相对少得多。

读者在接下来的学习中，可以在之后介绍的众多其他形态的例图中，检验头肩形态。我们在例图选择时，对这种回顾作用给予了充分的考虑。

衡量价格运动的程度

在本讲前面，我们提到形态的规模和持续时间等特征能够告诉我们接下来价格运动趋势的程度。初学者往往此时希望用公式来衡量这些特征，结果造成交易损失，或者错过有利的交易时机。

在继续课程讲解之前，我们要首先澄清，尽管曾检验过成百上千个公式，但我们从来没有找到过一个可靠的时机选择或衡量公式。证券价格具有周期性，这点毋庸置疑，但是观察一下市场整体情况的长期图表（图1.1）可以发现，各周期的持续时间各不相同，我们只能进行最宽泛的概括，完全无法通过公式等推导方法来决定买入或卖出获利的时机。单个股票中期趋势变化的时间差异更大。简而言之，我们有充分理由认为，在中期或短期交易中发现获利时机的"万能公式"不存在。

但是，技术形态中存在一些衡量和推断（股价）的方法。这里我们将简单介绍一种可以应用于头肩形态的方法。在未来的学习中，我们会介绍这种方法更多的应用，学员现在只需有所了解，能够在图表上检验即可，在我们给出更具体的解释之前，不要试图在实际交易中使用。

这种方法的目的是找到价格在穿透颈线之后，运动到何种水平时会遇到初次阻挡。首先我们量出头部顶端至颈线底部的垂直距离，然后从突破颈线点开始，在同样方向量出同样的垂直距离，得到的点就大约对应着第一次阻挡的价格水平。这种阻挡可能很短暂，也很可能持续一段时间，之后新建立的趋势将继续进行。当然这种方法有许多例外情况，而且它只是一种粗略的估计。

对于头肩形态最重要也最可信的结论是，股票价格运动趋势将出现反转，而且新的趋势将持续足够长的时间，供我们进行获利操作。

图表形态背后的逻辑

学习技术分析的学员常常会有疑问：为什么某种特定的形态能够预测价格趋势的反转，这一现象背后的逻辑解释是什么？头肩形态是最常被问到的形态之一。

我们之前已经提到，许多形态的预测效果非常好，但是背后的逻辑解释往往比较模糊。在我们看来，发现并应用形态进行交易比探寻其背后的解释更为重要。但是我们这里仍然提供一些观点，希望为一些个别现象的解释提供帮助。

对于图表形态背后逻辑的解释，无一例外地涉及技术行为的根本基础——人们交易的原理，多头与空头的力量均衡，以及内部人的操控。例如，正如我们已经注意到的，绝大多数反转形态都伴随着原本占据优势的多头力量被空头力量逐渐压倒，或者原本占据优势的空头力量被多头力量逐渐压倒。

头肩反转形态的逻辑

相比于其他反转形态中转折点的规律性，头肩形态中的反转一般缓慢、平滑且不太显著。头肩形态的这种特点可能因为其股票在特定时期价格运动比较迅速，摆动幅度比较剧烈，这说明股票受到市场关注，或者可能受到职业操盘手的操纵。

一句话概括，头肩形态由股价快速运动中三个特殊点组成，说明之前的运动趋势被反向的技术力量所阻止并反转。

第 3 讲

重要的反转形态（2）

- ◎ 平缓的反转
- ◎ 普通反转的定义
- ◎ 圆形顶的股票图示例
- ◎ 均价图的形态
- ◎ 圆形底形态
- ◎ 圆形反转中的成交量
- ◎ 普通反转中的成交量增加
- ◎ 三角形态或线圈形态
- ◎ 三角形态是不可靠的反转形态
- ◎ 突破运动
- ◎ 更多地指示调整而非反转
- ◎ 提前判断的帮助
- ◎ 三角反转的例子
- ◎ 突破点需经成交量确认
- ◎ 端点并非总能达到
- ◎ 突破可能迅速出现
- ◎ 三角顶形态的变化
- ◎ 边线绘制的要求
- ◎ 早期突破较可靠
- ◎ 周线图与月线图中的三角形态
- ◎ 三角底反转
- ◎ 形态规模与价格运动的关系
- ◎ 端点之后的波浪运动
- ◎ 直角三角形态
- ◎ 更可靠的预测信号
- ◎ 下降三角形反转
- ◎ 初始突破时的成交量不是必要要求
- ◎ 边线之外的股价运动
- ◎ 卖空操作
- ◎ 市场总体对单个股票的影响
- ◎ 上升三角反转
- ◎ 周线图中的直角三角形态
- ◎ 楔形形态
- ◎ 楔形形态的示例
- ◎ 向上与向下楔形反转
- ◎ 楔形形态必须严格符合定义
- ◎ 三角反转形态的总结
- ◎ 形成三角形态的可能原因

平缓的反转

在第 1 讲中,我们介绍了股市中多头与空头力量之间的动态平衡,并看到技术形势的变化并非一夜形成,而是经过相当长的时间才逐渐建立。之前的趋势渐渐被占据优势的多头或空头力量所反转,因此我们通常都有足够的时间在股票图表中观察到转折的发生。

在上一讲中,我们介绍了最重要的反转形态——头肩形态的构成,从中可以看到它其实是平缓的价格运动组成的特定的强烈整合形式,这预示着技术点位和主要趋势的改变。

接下来要介绍的第二种反转形态是普通反转或圆形反转(common or rounding turn),它能更直接地体现多空双方的平衡关系。事实上,圆形反转是众多反转形态中最简单、最容易理解的一种。

普通反转的定义

普通反转形态是之前主要趋势方向上的渐进对称变化,是多空力量平衡转移的直接结果。例如,若在一段时间里多头比空头力量更强,则股价将形成上涨的趋势,正如股价图中反映出的历史交易情况那样。

因此,只要股票的多头交易更积极、更大量、更有力,那么上涨趋势就将持续。但是,假如空头力量逐渐增强,而多头保持不变或力量有所削弱,那么这种技术力量均衡的变化将导致上涨趋势放缓。

随着空头力量的相对增加,最终它将与多头持平,使得股价不上升也不下降,而是在一段时间内保持不变。

假设空头力量继续增强,直到超过多头力量,那么均衡将转变方向,空方多于多方使得股价逐步下跌。如果上述均衡变化的过程比较稳定,那么即使不借助股票图表,我们也可以想象到股价的变化将呈现出这样一幅图形:首先是一段较长的上涨,然后逐渐减速,在最高处维持一段时间,再转入逐渐下跌的新趋势。

这种技术图形就是普通反转，或者称为圆形顶（rounding top），是我们要介绍的第二种反转形态。事实上，这种形态无非是多空双方力量转换过程的图形表示，预示着技术形势的反转，即之前价格趋势的反转。这种图形也被称为"碗"（bowl）形态，因为向上反转的形态类似一个碗形，而向下反转的形态则类似一个倒扣的碗。

圆形顶的股票图示例

普通形态非常简单，可能不需要进一步的示例或者解释，但是我们希望对圆形顶形态（即向下反转形态）稍加说明，即美国钢铁公司（United States Steel）的股票图3.1中3月与4月间股价走势所示。

自1929年11月的最低点150开始，股价总体处于上涨趋势。最终，价格在1930年3月出现最后一次急剧攀升，从185上升至195的收盘价。在这一走势中，我们可以注意到向更高成交量的一日反转，但是更明显的特征是空方力量逐渐超过多方，致使股价主要趋势发生反转。

通常来说，普通反转的图形就是之前趋势逐渐反转成新的相反趋势的圆滑过渡。显而易见，圆形反转与其他形态（如头肩形态）的共同点是它们都反映了多空双方均衡变化的技术现象。区别在于，普通反转的变化过程更平缓、更对称，而头肩形态的运动过程则更剧烈、更尖锐。在美国钢铁公司的股票图中，读者也可以注意到圆形顶与头肩顶的相似之处。

有时，两种形态的区别较难发现，常常只是根据个人感觉去判断形态是圆形顶还是头肩顶。好在这种形态的判断本身是相对不重要的，因为两种形态都预示着之前趋势的反转，而且预测准确性也相近。

在美国钢铁公司的股票图中，如果圆形顶的高峰和左右两个中峰更尖锐、更突出一点，而不是缓缓过渡，那么这个形态就是头肩顶。同理，回头看一下图2.4，该头肩顶形态也类似圆形顶，只是顶点比较尖突。

在圆形顶的学习过程中，还有许多值得注意的地方。例如，1930年4月股票均价图的运动非常好地描绘出市场趋势从逐渐恢复反转到逐渐下跌的长期熊市之中。

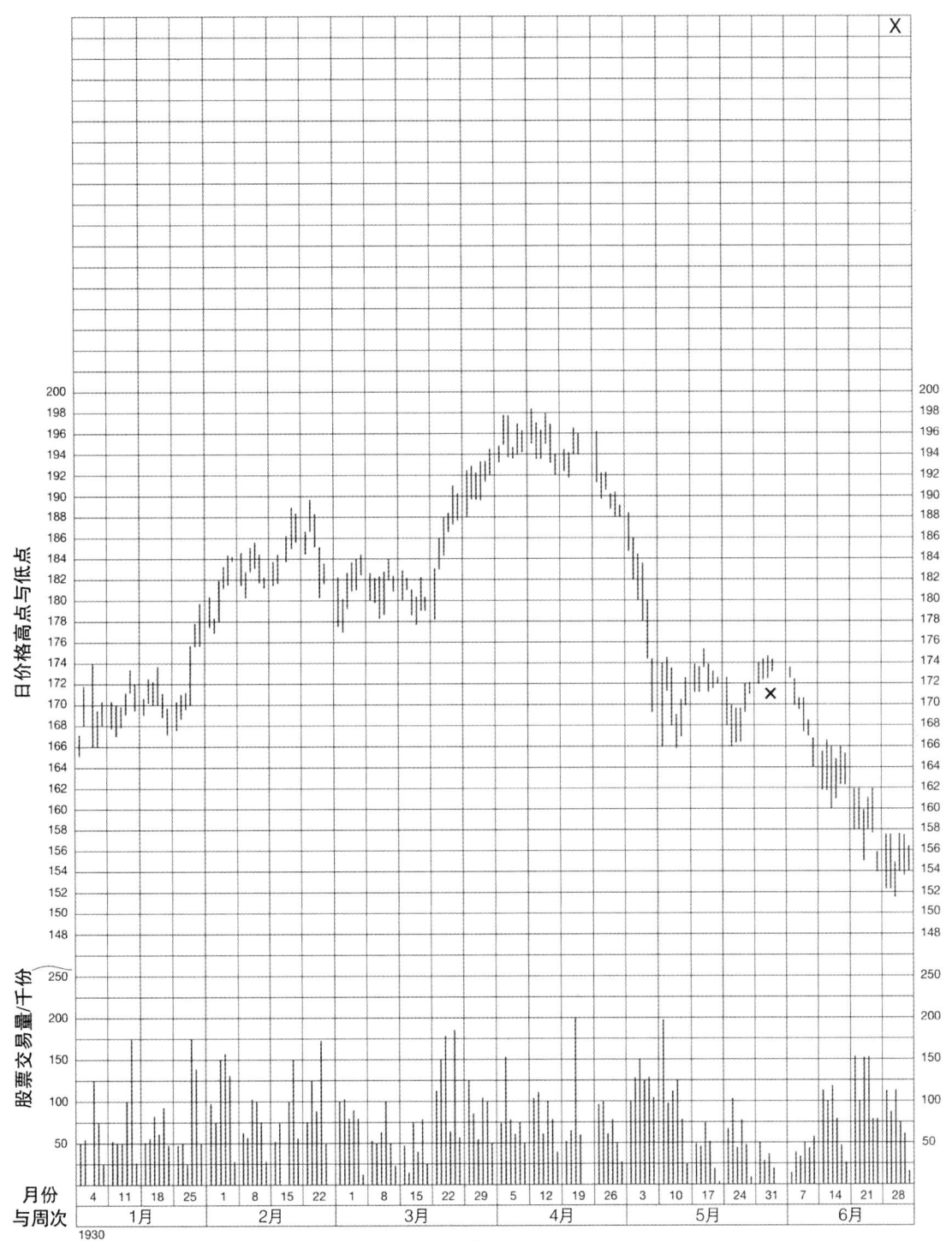

图3.1 美国钢铁公司（US STEEL）

第3讲 重要的反转形态（2）

均价图的形态

我们顺便来看一下为什么股票均价（或股价指数）常常能够给出非常好的图形。股票均价由许多个股组成，因此均价图将所有个股的不同形态综合起来，形成一个综合的图形。当有相当多的个股走出明确的形态时，与均价对应的综合图形也很可能呈现出类似的形态，如果在均价图中看到明确的形态，那么对应趋势的强度和重要性都会倍增，因为它显示出的是一种非常确定的市场一致运动。

例如，如果很多个股同时出现强头肩形态，那么显然均价图将呈现一个类似的头肩形态。但是，由于不同股票往往不会在同一天达到峰值或谷值，因此均价图中的形态相对不显著。因此，我们预期均价图更可能走出普通反转或圆形反转，事实也正是这样。

上一讲提到，1930 年 4 月美国钢铁公司股价走势呈现圆形顶。现在回头看均价图，在 1930 年 4 月也是圆形顶。这说明当时市场上其他股票也在形成与圆形顶类似的任何一种反转形态，使均价图中的总体趋势呈现反转。因此，这种技术形态非常重要，它预示着后来市场从 1929 年大恐慌后的恢复期转而进入熊市的变化。

圆形底形态

圆形底形态，或者向上普通转折形态，是将向下普通转折的图形上下颠倒后得到的。它预示着价格趋势止跌回升，是多头力量逐渐积累，最终超过原本处于优势地位的空头力量的结果，它意味着市场技术点位从弱到强，价格趋势从下降到上升。

圆形底形态比圆形顶形态更常见，具体原因我们将在成交量一节讨论，但是在这里我们先观察两张最基本的圆形底形态的图表。图 3.2 是 1932 年长期熊市反转的圆形底形态。股价已经持续下跌了三年，期间交替出现反弹和逐渐减弱的阻挡，直至 1932 年 5 月，空头力量耗尽。在 6 月 10 日，出现一轮多头爆发，可能因为急躁的内部人开始，使得价格在两天内上升 10 点。之后股价又回落至底线，然后随着成交量的上涨而加速上升。

图 3.3 显示了古德里奇公司（Goodrich）1935 年 10 月 7 日至 1936 年 2 月 21 日之间，股价从中期下降趋势反转成上升趋势的圆形底形态。在图中，我们可以看到底部有一段短暂的冲刺，但并没有破坏"碗形"，同时与前图一样，成交量随着

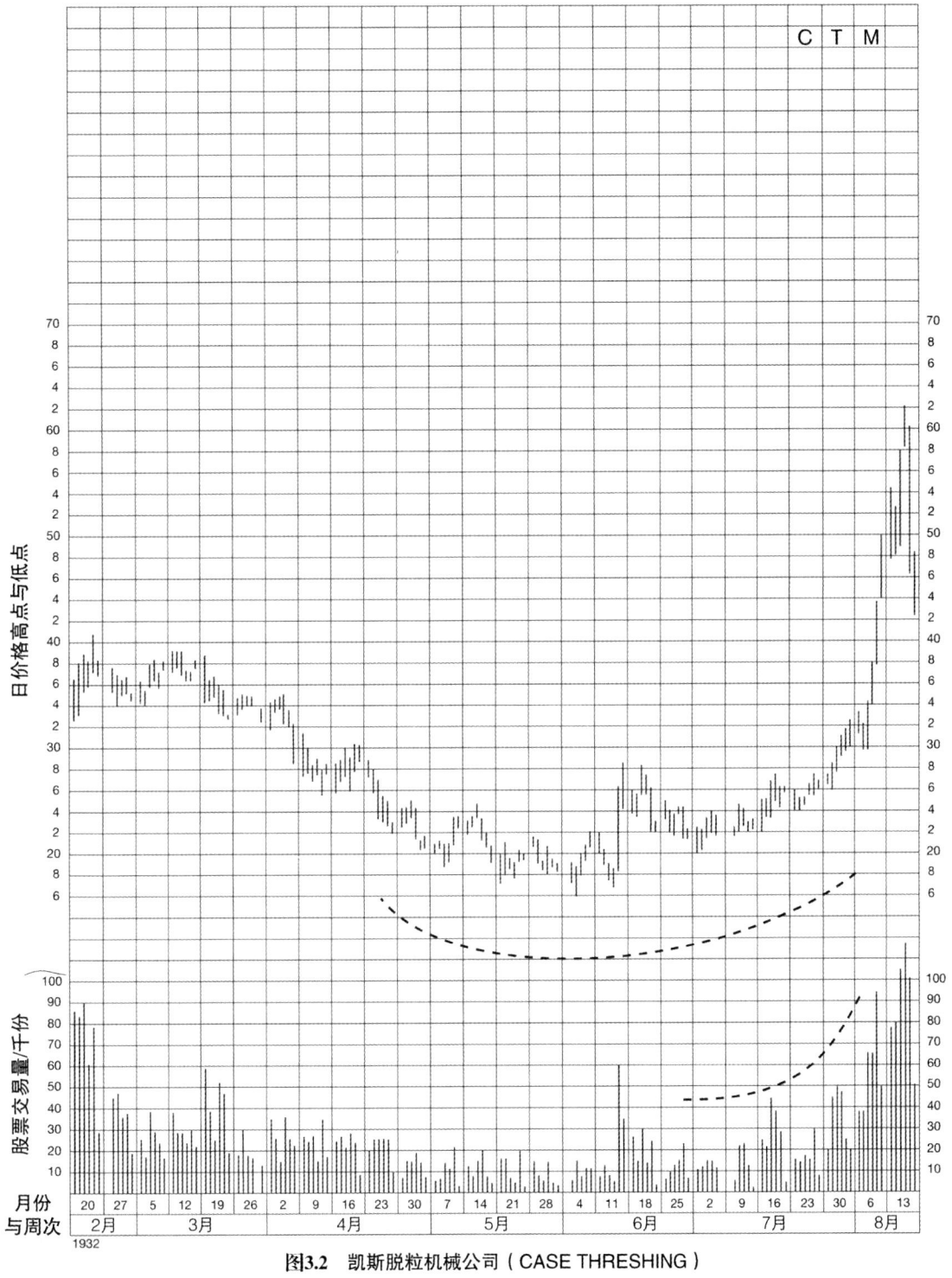

图3.2 凯斯脱粒机械公司（CASE THRESHING）

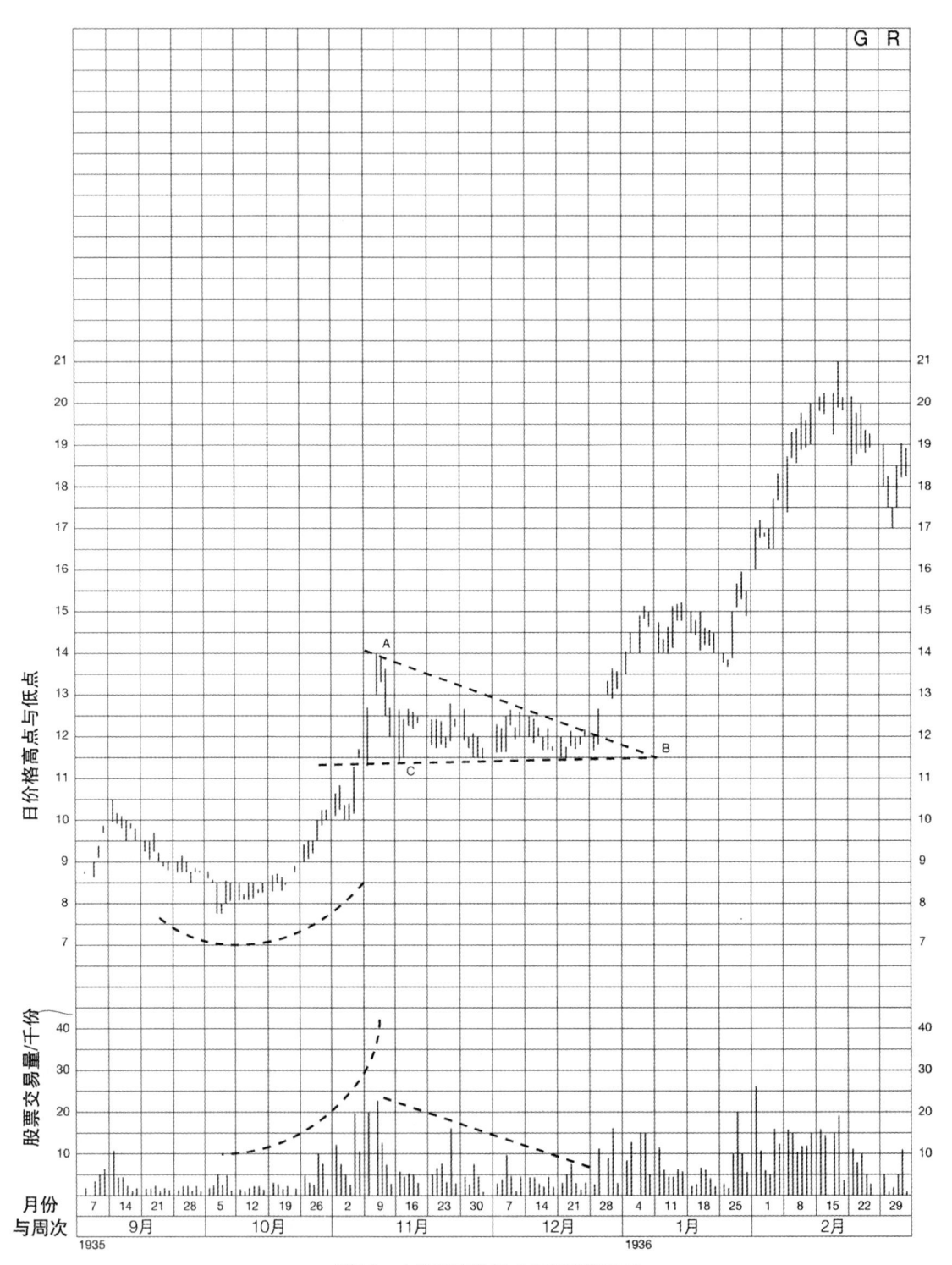

图3.3 古德里奇公司（GOODRICH）

图形的向上反转而迅速升高。

（古德里奇公司股票图中的 A-B-C 形态将在第 4 讲中继续讨论）

圆形反转中的成交量

在前面我们提到普通或圆形反转较多发生在底部，较少发生在顶部。这与我们观察到的成交量在上行顶部较高、下行过程较低的特点一致。普通或圆形反转的基本形式，就是技术双方力量均衡的逐渐、有规律的变化。如果出现任何突然、剧烈的交易活动，这一变化都将不再遵从原来的规律。因此，圆形反转较少出现在交易活跃的顶部，而较多出现在相对冷清的底部。

普通反转中的成交量增加

如果再回头看一下圆形反转的图形，可以注意到成交量总在价格越过底部最低点、进入新趋势后开始快速上升。这种交易活动的明显增加是普通或圆形反转中不变的特征，也是买入卖出信号的重要确认。

在这门课的学习中，学员会发现许多反转形态，包括上一讲的头肩形态，都带有普通反转的某些性质。尤其是价格变动不是很剧烈的头肩形态，非常类似普通反转。例如，回顾波登公司的股票走势，即图2.4，当普通反转和头肩形态都有可能发生时，通常两种形态的预测结果是相同的。

普通反转或圆形反转形态非常简单，我们不需要再花时间来讲解。这种形态可能是最符合逻辑、最容易理解的反转形态。它也和所有图表形态一样，不是绝对可靠，但是较高的预测准确性使它在技术分析中处于重要的地位。

三角形态或线圈形态

第三种重要的反转形态被称为三角形态（Triangle），或者线圈形态（Coil）。我们倾向于称它为三角形态，因为三角形更类似它的形状，而且三角形的分类便于我们描述形态的变化。不过很多著者也喜欢称它为线圈形态，因为线圈被螺旋纽紧后蓄力挣开的特点与该形态波动到达尖端后脱离原形态的特点非常一致。

通常，三角形态由股票图中价格线的运动组成。三角形态的基本形式看上去像一个等边三角形，底边垂直立于左侧，中线位于水平线，端点在右边，因此整个三角形指向右方，或者说指向未来而不是过去。以后我们将这种基本形态称为"对称三角形"。

因此基本形态的形成过程是，首先出现相对大幅度的价格摆动，接着摆动幅度对称地逐渐减小，一直到达端点，当天价格范围非常小，同时成交量也非常低，说明市场对这只股票的兴趣和交易活动都已经减弱。

事实上，基本形态不会如此完美地出现，一般中间会出现一些不规律扰动。因此解释三角形态时有较大任意性，但其总体形态仍是最常见和重要的图表形态之一。

三角形态是不可靠的反转形态

三角形态是主要反转形态的一种，但我们一定要注意的是，三角形态绝不是总意味着技术形势的反转。事实上，三角形态更多地出现在中期趋势或调整形态中，我们将在第4讲中进一步学习。

目前我们需要了解的是三角形态既可以是调整形态，也可以是反转形态。这就是为什么三角反转不如头肩反转重要的主要原因，即头肩形态几乎总预示着反转的发生，而三角形态尽管出现次数更多，但其预示意义却并不明确、可靠。

在实际中，三角形态作为反转形态的这一缺点很重要，因为这说明三角形态形成时，我们无法判断趋势是在调整还是在反转。当然，图表分析的学员必须仔细观察形态完成之后发生价格运动的方向和特征，以确保他做出的分析是正确的，以及得到的图形是真实的。但是在其他图表形态中，学员几乎可以在形态完成之前，就根据其特征和风格得到一个相对确定的结论，预测下一步价格运动应该如何。

据我们所知，在之后的股价运动突破三角形顶点之前，没有特定的法则能够告诉大家三角形态将预示着调整还是反转。因此，与其他反转形态相比，三角形态只能给出较迟的预测建议。

突破运动

根据对三角形态的描述可知，随着价格幅度逐渐向端点缩窄，价格运动将进入一个关键时期，即从非常短的价格线状态进入幅度较大、较明确的运动。

在达到三角形端点之后，进入后续运动的过程被称作"突破"。突破通常指明接下来大规模、有利可图的价格运动的方向。在有些情况下，三角形端点后会出现"虚假移动"（false move），即出现一次暂时背离后来主要趋势的价格移动。我们将在后面仔细介绍这种虚假移动。虚假移动相对来说不常出现，但是当出现时，它们会暴露三角形态的另一个缺点。

希望读者不要觉得我们轻视或不信任三角形态。与此相反，我们认为三角形态是一个非常重要、非常有用的图表形态。这里我们只想让读者清楚、完整地看到这种形态的缺陷，尤其在作为反转形态时，它的缺陷可能比其他技术图形更明显。

更多地指示调整而非反转

尽管三角形态是一种既常见又重要的反转形态，但它作为调整形态出现更为常见也更为重要。换句话说，如果其他条件相同，则三角形态预示之前趋势的持续将比预示之前趋势的调整更经常出现。

之前已经提到，在三角形态形成过程中，我们很难从形态本身确认它将成为调整形态还是反转形态。结合上一段的结论，我们在三角形态形成过程中，假设它是调整形态，或中间形态，直到实际情况证明是相反的结论。

提前判断的帮助

另一个帮助我们进行判断的方法是考虑三角形态之前的运动趋势。如果之前的运动比较长，而且开始显现出技术力量的竭尽，那么三角形态是反转形态的可能性更大。但是，如果之前的趋势比较短，而且其他信号显示趋势将持续，那么三角形态是调整形态的几率自然更大。

对基本面因素的分析也常常是重要且有益的。回顾前面对称三角形的分析，技术图形本身无法给出确定的预测信号。如对称三角形只是说明顶点附近将出现大幅度、快速、值得关注的股票价格运动，但是具体哪个方向呢？我们不得不到别处寻找迹象，或者等待突破的发生。

我们前面指出了一种解决方法，但是最有益的迹象往往与基本面因素相关，或者至少与技术形态中没有体现的因素相关。股票背后公司的收益如何？未来发展前景如何？可能出现什么爆炸性新闻？业务前景如何？其他股票及市场整体的技术形势是强还是弱？这些相关的问题，虽然不是全部与基本面因素相关，但常常能告诉我们正在形成的对称三角形态究竟是技术趋势的反转，还是调整形态（之前趋势在发力继续前的暂时休整）。

三角反转的例子

我们认为有必要首先介绍三角形态的缺点，而现在我们将集中学习单纯作为反转形态的三角形态。

当三角形态使原趋势由涨转跌时，我们将其称作三角顶。当三角形态使原趋势由跌转涨时，我们将其称作三角底。

图3.4是一个对称三角形反转的例子，出现在1936年奥本汽车公司股票走势中。即使不借助点A和点B分别与点C相连的边线，学员也可以轻易地看出图中的三角形态。3月5日的点A是中期上涨趋势的顶点，对应价格为54.25；点B是之前一轮价格下跌的底部。在A、B点之前，奥本汽车公司的股票走势已经出现几轮上涨和下跌，总体趋势为上升。但是A、B点之后，尽管各轮下跌的底部仍然稍有上升，但是下跌趋势逐渐变弱，使得股价变化范围明显地变小，最终汇合在端点C。同时注意到，在价格向端点运动的过程中，每周成交量也在逐渐"萎缩"。

但是，正如我们之前提到的那样，我们无法提前获知这个三角形态突破后股价的运动方向。不过，如果我们在跟踪一组股票，而且发现它们中大部分都同时发展出反转形态，那么我们有理由猜测奥本汽车公司的三角形态也预示着反转。

突破点需经成交量确认

4月11日，股价向下突破边线，同时成交量显示出明确的增加（考虑到当天是周六，仅有两个小时的交易时间①），这在一定程度上确认了我们的猜测。当日交易结束时最后一笔交易几乎回归形态区间，说明这并不是一次决定性的突破，而可能只是一次虚假移动（我们将在后面介绍）。在周一时，突破终于发生，成交量

---

① 纽约证券交易所曾在很长的时间保持周六交易半天的惯例，现在已经废除。——译者注

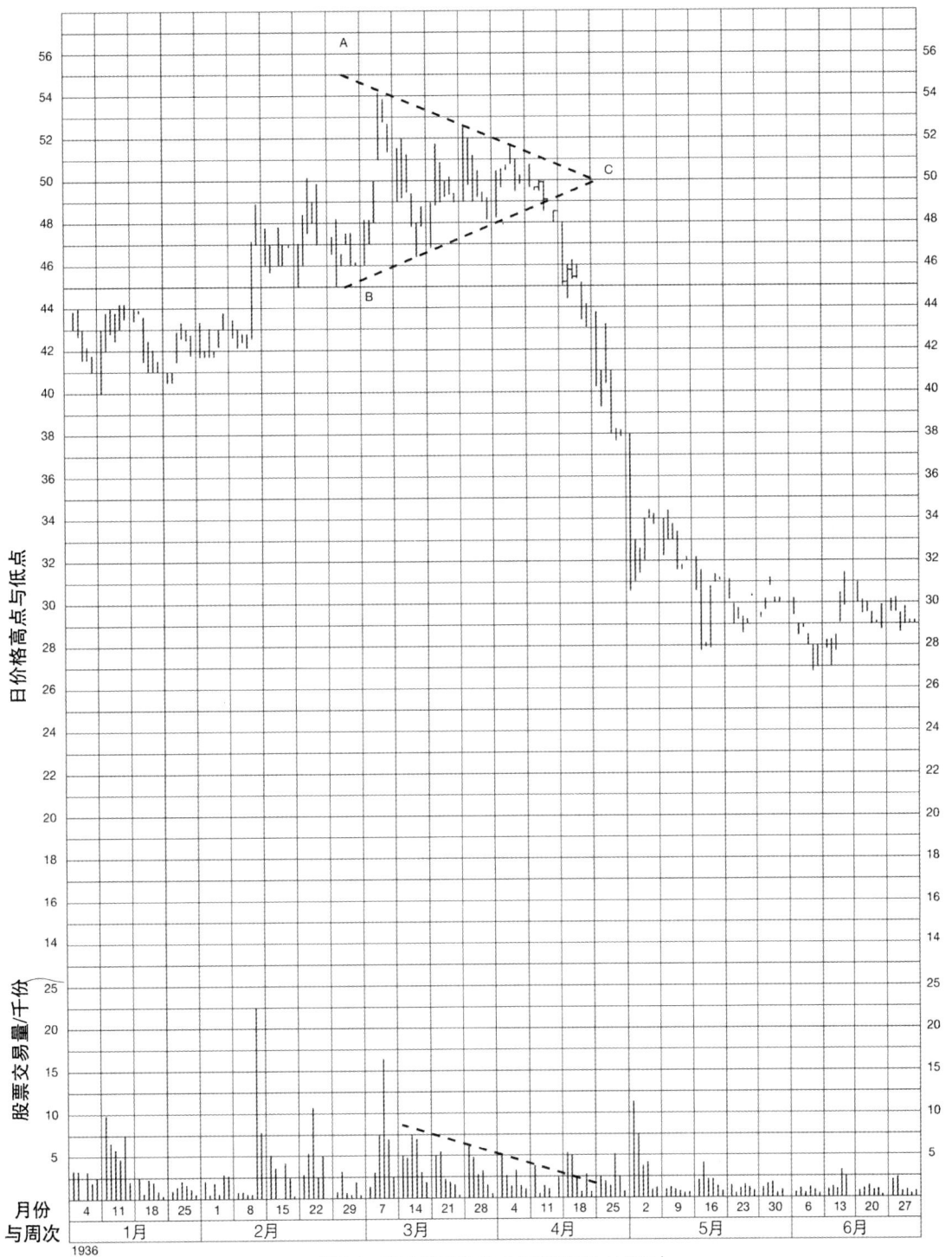

图3.4 奥本汽车公司（AUBURN AUTO）

超过之前两周的情况，股价明确突破边线，最终收盘于形态之下 3 个点。是时候卖出奥本汽车公司股票了！

在图 3.4 的学习中，我们强调成交量变化的重要性，因为不论是反转还是调整，成交量都是三角形态非常典型的特征。在形态向端点发展的过程中，成交量的萎缩非常明显，尽管并非一定以均等的速率变化。当股价突破形态时，总会出现非常高的成交量，同时低成交量时任何一次轻微的增加都需要关注。如果股价真的突破进入新趋势（或者进行原趋势的快速恢复），则几乎一定会出现成交量的迅速、明显增加。大家可以注意到，明确突破三角形态时的成交量法则，与之前学习的其他形态相同。在后面的学习中，大家将发现这一普遍法则，即价格突破反转或突破调整时成交量出现明显上升，在几乎所有重要的技术形态中都适用。

端点并非总能达到

图 3.4 中还有一个需要讲解的地方，以免学员对三角形态产生困惑。

在三角形态中，股价并形成突破并开始新的变化之前，价格并不一定收敛为标准的模式顶点。事实上它们也极少形成顶点，突破常常出现在远离顶点的位置。只要价格线正在会聚，三角形态正在形成，我们就应该画出一条边线（至少是暂时的边线），然后等待出现带有成交量变化的突破信号。对于每一只活跃的股票，如有大量交易的股票和公众关注的龙头股，突破点可能出现在端点之前。而对于相对不活跃的股票，如通常只在快速涨跌期间引起市场注意的股票，成交量和价格可能会一直萎缩至理论上的端点，然后才出现突破。

突破可能迅速出现

在对称三角反转形态中，突破点出现的时间早晚没有特殊意义，两种情况下预测结果都相同。但是，那些需要长时间才形成顶点的三角形，必然要求对可能出现的突破变化更加严格验证。顶点位置的价格变化中幅度很小，以至于由几笔交易引起的微波变化，都可能突破理论边线，但并不能发出真正的突破信号。形态持续越久，幅度越小，就越需要在买卖股票之前等待决定性的突破点，即收盘价完全位于形态之外，同时伴随着成交量的明显增加。

三角顶形态的变化

图 3.5 是一个值得反复钻研的图形。它描绘了休斯敦石油公司（Houston Oil）的股票经过一次有力的中期反弹后，掉头又进入长期熊市的价格和成交量变化过程。反弹运动的顶部形成的图形，有力地印证了我们前面给出的结论，即某些形态可能同时属于不同的类型，但预测含义是相同的。

例如，图中顶部的图形既可以看作对称三角形（即线 A-C 和线 B-C 所夹），也可以看作头肩顶（即头部顶点位于点 D，双肩顶点分别为点 A 和点 E）。两种方式都有意义，而且都有相同的预测结果。在本例中，三角形态的 B-C 边线同时也是头肩形态的颈线。8 月 8 日，价格突破这条线，同时伴随高成交量。

边线绘制的要求

在画三角形态 A-B-C 的边线时，我们忽略了 D 点的峰值。正如在前面提到的，这是有时解释三角形态时必要的灵活处理。一个严格的技术分析师可能认为，这种做法违反了三角形态边线总应经过最外边界的原则。一般来说，我们赞同这种观点，并且要求学员只有积累了丰富的经验后，才能谨慎使用这种处理方法。如在本例中，三角形态非常明显，线 A-E-C 也基本包含了价格变化的外边界，因此这种做法是有道理的。

早期突破较可靠

休斯敦公司的股票图还说明了三角形态形成过程中典型的早期突破，即出现在形态起点与理论端点之间一半位置以前的突破。这种早期突破常常是真实的，而且需要我们立即进行交易——在本例中，立即卖出股票。

如果突破信号后立即进行交易，我们可以 75 左右的价格卖出一单位休斯敦股票。观察接下来的一段时期，发现我们的预测明显没有实现。但是，注意到股价调整时，始终没有到突破点以上，而且向下反转的预测最终成真，使坚定的卖出者获得丰厚利润。这种没有回到突破点，或头肩形态颈线的调整经常发生，我们在以后学习阻挡与止损时还会提到。

图3.5 休斯敦石油公司（HOUSTON OIL）

本图中另一个重要特征是 A—G—F 三角形态。严格来说，该形态更倾向于直角三角形，而不是对称三角形。本讲后面会介绍直角三角形态的重要意义。同时，这个更大的形态对即将出现的主要下降趋势提供了更好的预测，9 月 22 日出现的伴随高成交量的突破是典型的、有决定性的。

周线图与月线图中的三角形态

图 3.6 显示了长期图表中的三角反转形态——一个出现在新泽西标准石油公司（Standard Oil of New Jersey）的周线图中，另一个则在新泽西公共服务公司（Public Service of New Jersey）的月线图中。这些图形与第 2 讲中介绍的长期图表中的头肩形态有相同的作用。我们建议读者现在回顾一下它们的实用价值。

三角底反转

下面我们通过两个例子简要介绍一下对称三角底反转形态，它预示着从下跌转向上升的价格趋势。

图 3.7 显示了奥本汽车公司 1933 年秋天的对称三角底形态。股价于 11 月 3 日突破价格上限，但不是决定性的。而 11 月 4 日是周六，如果我们将成交量加倍，再与之前的完整交易日相比较，可以发现这一天突破被确认，反转趋势正式建立。

图 3.8 描绘了约翰·曼维尔公司（Johns Manville）1935 年 3 月的对称三角形态。图中值得注意的是，4 月 3 日的股价一度跌至下边线以下，但当日收盘时回到形态内部。这时回想一下可知，三角形态中可能出现突破前的虚假移动。另外，4 月 3 日的成交量并不显著，因此除了价格回升至形态内之外，成交量的不符也防止我们对形态做出错误解读，或进行过早的交易。4 月 5 日出现类似的价格运动，收盘价也回到形态内部，但注意到这次成交量出现增加，这是三角形态发挥作用的重要信号。接下来几天的成交量变化确认了我们对反转的预测。

图3.6 三角反转形态

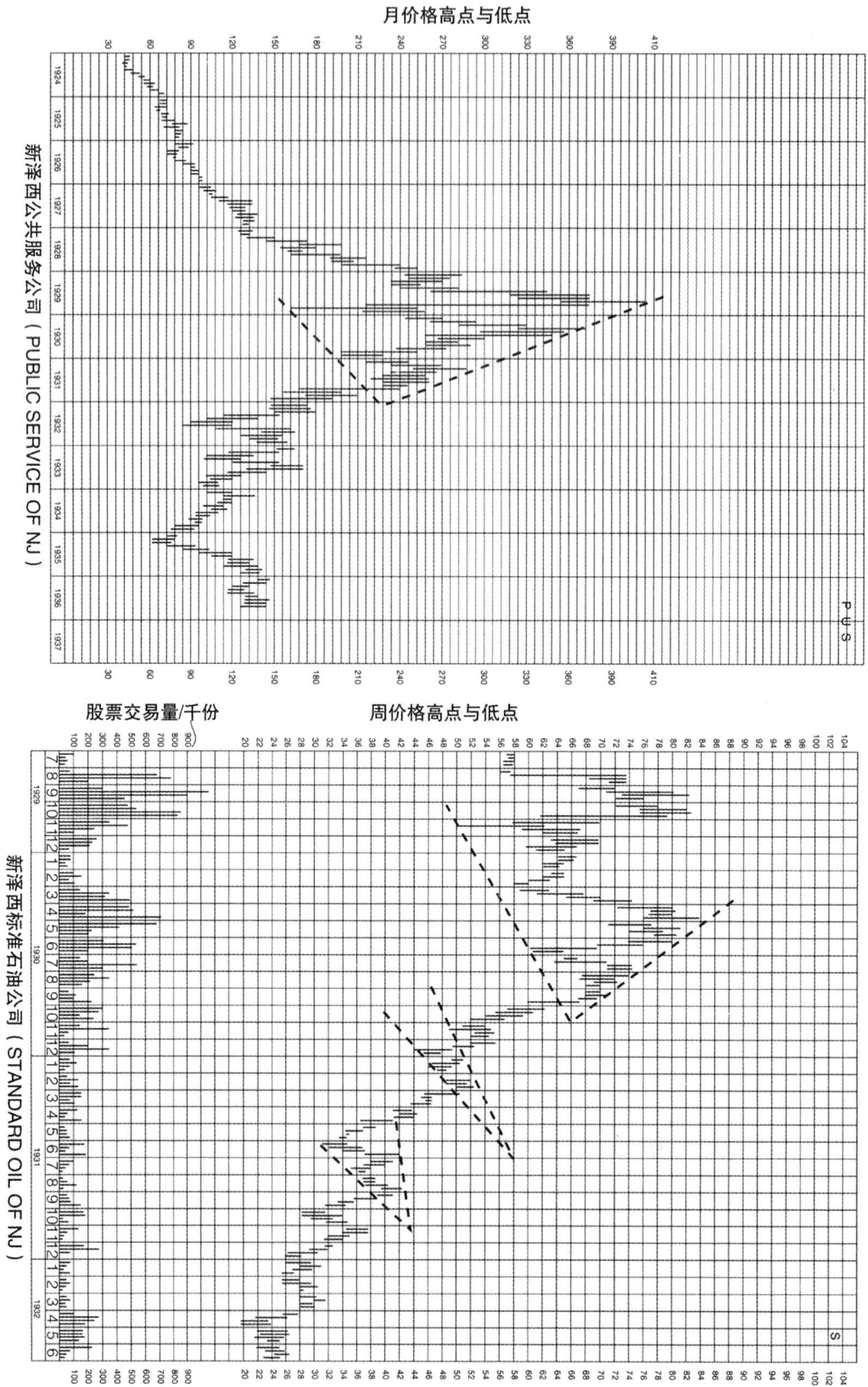

图3.7 奥本汽车公司（AUBURN AUTO）

第3讲 重要的反转形态（2） | 079

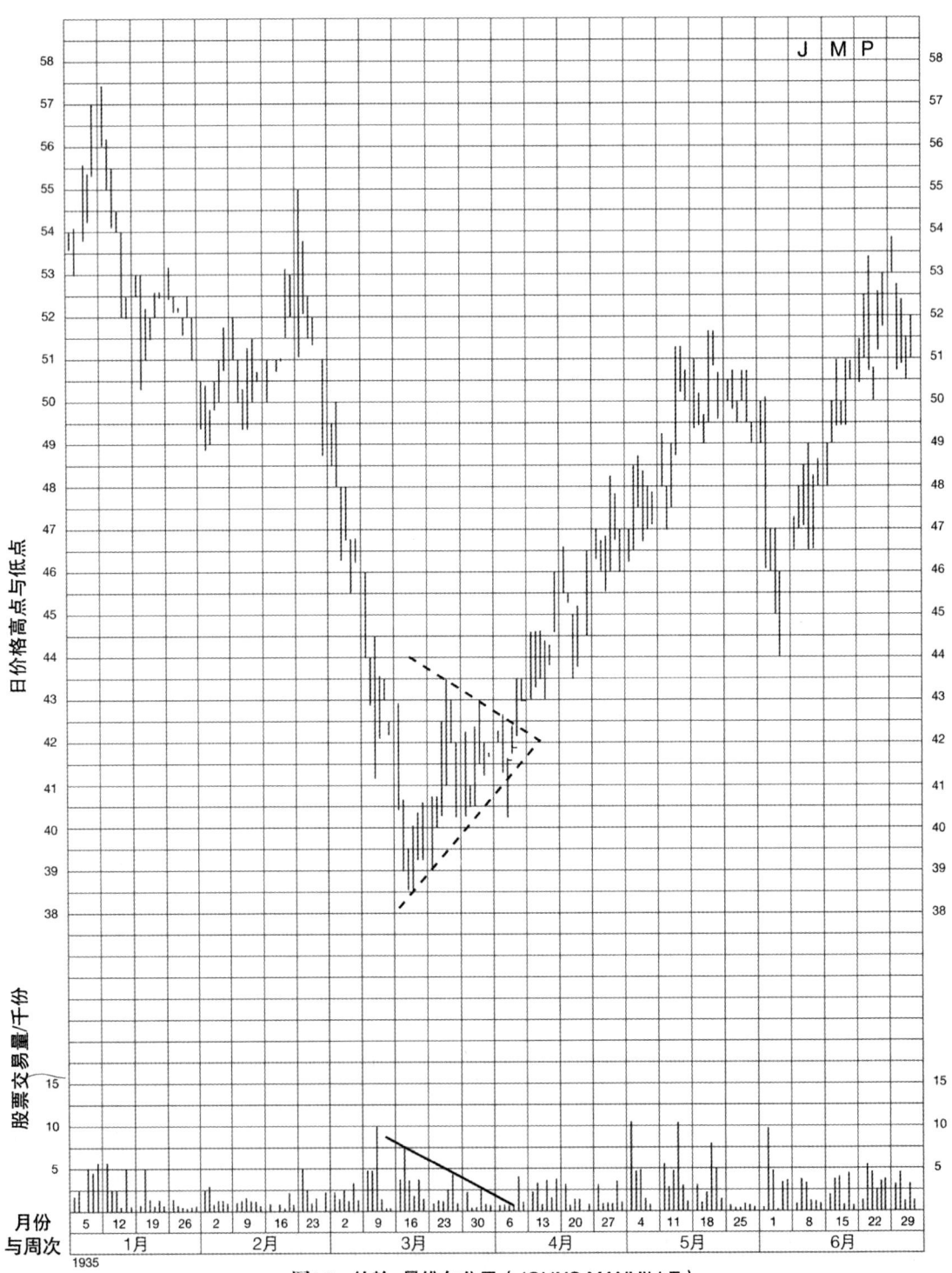

图3.8 约翰-曼维尔公司（JOHNS MANVILLE）

形态规模与价格运动的关系

在头肩形态的一讲中，我们提到一条基本规则：技术形态中价格变化幅度越大、持续时间越长，则形态的重要性越大、后续运动越强。这条基本规则同样适用于对称三角反转形态，但是我们要再次强调，这种规则只是大概的，而且存在许多例外情况。有时很小的三角形态之后可能出现长期、持续的价格运动，反之，很大的三角形态之后偶尔也只出现短暂的价格运动。尽管如此，这条规则仍然非常有用，需要牢记，我们的强调只是提醒大家技术图形变幻莫测，决不能交易后就将图表束之高阁。

学员可以回顾一下本讲中提供的各图表，比较形态规模与其后价格运动的关系，会有一些有意思的发现。

端点之后的波浪运动

在结束对称三角形反转的介绍之前，有必要提及一个三角形态端点后价格运动的不太常见的情形。在我们见过的例子中，在端点处或稍前位置，一般价格会突破边线，接着立即进入上涨或下跌的新趋势。但在特殊情况下，尤其是三角形态不规则或折角的，以及市场整体都不活跃、不明确时，对称三角形形成了一个良好的端点，但价格一直没有出现突破或者剧烈的后续运动，反而保持相对不活跃，价格线只是比端点处稍宽。

这种不明确的波浪运动不仅会持续一周甚至更长的时间，而且价格会一直在端点水平附近波动。换言之，三角形态早已被越过，股价以比端点处稍宽的幅度波动，但是始终不会向任一方向较远运动。股价可能小幅下跌三四天至端点以下 3~4 点的水平，然后又慢悠悠地掉头上升三四天至端点以上 3~4 点的位置。这种往复运动可能持续四五轮，然后股价终于恢复生机，开始向某一方向运动。然而即使此时，新的运动往往也不是剧烈的或快速的，而且之前会出现较小的技术形态预示，可能仅仅是之前三角形态的延伸或者形成新的端点。

这种少见的"波浪运动"可能发生在一个较长三角形态端点之后，正常情况下三角形态后应该出现一个快速、有力的突破运动。如果我们及时发现了这种波浪运动，那么它为短期小幅操作提供了机会，可以在价格处于高点之下时买入一些股票，再等到价格回升时卖出。这种交易换手之快几乎赶上超短线交易（scalping）[①]，虽然利润高但也有风险，需要用止损指令来保险，不推荐一般的图表交易者使用。

直角三角形态

目前我们学习的三角形态只有对称三角形，它的特点是左侧有一条不确定的垂直线作为底边，向右侧端点引起两条对称的侧边。对称三角形更常见，但是不如变化多样的直角三角形容易分析。直角三角形同样描绘价格线的会聚，它的底边也是左侧一个不存在的垂线。区别在于它的两条侧边不是对称的，而是一条侧边水平，与底边形成直角，另一条侧边则是直角三角形中的弦。如果这条弦是从形态开始处的高点连结到形态结束时的低点，则直角三角形态也被称为下降三角形（Descending Triangle），同时它一般预示着下跌趋势的到来。如果这条弦方向向上，则被称为上升三角形（Ascending Triangle），一般预示着上涨趋势将出现。

更可靠的预测信号

在预测方面，直角三角形比对称三角形更有价值。前面我们提到对称三角形有一个致命缺点，即不能预测突破后运动的方向。直角三角形则可以根据弦的方向做出这种预测。如果弦方向向下，则后续运动为下跌，反之亦然。

与对称三角形相同，直角三角形更多地作为中期形态出现。如果弦的方向与之前股价运动方向一致，则表明之前股价运动将持续。但是，直角三角形中弦的方向经常与之前趋势相反，这时形态就表明趋势的反转。可见，下降三角形是顶部反转形态，而上升三角形是底部反转形态。

下降三角形反转

在前面的学习中我们提到，最有力的反转形态出现在主要或重要的中期上涨趋势的顶部，或者说出现在主要或重要的中期下跌趋势的开端。第 2 讲中的头肩

[①] 超短线交易（scalping）指只要达到可接受的利润，不管交易趋势如何变化，都平仓获利。

顶形态就是很好的例子，它很少用于微小趋势的预测。下降三角形态同样在重要趋势的顶部最有效，但是它们也经常出现在程度稍弱的反弹过程中，被技术分析者用于预测反转。

图3.9展示了格利登公司（Glidden）股票走势中大型下降三角形态预测大规模下跌的很好的例子。利登公司股票在1930年危机后的恢复期内涨至37。到达3月20日的顶点（点A）之后，股价经过一系列阻挡和反弹，每次阻挡将股价压至34~34.5，但接下来的反弹却没有使价格恢复到之前的高度，于是形成了带有下行弦（从点A到点B、C、D）和水平侧边（点E—F—G）的直角三角形。

注意到这个形态已经有力地预示着下行趋势的到来，虽然突破还未发生。如果形成的是一条侧边向下、另一条侧边对称向上的对称三角形，则无法做出这一推断，只能等待突破发生之后，才能知道价格运动的方向。出于同样的原因，如果三角形的上边水平延伸，而下边则是斜向上的弦，则预测意义变为之前上涨趋势的持续。简而言之，如果发现典型的下降形态正在形成，又恰巧持有利登公司的股票，那么我们现在有理由卖出获利。

初始突破时的成交量不是必要要求

不过，在卖空股票之前，最稳健的选择总是等待突破的出现。在利登公司的股票图中，股价在4月24日突破边线，并收盘于形态之外，但成交量没有增加。第二天，价格运动依然显著，但成交量依然没有增加。这种初始突破时的低成交量，在直角三角反转中常常发生，区别于对称三角形态中要求明确突破时必须有成交量的增加作为确认。由于下降直角三角形已经包含着市场技术形势转弱的含义，因此自然不需要成交量的大幅增加来推动股价突破形态。三角形水平底边代表的支撑最终会屈服。因此，只要收盘价处于形态底边一定距离以下——注意是在形态预测的方向上——就可以被看作有效的突破和卖出信号。

这里我们并不是说初始突破时的低成交量是直角三角形的规律，事实上这并不是。在大多数情况下，突破点仍然伴随着成交量的明显增加，与价格的变化相适应。我们希望读者明确的是，在良好的下降三角形态中，我们不需要等待成交量信号去确认一次原本有效的下边线突破（或者上升三角形态中的上边线突破）。

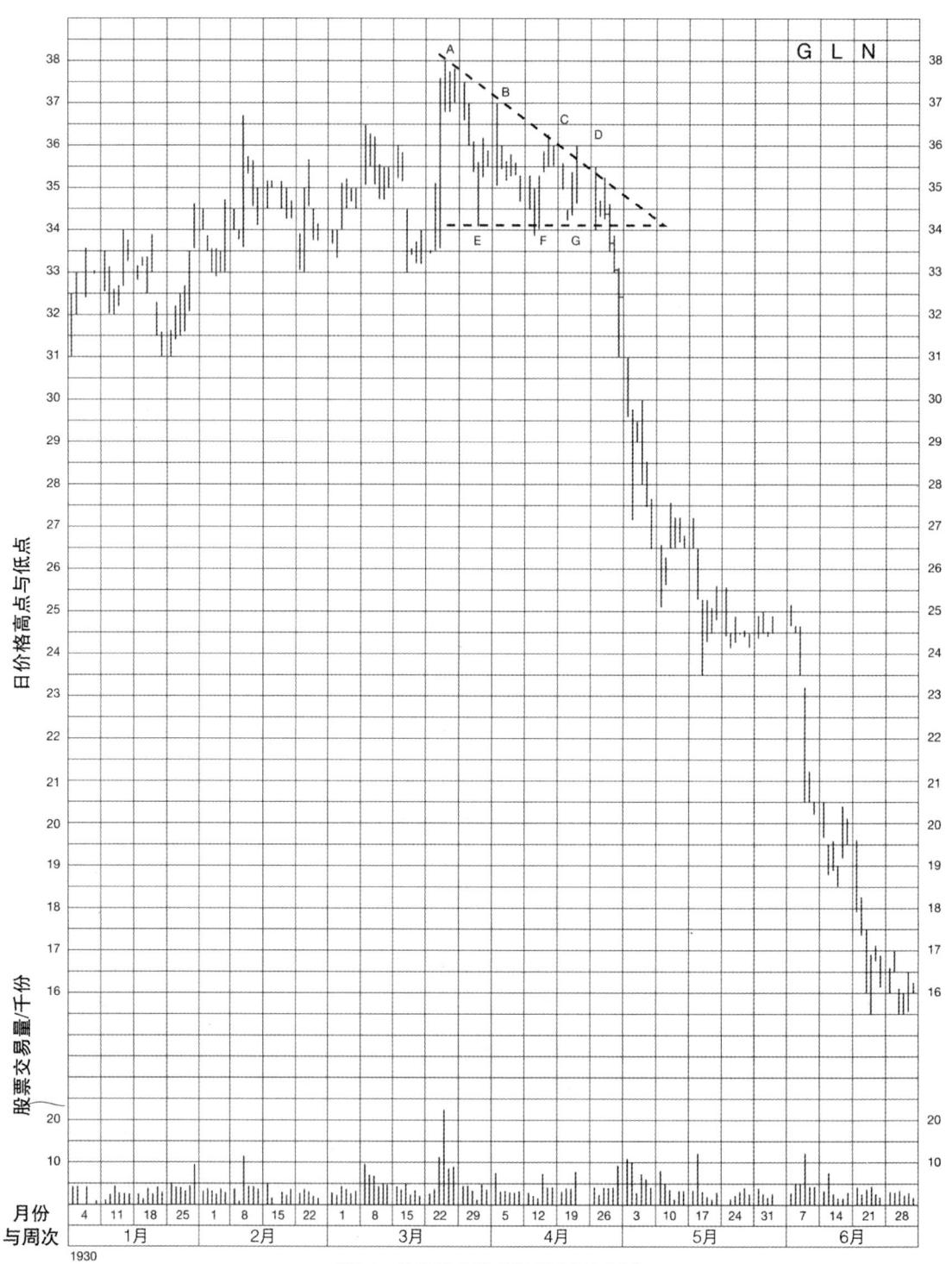

图3.9 格利登公司（GLIDDEN CO）

边线之外的股价运动

注意到上一段中我们强调"原本有效"的突破，这是说突破点处收盘价需要在形态之外一定距离处，正如我们在第2讲"等待明确的确认信号"一节中提到的。下面的例子告诉我们这种谨慎的必要性，即纳什汽车公司（Nash Motors）1929年股票走势中的下降三角形反转（见图3.10）。

纳什汽车公司股价于8月5日（市场大部分股票涨到顶之前两个多月时）达到顶点，并在顶点处出现典型的日内反转。之后的股票趋势形成一个大型的下降三角形，水平支撑线为84。在9月12日，这一支撑线被突破，但股价只到达边线下0.5点。第二天股价一度跌至边线下1个点，但最终收盘价回到形态内。

9月14日之后，股价回到形态内，且接下来一周都没再突破，直到9月21日才出现一个带有成交量确认的突破点（这里我们再次将周六的成交量加倍来比较）。

像纳什汽车公司9月12日和13日出现的短暂边线外价格运动，在直角三角形态中并不罕见。它们不属于虚假移动，因为它们确实在预测方向上突破了边线。边线外的运动常常只在一日内发生，也被称作"一日线外"（one-day out-of-line）。

对纳什汽车公司股票出现线外运动的原因，我们有理由猜测职业操盘手正在卖出大量股票，使价格维持在84左右，每当达到84时就撤回报价。但是，在9月12日，纳什汽车公司的市场力量已经呈现出明显的技术弱势，使得几天内股价变化失控，此时纳什汽车公司的操盘手不得不买入一些股票，以防止股价崩溃，让自己能够在高位卖出获利。这种解释可能过于简单，但是追求准确的解释并不重要，我们只需能够识别这种现象，并且不要被它误导。

卖空操作

在学习了线外运动之后，我们可以看到为什么卖空股票之前最好等待明确的突破信号。在纳什汽车公司的例子中，如果我们持有它的股票，则只要确定下降三角形正在形成，那么平仓获利都是安全的。但是如果我们在9月12日价格探破支撑线时，以83.5的价格将股票卖空，并在85价格上设置止损指令，那么止损在几天后就会生效，则交易最终以小额损失结束。通过等待明确的突破，我们可以避开这种风险。

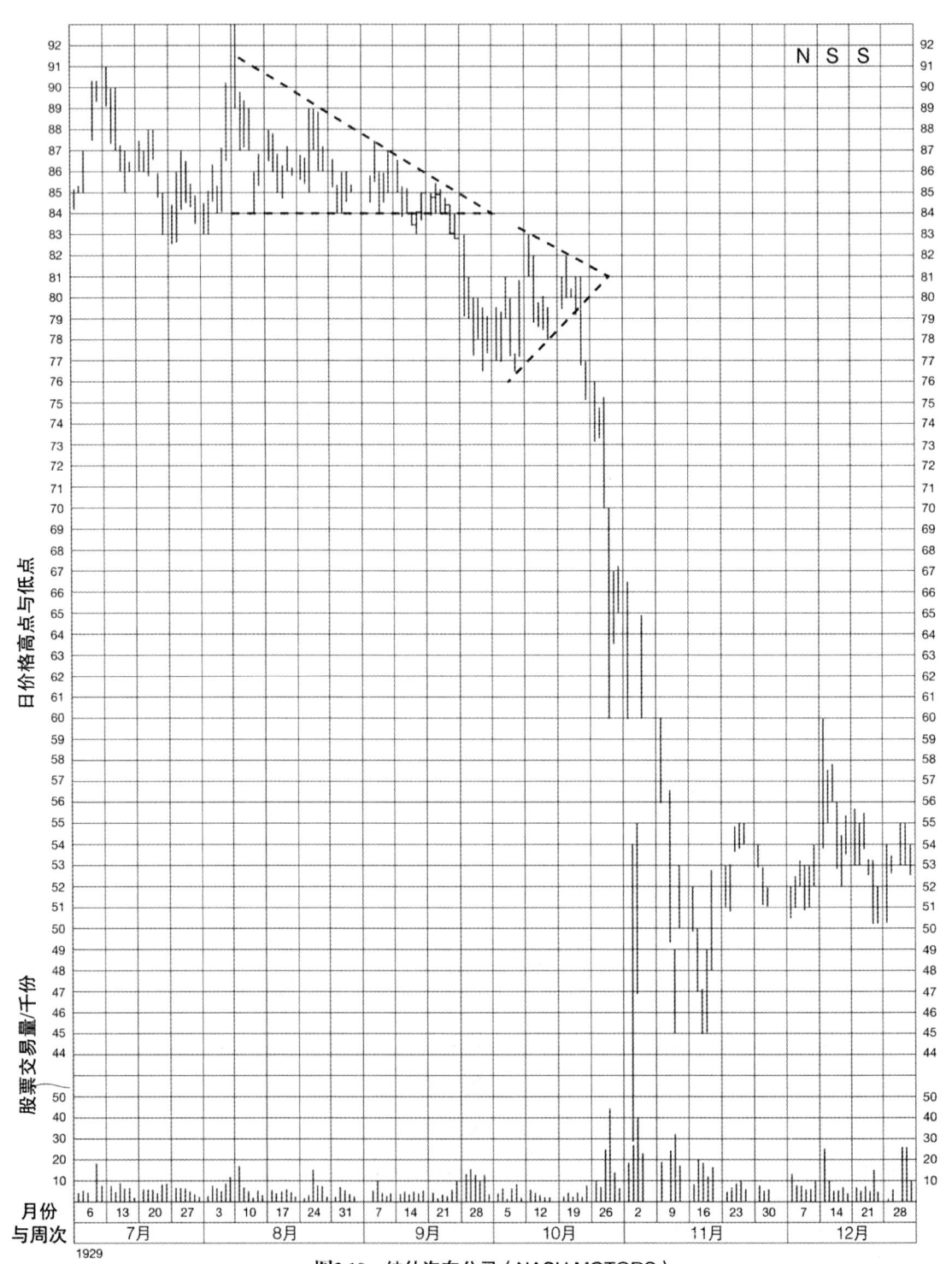

图3.10 纳什汽车公司（NASH MOTORS）

市场总体对单个股票的影响

纳什汽车公司的股票图（图 3.10）不仅说明线外运动的发生，而且引出另一个值得关注的现象。对这一现象的深入探讨将在后面市场战术的内容中涉及。

在 9 月 21 日的突破后，注意到纳什汽车公司股价的下跌很快被买入力量阻挡，并在 79 附近停留了将近一个月。一突破就卖空股票的交易者，在下跌运动继续之前的等待期间，可能会质疑自己的操作。强反转趋势突破后的快速阻挡常常可以归咎于市场整体对单个股票（或者反过来）的"抑制"效应。纳什汽车公司这次股价阻挡明显是因为它在 8 月初才涨到顶点，而当时市场重点交易的大部分股票直到 9 月下旬才涨到顶点，市场整体更是在 10 月才完成最后一次冲刺。在 8 月，纳什汽车公司的股票已经进入明确的下跌通道，而市场整体仍处于多头状态。持有纳什汽车股票的交易者看到市场整体的情况，很可能相信股价会再次上涨，因此不急于出手。结果尽管技术形态已经做出预测，但纳什汽车股票的下降趋势并没有快速发展，而是等到市场整体改变方向后，才再次开始下降。

这种市场整体对单个股票的"抑制"效应经常发生，有时会在没有经验的交易者中引起疑惑，所以我们在这里进行简单的解释。

如果关注 1936 年春天铜工业相关股票的走势，可能还会发现另一个类似的相反方向运动。其中几只股票走出了预示强上涨趋势的形态，但是当时的市场整体正处于技术弱势，4 月的下跌正在达到顶点（道琼斯指数约下降了 20 点）。铜工业股票的强买入趋势被抑制，直到整体市场止跌回升。不过之后出现的股价飙升充分弥补了之前的等待。

上升三角反转

下降三角形态预示着趋势由涨转跌，那么上升三角形态就预示着趋势由跌转涨。前面提到下降三角形的所有特征都适用于上升三角形，只是上升三角形发生在下降趋势的反转中。

图 3.11 中的上升三角形 A-B-C，预示哈德森汽车公司（Hudson Motors）股价 1933 年反转向上的趋势。我们可以观察一下这里价格如何突破三角形的弦边（A-C 线），预示出技术力量的快速积累。在 11 月 20 日，价格又一次试图突破 B-C 阻力线，

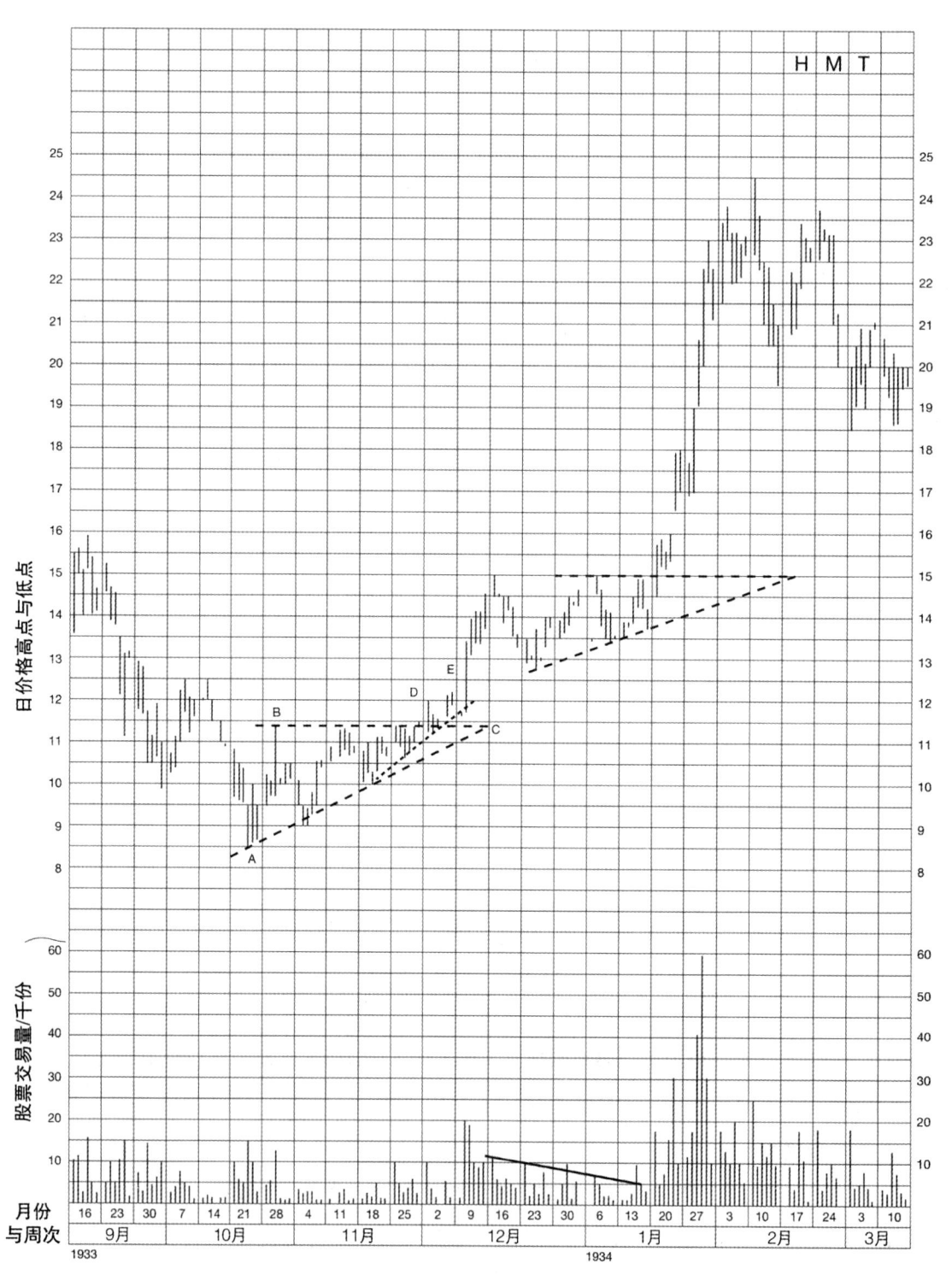

图3.11 哈德森汽车公司（HUDSON MOTOR）

成交量也比较显著，说明形态中的技术力量在增强。在 11 月 25 日和 27 日，价格又分别运动到形态外，但是决定性的突破直到 12 月 1 日才出现。股价在 15 上下滞留，建立一个强有力的调整上升三角形，然后快速攀升至 23。

图 3.12 描绘了约翰·曼维尔公司 1936 年 4 月股票下跌后期的上升三角形反转。有的读者能看到图中的头肩底形态，头部顶点为点 C，右肩出现两次，顶点分别为 E 和 G。但是，这种头肩底形态比较不规律，大多数学生会将它看作上升三角形。H 点与 F 点之间的一轮下跌没有使股价回到下弦边，这说明多头力量正快速增长。J 处出现的缺口（将在"突破缺口"一节中介绍）进一步强调了后续上升趋势的重要性。

周线图中的直角三角形态

下降三角形经常出现在长期主要上涨趋势的末尾。上升三角形则较少出现在主要下跌趋势的底部，但是当它出现时，其重要性与有效性都与下降三角形相同。

图 3.13 描绘了一个下降三角形反转的好例子。

楔形形态

虽然形成原因不同，但形状上类似于三角形态的是楔形形态。楔形形态也能够预测当前趋势的反转，因此也属于反转形态，但是它形成背后的原因则不太容易解释。

楔形反转形态由逐渐变短的股价线构成，但并不意味着当前趋势的变缓。与对称三角形态中价格线的顶部越来越低、底部越来越高，最终会聚于一点的过程不同，楔形形态中价格线的顶部越来越高、底部也越来越高（或两者都越来越低），但是顶与底之间的距离不断缩小，直到股价在一个很窄的范围内波动，最终会聚于一点。楔形形态的形成过程伴随着交易量的逐渐下降，与三角形态类似。

在楔形的尖端（或理论顶点）附近，价格突破形态，有可能伴随着成交量的增长。之后，价格比较迅速地远离形态，方向与之前趋势相反。

图3.12 约翰-曼维尔公司（JOHNS MANVILLE）

图3.13 德克萨斯公司（TEXAS CORP）

楔形形态的示例

在更深入地探讨楔形形态之前，我们最好先观察一些例子，以记住其形态特征。图 3.14 展示了纽约中央铁路公司（New York Central）1931 年股票走势中的楔形形态。注意到 1 月和 2 月的股价沿着 A-C 和 B-C 线所夹的通道上升。同时，成交量（除了 2 月 10 日和 21 日两天的异常值）也在逐渐地、明显地下降。2 月 29 日，股价从下边线大幅突破形态，同时成交量明显急剧上升（再次应用周六成交量加倍的原则）。接下来的下跌趋势使纽约中央铁路公司的股价在 3 个月的时间里从 124 跌到 74。尽管楔形形态预示的后续运动并不总是如此大手笔，但是，迅速的突破和果断的新趋势运动是向上楔形反转的典型特征。

向上与向下楔形反转

图 3.15 展示了快速电车公司（Electric Auto-Lite）股票 1932 年春日线图中的向下楔形反转。将这幅图中楔形形态完成后出现的价格运动和成交量变化，与纽约中央铁路公司的图（图 3.14）相比较，可以发现向下的楔形形态之后，股价有一段不活跃期，之后新的上涨趋势才真正开始。这是向下楔形反转形态后价格（及成交量）运动的典型特点，与向上楔形非常不同。两个形态都预示着趋势的反转，但是向下楔形之后，新趋势推迟了一段时间出现。因此，有经验的交易者会在出现向上楔形的顶部立即进行交易，而在出现向下楔形的底部则保守地等待一段时间，直到价格和成交量的变化表明新的上涨趋势真正开始。

楔形形态必须严格符合定义

这里有一个必要的提醒：只有当楔形形态严格符合定义时，它才是可靠的反转形态。楔形的边线必须清晰明确，而且覆盖多个价格端点。楔形尖端必须清晰地指向上方或下方。如果尖端几乎水平，则该形态更倾向于三角形态，所做出的预测大不相同。

事实上，楔形形态并不常见。这里我们将它列为重要的反转形态，只是因为它的形状类似三角形态，以及当它严格符合定义时，有较强的预测可靠性。

图3.14 纽约中央铁路公司（NY CENTRAL）

第3讲 重要的反转形态（2）

图3.15 快速电车公司（ELECTRIC AUTO-LITE）

三角反转形态的总结

现在让我们来复习一下本讲学习的表明股价趋势反转的三角及其他形态。

对称三角形既可能预示之前趋势的反转,也可能说明趋势的持续,后者比前者更常见。对称三角形本身并不能告诉我们后续运动的方向,直到一般在端点附近发生的突破给出线索。

直角三角形态也更多地出现在中期或调整形态中,较少成为反转形态。但是,与对称三角形态不同的是,它可以在突破发生前给出后续运动方向的可靠预测。

直角三角形的弦指向斜上方的被称为上升三角形,是上涨信号;而弦指向斜下方的被称为下降三角形,是下跌信号。

楔形形态是明确界定的价格会聚趋势,一般尖端指向上方或下方,它们表明之前的股价运动趋势将出现反转。

所有这些形态的共同特征是,随着股价会聚至端点,成交量逐渐下降,直至股价突破形态时,成交量急剧上升,之后开始新的趋势。

我们在前面曾提到,楔形形态必须严格符合定义,不过在解释三角形态时,可以有一定的灵活度。仍要强调的是,初学者最好将交易限制于形态相对清晰的情况下,等到具有更多的数据和经验之后,再尝试根据相对宽松和不规律的价格变动进行交易。

形成三角形态的可能原因

在结束对本讲反转形态的介绍之前,我们简要地介绍一下这些形态背后可能的供需原因。

对称三角形是典型的由于交易者对股票前景持犹豫、怀疑和延迟态度而形成的图形,它并不一定意味着人为操纵或者内部人串谋。对称三角形的影响因素之一可以在1936年大选前几个月中,一些大型公用事业控股公司的股票走势图中看到。在其他情况下,犹豫心理可能仅仅是由于多头(或空头)力量暂时枯竭,交易者希望在重新评估形势之前稍作缓和。

与之相对,直角三角形确实反映出一定程度上的内部人串谋。下降三角形描绘出增加的股票供给遇到某一特定价格水平上的有组织的买入。上升三角形则表明增加的股票需求遇到某一特定价格水平上的有组织的卖出。

正如我们在纳什汽车公司的股票图（图 3.10）中提到的，在下降三角形中，有一股力量在将大量股票有序地卖给公众，同时"支撑"股价保持在一定水平，直到他们将所有股票出手。这股力量通过报价支撑的价格水平，成为三角形态中的水平底边。同理可知，在上升三角形中，职业操盘手的目的是买入，他们悄无声息地买入股票，不希望公众跟进，直到他们获得足够数量的股票，所以他们通过卖出部分股票"阻挡"股价超过某个特定水平。

随着内部人的不断买入股票，在该较低价格上股票供给的数量越来越少。因此形成了三角形向上的斜边。最终，他们不得不卖出大量股票，以免股价超过他们愿意支付的水平。这种"阻挡"终结了三角形态的水平底边。其他的多头发现能够交易的股票已经枯竭，因此不得不大幅提高报价。这种价格的突破上涨吸引了其他多头的注意，于是上涨过程开始。

当然，我们不能理所当然地认为每一个上升三角形都是由某个强大的内部交易者或内部交易组织导致。例如，可能有几家相互独立的机构操作者希望买入某只股票，同时另外几家对该股票前景不乐观的机构操作者想在股价达到某个水平时卖出股票。这种情况下，股票图上的走势也是相同的。

楔形形态相对不常见，它背后的影响因素较难解释。最重要的因素可能是市场认为该股票价格超过了真实价值，使得交易量萎缩。但是，正如我们一直强调的，形态背后的原因远没有它的预测意义重要。

下一讲中我们将继续介绍另外几种更复杂的反转形态。

第 4 讲

重要的反转形态（3）

- ◎ 前面介绍的四种反转形态
- ◎ 一个被严重误解的形态
- ◎ 与之前价格运动的关系
- ◎ 典型的双重顶如何形成
- ◎ 双重顶反转的示例
- ◎ 较短的间隔段
- ◎ 双重底形态的示例
- ◎ 多重顶和多重底
- ◎ 多重反转形态中的成交量变化
- ◎ 伪双重顶的解释
- ◎ 多重底形态
- ◎ 长期图表中的双重顶和双重底
- ◎ 均价图中的双重顶与双重底
- ◎ 可靠的复合形态
- ◎ 与双重顶和双重底的关系
- ◎ 双头双肩顶形态
- ◎ 简单头肩形态的变化
- ◎ 利用双头双肩形态进行交易

- ◎ 单头多肩形态
- ◎ 复合底部形态的变化
- ◎ 复合反转形态的成交量
- ◎ 不同高度的肩部
- ◎ 一种少见且复杂的形态——喇叭顶
- ◎ 喇叭顶形态的描述
- ◎ 喇叭顶形态的示例
- ◎ 形态的完成
- ◎ 喇叭顶形态的重要意义
- ◎ 一些重要的技术特征
- ◎ 结束大牛市
- ◎ 喇叭顶形态完成后的反弹
- ◎ "做多"与"做空"操作的区别
- ◎ 喇叭底形态非常罕见
- ◎ 失败的喇叭形态
- ◎ 喇叭顶形态的解释
- ◎ 本讲回顾

前面介绍的四种反转形态

到目前为止，我们已经学习了四种反转形态。它们形态各异，但本质相同，即表明多空双方力量均衡的逐渐转移。

如我们前面提到的：圆形反转是最符合逻辑、最简单的反转形态；头肩形态是相对不规则，形态更尖，摆动幅度更大的反转形态；三角形态有时属于反转形态，表明之前趋势逐渐耗尽使得交易减少；楔形形态较为少见，较难解释，但同样能够可靠地预测反转。

一个被严重误解的形态

下一个要介绍的形态是所有反转形态中最常被提到的，即双重顶（Double Top），或者相反方向上的双重底（Double Bottom）。喜欢跟踪报纸财经专栏的"门外汉"一定经常看到这个词。这种形态经常被一些草率的评论家挂在嘴边，以至于初学者很可能认为它是一个简单常见的可靠预测。不幸的是，事实并非如此。双重顶和双重底形态在预测主要趋势的反转时，都没有某些评论家所说的那么可靠。可能只有⅓的双重顶或双重底形态表明反转即将发生，而对于大部分"看起来像双重顶"的形态，有经验的读者一看便知根本不能用来预测。

尽管如此，真正的双重顶和双重底及相关形态确实比较常见且重要，在我们对标准、重要的反转形态介绍中占有一席之地。首先我们必须学习如何识别可能形成双重顶反转形态的股票走势。

与之前价格运动的关系

在解释双重顶时,首先需要考虑的因素之一是之前的运动趋势。如果股票之前处于长期的上涨趋势中,那么双重顶很可能将发展成反转形态。与之相对,如果之前的趋势是短暂的,那么双重顶很可能无法形成,之前的上涨趋势将持续。在这一点上,除日线图之外的其他图表,以及市场均价图往往很有助益。如果这些图中显现出重要的反转信号,那么我们可以猜测真正的双重顶形态正在形成。

还有一些其他的辅助指导包含在形态本身中。

典型的双重顶如何形成

在活跃的市场中,股价常常在高成交量的伴随下,快速涨至峰顶,然后在没有建立任何明显的反转形态时,股价下跌几点,然后在稍低的价格上不太活跃地保持几周。接着又出现一轮伴随上升成交量的价格上涨,使股价达到与之前的峰顶相近的水平,然后股价再次下跌,同时成交量也下降。这两轮快速上涨都在相同的水平上遇到大量卖出,使多头力量逐渐耗尽,股价回落到顶峰之前的低水平,并保持一段时间,然后进入新的下降趋势,同时成交量增加。

在详细介绍双重顶形态的典型特征之前,我们先来看几个例子。

双重顶反转的示例

图 4.1 显示了美国标准公司(American Radiator and Standard Sanitary)1929 年股票走势中一个几近完美的双重顶形态。图中没有显示之前的股价运动,但是学员基本不需要知道股票在 1929 年上半年处于快速上涨状态。7 月股价达到第一个顶峰 54.5,伴随着很大的成交量。接着股价剧烈下跌,在 45~59 的水平上徘徊数周,同时成交量相对很低。到 9 月的第一周,股价又一次快速上涨,并伴随高成交量,达到的新顶峰比之前的顶峰稍高,但没有显著地高。接下来的股价进入正常波动。

图 4.2 显示了乌达耶—赫尔歇公司(Houdaille Hershey)1930 年春股票走势中一个双重顶的例子。在 2 月的第一周,这只股票从之前的低谷水平快速上涨到 28 多的顶峰,伴随着非常高的成交量。接着股价很快回落至 24,然后几天内又在活

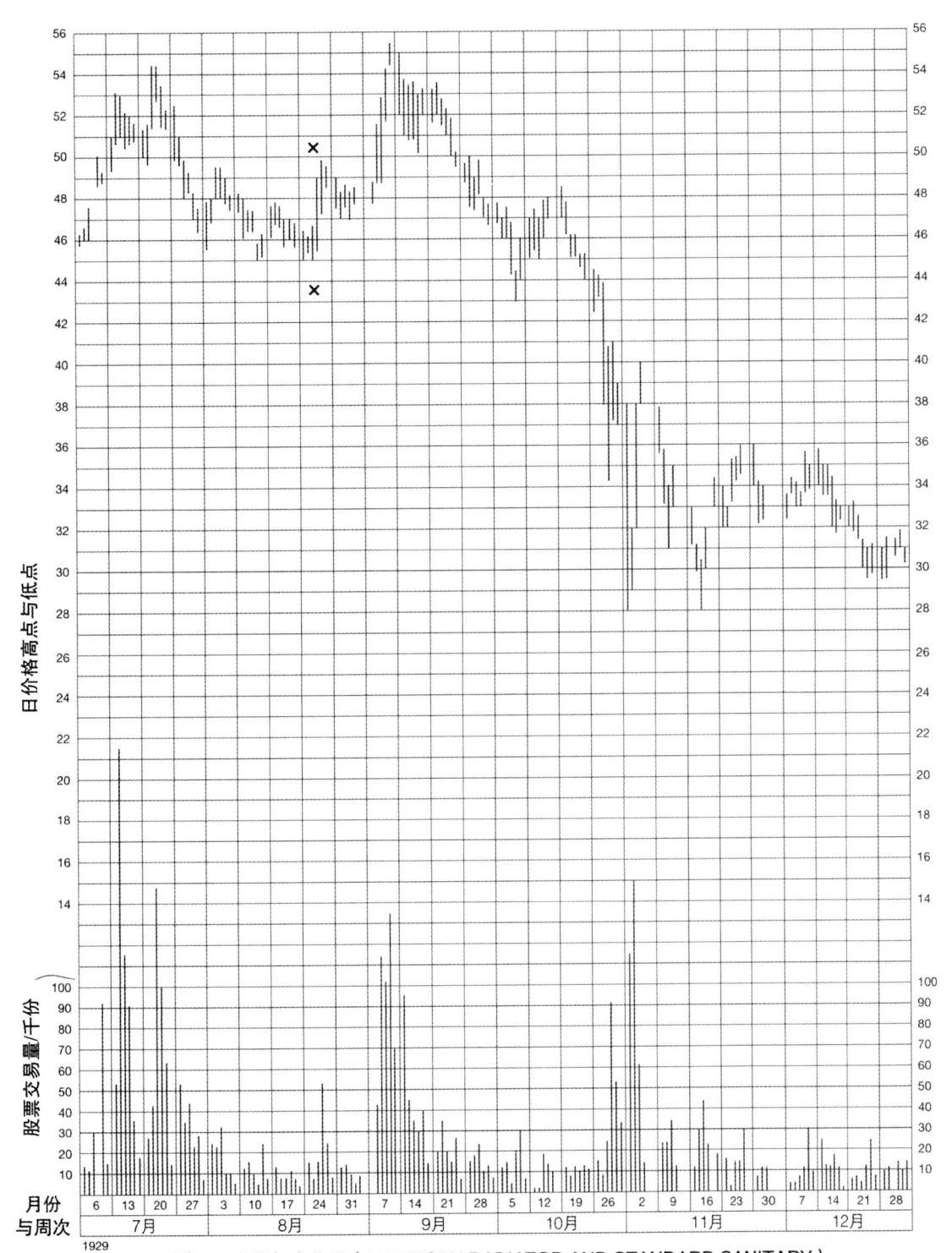

图4.1 美国标准公司（AMERICAN RADIATOR AND STANDARD SANITARY）

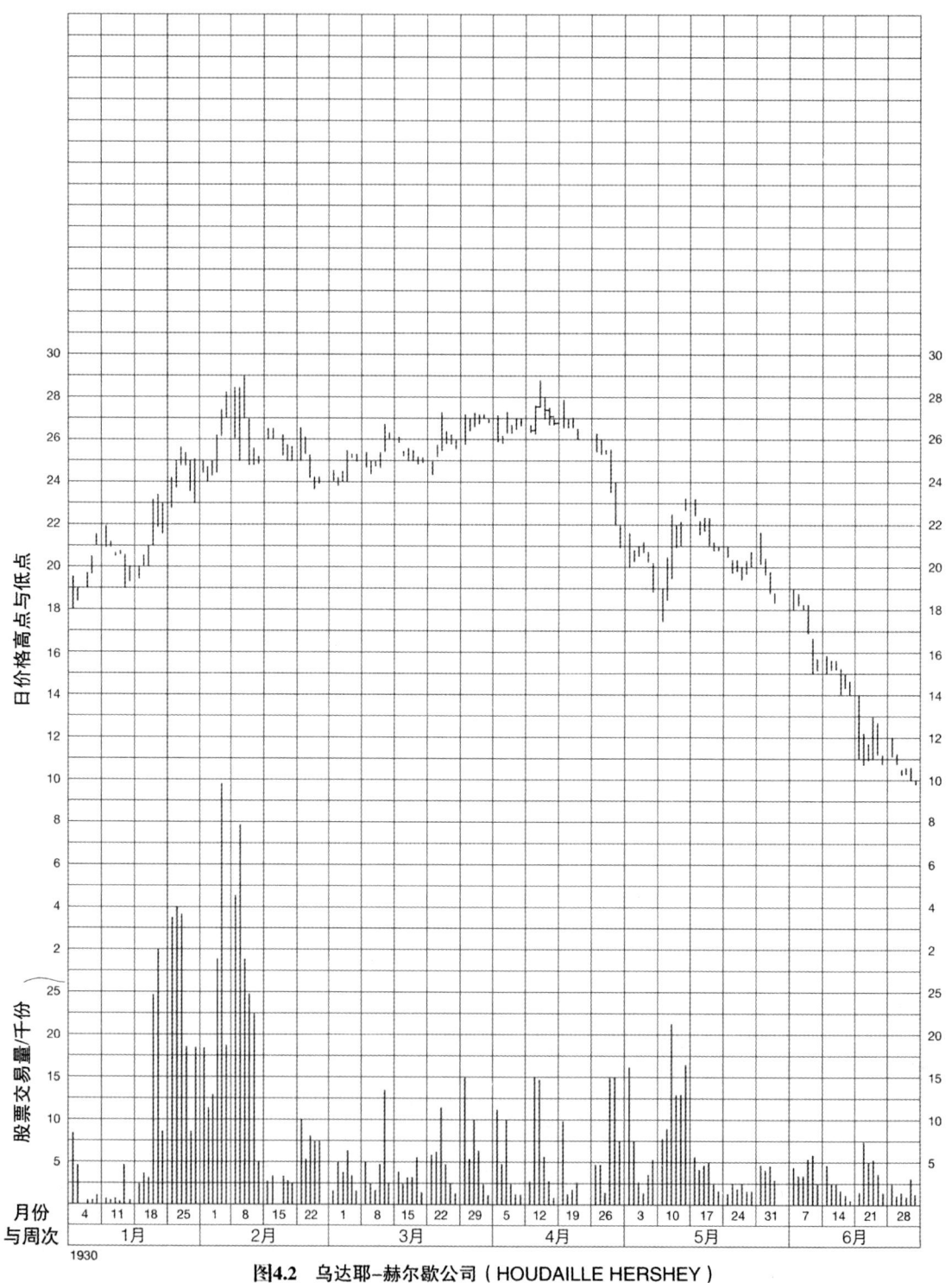

图4.2 乌达耶–赫尔歇公司（HOUDAILLE HERSHEY）

跃成交量下逐步上涨至 27。4 月 9 日股价盘中一度达到 28.875，但是收盘时回落至当天最低价，出现了伴随高成交量的一日反转（第 2 讲中介绍过），表明趋势即将反转。第二个顶峰的出现完成了双重顶反转形态，之后股价迅速下跌至 10（后来甚至更低）。

乌达耶—赫尔歇公司的双重顶形态没有美国标准公司那么典型，但是它们都符合双重顶形态的重要特征。它们的股价都在长期上涨后达到一个伴随高成交量的顶峰，然后没有在顶峰停留，就迅速下跌，下跌幅度都在 20% 左右。在达到第二个顶峰之前，两者都经历了几周低水平上的低交易量。然后出现高成交量伴随下的第二个顶峰，高度与第一个顶峰相近。所有这些特点在应用双重顶形态交易时都很有意义。

首先来看第一个顶峰，成交量因素是关键。在第 2 讲中，我们提到过反转点伴随高成交量的规律，它同样适用于双重顶形态。第二个顶峰通常也伴随着可观的成交量，但不需要像第一个顶峰的成交量那么高，一般只需比两峰之间的平均成交量稍高一些即可。另外，两个顶峰的高度不需要精确的相等，第二个顶峰可以比第一个顶峰不显著地稍高或稍低一点。一般价格在 100 以下的股票，顶峰的高度差在 1 个点以内都不算显著。在综合考虑股票的平均价格水平与交易特点之后，两峰的高度应该大致相同。

比成交量因素更重要的是股价从第一个顶峰下跌到两峰间隔段的程度。这个程度与股价的价格水平有关。我们前面提到过，在两个例子中这段下跌幅度约为 20%。一般要形成一个良好的双重顶形态，下跌的幅度可以比这个更大，但不应该太少。而且在形成第二个顶峰之前，股价应该在间隔段徘徊几天。一般来说，两峰之间的间隔段持续时间越久，形态预示的反转趋势就越重要。

当股价回落并刺穿间隔段的底线时，我们可以认为双重顶形态的预测已经明确。

我们可以用面临坚固敌线防御的军队来比喻双重顶形态。第一轮进攻的规模很大，但是很快就被对方阻挡并击退，军队回撤到根据地，为下一轮攻击储备力量。在第二轮进攻中，敌方前线可能被突破了一点，但攻击又被阻挡，最终因为力量耗尽而败退。战争的风向因此改变。如果进一步类比，那么中间储备力量的时间越久，第二轮进攻的用力越猛，最后的败北就越显著、越明确。

在之后学习双重顶和双重底的变化形态时，大家可以继续应用进攻的军队来帮助理解。

较短的间隔段

图 4.3 显示了铂尔曼公司（Pullman）1932 年股票走势中的双重顶形态。可以注意到，这个图形在一个重要方面与我们的描述不符：两峰之间的间隔段过短。除此之外，这个形态符合双重顶定义，但是我们仍然疑惑这一缺陷是否会对铂尔曼公司股票之后的下降趋势产生影响。事实上，之后的下降趋势非常快地停止，以至于最敏捷的超短线交易者也无法从中获利。

铂尔曼公司的股票图可以说明，如果出现的形态并不符合双重顶形态标准定义的所有特点，那么鲁莽的大量买进将带来巨大危险。然而我们也承认，股票偶尔也会在间隔段仅有几天的双重顶形态后，出现趋势的反转。不过这些特殊情况中，我们往往能找到比双重顶更可靠的形态，例如后面将介绍到的扩散下降三角形。事实上，股票图中两峰距离越近，则该形态越是除反转或调整形态之外的正常波动。读者可以在我们前面或后面的例图中找到大量实例证明，两个高度相近但距离很近的顶峰之后，往往不会出现反转。

如果图中仅有间隔段很短的疑似双重顶形态，而且之后出现了主要反转，这种罕见情况确实会出现，但其实许多重要的股价变化都没有明显的形态预测。对于交易不活跃、变化诡异的股票，供需双方的技术力量变化往往非常迅速。因此我们建议技术交易者只关注经常出现的真实、可靠的图表形态，而放弃不能确定的图形。

暂时撇开这个话题，读者可以发现图 4.3 中铂尔曼股票在 10 月第一周形成第二个顶峰时，包含了小型的对称三角形。虽然三角形的形状很清晰，但由于规模太小，再加上股价变化幅度很窄，因此它只预示着接下来出现的一个小幅下跌。

双重底形态的示例

双重底形态就是双重顶形态的上下颠倒，二者的条件和解读方法完全相同。在两个底部，成交量的显著性明显低于顶部情况，但两底与中间间隔段成交量的相对关系仍然成立。当股票图中出现符合所有条件的双重底形态时，我们有把握认为将出现一个比例相当的上涨趋势。如在 1936 年春天，许多龙头股走出双重底形态，就在提醒技术分析者，之间剧烈下跌的趋势即将终结，有利可图的长期上涨即将出现。图 4.4 和图 4.5 就是很好的例子。建议大家仔细观察这两幅图，按照前面双

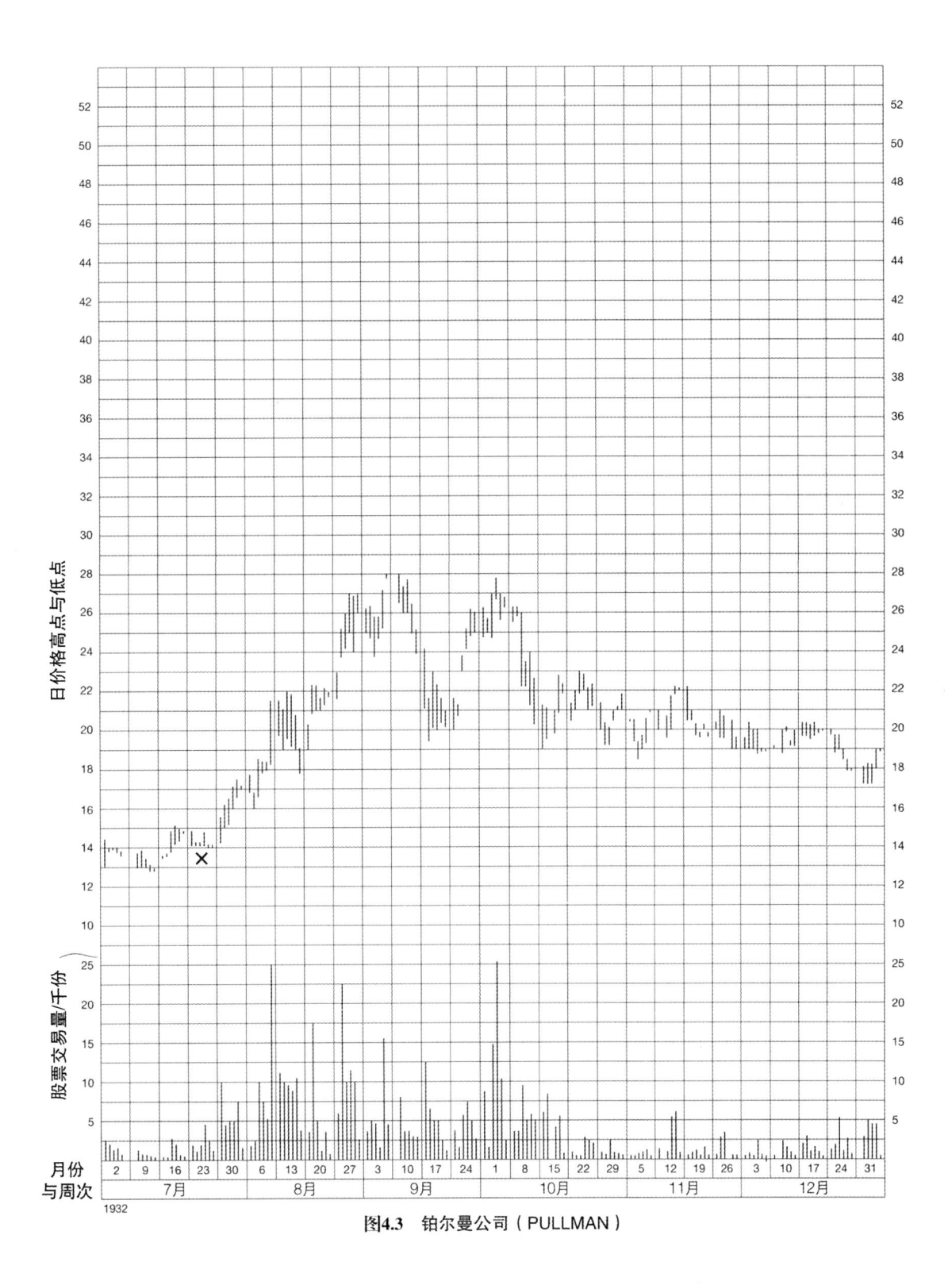

图4.3 铂尔曼公司（PULLMAN）

第4讲 重要的反转形态（3） | 105

图4.4 伯斯勒海姆公司（BETHLEHEM STEEL）

图4.5 美国机车公司（AMERICAN LOCOMOTIVE）

重顶形态讨论的方法检验图中价格、成交量和时机变化的可靠性，并注意一个有趣的特点，即价格在进入新的上涨趋势前，如何在间隔段最高水平附近徘徊与波动。

多重顶和多重底

与双重顶和双重底形态类似的技术要素有时会形成三重、四重甚至五重形态，它们的预示意义与双重形态相同。多重形态中顶部（或底部）往往比双重形态中相距较近，这点也符合逻辑。如果我们再次采用进攻军队的比喻，则军队对坚不可摧的敌方要塞发起大量失败的进攻，虽然每一次进攻都用时较短、耗力较少、恢复较快，但也会损耗进攻者，并最终溃败。不论这一比喻是否恰当，有一个技术分析的规律是不变的，即如果股价连续地试图突破某一水平并失败，那么每次失败都加大了之后反转趋势的砝码，而且尝试的时间越久，接下来出现的反转运动越重要。

不过需要注意的是，包含多重顶或多重底的形态，有时更适合归类到其他更可靠的技术形态中，例如，直角调整三角形态，其预示意义可能是相反的。

多重反转形态中的成交量变化

如果股票图中除了多重顶或多重底之外，不存在其他清晰的图形，那么通常第一次价格到顶反转时会出现高成交量，但之后的成交量变化比较不规律，对预测没有什么帮助，直到价格突破进入新趋势时，成交量才再次剧烈上升。图4.6是铁姆肯滚子轴承公司（Timken Roller Bearing）1931年前期股票走势中的多重顶。6周时间里出现四次连续的反弹，但价格始终没有超过59。第一个顶峰处出现高成交量，但同时出现了一日反转——这是一个警示信号。这个形态成为多重顶反转的第一个确认信号，是在形成两个顶峰之后，4月7日股价向下突破52的底部线。这个突破伴随着可观的成交量，远高于之前两周的平均水平。接着股价在6月第一周内下降到32。这里形成了一个貌似不牢固、不确定的双重底形态，但实际上更好的解释应该是一种对称三角形反转，伴随着一种虚假的运动即我们后面将学到的"迂回"（End Run）。

图4.6 铁姆肯滚子轴承公司（TIMKEN ROLLER BEARING）

伪双重顶的解释

在铁姆肯滚子轴承公司的股票图中，我们还注意到 1 月上旬和最后一周里，股价两次达到 48 的顶峰。这个例子可以用来说明常常被许多草率的制图者误称为双重顶的形态。事实上，我们相信有不止一个市场评论员会在 1 月 29 日那天评论道："TKR 股票好像走出了一个双重顶形态。"学习这门课的学员可以很快发现，在该形态中，不论是间隔段的持续时间，还是两峰之间的下跌幅度，都不符合双重顶的要求。

同时，图中这些较小的顶峰实际上组成了一个水平顶，或者说上升三角形态中的"阻力"边界，它说明接下来股价将运动到更高的水平，而不是出现反转。

多重底形态

图 4.7 展示了一个相当典型的多重底反转，它出现在克莱斯勒 1936 年 5 月的股票走势中。第一个底部（91.75）出现在 4 月 30 日，伴随着高成交量，不过当天收盘价是 95.5，即价格线的顶端。这是一个完美的日内反转，它提醒我们之前的趋势即将结束，但不意味着我们有把握进行多头操作。到 5 月 12 日，克莱斯勒股票再一次触及 91.75 的底部，然后再次反转。5 月 19 日，股票的空头力量迫使股价又跌至 92.5，基本与之前的底部相平。证明这是多重底形态的信号出现在 5 月 26 日，收盘价大幅超过之前几次较小反弹的上限。不过，此时成交量还不是决定性的，所以股价又出现了一轮刺穿底部的尝试，然后克莱斯勒公司股票的技术力量终于胜出，股价进入新的上涨趋势。一个极端保守的交易者，会一直等到 6 月 20 日出现的满足所有条件的突破时，才会采取行动。

长期图表中的双重顶和双重底

良好的双重顶在个股的周线图和月线图中经常出现，良好的双重底形态出现更频繁。不过二者的研究意义始终大于实践意义。（回顾第 2 讲中关于长期图表头肩形态的讨论）一般周线图中，成交量的信号较少，尤其是在双重底形态，因为在突破等时点成交量的爆发，一般只集中在一到两天内，因此不会在周线图上明显地表现出来。

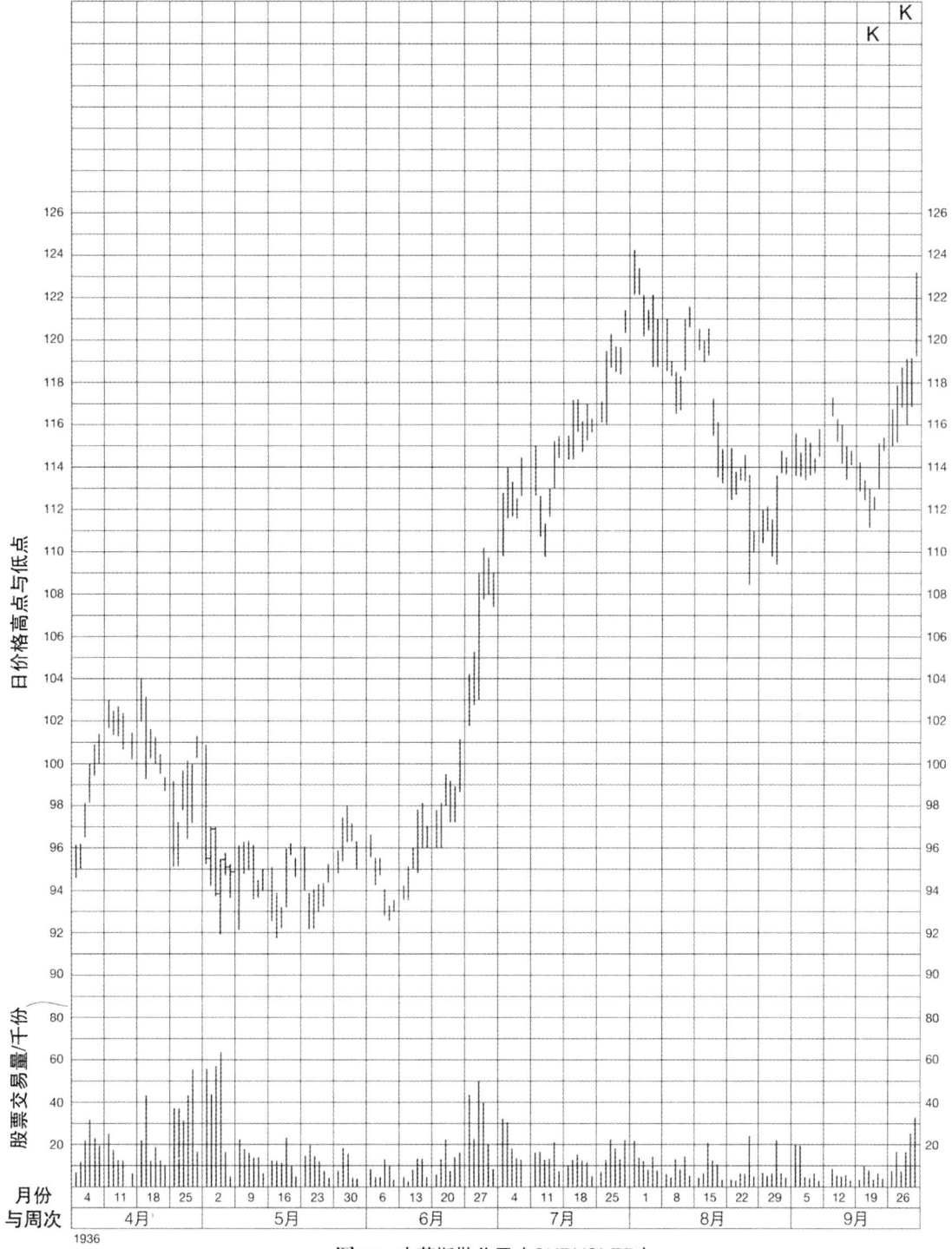

图4.7 克莱斯勒公司（CHRYSLER）

第4讲 重要的反转形态（3）　111

图 4.8 显示了美国银行纸币公司（American Bank Note）股票走势中一个良好的双重底形态。两个价格在 11~12 水平上的底部相隔约一年，可能彼此之间并无联系，但我们可以合理地猜测，该价格水平上可能由于基本面等因素存在非常强大的阻力。接下来股价确实出现反转，并且进入高利润的上涨阶段，一直到 1936 年股价达到 55 的顶峰。在两个底部出现的形态很有趣。在 1933 年 10 月的第一个底部，一个伴随着高成交量确认的上升三角形预示着股票的向上反转，接下来又出现了一个对称三角形。在 1934 年秋季的第二个底部，我们看到一个完美的头肩形态，双肩顶点分别出现在 7 月和 12 月。

"M"和"W"形态

过去，有些金融学者喜欢将图表中的反转形态称作"M"形和"W"形。不过，如果仔细观察"M"形和"W"形态，可以发现它们不过是双重顶或双重底形态很常见的变化。一般来说，它们对成交量变化、价格运动幅度和时机的要求与双重顶或双重底相同，而且预测意义也不变。

"M"形态是双重顶的变化，即股价陡峭上升至第一个及第二个顶峰后，又以相同角度从顶峰陡峭下降，在中间间隔段形成深 V 形的价格轨迹。"M"形态还可以扩展到包含股价在中间间隔段停滞或波动的情况。"M"形态一般出现在股价变化迅速、经常突然反转的股票中。

"W"形态就是"M"形态的反转，还是双重底形态的类似变化。美国银行纸币公司的周线图（图 4.8）和美国机车公司的日线图（图 4.5）都是"W"形双重底的良好例子。

在少数情况下，三重顶反转也可能出现"W"形态，它的预测意义与一般的多重顶形态没有不同。这种三重顶反转的"W"变式可以在国家电力照明公司（National Power and Light）1931 年上半年的股票图（图 4.9）中看到。在学习该例中的成交量变化时，请记住周六（3 月 28 日）的成交量应加倍。

均价图中的双重顶与双重底

业余的公众交易者与许多财经报纸作家对双重顶或双重底形态的反转预测信心

图4.8 美国银行纸币公司（AMERICAN BANK NOTE）

图4.9 国家电力照明公司（NATIONAL POWER AND LIGHT）

十足的原因之一，就是双重形态在每个大牛市或大熊市后广泛出版的均价图中经常出现。一个最常见的例子就是1921年大熊市结束后，股票走势中的双重底形态。

如果继续往前追溯道琼斯工业指数，可以发现双重底形态明显地结束了1897年、1903年和1914—1915年前的大熊市。双重顶形态同样经常在大牛市结尾处出现，如1899年和1906年的工业整体，以及1918—1919年的铁路股票。

不过，我们还是要请各位读者注意，虽然双重形态非常重要，但是在长期的指数走势中，也有很多次貌似要出现反转但实际没有的情况。如果没有出现反转，则它们就是普通走势的一部分，不会被粗心的观测者发现。

总体来看，在均价图中出现的双重形态确实比个股具有更强大和更重要的反转预测能力。

可靠的复合形态

接下来要介绍的第六种反转形态是复合形态（Complex formation），它与头肩形态和普通（圆形）反转都是可靠的股价趋势反转预测。另外，复合形态还是所有反转形态中最强大的。在这方面，它遥遥领先于其他反转形态。可以说，如果它更常见一点的话，那么无疑将夺走头肩形态的桂冠，成为最重要的反转形态。

实际上，复合反转不过是一个更强大、更持续、更具体的头肩形态。因此，它出现得较少，但只要出现了，就是趋势反转最可靠的预示。

复合形态可以划分为两种具体的头肩形态，即多头双肩形态和多肩单头形态。它们的名称很好地反映了定义。多头双肩形态本质上就是头肩形态，只是有两个或多个头部。同样的，多肩单头形态只有一个头部，但有多个肩部。这两种复合形态都表明反转，可以出现在走势的顶部或底部。

与双重顶和双重底的关系

除了与头肩形态的密切联系之外，多头双肩形态也具有多重顶形态，尤其是双重顶和双重底形态的特点。但是，当复合形态有两个或多个头部时，这些头部常常挨得很近，不符合双重或多重顶的定义。而且复合形态比多重形态的预测能力更强，更容易识别，因此利于我们采取迅速的套利交易。

双头双肩顶形态

在介绍复合形态时，我们提到它并不常见。实际上，一个完美的复合形态非常罕见，因此我们只好选用较早期的例子，来帮助读者对这种有趣的形态形成初步认识。另外，这个例子还提醒我们，在1929年的大牛市后以及当前，股市中依然存在着这种形态。

图4.10是钳锅钢公司（Crucible Steel）1922年11月至1923年5月的股价走势（回顾前面道琼斯工业平均指数图中，该时点发生了一次反转）。1922年11月，钳锅钢公司的股价从80迅速跌至60，反转处出现了一个标准的普通头肩形态（A-B-C）。然后经过几个月的时间，股价涨回至82（D点），遇到抵抗后形成双重头肩顶的左肩。短暂下跌后，股价回升超过D点，但连续两次被打压，形成84.5水平上的E和F两个顶点。形成双头部后，股价再次下跌，徒劳地反弹至G点形成右肩后，空头力量已经积聚得很强大，技术平衡彻底改变，于是在H点穿透颈线后，反转形态完成。

简单头肩形态的变化

钳锅钢公司的股票图中，双头双肩形态的复合形态几近完美。请大家记住这个典型的图形，我们接下来将介绍它可能的变化。

双头双肩形态与简单头肩形态的基本特征相同。颈线可能向上或向下倾斜，不过一般角度不大。两个头部顶点的价格水平可能有微小差异。总体来讲，图形依然对称，形成过程的"节奏"很值得观察。

图4.11是切萨皮克和俄亥俄公司（Chesapeake and Ohio）1929年的股票走势，向我们展示了另一种不太常见，但同样很有效、很强大的双头双肩顶反转形态。图中两个头部（B点和C点）高度不同，但明显相关。A点的左肩非常高，形成"岛形反转"（Island Reversal），这是一个很有价值的预测形态，它表明多头力量的耗尽，我们将在第5讲中具体介绍。整个形态的节奏感很清晰。

利用双头双肩形态进行交易

初学者和保守的交易者应当遵循我们前面介绍头肩形态时提到的一条原则，即

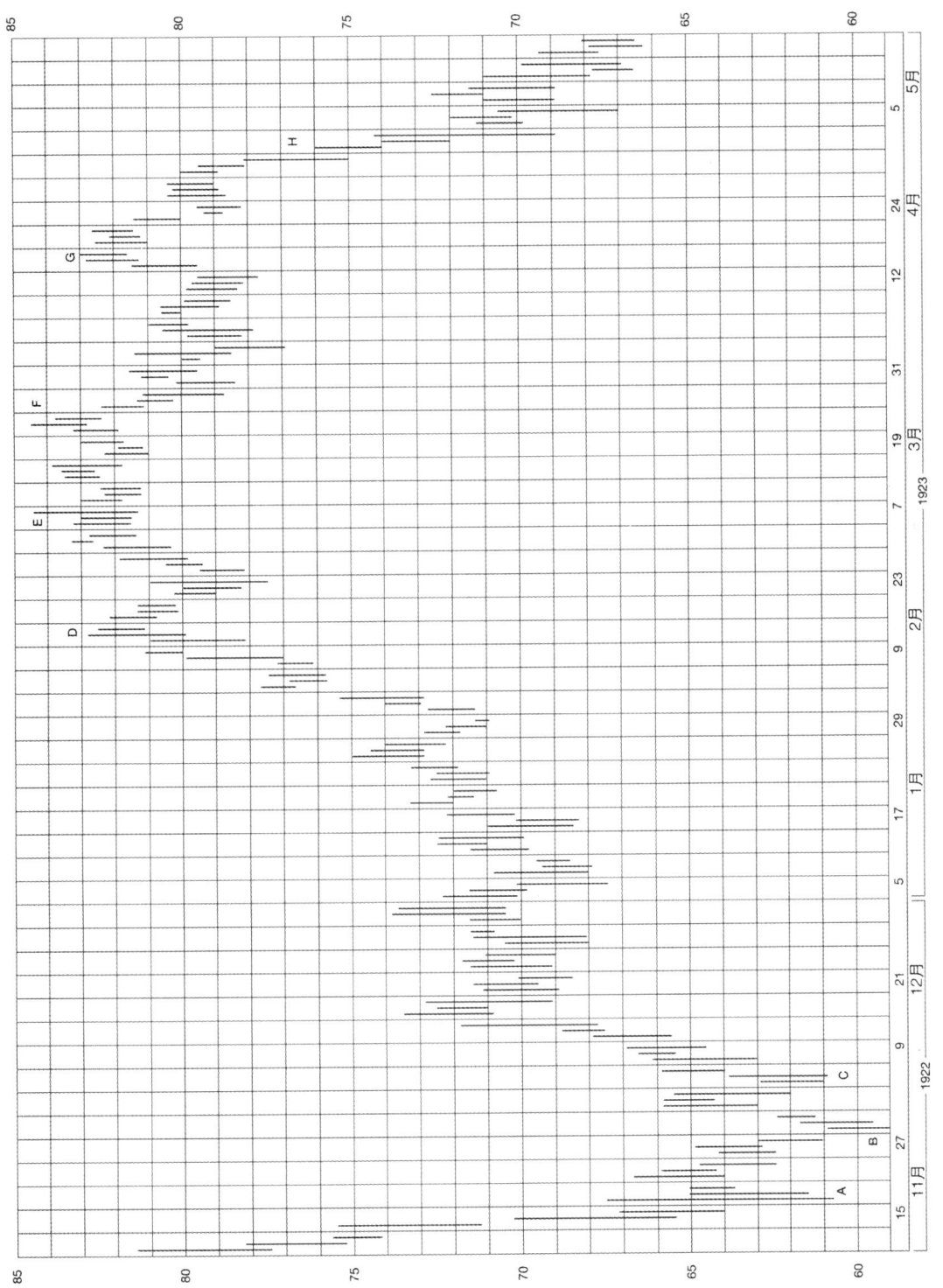

图4.10 钳锅钢公司（CRUCIBLE STEEL）

第4讲 重要的反转形态（3） | 117

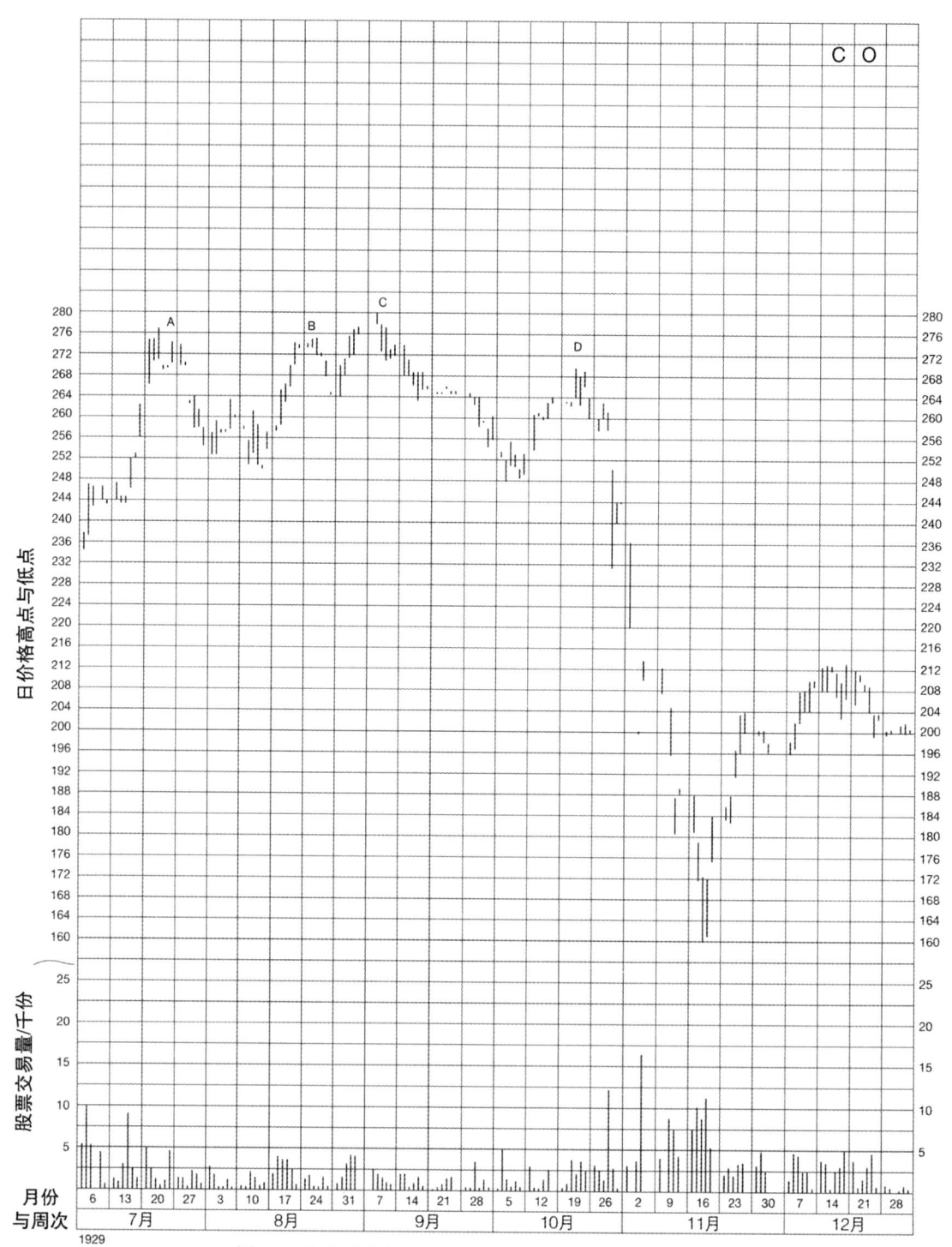

图4.11 切萨皮克和俄亥俄公司（CHESAPEAKE AND OHIO）

等待股价明确地突破颈线后再卖出或买入股票。但是，由于复合形态的对称性，我们常常可以预期突破的出现，尤其是当之前的走势或其他因素表明有可能出现反转时。例如，在切萨皮克和俄亥俄公司股价的顶部，当 10 月 19 日（周六）股价从右肩顶点 D 显著下跌时，我们已经有足够把握卖出股票。很明显，此时卖出将比等待明确突破时卖出要多获得几个点的利润。

但是，在试图"抢跑"之前，交易者应当确信自己的图形是正确的。如果图形并不完全清晰，或并不完全对称，或从右肩开始的下跌并不显著，那么就应该等待明显的突破信号。

希望读者不要从这个例子中得到一个错误印象，即任何简单头肩形态都可以在完成突破之前进行交易，事实上这个例子仅限于完全对称的复合形态。

单头多肩形态

单头多肩形态比前面介绍的双肩多头形态更为常见。事实上，多重肩部经常受到关注，它出现在很多简单头肩反转形态中（例如，图 2.2 西部联盟的股票图中，出现了两套肩部，即 A-C 和 G-I）。

与前面的多头形态相同，单头多肩形态同样适用对称原则，尽管有时需要非常仔细地观察才能找到对称的证据，而且存在一些例外情况。图 4.12 是普通剧院设备公司（General Theatres Equipment）1931 年的股票图，图中显示了单头多肩形态。图形可以分解成左侧连续的三个肩部，分别是 A 点、B 点和 C 点，顶点为 D 点的头，和右侧三个稍宽的肩膀，即 E 点、F 点和 G 点。

我们可以将复合顶部形态的讨论继续扩展到多头多肩形态，读者可以自己研究它的特征。总而言之，这些形态与我们之前探讨的形态都有相同的意义和限制。

复合底部形态的变化

我们不需要再仔细介绍底部反转的复合形态。复合底部形态与复合顶部形态的变化完全相同，而且预测反转的能力也同样强大和有效。我们可以通过图 4.13 的简单分析来结束这部分讨论。图中是铂尔曼公司 1934 年秋季的股票走势，它展示了由 C 点、D 点两个清晰的头部和 A-B、E-F 两个肩部构成的复合底部形态。读者

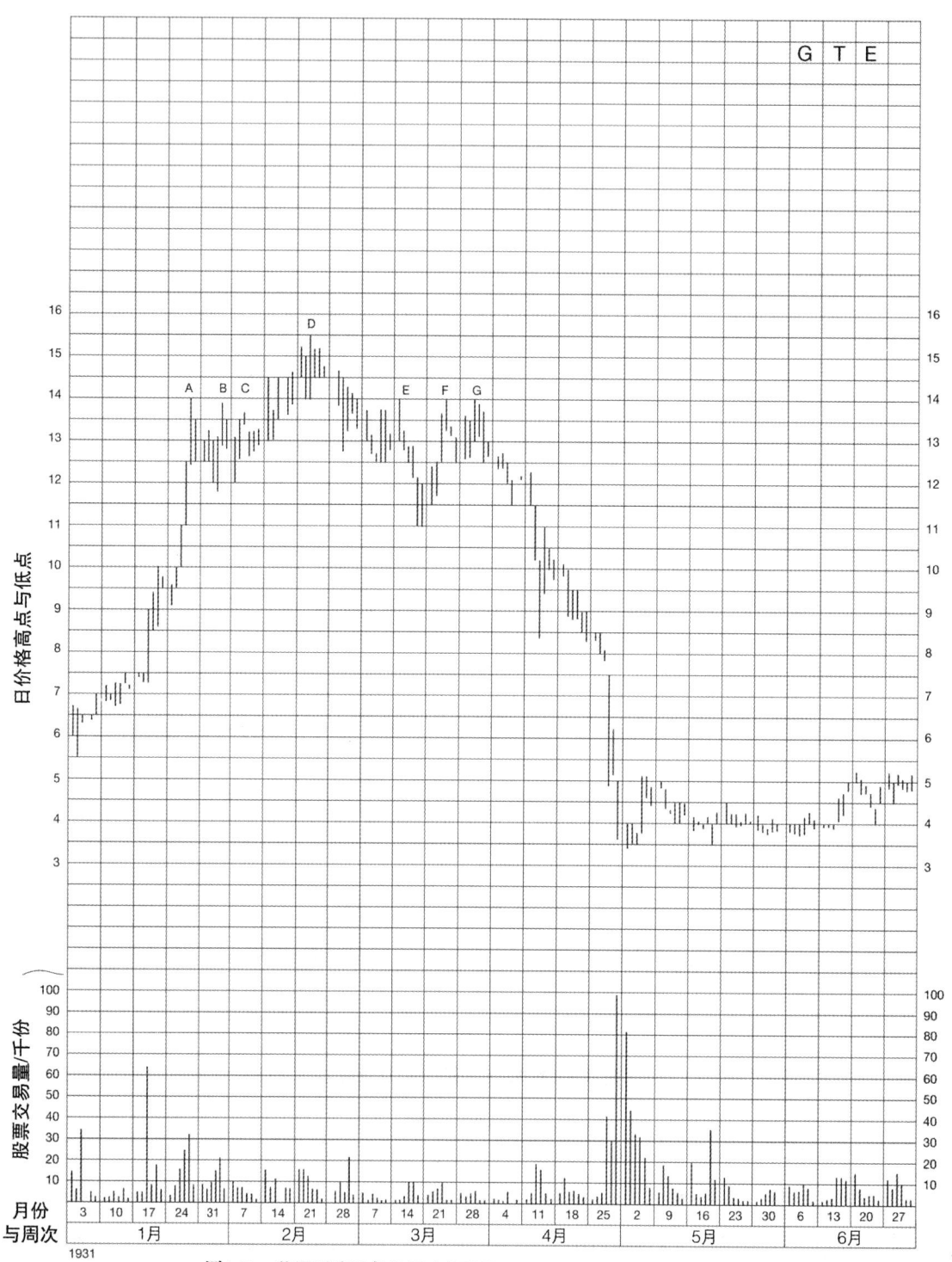

图4.12 普通剧院设备公司（GENERAL THEATRES EQUIPMENT）

图4.13 铂尔曼公司（PULLMAN）

第4讲 重要的反转形态（3） | 121

可以将 A-B 和 E-F 看作两个不规律的肩部，或者左右各两个肩部，不过右侧作为两个肩部的形状不太清晰。右肩部分还可以看作小型的对称三角形。11 月 7 日股价突破三角形底线和复合底部反转的颈线，同时成交量剧烈增加，两个形态对价格反转向上的趋势进行了双重确认。

读者可能注意到铂尔曼公司股票图中有一个双重底形态，但是正如我们之前提到的，如果双重底或双重顶距离过近，那么它们很可能是其他较大型形态的一部分，而且最好按照更可靠的大型形态来解读。

回顾图 2.7 中的头肩底形态，也可以被解释为单头多肩的复合形态（第一个左肩形成于 9 月 21 日）。图形的意义决不会因为不同的解读而改变，但对反转的预测稍有加强。

复合反转形态的成交量

读者很可能注意到，我们一直没有讨论复合形态中的成交量特征。原因是在复合反转的形成过程中，成交量变化没有明确的模式，可能因为形态本身比较复杂，而且期间影响技术力量变化的价格波动次数多。可以这样说，复合形态看上去仿佛一直在犹豫不决，但当它做出最终决定时，便一诺千金。成交量方面，我们可以记住一条很少出现例外的金科玉律：突破颈线时成交量的剧烈增加。

不同高度的肩部

在第 2 讲介绍头肩形态时，我们曾介绍过一种特殊情况，即有一对肩部出现头肩形态的两侧，且比内侧肩部较矮（或底部反转时，比内侧肩部较高）。大家在实际中可以发现许多例子。我们不将这种形态归为复合形态，因为内侧的一对肩部已经完成了图形，价格突破内侧肩部的颈线，说明趋势反转。

一种少见且复杂的形态——喇叭顶

喇叭顶是主要反转形态中的第七种。由于出现次数较少，且结构精巧复杂，喇叭顶形态无疑是最难发现和最难分析的形态。一般可以将它放在反转形态的最后学习，但是由于它的形状类似头肩形态与下一讲中介绍的扩散三角形态之间的过渡形态，因此我们放在这里介绍。

最简单的喇叭顶形态可以看作颈线向下倾斜、右肩高过头部的头肩形态。它的一种更常见的变化，类似一个端点在左侧、开口向右的三角形态。事实上，如果它不是必须满足"五次反转"（后面将介绍），则可以很合理地划分为扩散三角形态。

当图中出现喇叭顶形态时，它的预测能力几乎与头肩形态相当。另外，它通常预示股价的运动幅度将超过平均水平。它与头肩形态和圆形反转形态一样，都可以表明之前趋势的反转。它与普通三角形态的区别在于，三角形态更经常地表明之前趋势的盘整而非反转，而喇叭顶形态则不预示整理。当然，我们要牢记：没有任何技术图形的预测是百分百可靠的。

喇叭顶形态的描述

喇叭顶形态由五个独立、明显的微小反转组成，每个反转都比上一个幅度更大，因此形态的特征是逐渐扩散，类似扩散三角形。但是，扩散三角形可以由任意个数的微小反转组成，而喇叭顶形态则必须且只能由五个紧凑、摆动渐宽的短期或中期价格反转组成。如果出现第六个反转，那么形态就被破坏。第六个反转表明之前的趋势进入整理过程，而喇叭顶形态是趋势的反转。

由于喇叭顶形态必须有五次价格运动的反转，绝不能出现第六次，因此第一个反转必须与之前的主要趋势相反，同时第五个反转也应指向与主要趋势相反的方向，之后股价进入新的主要趋势，方向与之前的主要趋势相反。因此，喇叭顶的第一个反转必须为向下反转。

以上的抽象描述可能对初次接触的学员来说有些复杂。我们在前面提醒过，喇叭顶形态是所有主要反转形态中最难的一种，因此在深入讨论之前，让我们先通过几个例子来明确一下。

喇叭顶形态的示例

首先来看图4.14中空气压缩公司（Air Reduction）1929年夏季到秋季大恐慌之间的股票走势。1929年夏季，市场整体进入最后一波显著上涨，空气压缩公司

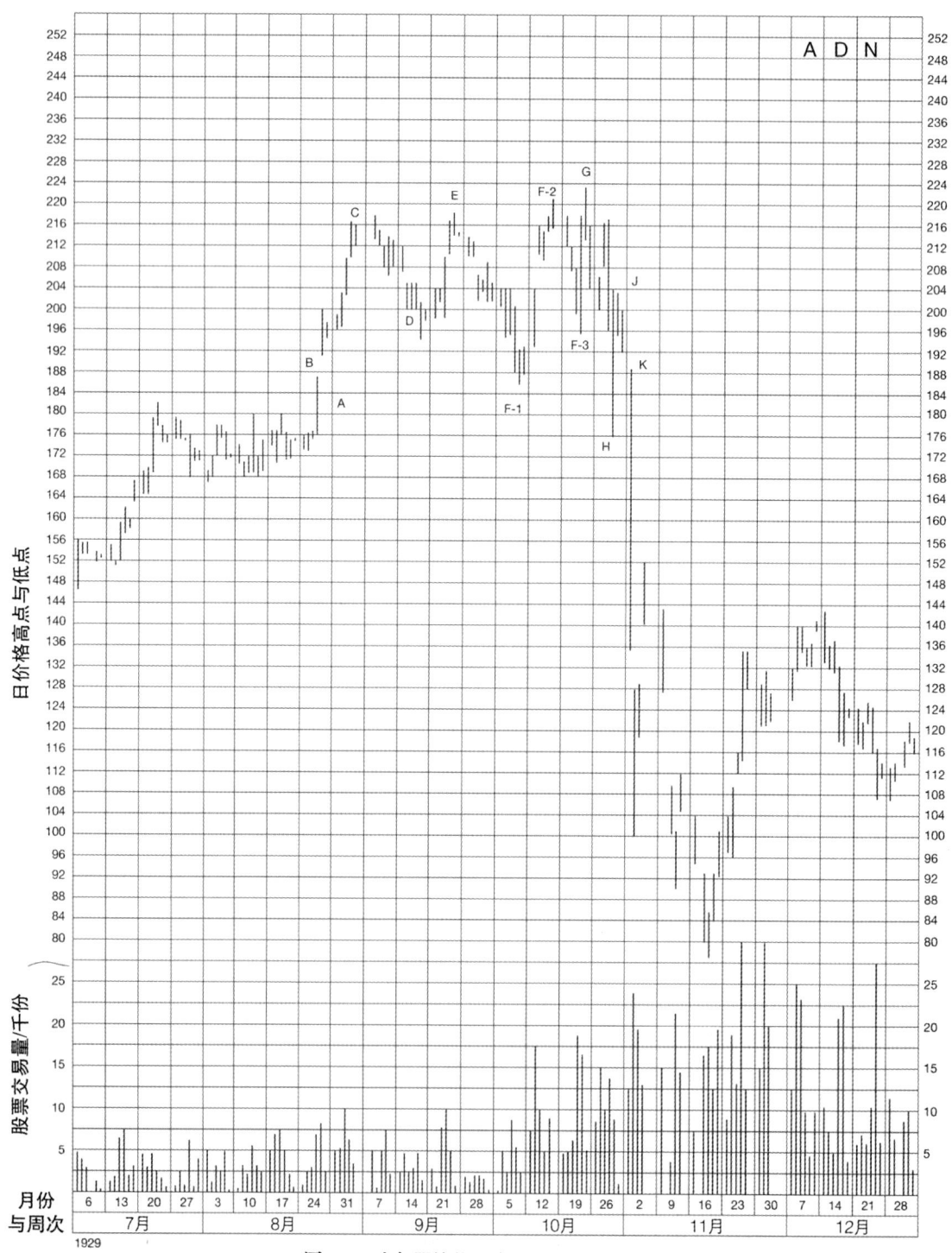

图4.14 空气压缩公司（AIR REDUCTION）

的股价从 4 月的低位 95，持续快速上涨了将近 130 点，在不到 6 个月的时间里股价上升一倍多。

这一波历史上持续时间最长、最显著的上涨遇到空头阻力的第一个信号在点 C，出现了之前趋势的第一次反转，即我们之前提到的喇叭顶形态要求的向下反转。但是多头力量很快扭转了技术形势，在一轮中幅下跌后，D 点出现了第二个反转。不过，直到之后的价格突破 C 点的阻力位后，第二个反转才能被确认为有效。因为根据定义，喇叭顶中每一次反转的幅度必须渐增。

当 D 点后的股价刚超过 C 点一小段时，第三次反转出现了。不过，直到之后的价格下跌到 D 点水平以下时，E 点的第三次反转才能被确认。紧接着，第四次反转出现在点 F-1。同样的，直到之后的价格上升超过 E 点水平后，F-1 点的第四次反转才被确认。最后，在 G 点出现第五次，也是最后一次反转。

请读者注意，尽管第五次反转出现在点 G，但直到之后的价格下跌突破 F-1 点的水平之后，第五次反转才被正式确认。也就是说，当 G 点之后的股价下跌到 186 之下，喇叭顶形态才严格完成。

形态的完成

形态一旦完成，就预示着即将出现大规模、快速的下跌。这种下跌可能立即出现，如空气压缩公司的股价可能从突破 F-1 点的 H 点开始直线下跌。但是，实际情况是 H 点后出现一波中等的反弹，这种一定程度的反转经常出现在喇叭顶形态完成之后。大多数情况下，当第五次反转后股价突破第四次反转点时，会出现一波原趋势方向上的反弹，但是这种反转很少能使股价回升到最后两次反转的中间水平。

借空气压缩公司的例子，我们可以更清晰地看到喇叭顶形态如何相似倒置的对称三角形态（这个三角形可以视为端点在左侧，基线在右侧）。我们也可以注意到连续出现的几个反转幅度必须逐渐增大，才能被确认。还可以看到喇叭顶形态命名的主要理由——形态类似一个喇叭。

现在我们再次强调，喇叭顶形态要成为喇叭形，或者说要满足由五个小幅反转构成的条件，那么第一次反转必须为之前主要趋势的反转。所以，喇叭顶形态的第一次反转一定为向下反转，而喇叭底形态的第一次反转则必须为向上反转。根据同样的道理，喇叭形态的最后一次反转也应在相同的方向上。

喇叭顶形态的重要意义

在刚刚介绍的空气压缩公司例子中，喇叭顶形态结束了历史上持续时间最长、规模最大的牛市。在喇叭顶形态完成仅仅两周之后，巨大的下跌趋势使之后的市场进入恐慌，股价一直跌至 80 以下。喇叭顶形态不是绝不出错，而是当它起作用的时候，效果异常显著。

一些重要的技术特征

希望通过这个例子，读者能更清晰地理解在本讲开始时我们给出的一些模糊的论述。例如，如果图 4.14 中空气压缩公司的股价在 H 点与 J 点之后的反弹持续下去，一直超过之前反转的高点 G，那么这一变化将使点 H 开始的反弹成为小幅或中等幅度的第六次反转。由于喇叭顶形态只能包含五个完整反转，因此即使股价出现第 6 次反转，形态也已经被破坏。之前的喇叭顶部分可能变成扩散三角形，同样预测主要反转的出现，但是不管怎样，第六次反转的出现都使该形态不再是喇叭顶。

这里还要强调初学者可能较难理解的一点，即喇叭顶形态中每次反转后价格运动必须超过之前几次反转的高点或低点，才能被确认。

在 F-1 点与 G 点之间，还有一个 F-2 点，它也超过了之前反转中的高点 E。但是接下来价格的下跌停止在 F-3 点，没有突破之前的低点 F-1，就立刻转向另一轮上涨，直到 G 点。那么点 F-2 和点 F-3 都没有被确认为反转，因为 F-2 点之后的股价运动没有达到 F-1 点以下的水平，故都不属于五次反转之一。

另外，如果 H 点与 J 点之间的反弹一直持续到 215 的价格水平，或者比 G 点略低，然后掉头向下，那么喇叭顶形态不受干扰。也就是说，除非反弹价格超过了第五次反转的高点 G，否则 H 点不能被确认为第六次反转，也就不会破坏喇叭顶形态。

结束大牛市

正如之前提到的，喇叭顶形态很少见，也不是绝不出错，但当它起作用时意义非常重要，一般表明大牛市或大熊市的关键转折。对技术分析学员来说，这确实是种安慰，因为等喇叭顶形态完全确定之后，依然有足够大的空间让我们交易获利。

图 4.15 显示了美国钢铁公司 1934 年春的股票走势中，价格从 60 大幅下跌至 37 之前出现的喇叭顶形态。下面我们要像对待空气压缩公司那样，仔细学习美国钢铁公司股票的走势，这样将帮助我们在图表中出现喇叭顶形态时更好地处理。

第一次趋势反转出现在点 1，股价在三天内从 57 ⅜ 变下降为 55 ⅛。然后出现第二次反转（点 2），使股价在两天内回升至 58 ⅜（点 3A）。接下来好像出现了第三次反转，但是之后的股价下跌只达到 55 ⅝ 的水平（点 3B）后，就掉头向上。因此，3A 点的反转没有被确认，不能算作喇叭顶形态的第三次反转。股价掉头向上运动至 58 ⅜ 的水平（点 3C），然后又出现反转。现在我们需要确认 3C 点是否为第三次反转。3C 点之后，股价下跌到 54½ 的水平，很像第二次反转点，因此 3C 被确认为第三次反转。

第四次反转（点 4）也用同样的方法进行确认，即点 4 之后股价上涨至超过 3C 点的水平。这次美国钢铁公司的股价很快地上升，2 月 19 日达到 59 ⅞ 的水平（点 5），并出现当日反转。一周后，股价跌至 54 ⅛，低于第四次反转点。因此，第五次反转（点 5）被确认，喇叭顶形态完成。接着出现了两次短暂的反弹，但是没有根本影响，这是喇叭顶反转形态完成后常见的现象。除非股价回升至 60 或更高的水平，否则喇叭顶形态不会受影响。接下来的股价运动与我们预期的相同。

喇叭顶形态完成后的反弹

我们前面多次提到，喇叭顶形态完成后经常出现一定程度的反弹，一般使股价回升到反弹点与第五次反转点距离的中点。例如，空气压缩公司的例子中（图 4.14），H 点到 J 点的反弹距离大致为 G 点到 H 点距离的一半。在美国钢铁公司的例子中（图 4.15），3 月 1 日股价在 59 ⅞ 处完成第五次反转，使喇叭顶形态完成后，股价下跌至 53。3 月 2 日股价反弹至 56¾，仍然是前一次下跌距离的一半多。

一般来说，我们不能期望每次喇叭顶形态完成后的反弹幅度都接近一半，事实上，第五次反转后立即出现的反弹可能超过第四次反转点。在大多数情况下，当股价跌破第四次反转水平后，反弹会立刻出现，而且这次反弹的幅度一般会在一半左右。但是例外情况也经常出现，因此完全依赖这种规律是有危险的。如果我们是该股票的多头，那么喇叭顶形态一旦完成，就可以卖出持有的股票，而不需等待反弹的出现。但是，如果我们想要做空该股票，那么比较稳健且有利的做法是等待反弹

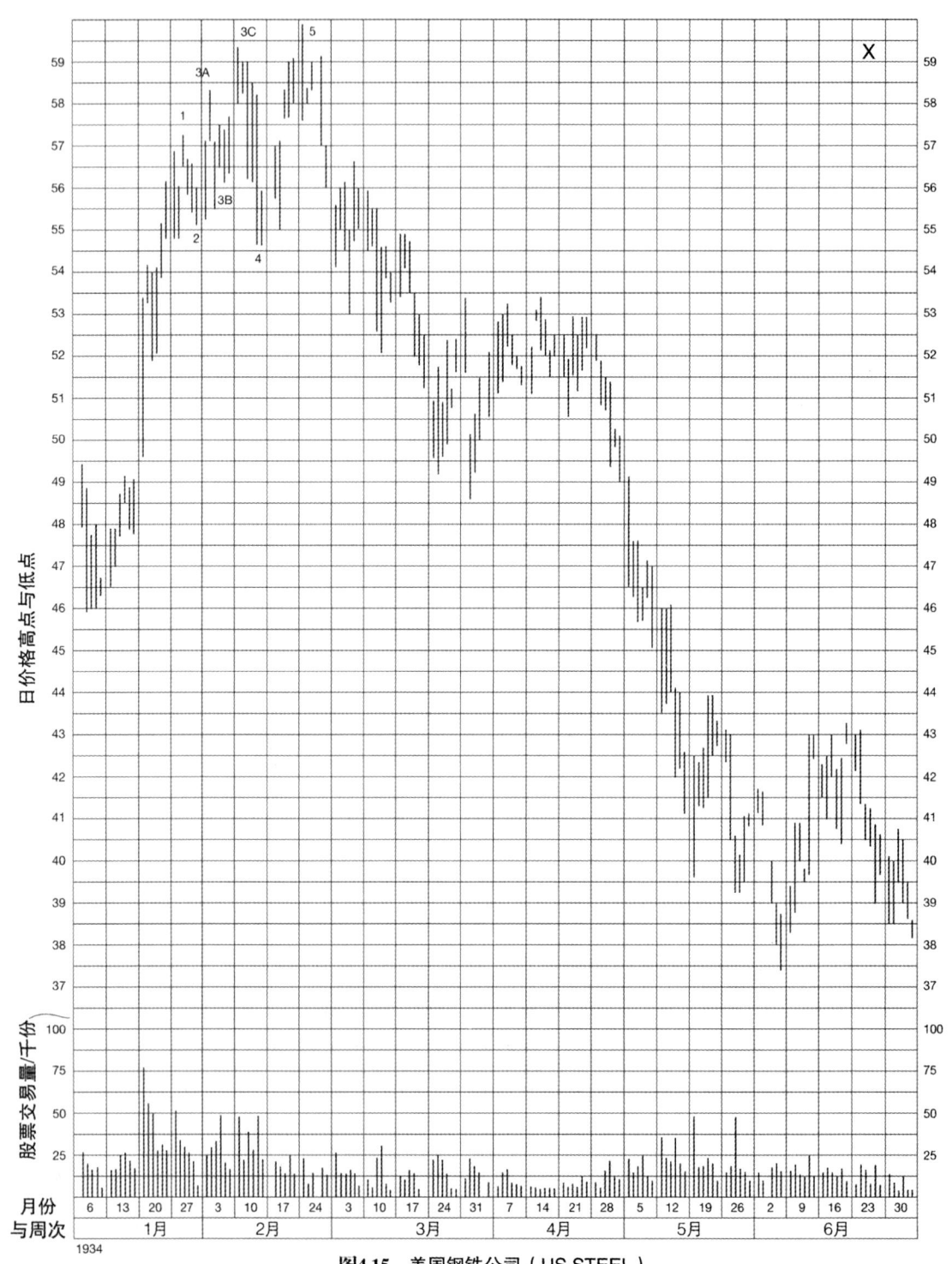

图4.15 美国钢铁公司（US STEEL）

出现，当股价回升 40% 左右时再卖空。由于这种反弹往往非常短暂，我们也可以在喇叭顶形态刚刚完成，反弹还未出现时，在特定的价格水平——个人预期反弹能达到的水平——下单卖空。

"做多"与"做空"操作的区别

当图表中出现顶部反转形态时，进行"做多"与"做空"操作的区别都建立在安全稳健的考虑之上。毫无疑问，我们宁愿因为遵循谨慎原则而错过一些机会，也不愿将利润赌在可能永远不会出现的反弹上而遭受大幅损失。我们必须牢记，技术形态不是万无一失。喇叭顶形态是一种非常重要、非常可靠的反转形态，但它也有可能出错。如果交易者持有股票多头，那么即使他在喇叭顶形态刚完成就卖出头寸，但之后的反转没有出现，他也只损失了一小部分利润。但是，对于做空的交易者来说，等待反弹出现后再卖空，是反转没有出现的不利情况下减少损失幅度的有效办法。

喇叭底形态非常罕见

喇叭底形态在图表中非常罕见，以至于对它的讨论基本全部为理论上的讨论。显而易见，喇叭底形态就是出现在长期下跌趋势底端的喇叭顶形态，它预示股价将进入全面上涨。同时，喇叭底形态也由五次反转构成，其中第一次反转必须方向向上。

由于喇叭形态要求市场具有较高的活跃度，而大熊市的末尾往往不符合这个条件，因此我们可以理解为什么现实中喇叭底形态很少见。即使真的出现符合技术要求的喇叭底形态，它往往也只是其他更明显的底部形态的一部分。因此，不必花时间在图表中寻找喇叭底形态。

未完成的喇叭形态

我们在前面说过，喇叭顶形态并非绝不出错，而且许多开始时貌似喇叭顶形态的图形，最终并没有完成。不过，这些未完成、被破坏的喇叭顶对于学习技术分析的学员来说，仍然有一定的实际意义。如果股价试图走出喇叭顶形态，那么它一般很快会出现重要的反转。例如，在 1929 年春季，许多股票在图中显示出早期的喇叭顶形态。但最终这些形态都没有完成，在1929年股市最后一波上涨时，股价向上冲破了形态。但是，这一现象仍然提醒技术分析学员，真正的重要反转即将出现。

非常类似地，在1932年1月和2月里，许多股票走出了早期的喇叭底形态，但没有完成，就在几个月后，大熊市见底回升。

喇叭顶形态的解释

解释喇叭顶形态背后的影响因素，可能有些徒劳。毕竟形态的重要意义已经体现，即使找不到令人满意的解释也无伤大局。不过，如果研究历史上喇叭顶形态出现时的股市形势，我们或者可以找到一个比较合理的解释。喇叭顶形态需要活跃的市场环境，一般职业操盘手已经卖出离场后，但是公众投资者的积极预期仍然使市场保持热度。不受内部人干扰的股价，摆动幅度逐渐增大，直到上涨趋势已经明显失去支撑。公众抛出的股票再也找不到买家，于是市场崩溃了。这种情形只能在比较疯狂的大牛市末尾形成。

至于"五次反转"的规则，没有什么合理的解释，但是如果根据我们的经验以及对大量股票走势图的研究，喇叭顶形态的第五次反转表明技术力量已经耗尽，反转形态完成。

本讲回顾

本讲介绍了三种非常重要的技术反转形态。

如果多重形态（最常见的是双重顶和双重底形态）严格符合定义的要求，那么它是非常可靠的反转预测。形态中顶部（或底部）必须相隔一段时间，之间股票的运动必须达到一定幅度，而且股价突破两顶的间隔"谷"底时，形态才完成。

复合形态与头肩形态紧密相连，是所有反转预测中最可靠的一种。如果复合形态出现次数更多一些，那么它将是反转形态中最重要的一个。

喇叭顶形态更为少见，需要仔细的分析，而且不如头肩形态和复合形态那样可靠。但是当它真的出现时，往往表明长期、重要的新趋势即将出现，因此我们将它划归到重要的反转形态之一。

第 5 讲

其他反转形态

- ◎ 主要反转形态总结
- ◎ 较少出现的反转形态
- ◎ 扩散三角形态
- ◎ 扩散三角形态与普通三角形态的不同之处
- ◎ 扩散对称三角形态
- ◎ 一个更典型但不易获利的例子
- ◎ 扩散直角三角形态
- ◎ 带有向下斜边的扩散三角形态
- ◎ 利用扩散三角形态进行交易的困难
- ◎ 带有上升斜边的扩散三角形态
- ◎ 扩散三角形态的解释
- ◎ 菱形形态
- ◎ 菱形形态的示例
- ◎ 1936年4月的市场顶部
- ◎ 菱形底部反转
- ◎ 矩形反转
- ◎ 解读方式与三角形态相同
- ◎ 矩形底部反转
- ◎ 矩形形态的重要性
- ◎ 出现在顶部的矩形反转
- ◎ 静止状态的突破
- ◎ 一个常见的长期底部形态
- ◎ 技术图形的快速变化
- ◎ 活跃股票的相对静止状态
- ◎ 岛形反转
- ◎ 初识"缺口"
- ◎ 岛形反转的描述
- ◎ 缺口应该在相同高度
- ◎ 一个强有力的岛形反转示例
- ◎ 一日岛形预测
- ◎ 岛形形态的其他预测结果
- ◎ 岛形形态的解释
- ◎ 两张颇有意思的走势图
- ◎ 接下来是整理形态

主要反转形态总结

在前面三讲中，我们学习了七种表明股价趋势反转的技术形态，并讨论了它们各自的预测用途。其中，有五种形态由于经常出现，或者可靠性强，而尤为重要。它们是：

1. 头肩形
2. 普通或圆形反转
3. 三角形
   a. 对称三角形
   b. 直角上升或下降三角形
4. 多重顶和多重底形态
5. 复合形态

相对来说，同时介绍的另外两种形态——楔形和喇叭顶形——在重要程度上较弱，不过形状与重要反转形态有一定关联。

较少出现的反转形态

这一讲中，我们将再介绍四种反转技术形态。尽管它们并不经常出现，但仍然是技术交易者必不可少的工具。其中，两种形态——扩散三角形、菱形——与前面学习的反转形态有一定联系，另外两种形态——矩形及其变化、岛形——则比较独特。

扩散三角形态

前面我们提到扩散三角形态（介绍喇叭顶形态时），将它描述为左右颠倒的普通三角形态，即端点在左侧、开口向右的价格波动轨迹。换句话说，扩散三角形态的形成过程与普通三角形态正好相反。在扩散三角形态中，股价首先在小范围内波动，然后波动幅度逐渐变大，上下两条边线距离越来越远。

扩散三角形态同样可以分为两类，即对称形和直角形。而且直角扩散三角形态也可以进一步分为上升式和下降式。另外，与普通三角形态类似，扩散三角形态也可以预示之前趋势的反转或者整理。不过，二者的相同点只有这些。在仔细研究扩散三角形态的示例之前，我们先介绍一下它与普通三角形态及其他形态的不同之处。

扩散三角形态与普通三角形态的不同之处

首先，扩散三角形态比普通三角形态要少见得多——比例恐怕可以达到每出现1个扩散三角形，就能出现30或40个普通三角形。扩散形态比较散，不规律，尽管偶尔也出现紧凑、明确的形状。扩散三角形的解读比较困难，而且获利空间通常也比普通三角形更有限。事实上，除非同时出现其他有用的技术形态，否则许多扩散三角形态无法为技术交易者提供操作获利的机会。但是，与普通三角形态不同，扩散三角形态成为反转形态的比例远远高于成为调整形态。

两者另一个重要的区别是成交量。我们已经很熟悉普通三角形态形成过程中成交量的变化：在底边或起始开口处总会出现相对高的成交量，然后随着股价向顶点趋近，成交量逐渐萎缩，直到突破发生时成交量再次上升。而在扩散三角形态中，成交量的变化大不相同。一开始，端点处出现较高的成交量。之后，成交量有一定下降，但不会继续萎缩，相反，成交量变化非常不规律，而且一般会随着形态的发展而逐渐上升。一个合理的直觉是，较大的价格波动必须伴随着较高的成交量。扩散三角形态中的成交量变化增加了分析的难度，因为它使突破的确认更困难。

扩散对称三角形态

通用美国运输公司（General American Transportation）的1929年的股票走势

（图5.1）展示了一个扩散对称三角形态。我们立刻能够发现它与喇叭顶形态的相似。在前一讲中，我们提到喇叭顶形态可以被看作扩散三角形态的一种特殊形式。但是，喇叭顶形态不需要像扩散三角形态那样，由一系列密集的价格波动组成，同时顶部和底部形成清晰的边线。另一方面，扩散三角形态不一定符合"五次反转"的原则（虽然下面的例子恰好满足）。扩散对称三角形态可以由七次，甚至偶尔由九次反转构成。（如果是调整形态，则由四次、六次甚至更多的偶数次小型反转组成。作为调整形态的扩散三角形将在第6讲中介绍）

在扩散三角形态的学习中，价格运动方式不需要仔细讲解，不过成交量变化值得仔细分析一下。注意到图中分别出现在9月19日、26日和10月2日、11日的四个顶部，都伴随着相对高的成交量，而且当股价下跌时，成交量也下降。另外后两个顶部还是典型的一日反转。成交量变化模式的改变出现在10月19日，当价格跌到底部时，成交量却显著的提高。这一现象是技术弱势的明确警告。形态的下边线在10月23日被突破。当天突破的幅度非常大，收盘价位于价格线底端，而且成交量上升，这些信号足以告诉大家，重要的趋势反转正在出现。

通用美国运输公司的股票走势图展现了一个近乎完美的扩散三角形态，但这是很少见的，而且也并非典型，因为我们更容易在中期趋势中遇到扩散三角形态。

一个更典型但不易获利的例子

莎朗钢箍公司（Sharon Steel Hoop）的股票走势图（图5.2）展示了扩散对称三角形态如何预示1936年4月的反转。不过读者可以看到，尽管形态有效，但并没有给出操作时机的明确信号。图中股价波动形成的扩散三角形态本身，并不是预测反转的可靠信号，一般需要借助其他市场因素分析，或者其他股票图中的反转形态信号，才能确定趋势的反转。持有该股票的交易者可以先卖出获利，然后在新趋势明确出现之前，耐心等待。而尚未持有该股票的交易者，则最好不要进行操作，而是寻找更清晰、更易获利的其他机会进行操作。

扩散直角三角形态

扩散三角形态中，如果一条边线水平，另一条边线（弦）从理论端点倾斜向上

图5.1 通用美国运输公司（GENERAL AMERICAN TRANSPORTATION）

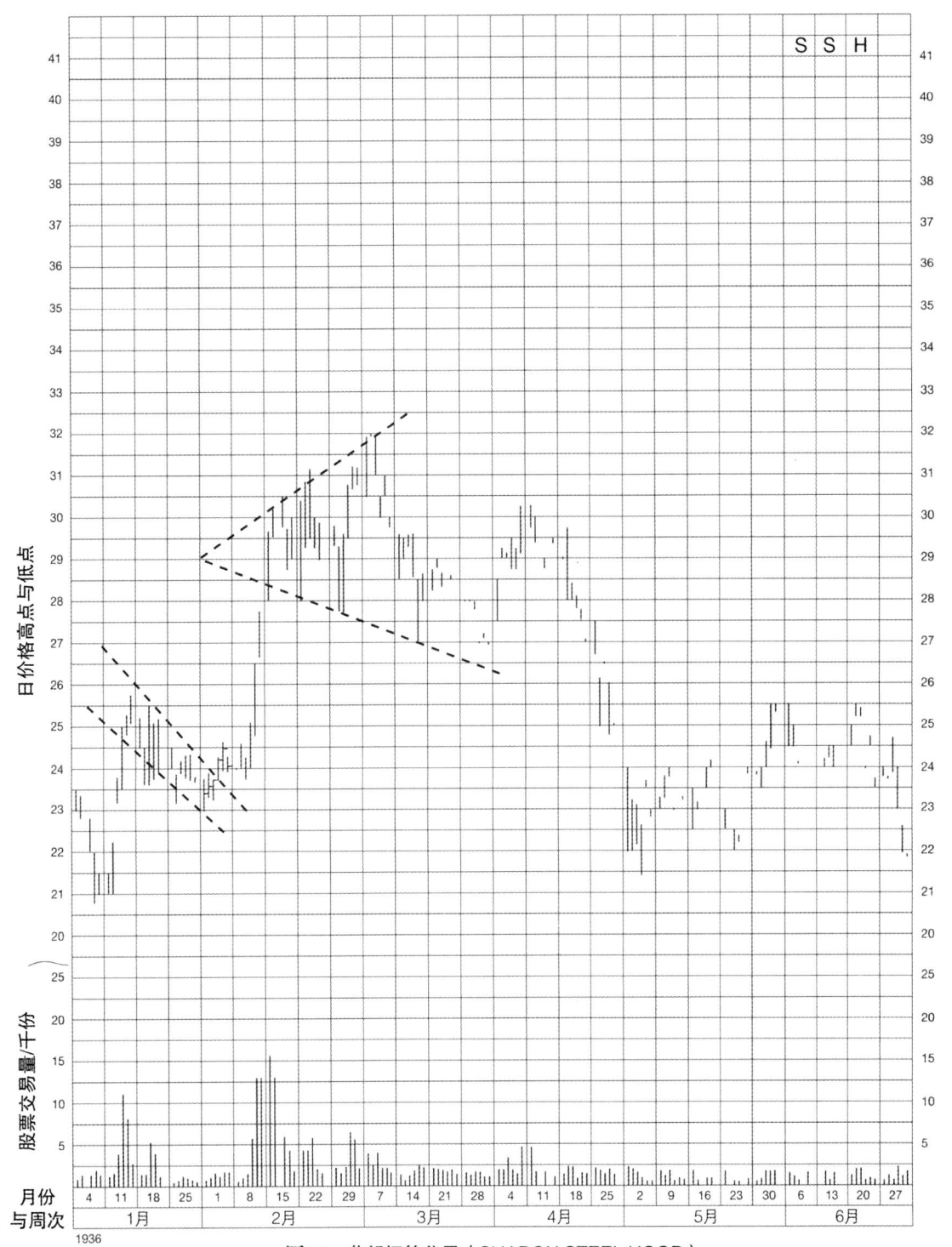

图5.2 莎朗钢箍公司（SHARON STEEL HOOP）

第5讲 其他反转形态 | 137

或向下，则与第3讲中讨论的上升或下降直角三角形态形状类似，被称为扩散直角三角形态。

但是，与普通三角形态中弦的方向预示之后价格运动方向的特点不同，扩散三角形态中弦的方向不能给出之后价格运动方向的可靠预测，不管是作为反转形态还是调整形态。读者应牢记扩散三角形态的这一特点。

带有向下斜边的扩散三角形态

在一些扩散三角形态中，水平边形成上界，斜向下的弦形成下界。一个清晰有力的例子出现在美国制罐公司1929年股价顶部（图5.3）。形态形成过程中，成交量的变化符合扩散三角形态的典型特征。陡峭向下的斜边表明技术弱势，不过没有出现明确的反转趋势确认，直到价格已经跌至离最高点相当远的水平。第一次突破出现在10月24日，伴随着高成交量，但是当天收盘价却回到形态以内，几乎位于当日价格线的顶端。接下来两天里，股价继续下跌，但始终保持在形态以内。根据前面的股价变化规律，此时我们完全可以预期股价出现一波反弹，回升至160~162的水平。直到10月28日，股价才明确地突破形态，但当天成交量没有明显变化，等到第二天才剧烈上升。整个过程结束时，美国制罐公司的股价已经从最高点183跌至132。

利用扩散三角形态进行交易的困难

在分析美国制罐公司的扩散三角形态时，我们再次强调，在形态明确完成之后，寻找有利交易时机比较困难。我们给初学者的建议是，除非他手中持有该股票，否则不要理会扩散三角形态。而要买入或卖空股票，则需要等待出现更明确的信号时再行动。当然，对于美国制罐公司股票的多头来说，当反弹在10月11日出现反转，且未超过之前高点时，就有理由怀疑股价趋势已经改变，因此可以卖出获利。他甚至可以早在9月20日就得到这个结论。但是，多头卖出获利与空头卖空完全不同。一个富有经验且资金充足的交易者可能在10月12日就进行卖空，但是他也应该设置止损指令，如187水平上，而且如果出现反弹促发止损指令被执行，则他应该立即改变操作。

图5.3 美国制罐公司（AMERICAN CAN）

另外值得注意的是，美国制罐公司股票图中的扩散三角形态由九个小幅或短期中幅反转组成。

带有上升斜边的扩散三角形态

图5.4通用食品公司的股票图中，展示了一个水平底边、上升斜边的扩散三角形，图形比较长，而且有些松散，但是两条岔开的边线非常清晰，三角形态很明确。

学生应该已经注意到，在这个扩散三角形态之后的突破方向与弦的方向相反，也就是说与带有上升斜边的普通三角形态之后的突破方向相反。对于这一点，我们前面就说过，扩散三角形态的斜边方向不代表后续股价运动的方向。

4月23日股价出现了一次伴随成交量变化的假突破，我们前面提示过这种一日线外运动的出现（第3讲）。伴随高成交量的决定性突破出现在4月27日，股价收盘于形态之外1个点。5月的反弹使股价回升至形态底部水平，但没有继续上升。注意到反弹过程中，成交量逐渐下降，在后面我们将学到，这是说明该轮反弹与基本趋势相反的最好证据。

扩散三角形态的解释

扩散三角形态很难解释。尽管上升式和下降式三角形的水平边分别代表了支撑位和阻力位，或至少表明了股票需求或供给的水平，但是形态本身说明市场处于多空双方力量僵持不下的状态，正在等待重要的新闻或重大的变化来决定未来股价的走势。另外，这一解释也说明为什么利用扩散三角形态进行预测是困难的。

扩散三角形态水平边的支撑位（上升式）或阻力位（下降式）可能是职业操盘手操纵的结果，因此股价突破水平边时才往往非常显著。虽然利用扩散三角形态进行交易较难获利，但如果股价非常明确地突破水平边，则是一个重要的技术信号，技术交易者可以借此操作获得丰厚利润。

另外，扩散三角形态形成过程中，成交量一般比较高，而且变化不规律，这一特点也解释了为什么扩散三角形态更多地发生在顶部，而不是底部。

图5.4 通用食品公司（GENERAL FOODS）

菱形形态

接下来介绍的反转形态由于其形态非常类似菱形而得名。这种形态可以被看作是头肩形态的变化。但是，对它更准确地描述应该是，将两个三角形态——一个扩散三角形、一个普通三角形——底边相接、端点指向相反方向地对在一起得到。现实中，菱形形态很少完全对称，一般也并不清晰，因此在描画它的边界时，往往需要灵活处理。但是，当菱形形态真的出现时，它非常可靠，而且能够帮助交易者获得丰厚利润。菱形形态更多地出现在顶部，较少出现在底部。

菱形形态的示例

新泽西州标准石油公司1930年前半年的股票图（图5.5）展示了一个较好的菱形形态。1929年12月，股价为70，到1930年2月，股价跌至58。接着一轮快速的反弹使股价回升至80，但遇到强大的阻力。股价出现短暂下跌，然后又涨到84。跟踪过这只股票的读者一定记得，当时公众投资者普遍持乐观情绪，相信股市正在回升至1929年顶峰的水平。但是，股价接连几天在82~84区间内放量交易，消耗了大量需求，之后股价在四天内下跌了13点。下一轮反弹只使股价回升至81。接下来的股价运动不用再详细讨论，不论我们多么松散地画出边线，没过多久菱形形态就明显地表现出来。5月7日股价大幅突破，同时成交量上升（请记住周六的成交量应加倍）。突破后，股价从78的水平快速下跌至61，并一头扎入熊市。

读者可能会发现，1930年标准石油公司股票图中的菱形形态与颈线斜向下的复合头肩形态有些相似。颈线斜向下的复合头肩形态一般不能为我们提供有利的交易机会，但是如果它也符合菱形形态，那么良好的突破信号就意味着丰厚的利润。

1936年4月的市场顶部

另一个菱形形态的例子出现在图5.6中，即1936年弗吉尼亚—卡罗莱纳化学公司-6%优先股的走势图中。4月13日出现突破，当天成交量的高涨以及收盘价位于价格线底端的特点，都是明确的标识。

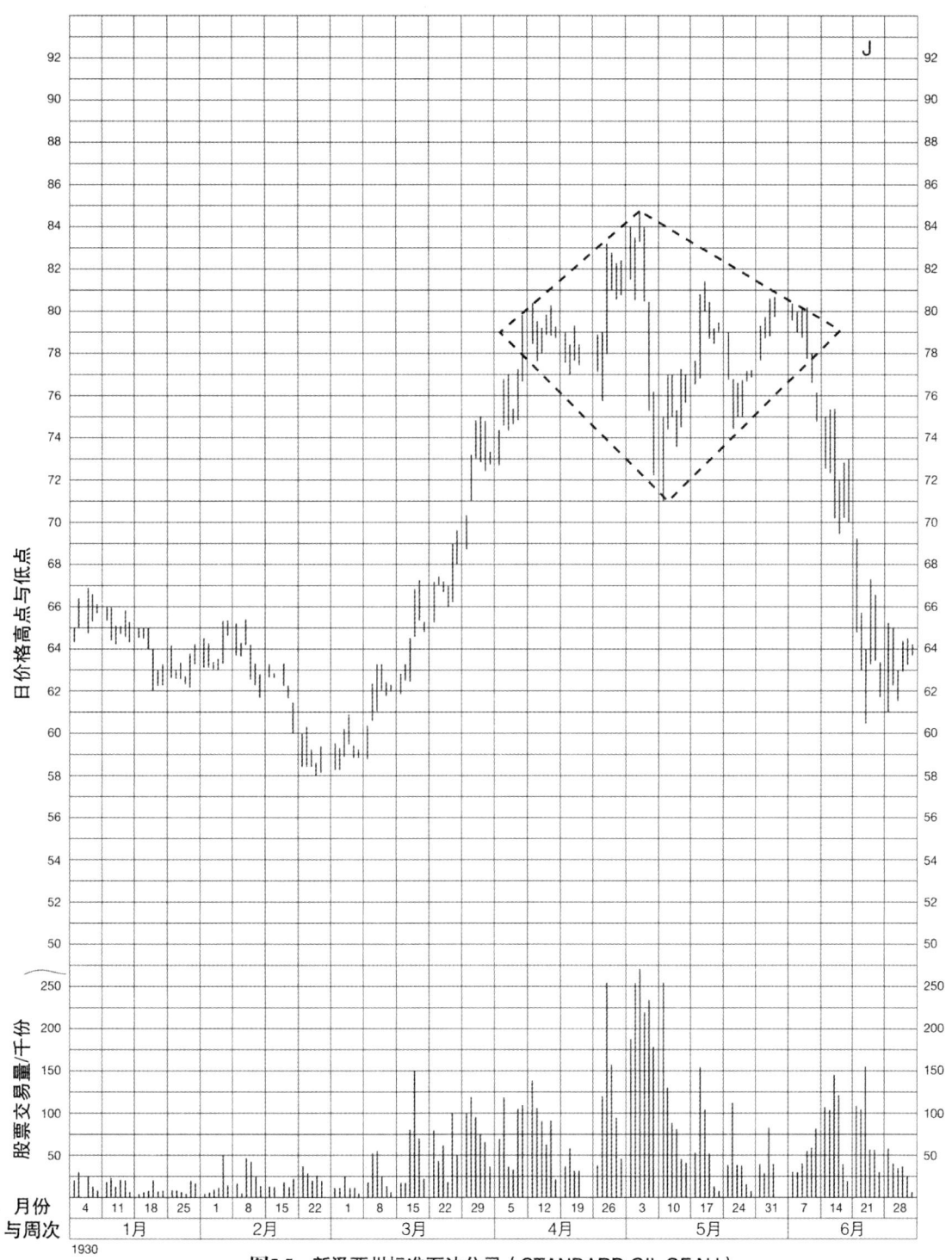

图5.5 新泽西州标准石油公司（STANDARD OIL OF NJ）

第5讲 其他反转形态

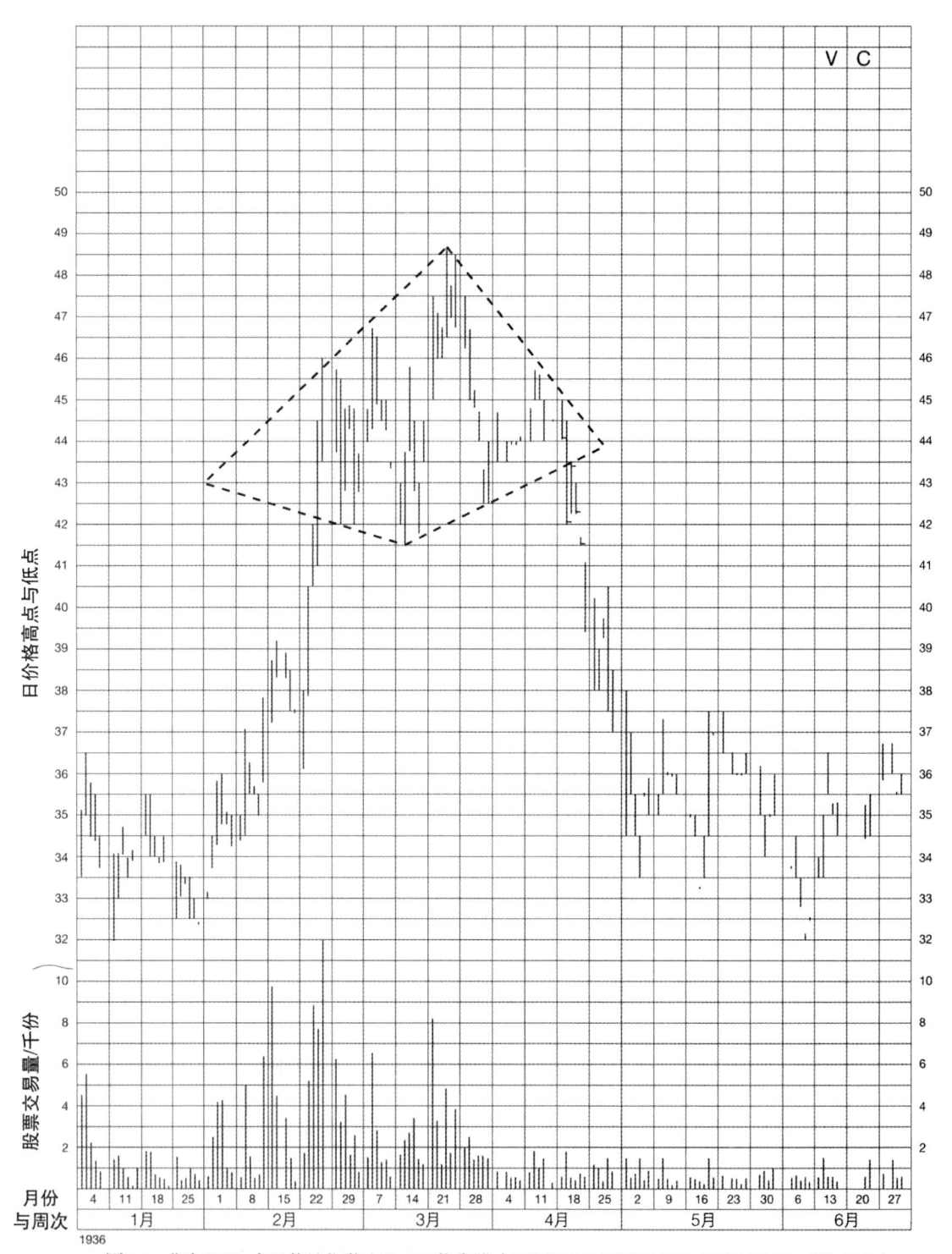

图5.6 弗吉尼亚-卡罗莱纳化学公司-6%优先股（VIRGINIA CAROLINA CHEMICAL -6% Pfd.）

菱形底部反转

菱形形态也可能发生在底部，而且同样有较高的可靠性。

图 5.7 是西尔斯—罗巴克公司（Sears Roebuck）1935 年前几个月的股票走势图，显示了一个呈头肩形态的底部反转。尽管这个头肩形态的形状良好，但 2 月 18 日出现的剧烈反弹容易引起质疑，可能会影响制图者对头肩形态的判断。但是，菱形形态是非常明显的，而且 4 月 5 日出现的突破在各个方面都非常明确，提供了良好的获利机会。

我们不需要花费时间去寻找菱形形态的解释，因为它明显是由与头肩反转相同的各因素作用形成。

矩形反转

接下来要学习的这个反转形态，与我们之前学过的所有形状都没有相似之处，我们将它称为矩形形态，因此它由在两条相当明确的边线之间的一系列价格波动组成，形状与几何学中的矩形相似。矩形形态可能持续相当长的一段时间，也可能很细，股价只在很小的范围内不断波动，但同时它也可能由大幅度的剧烈波动快速组成。一般来说，矩形形成过程中的成交量变化与三角形态类似，形态开始时成交量一般较高，接着随着形态的发展，成交量逐渐萎缩，常常降为零，最终突破出现时，成交量显著增加。

解读方式与三角形态相同

与三角形态一样，矩形形态既可以是反转形态，也可以是整理形态，而且成为整理形态的情况更为常见。同时，矩形形态后续股价运动的方向也由突破方向决定，但是突破必须符合我们之前提到的要求，如当天收盘价位于形态之外、成交量增加，等等。

作为反转形态出现时，矩形形态可以出现在顶部或底部，其中出现在底部的情况更常见，尤其当矩形形状较长较细时。不过，矩形形态的预测能力比三角形态更强，如果它更常见一些，就完全可以与三角形态同等重要。

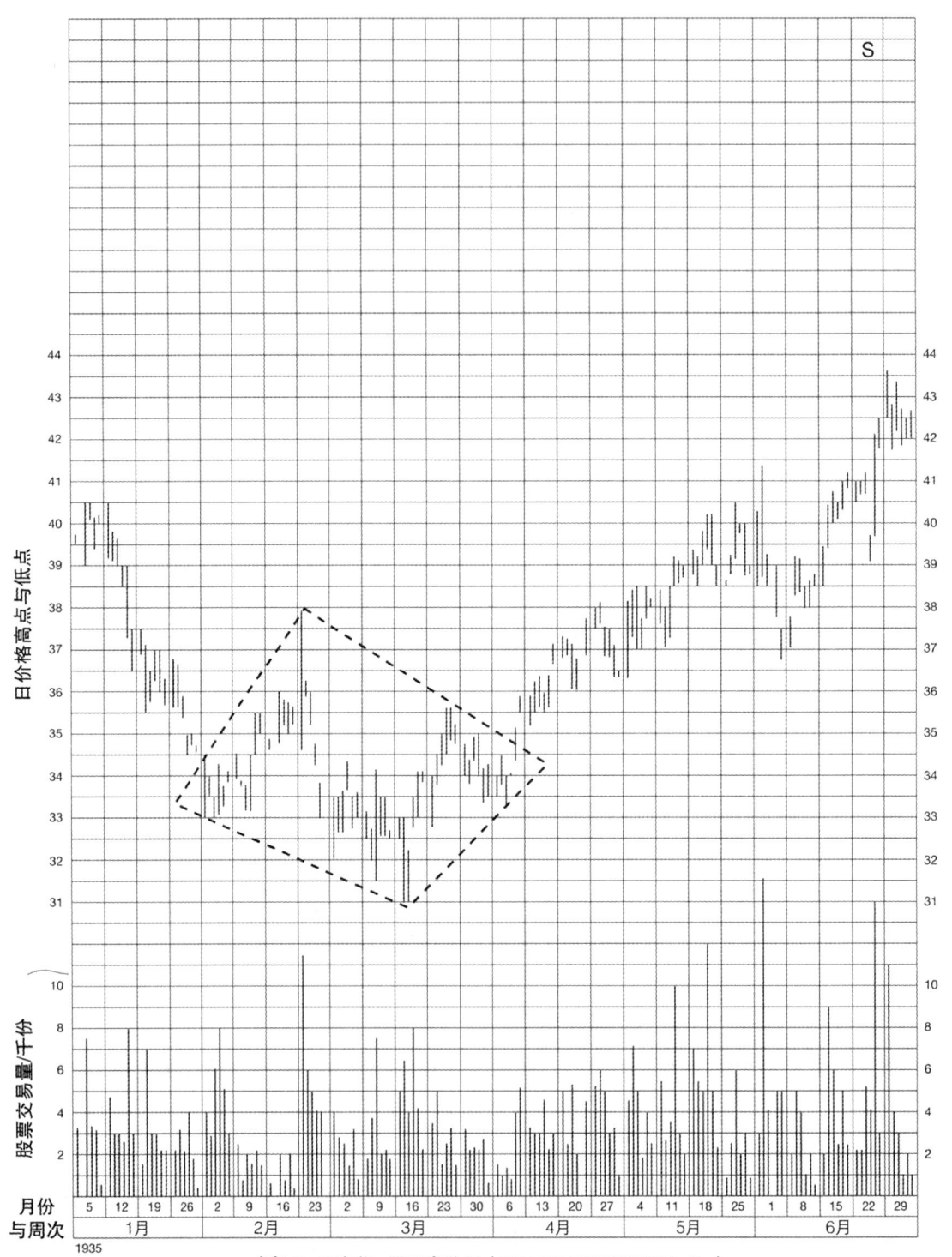

图5.7 西尔斯-罗巴克公司（SEARS ROEBUCK & Co）

矩形底部反转

一个非常有趣的形态出现在 1932 年约翰—曼维尔公司的股票走势图中（图 5.8）。这个形态属于较长较细的一种。注意到 3 月和 4 月前几周内，股价一路下跌至 10，之后的四个月中，股价都在 10~14 的水平之间不断波动。事实上，图中可以看到两条上边线：一条在约 13½ 处，约束着大部分股价变化；另一条在 14 ⅜ 处，约束着包括 4 月 27 日和 6 月 15 日两天剧烈上涨在内的所有股价变化。由于基本上所有股价都位于 13½ 以下，因此我们可以选择这条线作为真正的上边线。另外，可以注意到成交量从 4 月中旬形态开始时的每日 4000 股或 5000 股，逐渐下降至 7 月上旬形态突破前的每日 1000 股左右。最终，当股价反转形成决定性的突破时，成交量上升至每日 2000 股，当天收盘价在形态之外。

突破当天收盘价没有达到价格线的顶端，说明股价进入快速增长之前，还有一段巩固期。8 月 2 日股价小幅回跌，触及形态上边线，这是矩形形态之后经常出现的情况，不必担心。

仔细观察图 5.8，可以看到在 7 月前两周，大矩形的边线内形成了一个小型的矩形形态。读者可以观察一下股价突破这个小矩形时，成交量相比于之前几天情况的增加。我们一般不能预期这样小的形态之后，会立即出现什么样的上涨运动。不过，较大形态的突破可以表明重大的价格运动即将出现。

矩形形态的重要性

在初始介绍矩形形态时，我们说它非常可靠，这一结论对于成交量非常低的情况依然成立。一个典型的例子出现在麦克货车公司（Mack Trucks）1936 年 5—6 月的股票走势图中（图 5.9）。股价从 4 月上旬的高位 37 猛烈下跌，卖压很快耗尽，在 4 月 30 日跌至 28 的谷位后，股价进入了将近六周的波动期，其间成交量非常小，波动范围在 28½~30½ 之间。形态看起来一点也不紧凑，似乎不具有什么重要意义，但是在 6 月 8 日，股价在显著上升的成交量的伴随下，明确突破形态后，出现了一轮重大的上涨运动。因此，对于走势图中出现的任何一个清晰的矩形形态，技术交易者最好都认真关注。

麦克货车公司走势图中，6 月 15 日到 7 月 9 日之间出现的类似楔形的下降形态，是一个名为三角棋形的整理形态，我们将在第 6 讲中介绍。

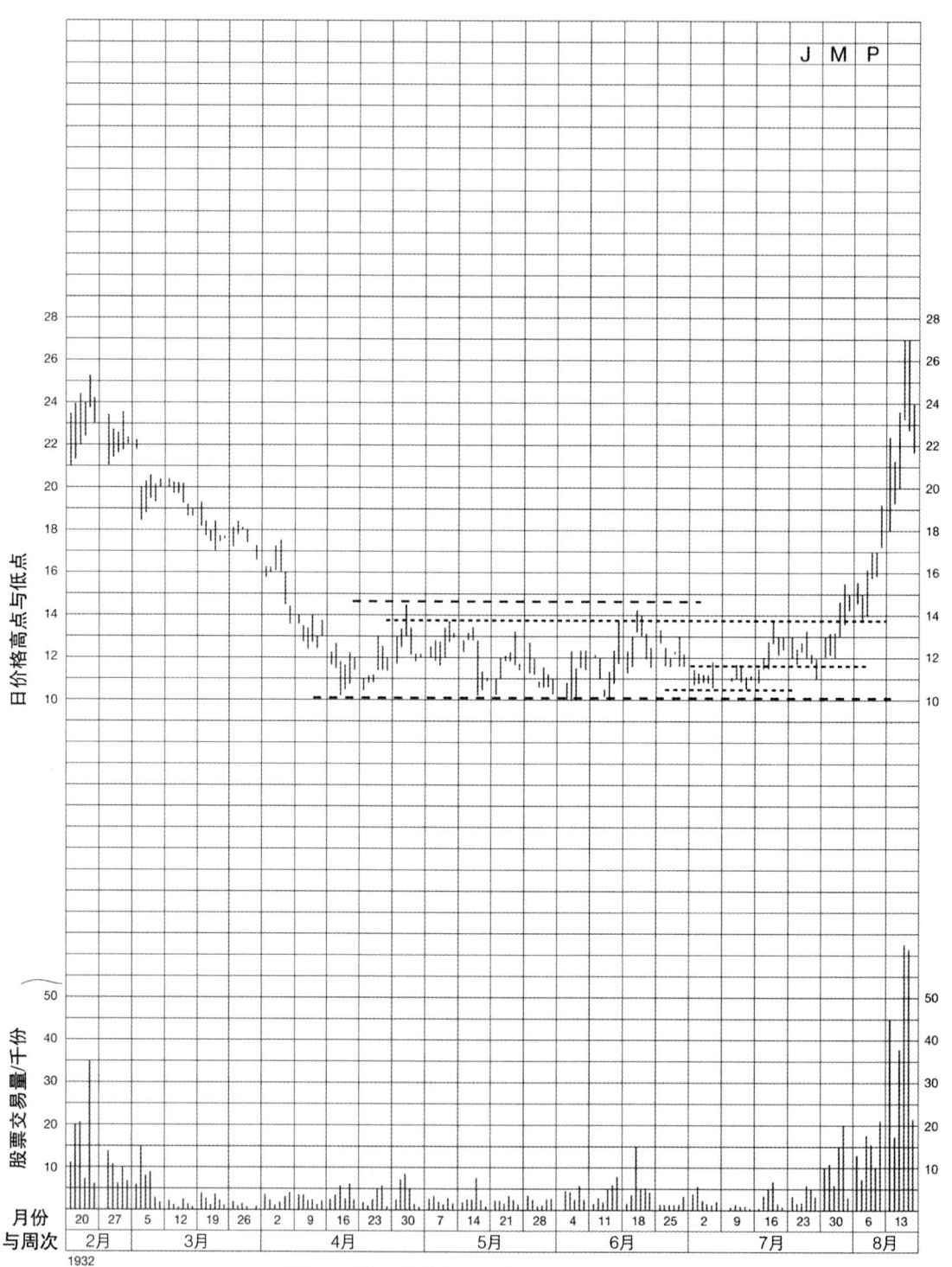

图5.8 约翰-曼维尔公司（JOHNS MANVILLE）

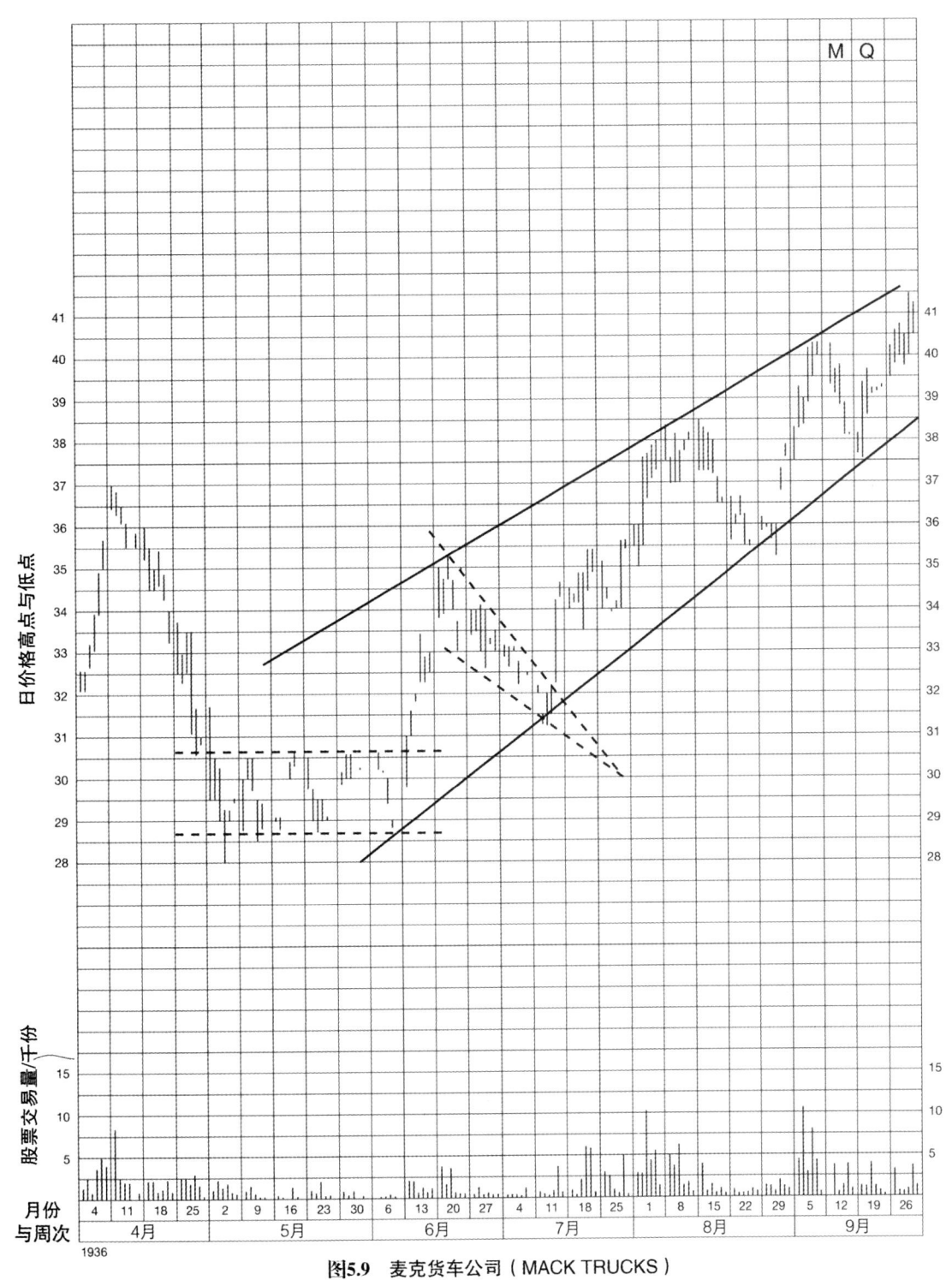

图5.9 麦克货车公司（MACK TRUCKS）

出现在顶部的矩形反转

我们前面提到过,矩形形态更多出现在底部。不过,矩形反转确实偶尔在顶部出现,而且具有相同的预测价值。

奥本汽车公司1930年的股票图(图5.10)中给出了一个良好的例子。这只股票从当年的1月中旬开始反弹,到4月1日达到顶部264。之后,它在一个清晰的矩形区域内波动了将近四周,其间成交量逐渐下降,4月24日股价向下突破,同时成交量明显上升。接下来出现的下跌趋势幅度之大、速度之快,与矩形的规模和幅度有些不相称,不过这种剧烈变化对于奥本汽车公司的股票来说并不罕见。

静止状态的突破

下面要分析的形态是底部矩形形态的极长极细的特殊情况。其实我们也可以将它单列为一种形态,甚至也可以不将它看作形态。在这里作为底部矩形的特殊情况,是因为它们遵循相同的规则,而且在股票图中的形状非常相近。

在长期熊市中,股价可能进入一种没有任何交易的状态,没有人愿意在这个价格买入股票,而股票的持有者宁愿继续持有,也不愿意在这么低的水平卖出,直到股票基本面因素传来好消息,或者所在行业吸引了投资者的注意,股价将保持相对静止。偶尔有一两起交易,而且价格基本不变。但是,突然有一天股票的静止状态被打破,股价和成交量都重新出现在图中。如果这一反弹持续几天,吸引到市场的注意力,而且同时基本面因素也传来好消息,那么公众投资者将涌向这只股票,反弹变成实质性的上涨趋势。另一方面,打破静止状态的买家可能立即被股票持有者所迎合,因为那些不愿意在底部卖出的持有者可能厌倦了等待,决定尽快出手。根据卖压消化速度的不同,股价可能停滞一段时间,但不会再次静止或回到之前的底部水平。这种静止的打破为耐心等待的、投资人提供了获得丰厚利润的机会,因为这往往标志着主要上涨趋势的开始。

一个常见的长期底部形态

如果投资人手中有1932—1933年价格较低、交易相对不活跃股票的走势图,

图5.10 奥本汽车公司（AUBURN AUTO）

第5讲 其他反转形态　151

那么他可以找到无数个静止状态的打破。这里我们举两个典型例子，一个在 1933 年的底部，另一个则在 1935 年。

图 5.11 是公共汽车公司（Omnibus Corporation）1935 年 3—11 月的股价走势图。在前四个月中（以及之前的一段时间里），这只股票非常不活跃，其中好几天一起交易都没有，大部分时间里只有几百股的成交量。在这段静止的时间内，股价稳定在 3½~4 之间。虽然从这缓慢、不规律的图中不易看出，但股票正在被职业操盘手吸入。许多散户一定对股价的"不景气"丧失了信心，跟踪图表的技术交易者也很可能认为股票不会出现什么转机。

技术图形的快速变化

但是，请注意 8 月 8 日图形是多么迅速地发生了变化。成交量上升至 5000 股，股价收盘于之前价位以上 1 个点。很明显，某些事情改变了这只股票的技术形势。需求大量涌入，买家不断提高报价来抢夺股票。在不到一年的时间里，股价几乎毫无阻碍地涨至 25，比静止时的水平上升了 500% 以上。

公共汽车公司的静止状态可能有点极端，但它确实是一只低价股、不太活跃的股票中相当常见的底部形态。对于价格较高、交易较活跃的股票来说，这种长期的静止状态很少出现，但是低交易量的间歇期确实常常在牛市末尾发生。

活跃股票的相对静止状态

图 5.12 是综合石油公司（Consolidated Oil）1933 年 4 月打破静止状态的例子。这只股票通常比较活跃，成交量良好，所以我们不能期待它像公共汽车公司股票那样静止。因此，图中显示了一个相对的静止状态，出现一个很长、很细的矩形，之后的价格运动可能比公共汽车公司的例子更为典型。4 月 7 日，股价试图突破矩形，但是当天的收盘价又回到了边线内。接下来的 10 天里，股价在上边线附近波动，这说明技术力量在积累，可能会出现有利可图的上涨，但具体时机并不知晓。

如果某个技术交易者相信 7 日的"貌似"突破，买入股票，那么他的资金将在接下来的几周甚至几个月里被套住，直到上涨趋势真正出现。根据前面的讨论，我们知道 7 日的突破并不符合要求。尽管如此，股价的"初次尝试"仍然值得注意。

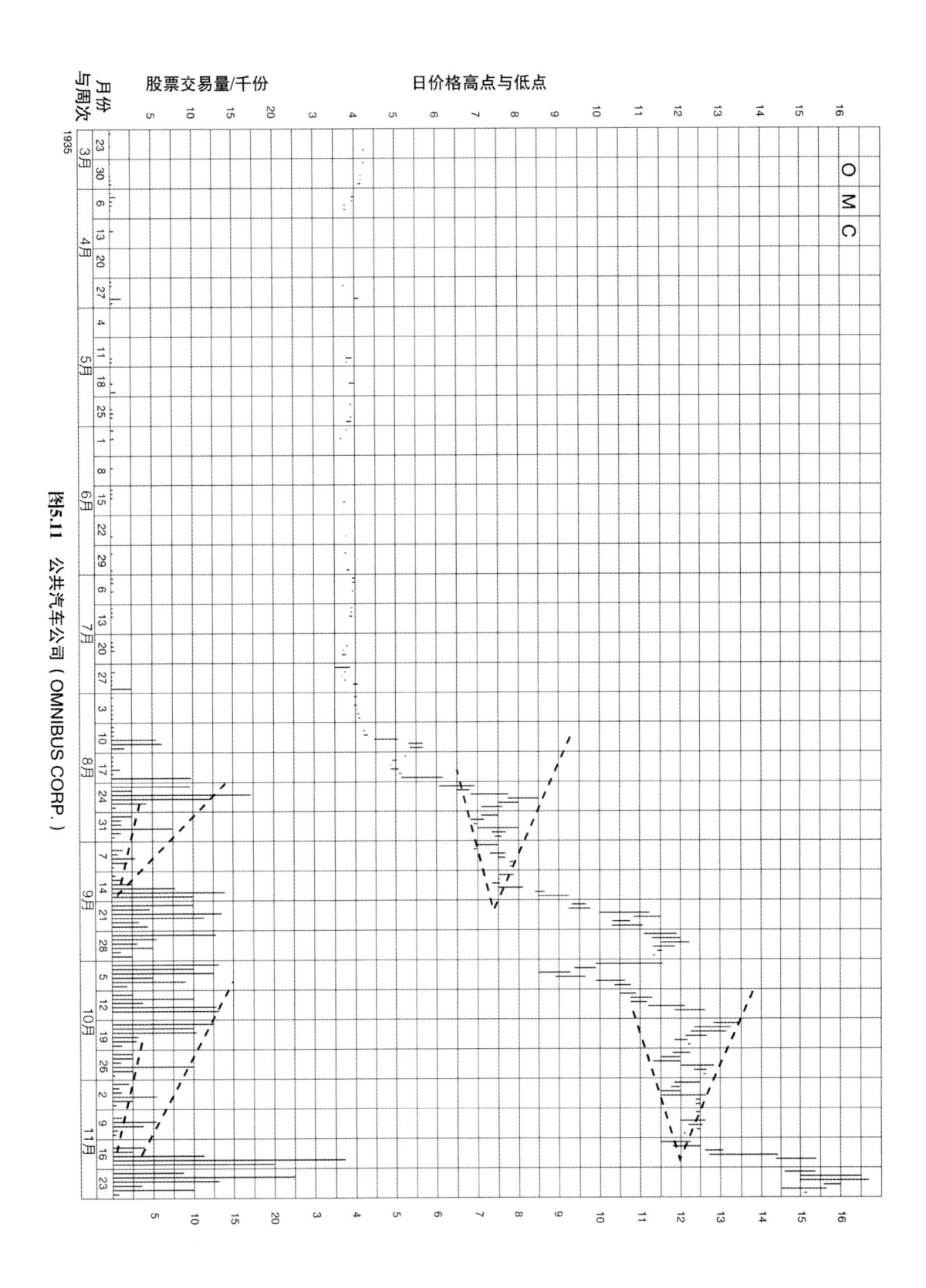

图5.11 公共汽车公司（OMNIBUS CORP.）

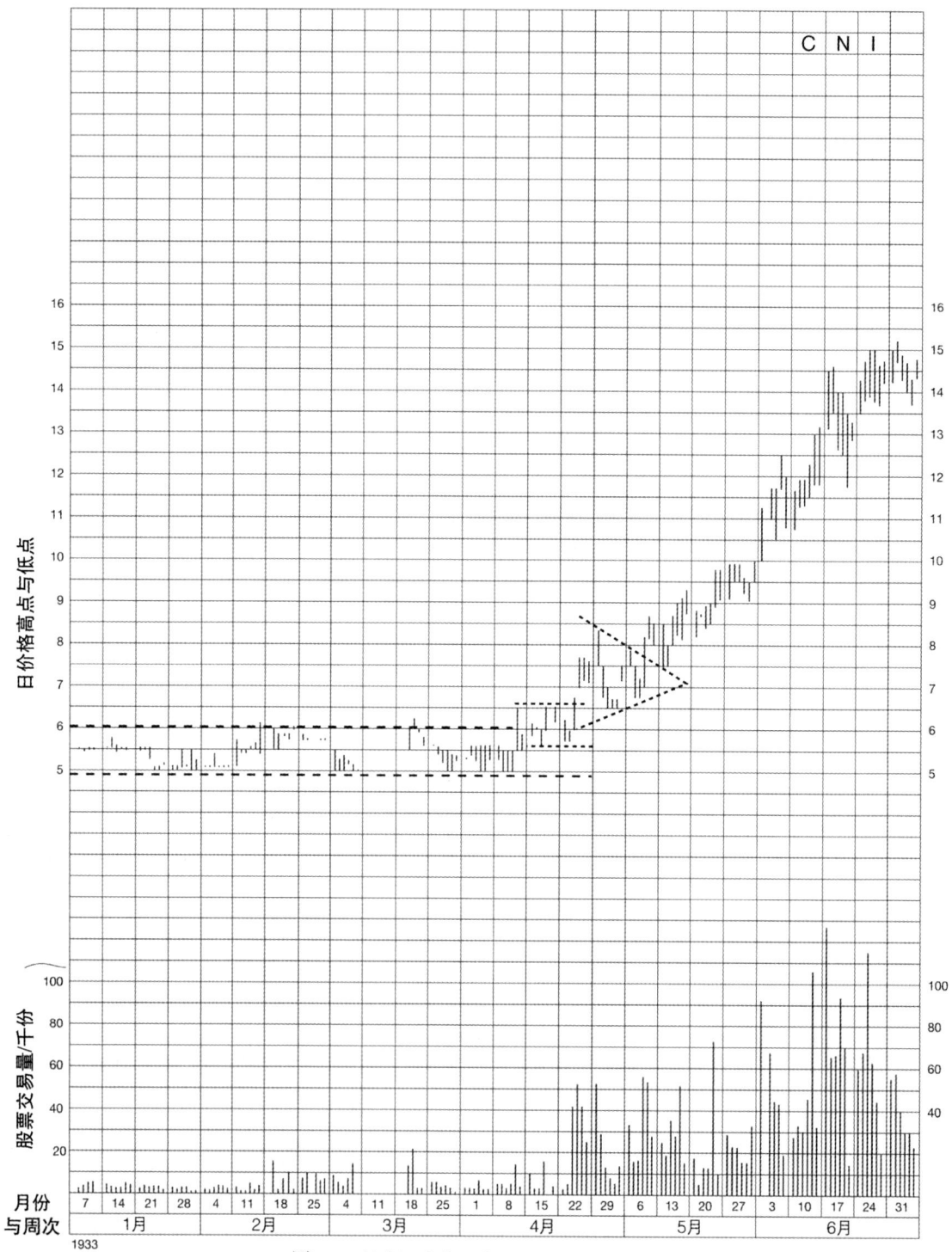

图5.12 综合石油公司（CONSOLIDATED OIL）

4月19日，真正的、显著的突破发生了，伴随着高成交量，且收盘价位于形态之外，并在当天价格线的顶端。几天后的小幅下跌（注意成交量较低）使股价回落，然后股价在高成交量的伴随下开始大幅上涨。在突破时买入股票的技术交易者，不久就能得到丰厚的投资回报。

综合石油公司股价走势图中，相对静止状态打破后股价的一步步变化是很常见的。通常每一步的间隔可能比较久，因此我们一直强调利用这种形态交易需要大量耐心。毕竟最后的收获总会证明等待是值得的。

岛形反转

本讲介绍的最后一种形态，同时也是反转形态中最罕见的一种，是岛形反转。从后续运动的幅度、迅速程度与形态本身规模的关系方面来看，岛形反转是当之无愧的第一名。

为了更好地介绍岛形反转，我们要先介绍另一个被称作"缺口"（Gap）的技术名词（在第7讲中我们将仔细介绍不同位置的缺口代表的不同含义）。

初识"缺口"

不过，当前我们只需要了解的是，缺口指图中连续两天价格线之间的空当，即当天价格线的底端高过前一天价格线顶端的部分，或者当天价格线顶端低于前一天价格线底端的部分。下面我们来看图5.13欧文斯—伊利诺伊玻璃公司（Owens-Illinois Glass）的股票走势图，它可以最清楚地解释缺口的定义。10月26日那一周的股价运动中，该周第三天，即10月23日，价格线的顶端为111¾，而10月24日价格线的底端为112¾。两条价格线之间的开口处，就是1个点的缺口。这是股价技术缺口很好的例子。

大家可以发现有些股票图中缺口很多，尤其是不活跃的股票或流通数较少的股票。而活跃股票或者流通数量很大的股票，则很少出现缺口，因此一旦出现缺口，意义也更为重大。同时，缺口越宽，意义越重要，不过也要结合股票自身的特点来考虑。对于交易稀少、不稳定或者价格较高的股票，1个点的缺口可能不算什么。但对于交易活跃或者价格较低的股票来说，0.5个点的缺口可能就相当重要。

图5.13 欧文斯-伊利诺伊玻璃公司（OWENS-ILLINOIS GLASS）

岛形反转的描述

岛形是指一块紧凑的价格变化区域，通过两个缺口分别与之前和之后的股价运动分隔开来。在两个缺口中，如果一个出现在区域下部，一个出现在区域上部，如股价从缺口跳升进入区域，又从缺口跳升至上涨趋势中，则这个区域是整理形态。但是，如果两个缺口位于区别的同一侧，且缺口形成位置大致相同，那么就得到了岛形反转形态。另外，我们说岛形是一块紧凑的"区域"，但实际中它也常常在一天内完成。"一日岛形"也是非常有效的预测形态。

缺口应该在相同高度

在具体分析实例之前，我们需要先强调一点，即岛形区别某一侧的两个缺口必须在相同的高度。这并不是说两个缺口的上下边必须完全一致，而是强调两个缺口至少有部分处于同一高度。这个要求很重要，它进一步意味着岛形区域不可以"封死"或者说覆盖第一个缺口。例如，如果在29~30之间有一个缺口，接下来股价下跌到29以下，又涨到30以上，然后在30~29之间出现了第二个缺口。此时两个缺口确实在相反方向的运动上形成，但是在出现第二个缺口之前，第一个缺口已经被中间的价格运动"封住"，因此没有形成岛形。简而言之，图形的两个缺口之间必须有一段水平的空白部分。另外要提醒一下的是，形成第一个缺口的价格运动应该达到一定幅度，这样形成的岛形反转才更有意义。

一个强有力的岛形反转示例

再以图5.13为例，来看看欧文斯—伊利诺伊玻璃公司1935年后半年股票走势图一个强有力的岛形反转示例。这只股票从1935年起一直处于不太明确的下降趋势，股价从8月初的94，先反弹至100，到9月7日又跌至95，并收盘于当天价格线底端。等到9月9日，价格线范围为87~93，因此与前一个交易日之间留出2个点的清晰缺口，即图中93~95的位置。在接下来的三周里，股价在88~91的区间内波动，但一直没有触碰到93。但是在9月28日（周六）和9月30日（周一）之间，出现了第二个缺口。这个缺口位于93~93½的位置，因此缺口下方的价格波动区域形成了完美的岛形，说明应当立即操作。这个形态不仅预测之前趋势的反转，而且表明新趋势的运动幅度非常可观。图 5.13 中形态后的大幅度股价运动，对于这个规模的岛形反转是十分正常的。在结束欧文斯—伊利诺伊玻璃公司例子前，还要提醒一点，图中 10 月最后一周出现的缺口属于整理缺口，我们将在第 7 讲中具体介绍。

一日岛形预测

在前面的例子里，我们看到股价用三周时间形成了一个岛形反转，而且它之后的股价变动幅度很大。如果岛形在一天的时间里形成，那么它的预测同样可靠，但是之后的股价变动幅度通常要小得多。

电气股票公司（Electric Bond Share）1935 年后六个月的股票走势图（图 5.14）展示了两个一日岛形反转的例子，分别位于 8 月 17 日和 11 月 8 日的反弹顶部。其中，11 月 8 日的岛形反转之后，缺口在 11 月 14 日和 11 月 20 日两次被"封住"，但是这几次反弹都没有使股价达到岛形形态的顶端，因此反转预测最终仍然实现了。图中另外一个值得注意的特点是，在第一个岛形之后，在 10½ 的水平上出现了双重底形态（见第 4 讲），反转了岛形之后的趋势。

1936 年美国钢铁铸造公司（American Steel Foundries）股票走势图（图 5.15）中，7 月 8 日出现了一日岛形，股价从之前的小幅下降趋势掉头进入强有力的上涨趋势。另外可以看到 5 月上旬出现了一个由上升三角形（见第 3 讲）预示的底部反转。

岛形形态的其他预测结果

艾奇逊—托皮卡—圣菲铁路公司 1936 年的股票走势图（图 5.15）中显示了岛形形态另外两种可能的预测结果。在一段小幅下跌之后，7 月 7 日和 8 日的股价变化形成了一个岛形，它预示着之后将出现上涨趋势。不过在本例中，这段股价上涨实际是之前趋势的延续，只是中间被一小段小幅下跌打断了。

9 月 8 日在为期两周的反弹顶部出现了一日岛形。这是一个很好的反转信号，但是直到五周之后，下降趋势才正式开始。尽管如此，这个岛形的预测仍然是正确的，而且如果技术交易者没有被中间两轮反弹唬住，那么它预测的下降趋势仍然能带来非常丰厚的利润。

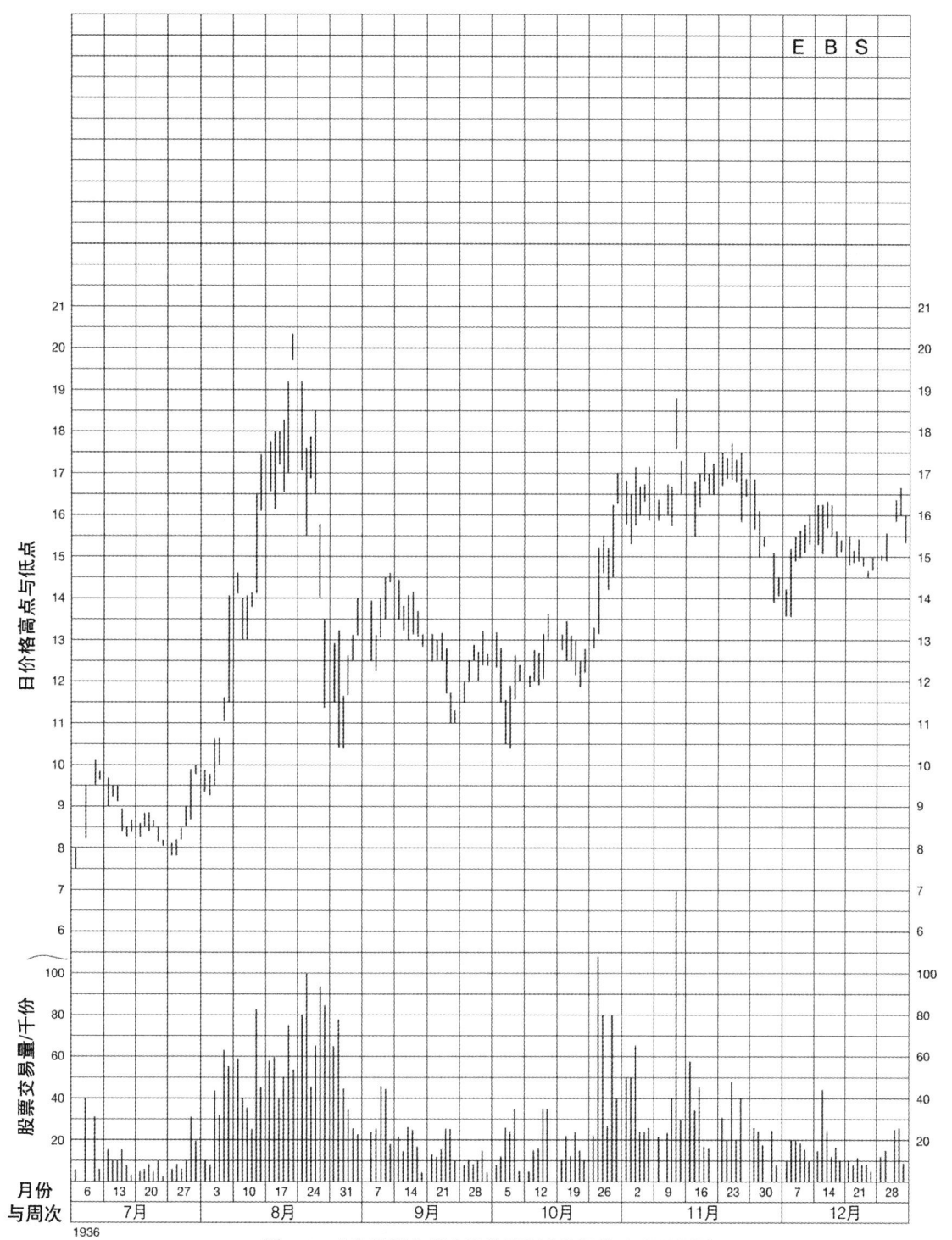

图5.14 电气股票公司（ELECTRIC BOND & SHARE）

第5讲 其他反转形态 | 159

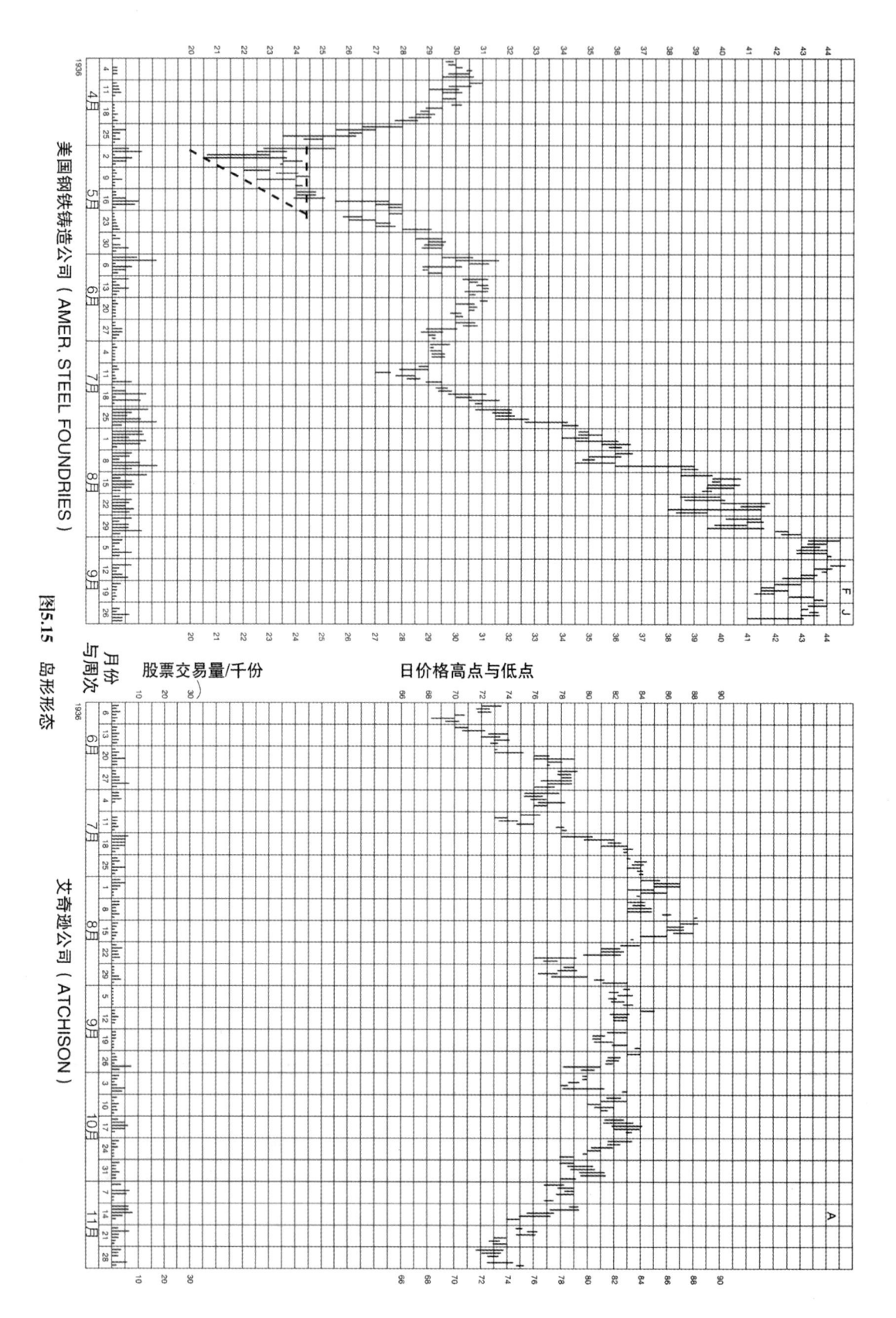

美国钢铁铸造公司（AMER. STEEL FOUNDRIES）

图5.15 岛形形态

日价格高点与低点

股票交易量/千份

月份与周次

艾奇逊公司（ATCHISON）

160 | 股市趋势技术分析全书

岛形形态的解释

后面学习缺口时,我们将知道岛形形态的第一个缺口是耗竭性缺口(exhaustion gap),它表明之前趋势的支撑力做出的最后一次冲刺,股价将遇到更大的阻力。股价离开岛形时的第二个缺口是突破缺口(breakaway gap),它与之前介绍的突破意义相同。这两个缺口的意义都很重要,当它们共同出现而构成岛形反转时,之后的股价运动自然将是十分迅速且剧烈的。

两张颇有意思的走势图

图 5.16 的两张走势图可以进一步说明本讲所学各反转形态的重要后续运动。

宝路华公司(Bulova Watch)1935 年的周线图展示了打破静止状态的过程,同时在静止期间还呈现了一个有趣的对称三角形态。我们之前提到过,一个技术形态有时可能是另外一个技术形态的组成部分,而且通常这两个形态都有相同的预测意义。宝路华公司走势图中延伸较长的三角形底部,进一步说明了后续价格运动的剧烈程度。

罗意威公司(Loew's)的股票走势图则说明一个完美的岛形反转如何预示了股价 1929 年顶部的出现。同时,读者可以看到,这个岛形反转还构成了一个大型喇叭顶形态(1929 年 1 月末开始,3 月完成)的第五次反转。1937 年 4 月,罗意威公司股价再次形成顶部岛形,虽然形状不如 1929 年的例子那么完美。而且,我们可以在周线图中清晰地看到,1937 年的岛形同时构成了另一个大型喇叭顶形态的第三次反转。

接下来是整理形态

到本讲为止,我们完成了对反转技术形态的介绍,不过在后面学习趋势线等内容时,我们还会时不时地介绍一些其他的反转信号。从第 7 讲开始,我们将进入预示之前趋势持续或恢复的整理形态的介绍。

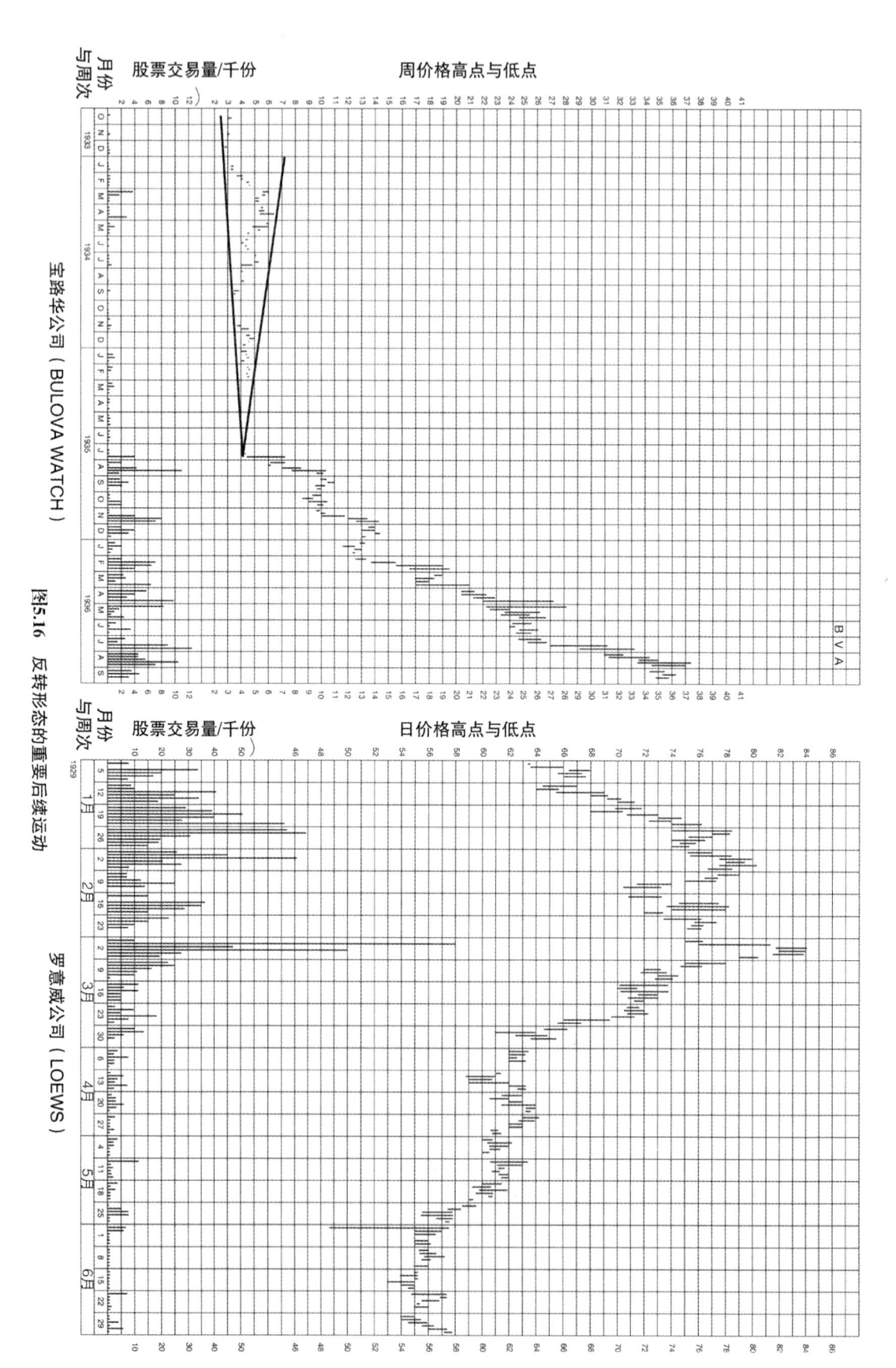

图5.16 反转形态的重要后续运动

宝路华公司（BULOVA WATCH）

罗意威公司（LOEWS）

第 6 讲

重要的整理形态

- ◎ 整理形态的定义
- ◎ 整理形态的逻辑解释
- ◎ 内部人操作与整理形态
- ◎ 市场决定自己的走势
- ◎ 回顾对称三角形态
- ◎ 向上整理三角形
- ◎ 对前面阐述的示例
- ◎ 整理三角形态中的成交量变化
- ◎ 下降趋势中的整理三角形
- ◎ 整理直角三角形
- ◎ 作为整理形态的直角三角形
- ◎ 阿那康德公司的图形
- ◎ 虚假移动将在后面介绍
- ◎ 下跌趋势中的下降三角形
- ◎ 之前几讲中的例图
- ◎ 作为整理形态的扩散三角形
- ◎ 扩散对称三角形的示例
- ◎ 几乎完成的喇叭顶形态
- ◎ 扩散直角三角形更为可靠
- ◎ 有利可图的扩散三角形示例
- ◎ 作为整理形态的矩形
- ◎ 上涨趋势中矩形形态的示例
- ◎ 1935年克莱斯勒公司走势图中的矩形
- ◎ 下跌趋势中的整理矩形形态
- ◎ 1931年熊市中的例子
- ◎ 其他例图中的矩形整理形态
- ◎ 旗形与三角旗形——可靠的预测信号
- ◎ 在旗杆上飘扬的旗形形态
- ◎ 上涨趋势中的旗形示例
- ◎ 旗形形态的变化与解读
- ◎ 上涨趋势中的向上旗形
- ◎ 下跌趋势中的旗形
- ◎ 三角旗形——旗形与楔形的融合
- ◎ 周线图中的旗形与三角旗形
- ◎ 三角旗形与楔形形态的关系
- ◎ "头肩"整理形态
- ◎ 皇冠瓶盖公司的示例
- ◎ 唯一有用的指示
- ◎ 与头肩反转形态的区别
- ◎ 整理形态的总结
- ◎ 实际操作中的应用
- ◎ 改变预测意义的形态

整理形态的定义

读者一定已经比较熟悉反转与整理这两个概念，并且有了自己的理解。整理形态，或者称为中期形态，指的是一段暂时干扰原股价运动趋势的形态，但当形态完成后，表明之前的趋势将持续。

整理形态背后的逻辑解释可能不像反转形态那么显而易见。对于后者，我们已经知道，当多空双方力量均衡发生改变时，股价的波动区域形成了各种形态，预示着趋势的反转。

整理形态的逻辑解释

整理或中期形态也由股价的波动区域形成，也与之前的趋势有关，但形成的原因却不同。最合理的解释要追溯到股价有可能出现反转的分岔路口。

在整理形态的情况下，之前的主要趋势被打断，可能因为阻力过强，或者之前的趋势发展过快，或者内部人操作已经进入巩固期，抑或内部人还没有决定要继续操作还是结束行动，因此在等待市场自身变化的信号。

所以，当中期形态开始形成时，图形有可能最终成为反转形态。但是，很快市场本身会显示出技术信号，告诉内部人以及其他投资者之前的操作可以继续，图形是整理形态而不是反转形态，以及形态结束后之前的主要趋势将继续。

内部人操作与整理形态

假设内部人吸入 10000 股某股票，使股价从 50 上升至 75，在 75 的水平上抵抗很强硬，压制股价无法继续上涨。多头的内部操作者会立即停止大量买入，将主动权交给公众投资者。上涨趋势停滞，内部人持有的 10000 股得到 25 点的浮盈。在等待股票自身技术力量显现的过程中，他们会求稳，将部分股票卖出获利。

如果公众投资者的买入仍然很积极，则逐渐消化了之前强硬的抵抗力量。但是内部人希望进一步检验股票的技术力量，等待利好消息吸引更多的公众投资者。因此内部人会抛出部分股票，比如 4000 股，来迎合公众投资者的买入，同时获利。结果股价波动更加不规律，整理形态继续发展。

不久，内部人使股价进入一个较窄的区间内波动，但是他们认为股价仍有涨到 90 的潜力。因此他们将形态开始时抛出的部分股票再次吸入，通过谷买峰卖来控制价格变化，在获利的同时加强股票的技术力量。

当公众发现股价已经停止上涨时，尤其当内部人使股价在形态末尾、第二轮上涨之前出现暴跌或者虚假移动时，公众会着急抛出获利。此时内部人再买回之前形态发展时抛出的 3000 股或 4000 股，同时获得小幅净利。这时，他们不仅在 1000 股上实现了至少 25 点的利润，而且在形态过程中还获得大量中期利润。

市场决定自己的走势

内部人手中还持有 9000 股股票，因此他们决定继续之前的操作，使股价上涨到 90 的新目标。此时，从遇到强硬阻力时开始形成的形态，已经进化成调整形态，而不是如果阻力持续强硬就可能形成的反转形态。股价重新进入上涨通道，直到 90 的目标水平，然后反转形态才开始形成。

以上是一种简化情况，它可以帮助我们理解中期形态的逻辑基础。不过对于制图学员来说，最重要的一点是所有这些影响内部人、公众投资者多空力量平衡的因素，都在形态中准确地反映出来，而且也正是这些因素帮助我们在分别个别情况时，判断图形是整理形态还是反转形态。本讲我们就将分析这些整理形态以及它们的特点。

回顾对称三角形态

在第 3 讲中，我们学习了不同类型的三角形态，或者称为线圈形态，包括作为反转形态的对称三角形。对称三角形态作为整理形态时，与反转形态的形状完全一样，因此这种形态常常引起困扰。在第 3 讲中我们也提到尽管对称三角形本身不能告诉我们它意味着反转还是整理，但是对称三角形作为整理形态出现的情况更多，而且大部分情况下，我们可以找到许多帮助判断的线索。

这些线索包括股票和市场整体的基本面因素，其他股票的技术信号，整个市场交易量的情况，以及最重要且最可靠的一个因素——股价突破形态的方向。

另外还有一个因素，尽管并非总是有效，但仍然很有帮助，那就是三角形态出现之前股价运动的长度和强度。如果之前的股价运动延续时间很长，且近期没有出现停滞或干扰，则对称三角形很可能是反转形态。如果之前的运动既短且弱，则对称三角形态更可能是整理形态。

向上整理三角形

我们相信读者现在已经对对称三角形态非常熟悉，可以毫不费力地在他自己绘制的或者我们课程中提供的图中找到例子。一张股票走势图中一般有 3~4 个良好的对称三角形，它们可以有各种不同的规模和张口角度，但是对技术分析学员来说，都有相同的预测意义。

图 6.1 是电船公司（Electric Boat）的股票走势图，图中可以清楚地看到三个整理对称三角形态。第一个对称三角形耗时两个月，在 11 月 21 日股价以之前趋势方向上显著突破形态，根据它的规模和形态，我们可以明确地知道这一上涨趋势还将持续一段时间。第二个对称三角形紧接着第一个形成，其作用主要是确认第一个三角形的预测意义。第三个对称三角形则在 1936 年 1 月的股价波动过程中形成。

电船公司股票图中另一个值得注意的特点是，每一次突破整理形态时都伴随着高成交量，这说明突破过程真实有效，而不是"虚假移动"（后面将介绍）。另外，注意第二个和第三个三角形态被突破后，股价都出现了一段下跌，然后再继续之前的上涨趋势。约有 ¼ 的对称三角形态在完成突破后，出现这种股价下跌至支撑线的现象。因此，这种下跌非常正常，没有任何负面影响，在突破时就买入股票的技术交易者不必担心自己的操作出现错误。同时，这种下跌还提供了再次买入（如果为下跌趋势，则再次卖出）的好机会。当然，下跌不一定都达到突破支撑线的程度，有时可能不到支撑线，有时则可能跌得更多。

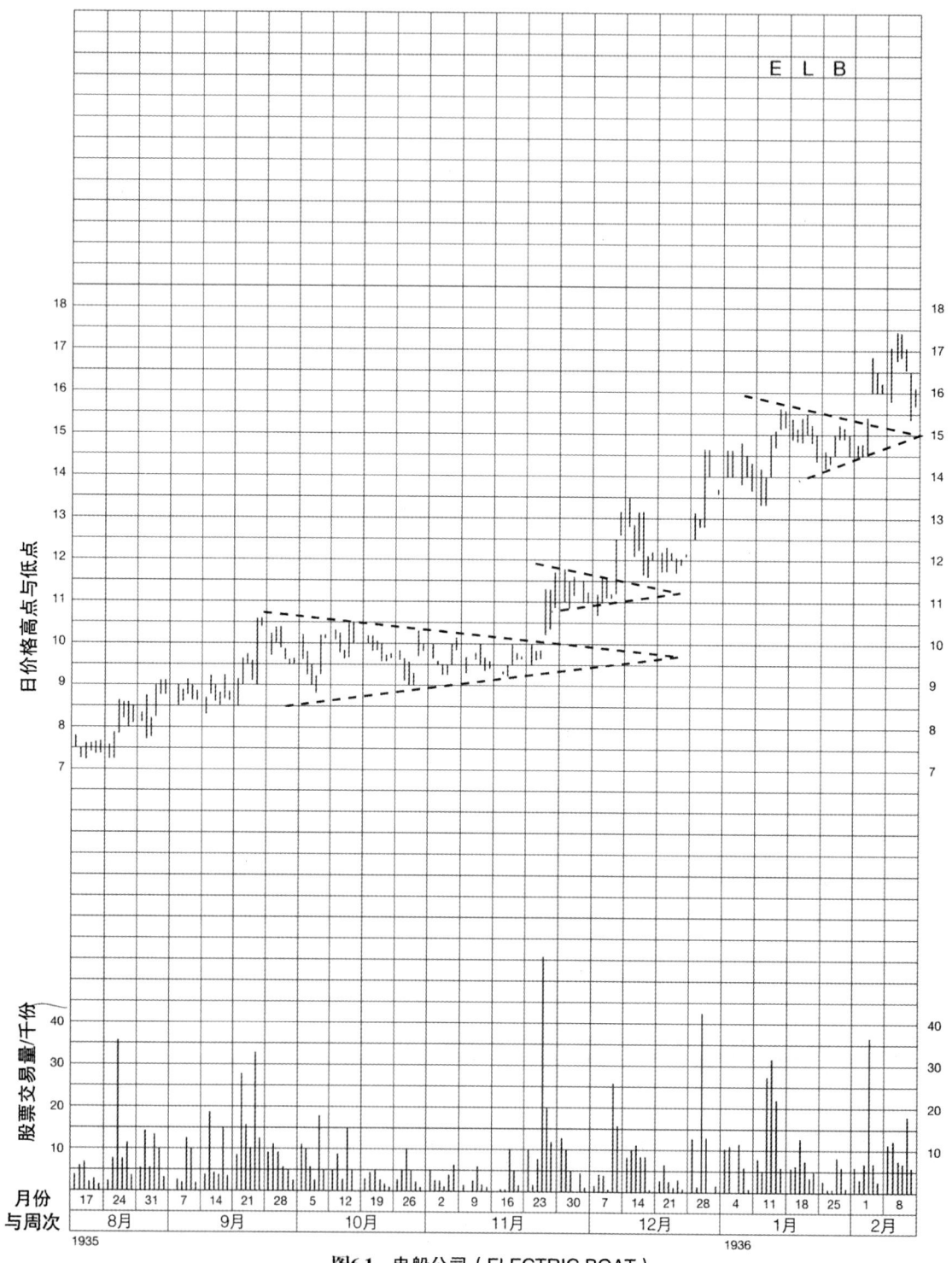

图6.1 电船公司（ELECTRIC BOAT）

对前文阐述的示例

为了更好地了解对称三角形作为整理形态出现时的图形特点，我们建议读者仔细之前几讲中的一些例图：

图 2.1——8 月 23 日的突破。

图 2.4——2 月 6 日的突破。

图 3.3——12 月 24 日的突破。这个图形有一条非近似水平的底边，看起来好像是下降三角形，但是看到之后很快出现了重要的反转形态，因此可以确定这个三角形是整理形态。

图 3.7——12 月 7 日的突破。注意突破后两次跌回支撑线。

图 3.9——6 月 4 日的突破（参见本讲后面对下跌趋势中成交量变化的介绍）。

图 3.10——10 月 19 日的突破（注意当日为周六）。

图 3.13——1931 年 3 月第一周的突破。注意在周线图中，我们无法看到突破当日的成交量变化。

图 3.15——两个例子，一个是 4 月 29 日突破下降趋势（在楔形内部），另一个是 8 月 22 日突破上涨趋势。

图 4.9——5 月 15 日的突破。

图 4.10——5 月 15 日的突破。

图 4.11——9 月 12 日的突破。另外 11 月 14 日也有一次突破。

图 4.12——5 月 4 日的突破。

整理三角形态中的成交量变化

在前面提到的例图中，相信读者已经在观察整理对称三角形态中股价运动的同时，注意到成交量的变化。整理三角形态的形成过程中，成交量一般会逐渐萎缩，而到明确突破形态时，成交量会出现显著上升，与反转三角形态的过程基本相同。这种成交量的上升在上涨趋势中比下降趋势中更明显。在下降趋势中，有时股价已经超过理论端点时，成交量才出现明显增加。另外，我们前面介绍的反转形态突破有效性的检验方法，在整理形态中同样适用。

下降趋势中的整理三角形

在前面提到的例图中，许多整理三角形态都发生在下降趋势中。当然，作为整理形态的对称三角形既可能出现在熊市，也可能出现在牛市，而且两种情况下形态的预测都同样有效。

整理直角三角形

在学习反转形态的三角形时，我们将三角形分为普通或对称三角形与直角三角形。其中，后者指一条边水平，另一条边（即弦）倾斜向上指向端点形成预示上涨趋势的上升三角形，或者倾斜向下形成预示下跌趋势的下降三角形。但是在实践中，我们发现有许多三角形区域的两边都非常平缓，但并非水平，看上去像是上升或下降三角形。这种情况我们最好认为它是对称三角形，从而突破可能发生在任意方向。在古德里奇公司的走势图（图3.3）中，我们看到一个貌似下降三角形的图形，但是如果更仔细地观察，可以发现三角形的底部稍微向上倾斜，而且突破发生在原上涨趋势方向上。荷莉食糖公司（Holly Sugar）的股票走势图（6.2）中，1936年2月形成了一个中期形态，它看上去既可能是上升三角形，也可能是对称三角形。在该例中，股价最后确实按照上升三角形的意义发生反转，但我们知道对称三角形也可能预测着反转。

作为整理形态的直角三角形

如果三角形态的底边或顶边是严格的水平线，或者说是真正的上升或下降三角形，那么大多数情况下它们对上升或下降的预测都会实现。在学习反转形态时，我们已经看到，出现在上涨趋势中的下降三角形预示着趋势将反转向下，而出现在下跌趋势中的上升三角形预示着趋势将反转向上。

如果三角形出现在相反条件中，则预测意义也相反。例如，出现在上涨趋势中的上升三角形表明，上涨趋势将持续，同理，出现在下跌趋势中的下降三角形则说明下跌趋势将继续进行。

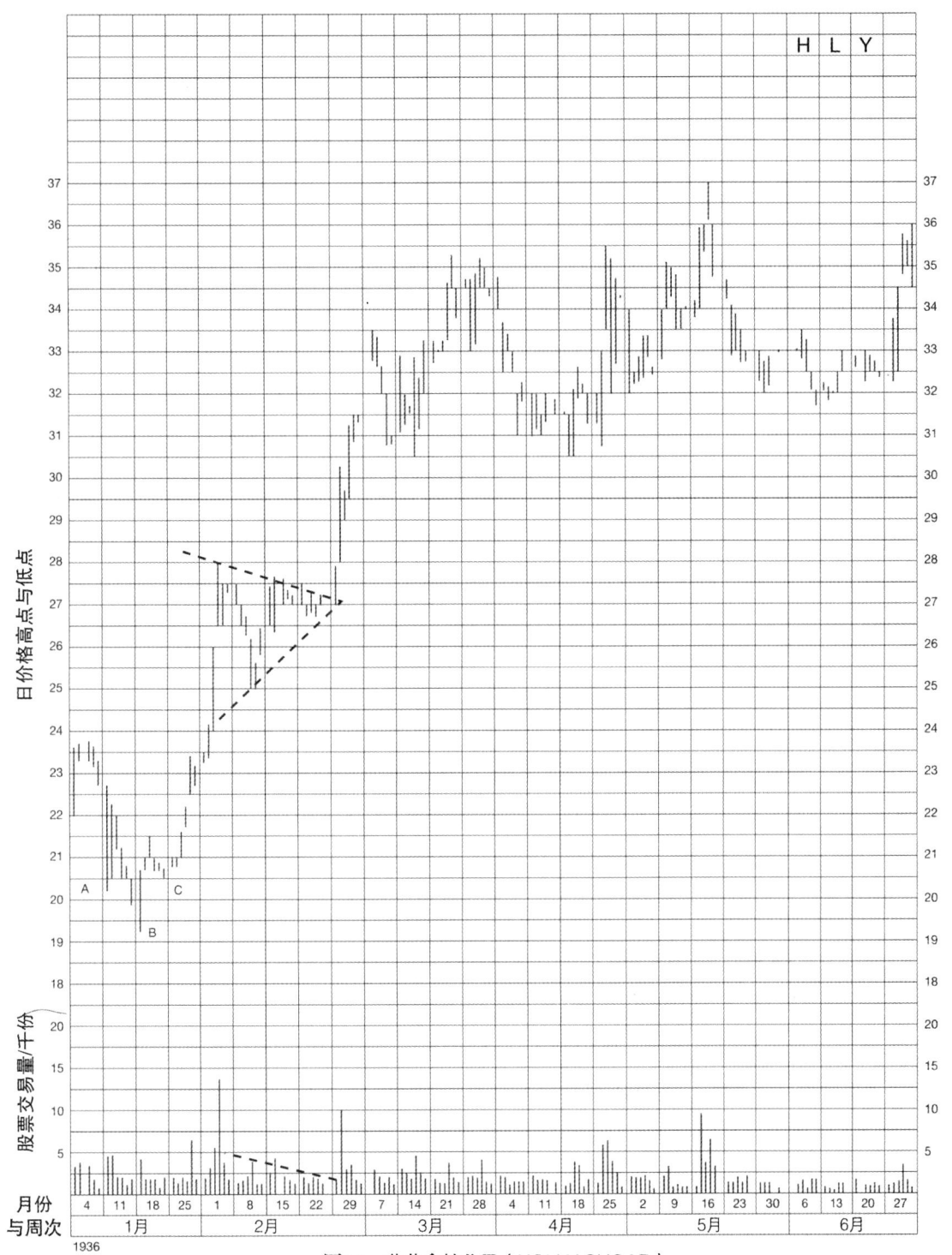

图6.2 荷莉食糖公司（HOLLY SUGAR）

第6讲 重要的整理形态 | 171

国际镍公司（International Nickel）1935年下半年的股票走势图（图6.3）中，一个小型、紧凑的上升三角形，预示着之前上涨趋势的持续。这只股票在前半年里一直处于缓慢上涨过程，9月17日达到一轮顶峰。在31½的水平上，明显出现了一波卖出获利的操作，将股价压到29。之后出现了一轮反弹，使价格恢复了约一半，然后又跌到29，再次出现强大的买压。到此为止，没有形成清晰的形态。在低价买入的技术交易者，此时可能在犹豫是否应卖出获利。此时最好的做法应该是等待明确的反转信号，即使这种等待意味着失去1~2点的浮盈。

10月3日股价出现有快速上涨是利好信号，从此时开始，整理形态越来越清晰地显现出来。水平顶线非常清楚，而且随着成交量的递减，形态底边逐渐上升的趋势也越来越明显。这两条边线形成了上升三角形，说明上涨趋势将持续。11月1日出现了一个明确且显著的突破，股价运动到形态外，当日收盘于价格线顶端，且成交量很高。此时，跟踪这只股票的技术交易者一定会买入国际镍公司的股票，不过成本会在32½左右，而之前持有该股票的交易者则会庆幸自己没有在30~31的抛出潮中卖出获利。当时无疑有许多信念不坚定的者抛出镍公司的股票，因为他们没有仔细了解股票走势的轨迹，也没有意识到图中并未出现预示反转的形状。

阿那康德公司的图形

上涨过程上升三角形的另一个好例子出现在阿那康德铜业公司（Anaconda Copper）股票1935年末的走势图（图6.4）中，值得我们仔细研究和学习。12月10日出现一轮抛出获利操作，使股价从30跌至26¼。在接下来将近六周的时间里，阿那康德公司的股价多次反弹至30，但每次都遇到强大的阻力。这些反弹的共同特点是，反弹过程中成交量增加，遇抵抗回落时成交量下降，这是一个积极的信号（我们将在第8讲中具体介绍），说明主要趋势并未改变。到1月17日，一个良好的上升三角形态形成。1月18日，股价向下穿破斜边，但是当天的收盘价仅位于形态外0.5个点，而且成交量并不显著。之后的两天里，股价继续下探，但成交量水平更低。此时我们的整理形态好像被破坏了。但是，1月22日的股价走势打破了我们的怀疑。当天阿那康德公司的股价上涨一个多点，成交量较高，而且当天收盘于斜边之上。第二天，这个势头继续保持，股票收盘价突破了三角形的上边，而且成交量增加到60000股。因此，我们在形态预测的方向上，终于得到了明确的

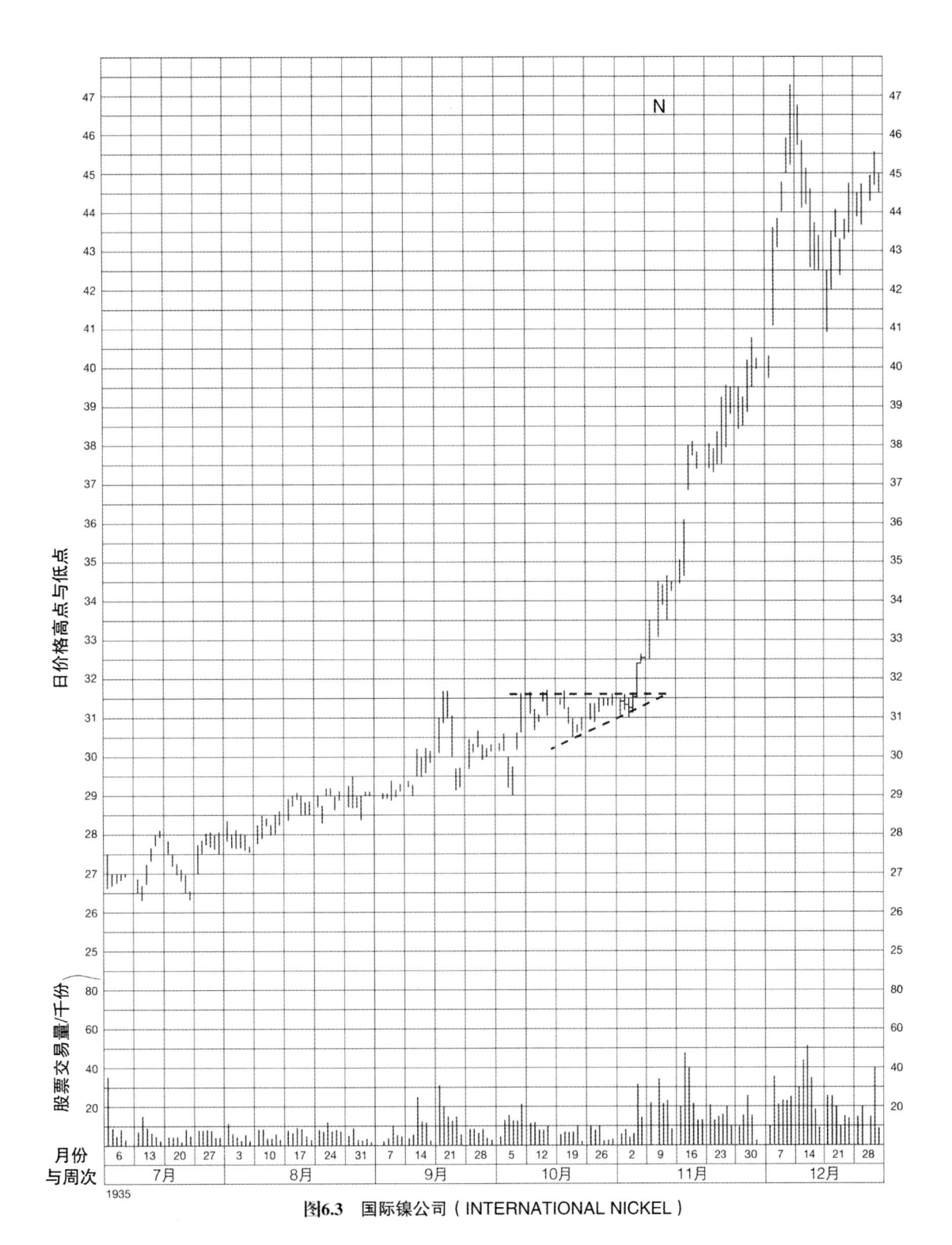

图6.3 国际镍公司（INTERNATIONAL NICKEL）

第6讲 重要的整理形态 | 173

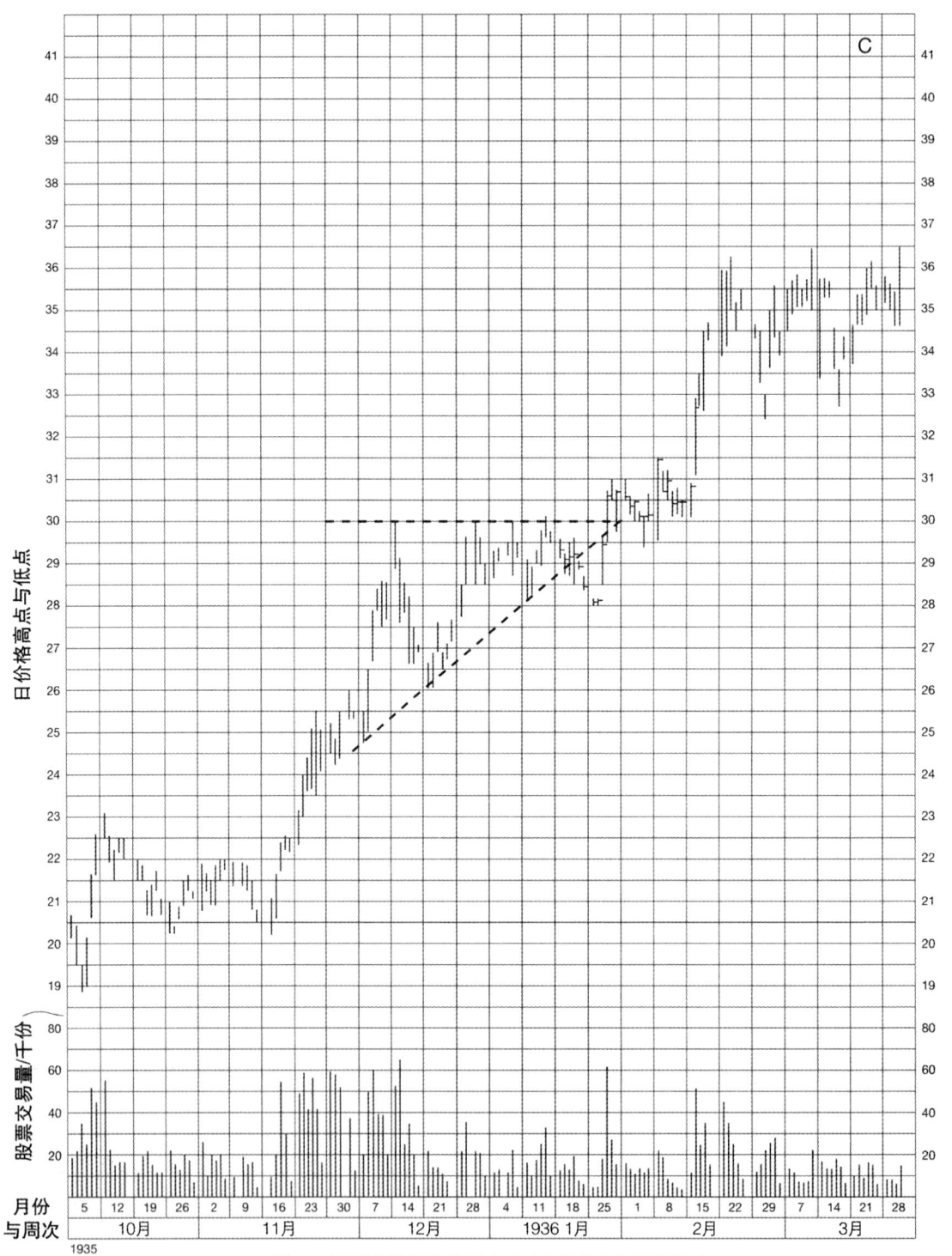

图6.4 阿那康德铜业公司（ANACONDA COPPER）

突破信号。之后，股价在阻力线上方附近又小幅波动了两周，但是收盘价始终未能到达阻力线以下。2 月 11 日，股价向上冲刺，正式进入上涨趋势。

虚假移动将在后面介绍

在刚刚分析的阿那康德公司股价走势图中，1 月 18—22 日的股价运动属于"虚假移动（false move）"，这是一种并不少见的现象，我们将在后面具体介绍。目前读者只需了解，虚假移动通常是股价伴随着低成交量、不明确地运动到形态之外，而真正的突破则是股价伴随着高成交量、明显地运动到形态之外。像我们在阿那康德股票图中看到的虚假移动，当它回到形态内后，不会干扰形态的预测意义。

虚假移动不同于我们在第 3 讲中介绍的一日线外运动，因一日线外运动伴随着较高的成交量，而且运动方向与形态预测一致，而虚假移动的运动方向则与形态预测相反，且成交量较低。

下跌趋势中的下降三角形

下跌趋势中出现下降直角三角形，与上涨趋势中出现上升三角形一样常见，而且二者预测意义相同，即之前的价格运动趋势将持续。

一个下降直角三角形作为整理形态的例子出现在美国制罐公司 1931 年的股票图（图 6.5）中。8 月上旬，制罐公司股价之前快速下跌的趋势被终止，出现一个水平边位于 88~89 之间的下降三角形。后续的反弹运动使股价回到 88，但未能冲破阻力水平。

之前几讲中的例图

在前面的例图中，读者可以找到许多直角三角形作为整理形态出现的例子。例如：

图 2.2——西部联盟公司 1934 年股票走势中，头肩顶形态后出现了一个下降三角形，底边在 52~53 水平，4 月 30 日发生突破，伴随高成交量。

图6.5 美国制罐公司（AMERICAN CAN）

图 3.11——哈德森汽车公司 1933 年的股票走势中，一个整理上升三角形紧跟着一个底部上升三角形反转出现。伴随高成交量的突破发生在 1934 年 1 月 15 日。

图 4.6——铁姆肯滚子轴承公司股票走势图前面出现了上升三角形，突破发生在 2 月 9 日。

作为整理形态的扩散三角形

在第 5 讲介绍作为反转形态的扩散三角形时，我们曾说过，相比于普通三角形，扩散三角形的解释较为困难。一般来讲，我们根本无法获知扩散对称三角形形成的原因。形态形成过程中，成交量的变化往往不规律，而且没有分析的意义。突破发生时，成交量不一定给出确认。当突破伴随着高成交量时，其后续股价运动也不一定有较大的获利空间，往往很快就停止并反转。另外，与普通三角形不同，扩散三角形成为反转形态的几率要高于成为整理形态。

如果不是因为股票图中扩散三角形态出现的频率较高，而且一般难以归类到其他形态中进行分析，我们可能会完全忽视这种形态。但是，我们仍要提醒初学者，不要试图利用这种形态进行交易，除非图中同时出现了其他更有帮助的形态进行确认。

扩散对称三角形的示例

西尔斯罗巴克公司（Sears Roebuck）1936 年后期的股票走势图（图 6.6）中，8—9 月上旬的股价走势形成了一个对称的扩散三角形态，如果读者将 9 月 12 日之后的股价暂时挡住，就可以更清晰地看出。目前来看，形态没有明确地指示后续股价运动的情况。但是，在接下来的三周里，形成了一个小型的普通对称三角形，而且股价明确地突破了形态的上边，表明之前的上涨趋势将持续。

直到 10 月 13 日，大型扩散三角形的上边界才被突破，当日股价最高点比形态初始端点水平高了 10 点。就像在许多出现扩散三角形的情况中一样，当突破发生时，我们无法根据形态本身进行任何获利操作。不过幸运的是，本例中的趋势线以及其他更可靠的整理信号告诉我们，应该继续保持西尔斯罗巴克公司股票的多头。

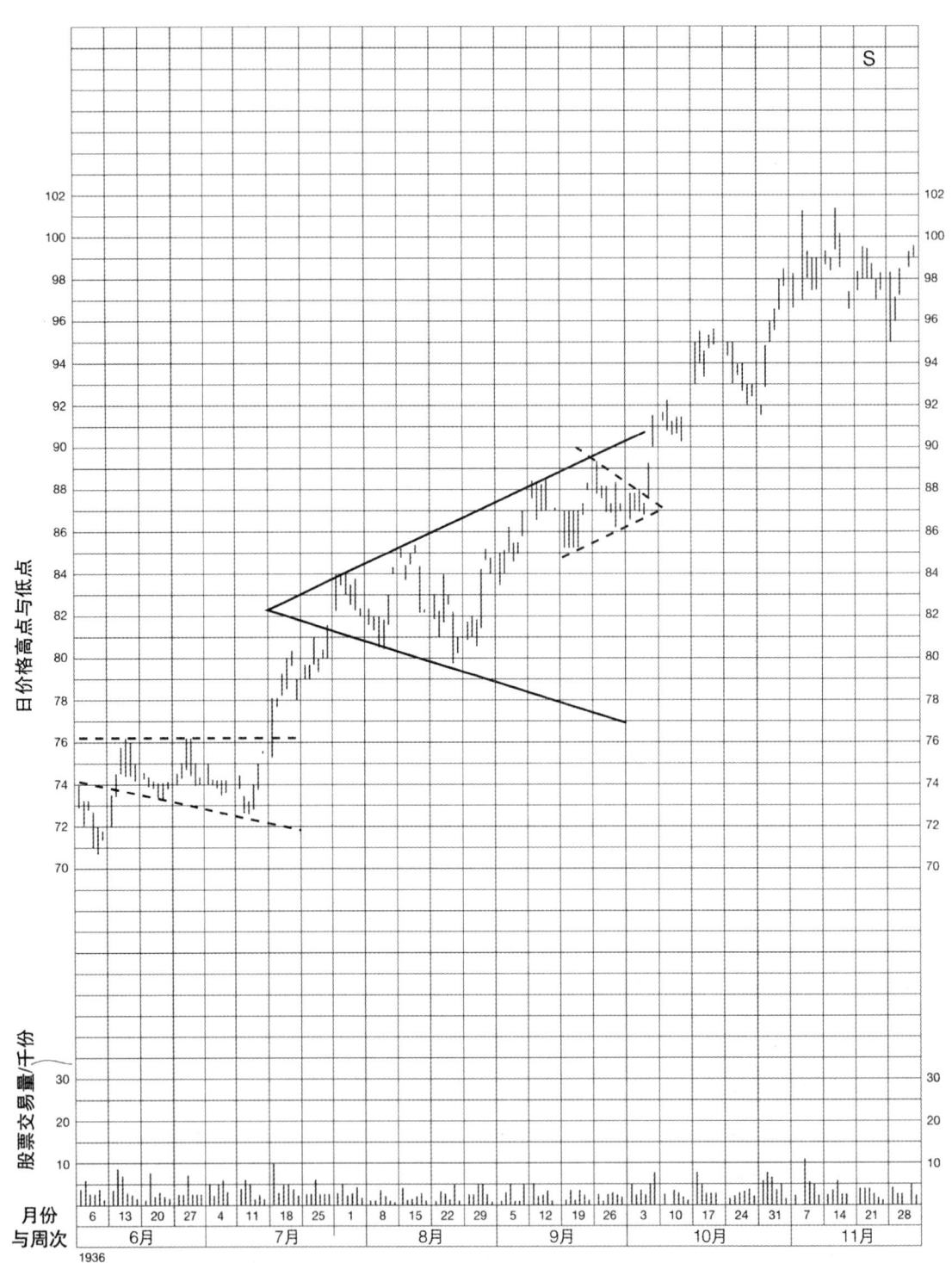

图6.6 西尔斯罗巴克公司（SEARS ROEBUCK & CO.）

几乎完成的喇叭顶形态

新泽西州标准石油公司 1936 年前期的股票图（图 6.7）中，展示了另一个扩散对称三角形的例子，可以看到该形态的突破发生在 3 月 13 日，伴随着相当高的成交量。读者可以看到，在这个形态内部，有一个几乎完成的喇叭顶形态。如果 3 月 4 日（点 5）的下跌能达到 58 以下，那么喇叭顶形态就完成了，表明之前趋势将发生重要反转。在本例中，我们看到之后没多久就确实发生了重要的反转，这印证了我们之前的提醒（参见第 4 讲），即未完成的喇叭顶仍然有重要意义。

扩散直角三角形更为可靠

对技术分析者来说，有一条水平延伸边的扩散三角形可能比对称的扩散三角形更加有用。扩散直角三角形的水平底边代表支撑线或阻力线，因此这种形态的逻辑更明显，给出的突破信号也相应更为可靠。不过，扩散直角三角形的弦所指的方向基本没有意义，这点与第 5 讲中介绍的作为反转形态的扩散直角三角形一致。不论三角形的顶边还是底边水平，它都可能是上涨或者下跌趋势中出现的整理形态。在两种情况下，如果股价明确地突破较窄的三角形态，或者从三角形的水平底边突破，则意味着形态后将发生重要的后续运动。

有利可图的扩散三角形示例

哥伦比亚电力燃气公司（Columbia Gas and Electric）的股票走势图（图 6.8）中展示了一个较长、较宽松，但仍然可以清晰识别的形态，即底边水平、弦倾斜向上的扩散三角形。8 月 3 日（星期六）上边界被明确地突破，之后出现良好的上涨趋势。

数机公司（Burroughs Adding Machine）的股票走势图（图 6.9）中，可以看到一个底边水平、弦倾斜向下的扩散三角形，它的向上突破发生在 10 月 19 日（星期六），之后上涨趋势持续。

下跌趋势中，带有水平底边的扩散三角形作为整理形态时同样有效。

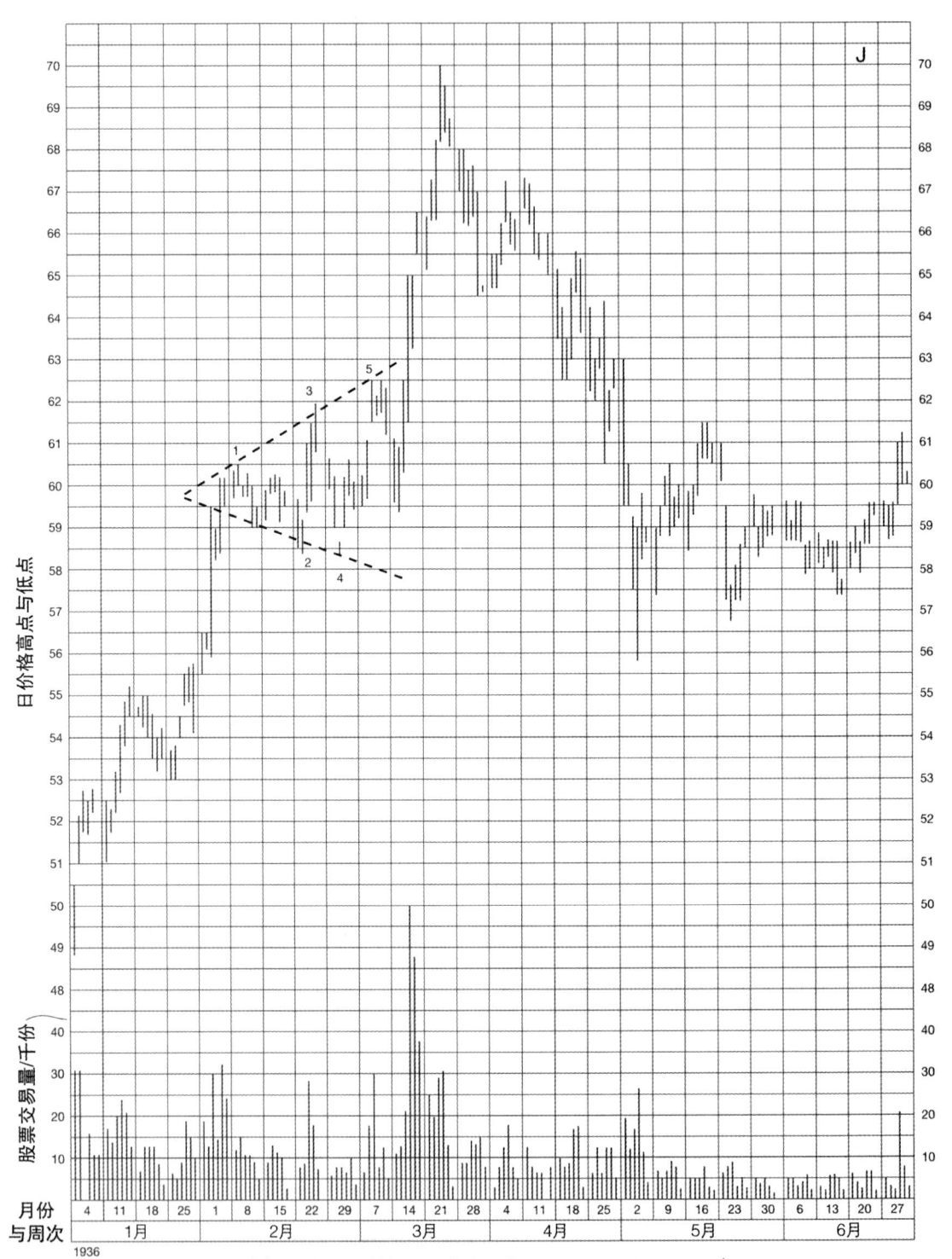

图6.7 新泽西州标准石油公司（STANDARD OIL OF NJ）

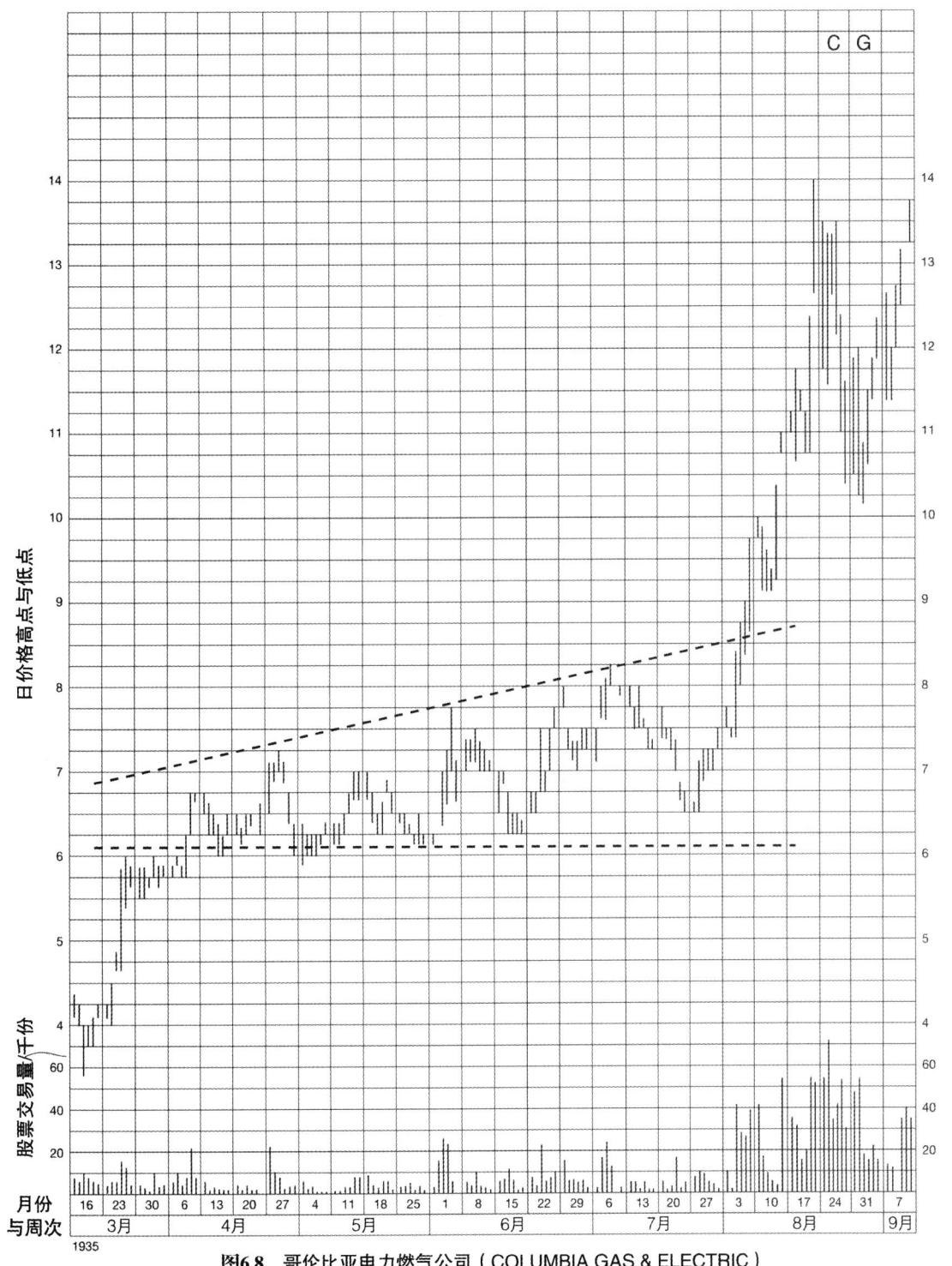

图6.8 哥伦比亚电力燃气公司（COLUMBIA GAS & ELECTRIC）

第6讲 重要的整理形态

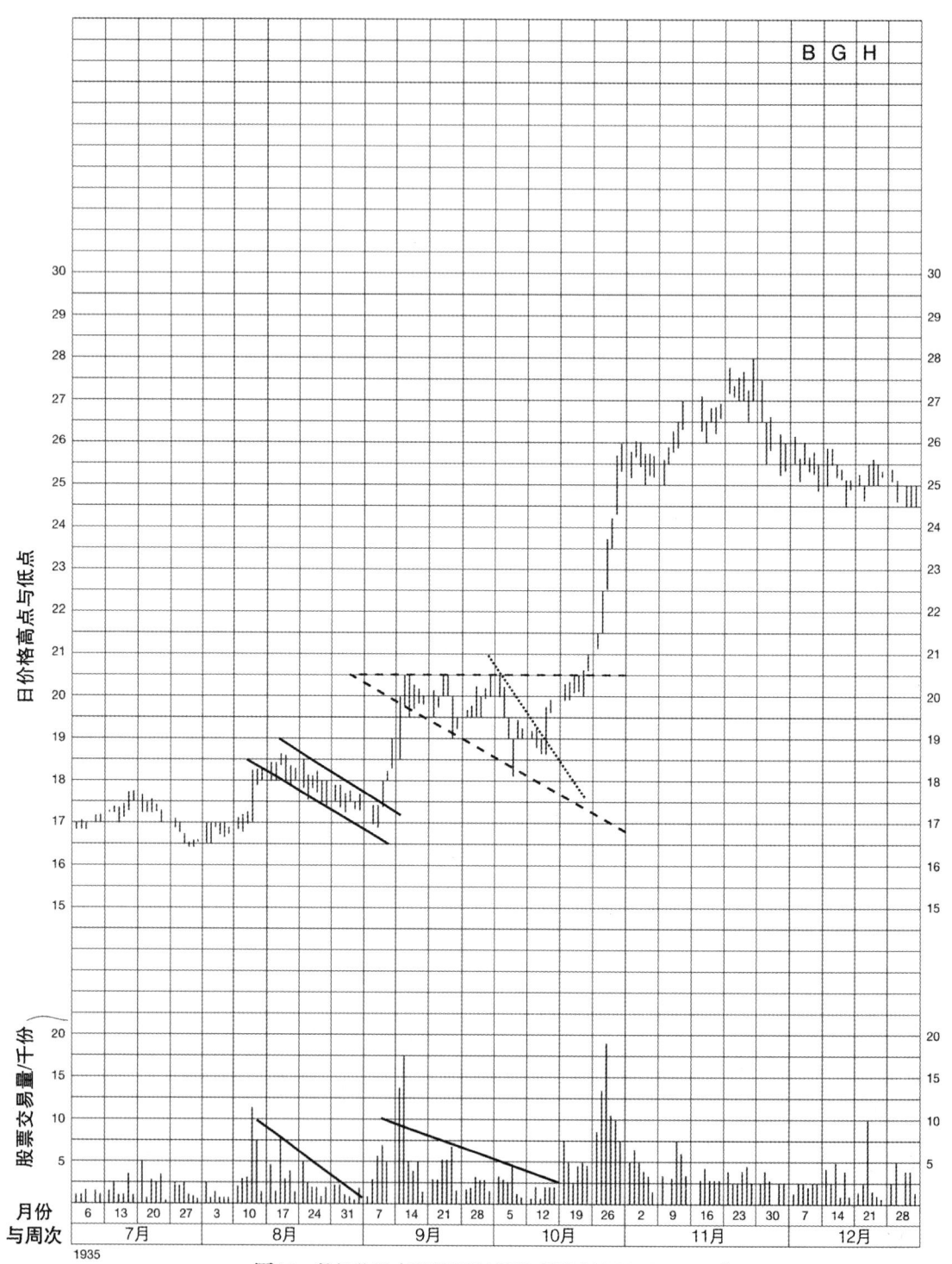

图6.9 数机公司（BURROUGHS ADDING MACHINES）

作为整理形态的矩形

在第 5 讲介绍作为反转形态的矩形时，我们曾说这种形态也可以作为整理或中期形态出现。事实上，作为整理形态的情况比作为反转形态更常见。我们当时还提到这种形态发生突破时的高可靠性，矩形形态后发生虚假移动的情况非常少见。

通常来说，矩形形态较多出现在主要或长期趋势形成的前期，而较少出现在后期。因此，矩形形态常常出现在股价触底后，刚刚开始回升的时期，一般表明内部人正在趁公众尚未关注的时候有计划地吸入股票。但是，不论矩形形态在何时出现，突破发生的方向都能够可靠地指示后续股价运动的方向。

在第 5 讲中我们介绍过矩形形态的成交量变化特点。对于作为整理形态出现的矩形形态，这些特点同样适用。

上涨趋势中矩形形态的示例

泛美公司（Transamerica Corporation）的股票走势图（图 6.10）显示了一个近乎完美的矩形形态，它清晰地预测出上涨趋势的持续。股价的第一轮上涨在 1935 年 8 月第二周时遇到抵抗，停止在 8 水平上，可能的抵抗原因包括心急的投资者抛出获利，以及内部人正在有计划地操作等。之后的十周里，股价在 7½~8 之间小幅波动，但一直未能收盘于该区间之外。这期间，可以明显注意到成交量正在递减。直到 10 月 21 日，要么是职业操盘手已经吸入了足够的股票，要么是重大利好消息吸引了多头的注意，股价突破向上冲破了边界。对于我们而言，背后的原因究竟是什么并不重要，因为走势图中 10 月 21 日的股价和成交量变化已经足以让我们了解股票的动态。接下来，我们看到股价脱离形态的约束，涨至 8 ⅜，并收盘于当日价格线的顶端——对于 8 美元的股票来说，这个幅度已经足够明确——同时成交量的增加也非常显著。此时，走势图仿佛对我们说："该买入泛美公司的股票了！"五周后，我们可以通过这只股票获利超过 60%。

注意到泛美公司的走势图以 1/4 点为单位，这有助于低价股更清晰地显示出变化轨迹。

希望读者不要根据泛美公司的情况，就认为所有的矩形整理形态都能如此迅速地带来利润。在至少一半的情况中，股价第一次突破矩形区域后会回落至上边线水

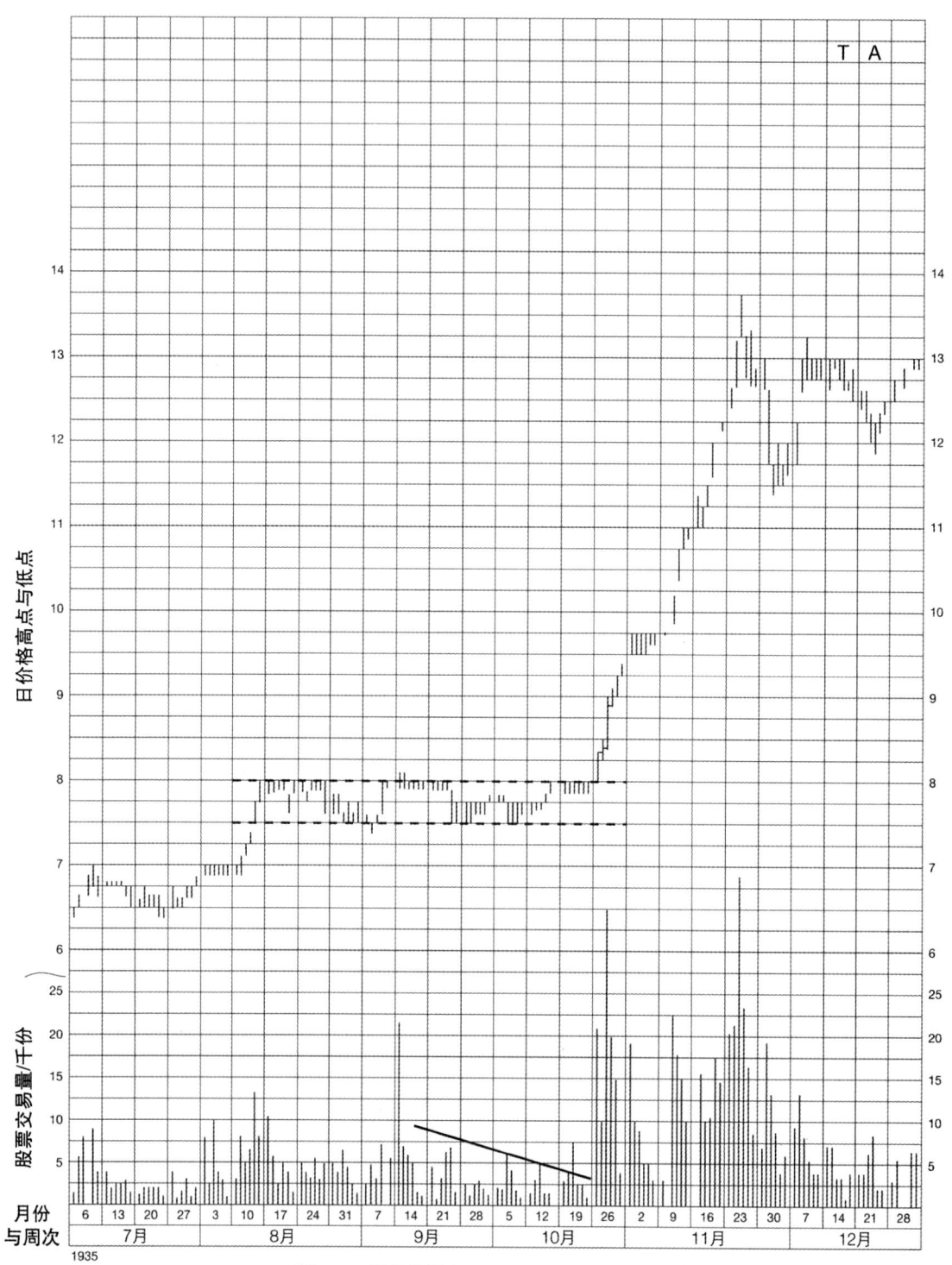

图6.10 泛美公司（TRANSAMERICA CORP）

平，然后才出现大幅度的上涨。这种"阻碍"往往伴随着萎缩的成交量，等到股价继续上涨时成交量才会增加。

1935 年克莱斯勒公司走势图中的矩形

图 6.11 是克莱斯勒 1935 年的股票走势图，可以看到两个上涨趋势中形成的整理矩形形态。这只股票是市场交易的热点，成交量一直较高。尽管如此，在中期矩形形成过程中，还是可以看到成交量在递减，而且突破发生当天成交量有显著上升。如果交易者因为股价在 62 和 74 的水平上分别出现两次停滞而有些疑虑，那么 9 月 4 日和 10 月 10 日两次明确的突破则可以有力地打消交易者的担忧。

下跌趋势中的整理矩形形态

作为整理形态的矩形出现在下跌趋势中的情况少于上涨趋势，但是预测意义同样显著。下行趋势中突破矩形整理形态时，成交量往往没有显著的增加，但是正如我们在介绍带有水平顶边的下降三角形时（参见第 3 讲）提到的，如果股价的幅度非常显著，则成交量的确认就不是必需条件。在这种情况下，成交量可能直到突破发生的第二天或者第三天才明显上升。技术交易者应该记住，在下降趋势中，如果股价突破且大幅收盘于明确的支撑线以下，则即使成交量没有明显增加，这种突破依然是可靠的。

1931 年熊市中的例子

请读者翻到本书中的道琼斯指数长期图表（参见图 1.1），可以看到 1929 年股价到顶之后，在 1931 年的头三个月中出现了一次重要的中期反弹，之后股价又反转向下，一直跌至新低。在这轮快速下跌中，许多股票走出了良好的矩形形态，其中两个例子如图 6.12 和图 6.13 所示。

在快速电车公司的股票走势图（图 6.12）中，股价从 74¾ 开始下跌，在 61 的位置停止。在 4 月的三周时间里，股价在 61~66 之间波动。在此期间，成交量相对

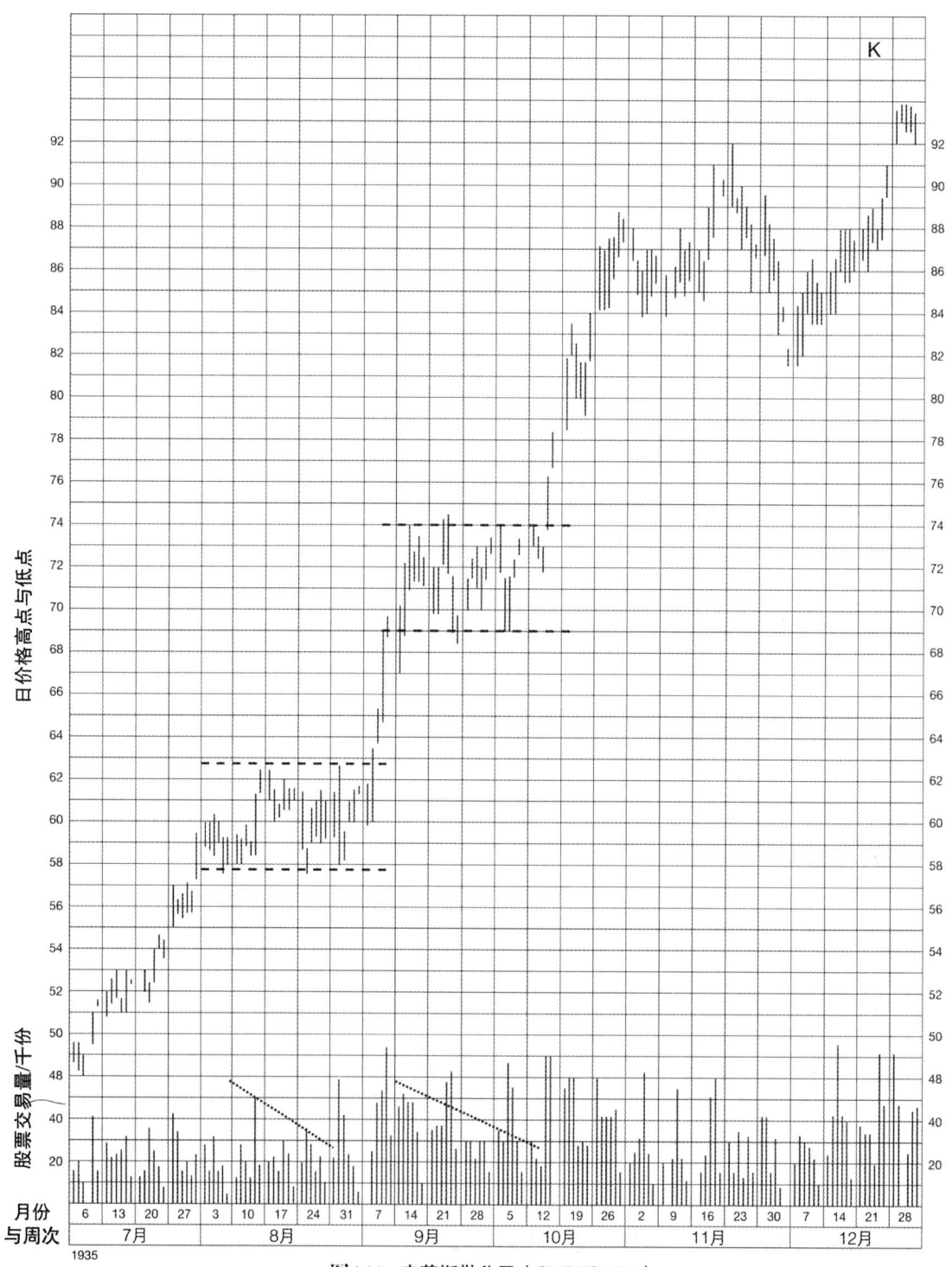

图6.11 克莱斯勒公司（CHRYSLER）

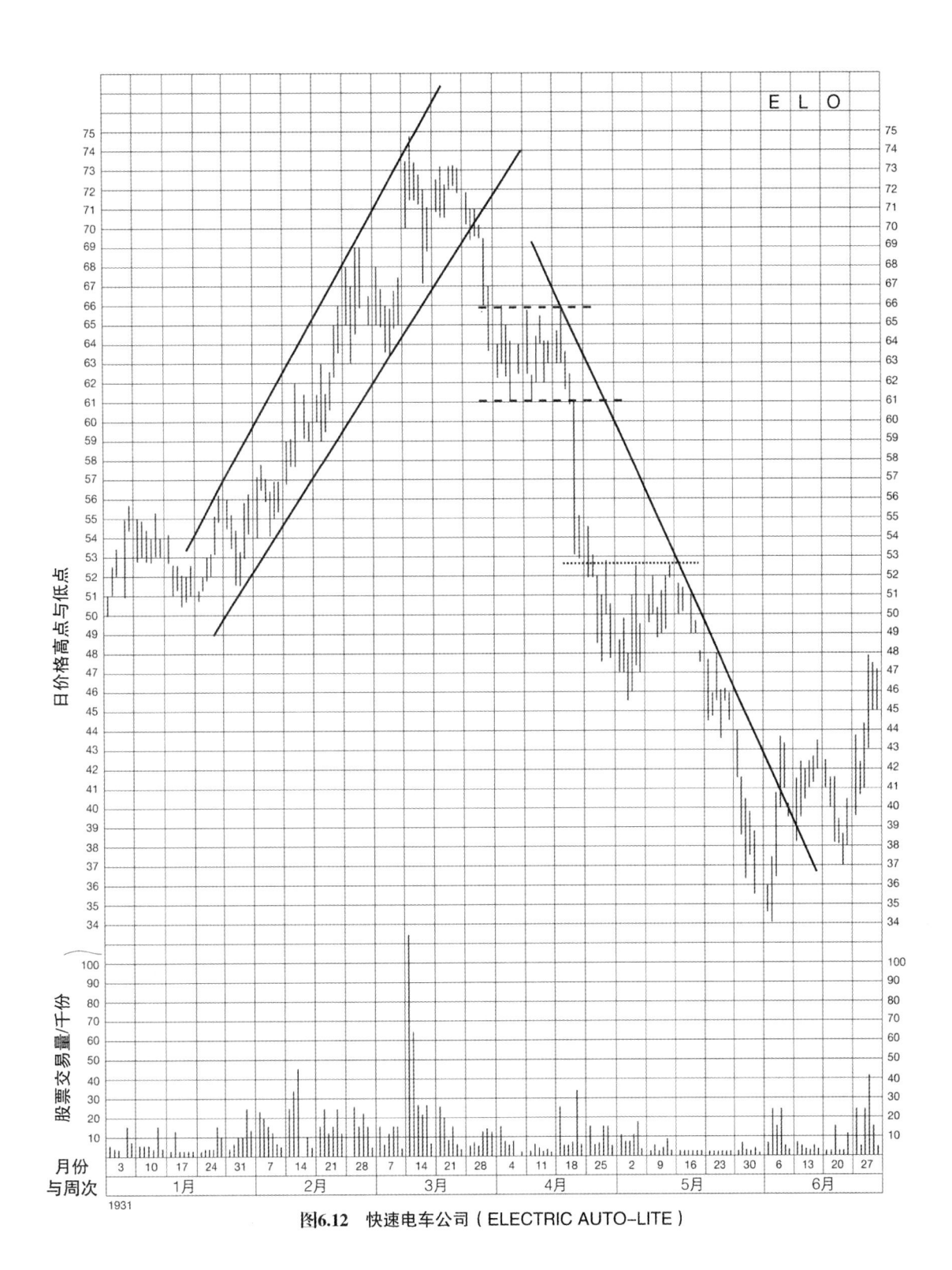

图6.12 快速电车公司（ELECTRIC AUTO-LITE）

第6讲 重要的整理形态

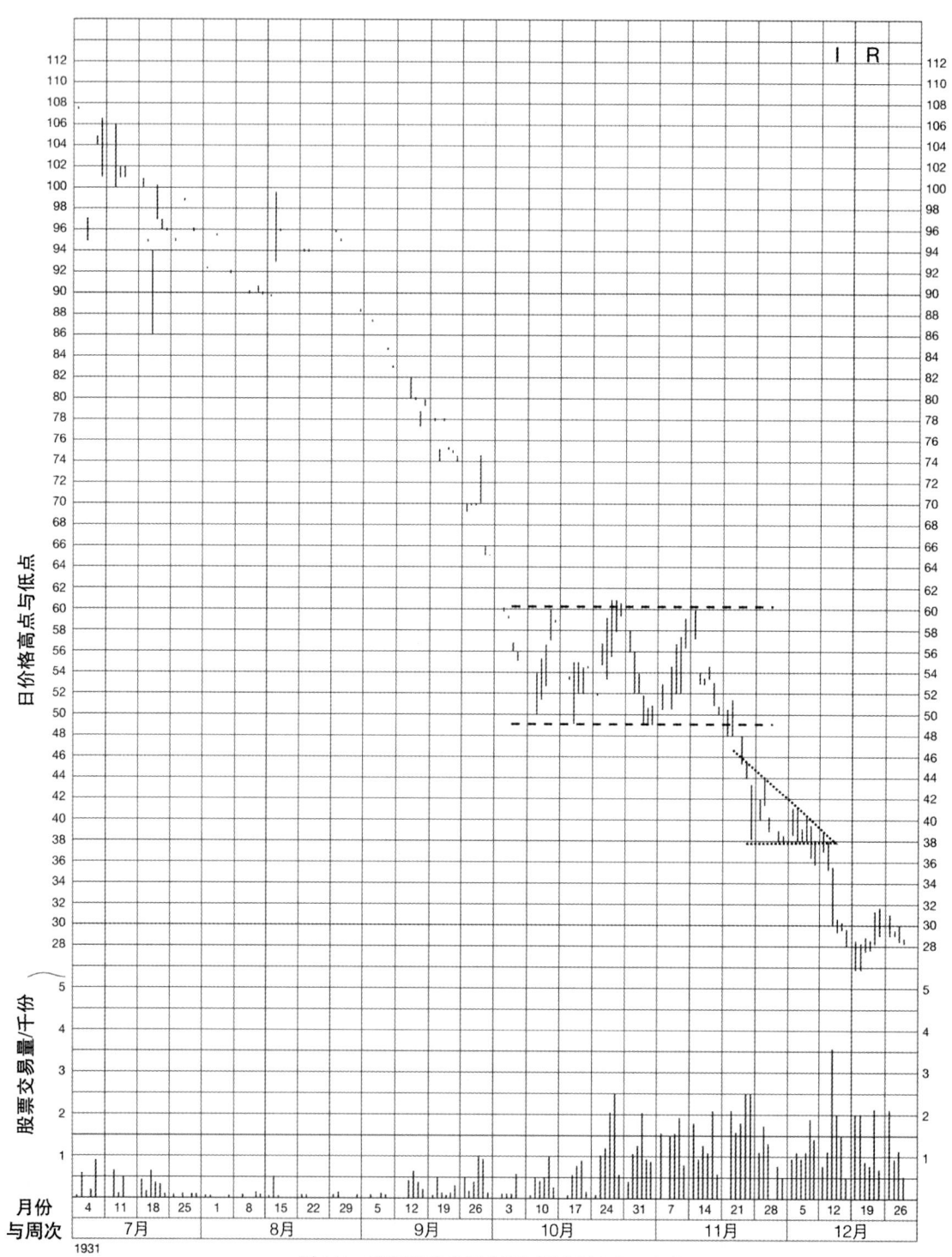

图6.13 英格索兰公司（INGERSOLL RAND）

较低,而且不断下降,只有一天(4月13日)除外,不过有意思的是,那一天股价并没有突破形态,因此成交量的变化没有意义。等到4月17日,股价明确地向下突破,伴随着更高的成交量,表明熊市趋势将持续。

英格索兰公司(Ingersoll Rand)的股票图(图6.13)非常值得研究,因为它展示了在特殊情况下形成的矩形形态。在1931年8—9月间,尽管成交量稀少,但这只股票的价格却从100快速下跌。直到10月成交量才有所回升,股价在48~60的支撑位上徘徊了六周时间,其中有三次反弹至60价位,可能由于内部人向公众抛售大量英格索兰公司的股票。11月18日,支撑位撤离或崩溃,成交量比较高,但整体上不如之前几天的水平。直到11月21日(记得将周六的成交量加倍),股价跌到40以下时,成交量才出现显著增加。这张图印证了我们之前的说法,即在下跌趋势中,股价突破支撑线时,成交量不一定会明显增加。

其他例图中的矩形整理形态

读者可以在本书其他例图中找到大量良好的矩形整理形态。其中,有的矩形比较长、比较细,而有的矩形则比较短、比较宽。一个值得研究的大型矩形形态出现在美国钢铁公司的股票图中,矩形位于166~175之间,出现在1930年4月的圆形顶形态之后的第一次下跌过程中。6月7日(星期六),股价向下突破矩形下边线,伴随着成交量的显著增加(记得将周六的成交量加倍)。读者可以回顾图3.1。

在国家电力照明公司的股票图(图4.9)中,1月23日至2月9日之前的股价波动可以看作矩形整理形态,且股价于1月27日出现了一日线外运动。

旗形与三角旗形——可靠的预测信号

到目前为止,我们已经学习的整理形态——三角形态及矩形形态——有个共同的特点,即它们都既可以作为整理形态,又可以作为反转形态,因此我们不得不等到形态完成、新趋势起步时,才能稳妥地操作。但是,下面我们要介绍两种清楚、易于识别的形态,它们没有反转意义,而仅仅预示着之后股价趋势的持续,因此可以帮助我们进行获利操作。

这两种非常可靠且有利可图的整理形态分别叫作旗形（Flag）和三角旗形（Pennant），因为形状分别类似于在旗杆上飘扬的矩形棋与三角旗而得名。从本质来讲，它们都由股价上涨或下降趋势中紧凑且迅速的"修正"或"巩固"变化构成。它们可能出现在中期或主要趋势的前期或后期，但一般都在股价变化速度超过正常水平的时期。

在旗杆上飘扬的旗形形态

旗形形态的首要特点是一段近乎垂直的价格运动，方向可能向上或向下。这段运动到某天猛然刹住，有时伴随着高成交量，而且之后几天到几周的时间里，股价都在清晰可见的平行线间波动。在此期间，成交量明显地递减。在大多数情况下，两条平行线的方向与之前股价运动趋势有关。如果之前股价上涨，则平行线倾斜向下；如果之前股价下跌，则平行线倾斜向下。但是，平行线也可能水平，甚至稍稍向之前趋势方向上倾斜。在上涨趋势中，这段变化就形成了在旗杆上飘扬的矩形旗，如我们在现实生活中看到的那样，旗可能因为自身重量而自然下垂，也有可能因为风力较强而水平甚至向上倾斜（在下降趋势中，图形上下颠倒即可）。

在旗形形态末尾，股价大幅突破形态，同时成交量明显增加，之后股价在原趋势方向上迅速运动。

上涨趋势中的旗形示例

在迪尔公司（Deere & Co.）1936年前半年的股票走势图（图6.14）中，2月的股价变化形成了一个典型的旗形整理形态。1月22日，股价突破对称三角形态，然后在三周时间内上涨17点至75——近乎垂直的上涨——形成旗杆。接下来的三周里，股价在两条间隔3½点、倾斜向下的平行线间波动，形成了旗形。3月2日，旗形的上边线被刺破，但是明确的突破直到3月5日才出现，伴随着成交量明显增加，且当日股价收盘于74（旗形形态以外2个点）。之后不到五周的时间里，股价一路飙升至89（在股价触顶下跌之前，读者可以注意到一个形态。虽然它的边界非常宽松，不太符合良好楔形的定义，但之后股价走势确实符合楔形反转的意义）。

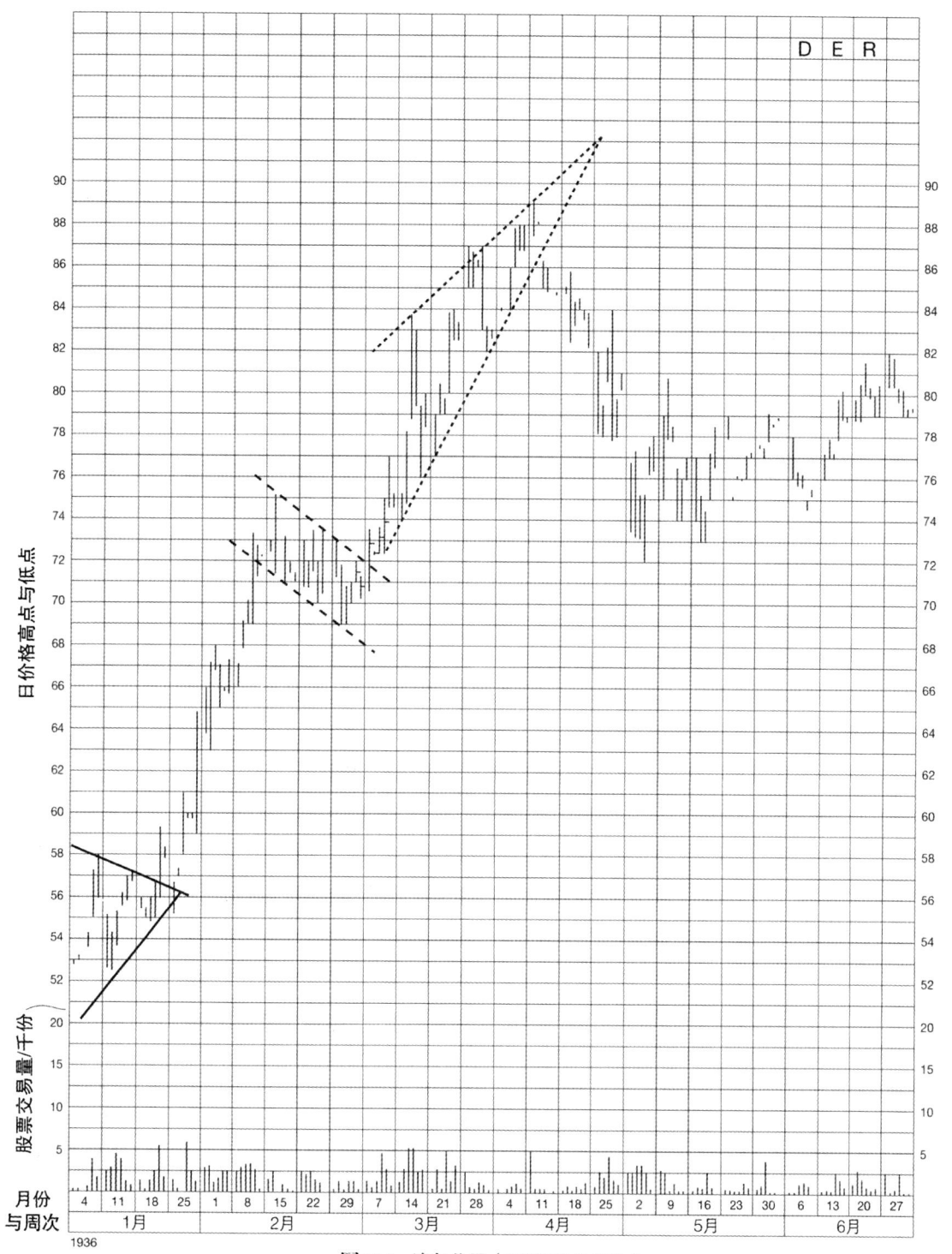

图6.14 迪尔公司（DEERE & CO.）

第6讲 重要的整理形态

迪尔公司的旗形形态与理想的旗形形态有一个区别，即旗形内部的股价波动不够紧凑。尽管如此，这仍然是一个令人满意的例子。

旗形形态的变化与解读

数机公司的股票走势图（图 6.9）中，我们可以看到一个更窄、更紧凑的旗形挂在非常短的"旗杆"上。在这个例子中，旗形内部紧凑的价格变化以及 9 月 5 日出现的大幅突破都是利好信号，但是由于前面的旗杆太短，我们不能期待形态完成后的股价运动达到较大的幅度。事实上，后续运动确实很快被终止，直到另一个整理形态（扩散三角形）完成后，上涨才得以继续。

另一个旗形的例子出现在莎朗钢箍公司的走势图 5.2 中。注意到这次股价的突破没有立即伴随着成交量的增加，直到 2 月 6 日股价收盘于形态外 1 个点时，成交量才明显增加。

在持续时间较长的股价运动中，可以连续出现几个旗形。例如灰狗公司（Grey Corporation）的走势图（图 6.15）中，3 月和 4 月的股价运动形成了数个旗形的例子。仔细学习图中各个旗形形态的股价和成交量变化，将对读者的理解大有裨益。

上涨趋势中的向上旗形

在上涨趋势中，如我们在例图中所见，旗形形态一般从旗杆处向下倾斜。较少情况下，我们在剧烈的上涨（或下跌）过程中看到倾斜方向与之前股价运动方向一致的旗形整理形态。国际收割机公司（International Harvester）1936 年后期的走势图（图 6.16）中，可以看到一个上涨趋势中的向上旗形。旗形的旗杆由 9 月 17 日到 10 月 13 日之间股价的快速上涨运动构成，接着 10 月 13 日至 11 月 2 日之间的股价波动形成旗形，其间成交量逐渐下降。11 月 4 日股价突破形态，伴随着高成交量，之后股价再一次快速上涨。（9 月第三周内股价的运动特点将在第 10 讲中讨论）

旗形还可以在两条严格水平的平行线间形成。很明显，这种水平的形态非常类似矩形整理形态。在实际中，我们将它理解成旗形还是矩形都无关紧要，因为它们的预示意义完全相同。

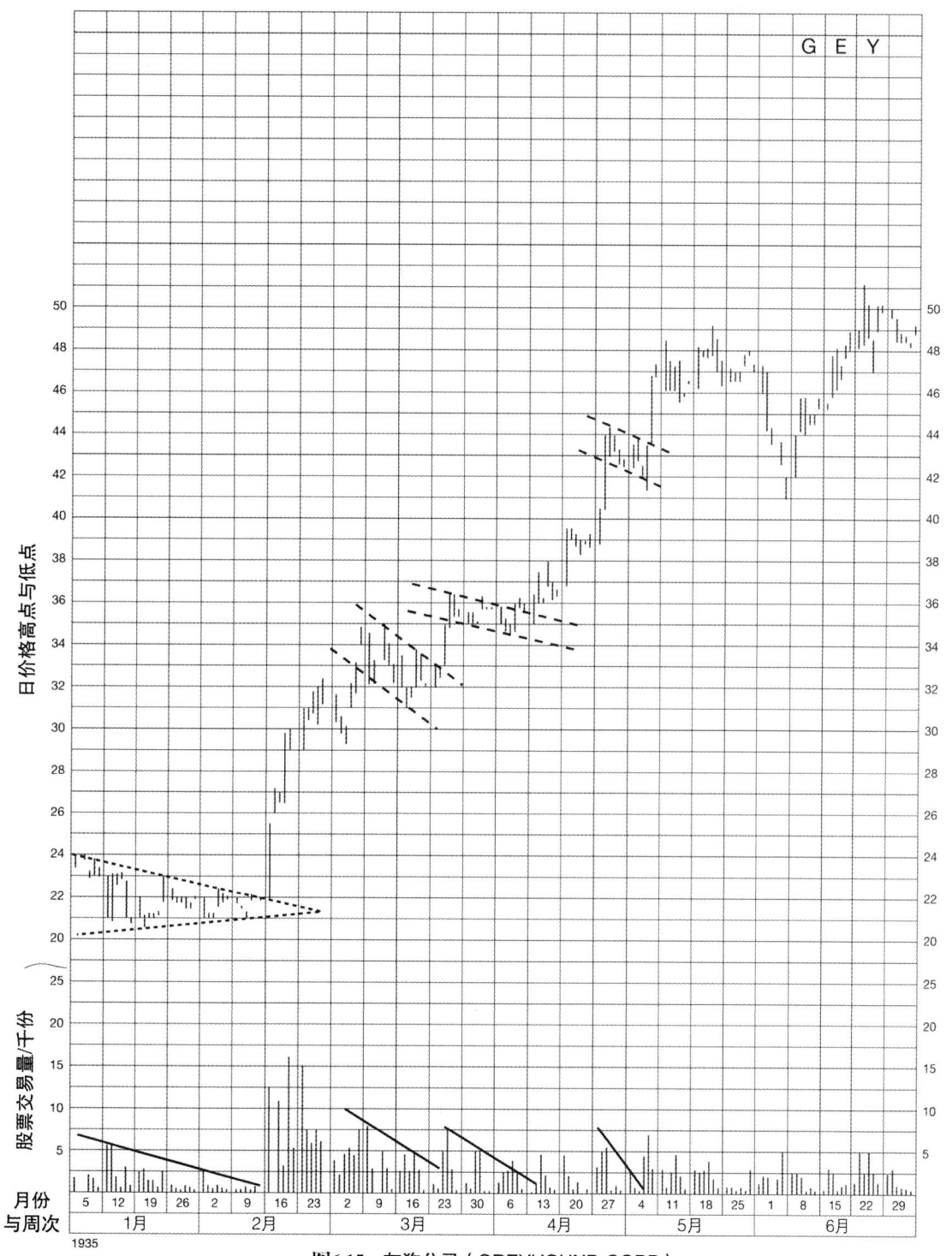

图6.15 灰狗公司（GREYHOUND CORP）

第6讲 重要的整理形态 | 193

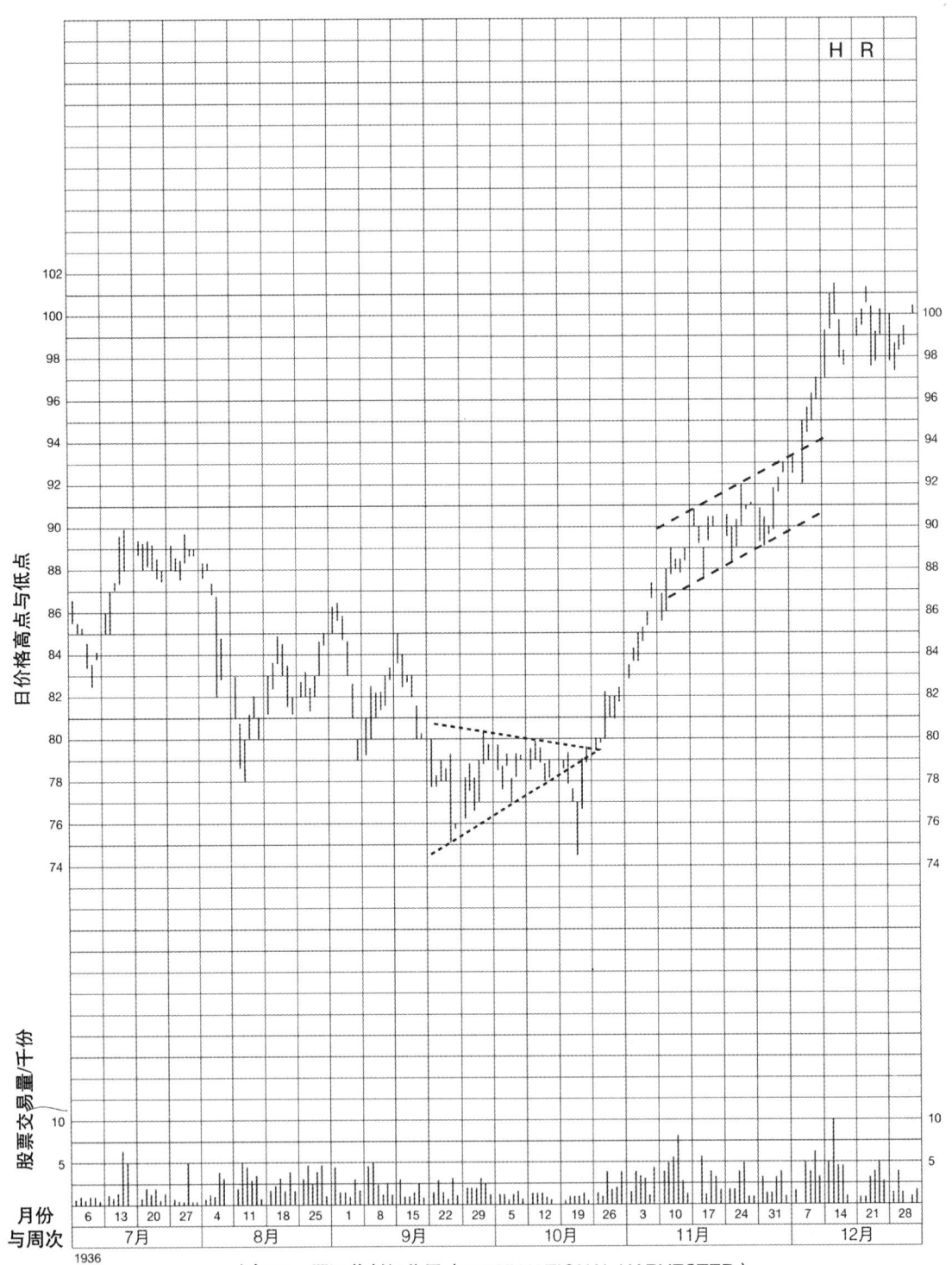

图6.16 国际收割机公司（INTERNATIONAL HARVESTER）

194 | 股市趋势技术分析全书

下跌趋势中的旗形

下跌趋势中的旗形整理形态，就是将我们刚刚学习的图形上下颠倒：股价的一轮快速下跌形成旗杆；旗形一般向下倾斜；成交量随着形态的发展逐渐下降，然后在股价突破形态下边界的时候，成交量明显上升；接着股价再次快速下跌。

下面我们来看一个典型的例子，即哥伦比亚碳棒公司（Columbian Carbon）1931 年的股票走势图（图 6.17）。在两周内，股价从 2 月 111½ 的高位快速下跌到 93，然后股价在 3 月前三周内的波动形成一面宽旗，并在 3 月 24 日突破旗形进入另一轮快速下跌。另外有一个比较有趣的事情是，本图中旗形形成的同一时间，前面快速电车公司股票走势图（6.12）中正在形成矩形形态。

三角旗形——旗形与楔形的融合

三角旗形就是将旗形的两条边线从平行变为汇聚到一点。除此之外，三角旗形在开关、持续时间、成交量变化和解读方面都与正常的旗形相似。如果旗杆向上指，则三角旗通常倾斜向下，表示上涨趋势将继续快速进行。在下降趋势中，三角旗的意义相反。

麦克货车公司的股票走势图（图 5.9）是一个上升趋势中三角旗形的好例子。1936 年 5 月，股价突破矩形底部反转形态，快速上涨形成 5 点高的旗杆，接着 6 月后两周和 7 月上旬的股价变化形成了悬挂在旗杆上的三角旗。然后在高成交量的伴随下，股价大幅突破形态，继续之前的上涨趋势。

哥伦比亚碳棒公司的股价图（图 6.17）中，在 1931 年 5 月前两周形成了一个下跌趋势中的三角旗整理形态。

周线图中的旗形与三角旗形

就像大多数技术形态一样，旗形和三角旗形也偶尔出现在周线图中，在更少数情况下还可能出现在均价图中，不过预测意义与个股日线图中完全相同。例如，请读者回顾图 3.6——新泽西州标准石油公司的周线图在 1931 年的股价变化中出现了两个三角旗形。

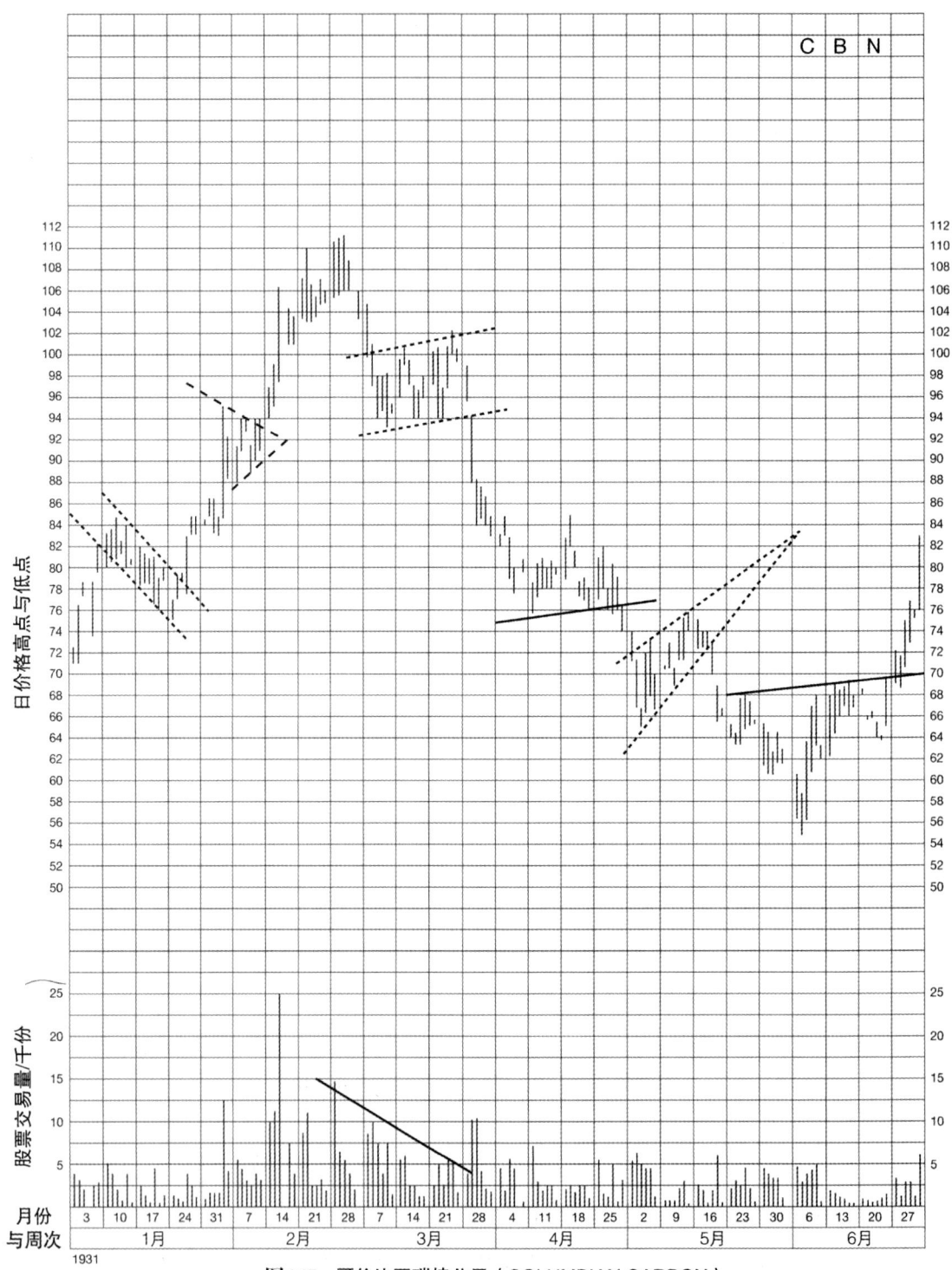

图6.17 哥伦比亚碳棒公司（COLUMBIAN CARBON）

三角旗形与楔形形态的关系

读者可能已经注意到，三角旗形与第3讲中介绍的楔形反转在形状上非常相近。同时，两个形态指向的方向都与之后股价运动的方向相反。

但是，楔形反转一般指向之前股价运动的方向，而且反转通常发生在理论端点附近（有时甚至超过理论端点）；而三角旗形则由股价快速变化形成旗杆，再在相对较短的时间内，股价在与之前趋势相反的方向上波动形成旗面。三角旗很少等到端点附近才突破，进入之前的持续趋势（当然，这意味着对形态本身方向的反转）。

"头肩"整理形态

由于头肩形态是我们学习的第一个技术形态，而且形态特征明显，读者应该在中期整理趋势中经常发现貌似头肩形态的价格运动区域。从很多角度来看，这种形态并不是真正的头肩形态，但是由于它的形状特征，除了"头肩"之外没有更好的描述。所幸的是，如果仔细分析，可以发现这种形态的预测意义与头肩形态一致，因此我们就用头肩整理形态来称呼它。

皇冠瓶盖公司的示例

要解释头肩整理形态，最好的方法莫过于结合实际例子，下面我们来看皇冠瓶盖公司（Crown Cork and Seal）1936年前半年的股票走势图（图6.18）。之前，股价总体处于上升趋势，于1月15日达到峰位54，之后的两个月中，股价一直处于不明确的波动过程。但是，2月25日和26日，股价下探至点A，形成左肩。接下来在3月13日又出现一次幅度更大的下探，在B点形成头部。3月30日，股价第三次下跌至点C，形成右肩。连结头部两侧的两次上涨顶点，得到颈线，图中用虚线表示。4月3日，股价突破颈线，伴随着成交量的显著增加。接下来股价在3周内猛涨了10点。

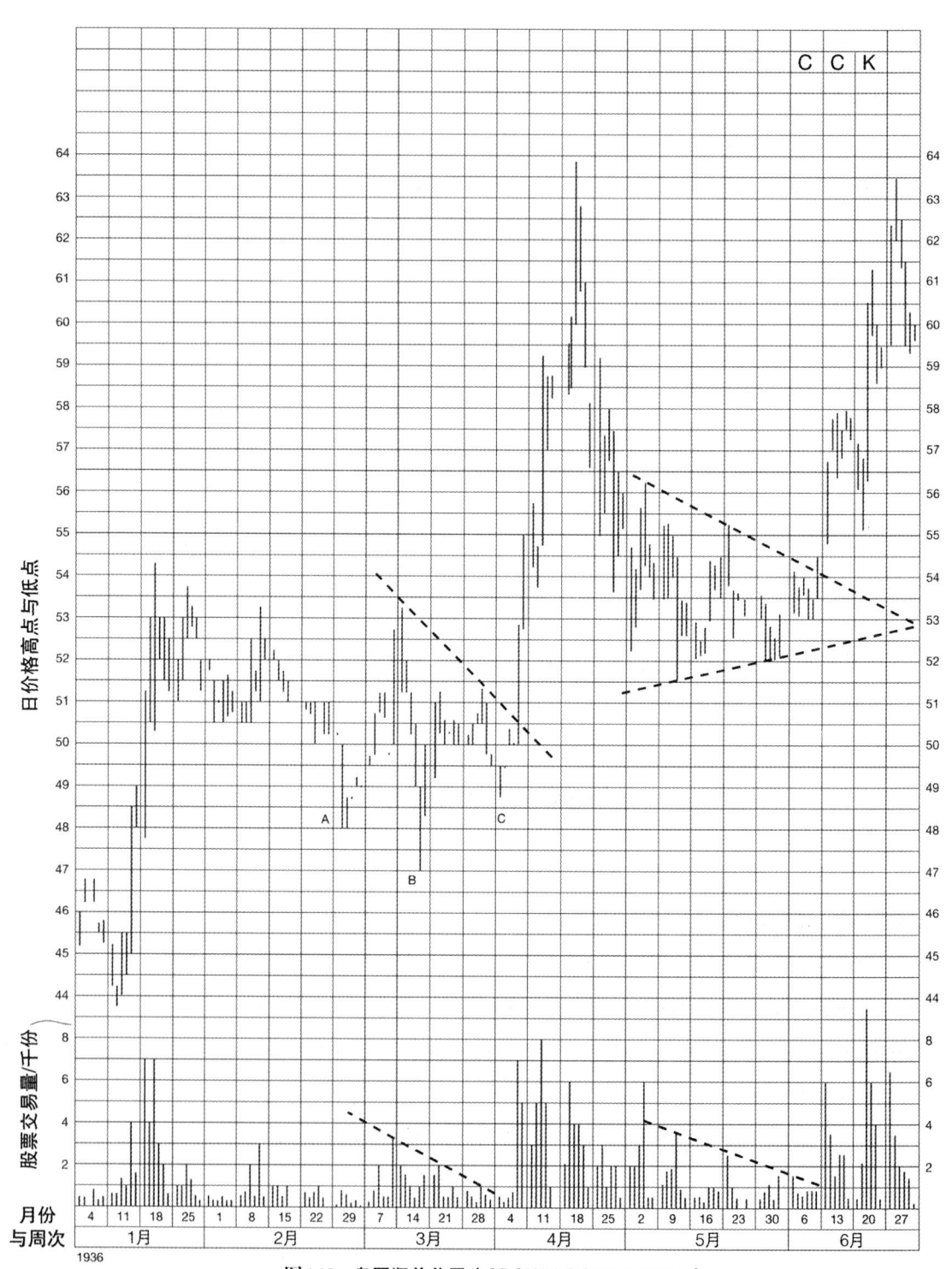

图6.18 皇冠瓶盖公司（CROWN CORK & SEAL）

唯一有用的指示

在上例中，3月9日到4月3日之间股价的变化路径可以看作对称三角形，其上边线即为头肩整理形态的颈线，下边线为B-C连线。但是，对称三角形并非总能如此清晰地出现，一般我们只能依赖头肩整理形态来判断后续价格运动的趋势。需要强调的是，头肩整理形态中的颈线与头肩反转形态中一样关键。在颈线被明确地突破之前，形态尚未完成，而且也没有预测意义。

关于头肩整理形态的其他例子可以在之前几讲的例图中找到，如：

图2.2——左肩位于J点，头部位于K点，右肩位于L点。4月30日股价突破颈线。

图2.6——左肩出现在11月27日，头部出现在12月20日，右肩出现在1月6日。1月10日股价突破颈线。

图4.15——左肩出现在4月4日，头部出现在4月11日，右肩出现在4月18日。4月28日股价突破颈线。

图6.9——左肩出现在9月20日，头部出现在10月3日，右肩出现在10月9日，10月10日股价突破颈线。在这一例中，头肩整理形态给出的预测比扩散三角形态更早，获利空间也更大，尽管扩散三角形态更加容易看出。

另外，读者可以发现上面诸例中，头肩整理形态在上涨、下跌趋势中都曾出现。

与头肩反转形态的区别

头肩整理形态与第2讲介绍的真正的头肩反转形态之间一个显著的区别是，前者的头肩方向一般与之前趋势相反。要看出二者另一个明显的区别，我们需要仔细地分析成交量变化。读者应该还记得头肩反转形态中成交量的变化特点，即左肩和头部成交量相对较高，头肩之间两段区域内成交量较低，右肩处成交量比前面稍高，最终股价明确突破颈线时，成交量显著增加。但是，请读者回顾皇冠瓶盖公司股票走势图（图6.18）中的头肩整理形态，可以看到头部与双肩形成时，成交量并不高，但是头肩中间的反弹部分反倒出现较高成交量。在第8讲对成交量更具体的讨论中，我们将看到这个区别背后的原因。现在，我们需要记住头肩整理形态中成交量的这个特点。实际上，在成交量方面，头肩整理形态与头肩反转形态的唯一共同点是，股价突破颈线时成交量将出现显著增加。

整理形态的总结

本讲我们介绍的是在股价主要趋势中形成干扰，但在完成后之前的运动趋势将继续的形态。现在我们简要地总结一下学过的几种整理形态，并重新分类，以帮助我们在实际交易中更好地应用它们。

首先，我们将整理形态分为既能指示反转又能指示整理的形态和只能指示整理的形态。这里需要再次提醒，没有任何技术形态是百分之百可靠的，所有技术分析都存在例外情况。但是，基于实用的目的，我们根据形态在多数情况下的预测情况进行如下划分：

1. 既能指示反转又能指示整理的形态
    对称三角形态
    扩散三角形态——所有类型
    矩形形态

2. 只能指示整理的形态
    a. 上涨趋势中
        上升直角三角形
        旗形（一般向下倾斜，但也有例外）
        三角旗形（向下倾斜）
        头部朝下的头肩整理形态
    b. 下跌趋势中
        下降直角三角形
        旗形（一般向上倾斜，但也有例外）
        三角旗形（向上倾斜）
        头部向上的头肩整理形态

3. 只能指示反转的特殊情况
    a. 上涨趋势中
        下降直角三角形
    b. 下跌趋势中
        上升直角三角形

实际操作中的应用

根据上面的分类,如果技术交易者已经持有某只股票,那么他在股票图表中看到第 1 组中任何一种形态时都应保持警惕,因为这个形态的可能结果是反转形态,要求他立刻平仓。另一方面,如果形态的突破表明之前趋势将持续,那么他可能暂时放松一下紧张的心情,放任股价运动,直到出现其他警告信号。在某些情况中(例如扩散三角形态),交易者更明智的做法可能是不等突破发生就平仓,尤其当其他股票的图表显示出更明显的获利机会时。

关于第 1 组的形态,我们还要提醒读者,注意观察形态之外的其他影响因素,它们可能帮助我们预测形态本身是反转还是整理。

如果出现第 2 组中的各种形态,那么已经跟上之前趋势的操作者则不需要担心。这些形态的出现只是将利润的积累稍稍推迟。而第 3 组中的形态(以及前面介绍的所有反转形态)则要求操作者尽早平仓获利。

如果交易者尚未持有某只股票,则第 1 组及第 2 或第 3 组(根据趋势的不同)中的各形态都仅代表出现操作机会,他应该密切观察形态本身或者突破,并根据其指示的方向迅速操作。

改变预测意义的形态

在结束本讲之前,我们需要一如既往地强调"抢跑"的危害。在前面介绍直角三角形态时,我们提到它们是非常可靠的预测信号。但即使是直角三角形态,也存在例外情况。直角三角形态的突破有时会发生在错误的方向上,也就是说,从弦而非水平边突破。当这种与形态意义相反的突破发生时,一般会出现两种情况。第一种情况中,股价将继续运动一段,直到出现第一次反转,然后形成一个双重反转形态——如果之前为上涨趋势中的下降三角形,则为双重顶形态;如果之前为下跌趋势中的上升三角形则为双重底形态。在这种情况中,初始直角三角形态的预测最终会实现,只不过中间插入了一段相反方向的波动。

第二种更为常见的情况中,直角三角形态转化成矩形形态。如果矩形完成,而且形态清晰,那么后来的突破可能出现在任一方向上,因为矩形本身既能预示整理也能预示反转。例如,在阿那康德铜业公司的股票图(图 6.4)中,12 月 23 日到 1

月 23 日之间形成的形态就可能发展成这种矩形。1 月 23 日的突破后，我们看到股价在上升三角形预示的方向上运动。但是，如果股价继续在形态内 28~30 的水平间波动一个月，那么股价将有同等概率向下突破。

第 7 讲

其他中期形态及现象

- ◎ 总体介绍
- ◎ 下垂底
- ◎ 清楚地预示整理
- ◎ 下垂底提供快速获利的机会
- ◎ 加速顶形态
- ◎ 圆形底反转的组成部分
- ◎ 加速顶之前没有明显突破的例子非常少见
- ◎ 利用加速形态进行交易
- ◎ 号角形态
- ◎ 作为整理形态的号角形态
- ◎ 扩散号角形态
- ◎ 区域类形态的总结
- ◎ 线外运动
- ◎ 有时类似真正的突破
- ◎ 线外运动的示例
- ◎ 线外运动的解释
- ◎ 两日线外运动
- ◎ 对称三角形中的线外运动
- ◎ 之前几讲中线外运动的例子
- ◎ 锯齿形运动
- ◎ 锯齿形运动的示例
- ◎ 价格运动的重复模式
- ◎ 扇形模式——机会还是警告
- ◎ 关于重复运动的警告
- ◎ 股价缺口——有趣但也有迷惑性的现象
- ◎ 对缺口的一般说明
- ◎ 缺口在交易稀少的市场中更常见
- ◎ 缺口的四种分类
- ◎ 普通缺口——很快被封堵
- ◎ 突破缺口
- ◎ 突破缺口的示例
- ◎ 被封堵的明显突破缺口
- ◎ 直接分类的困难
- ◎ 突破缺口的实际应用
- ◎ 整理和竭尽缺口
- ◎ 整理缺口与突破缺口的关系
- ◎ 竭尽缺口的特点
- ◎ 竭尽缺口伴随高成交量
- ◎ 只有暂时效应的竭尽缺口
- ◎ 竭尽缺口并不常见
- ◎ 回顾岛形形态
- ◎ 形成整理岛形的缺口
- ◎ 一个异常的岛形反转
- ◎ 形态内岛形的预测意义有限
- ◎ 无法分类的缺口
- ◎ 除息日和除权日的缺口
- ◎ 除息引起的突破应舍弃
- ◎ 对于缺口的总结
- ◎ 缺口的更多含义将在后面学习

在前面几讲中，我们首先介绍了预示之前趋势反转的形态，其次介绍了预示之前趋势持续的形态。其中，有的形态既可以表明反转，也可以表明持续，只有当股价运动突破形态之后，我们才能做出明确的判断。

在这一讲中，我们将介绍许多特殊的形态和股价运动现象。在大多数情况下，它们的预测能力比较有限，但仍然是技术交易者不可或缺的工具。

本讲涉及的形态包括：

- 下垂底和加速顶
- 号角形
- 扩散号角形

接着我们还将介绍以下内容：

- 缺口
- 线外运动

扇形以及其他重复出现的现象

总体介绍

在介绍整理形态时，我们曾说过，这种中期形态的背后存在合理的解释，但是大多数解释都基于一个共同前提，即早期的整理形态都有可能最终发展成反转形态。即使当时内部人非常有把握将股价再推高30点，但是仅仅考虑到他们需要一个中期形态来调整或者巩固之前的趋势，就说明当前的技术形势存在扭转的可能性。

由于几乎每个中期形态中都表现出对之前股价运动趋势的抵抗，而且事实上所有的中期形态都不过是技术力量平衡的偏倚，如果环境改变，趋势可能就变为反转，因此我们很容易理解为什么许多重要的反转形态会预测失误，以及为什么有时早期仿佛是完美的反转形态，最终却变成整理形态。

在认识到这一点后，我们来学习几个特殊的形态，它们通常更多地预示趋势持续，而不是趋势反转。由于我们上一段以及前一讲中提到的原因，这组整理形态不如之前的反转形态那么重要。

我们已经看到三角形态及其各种变化在整理形态中的重要地位。事实上，三角形态确实是表明之前趋势持续的各形态中最重要的一种。本讲中介绍的各形态中，最实用的一个也是直角三角形态的特殊变化。其中，与下降式三角形相对应的形态被称为下垂底（Drooping Bottom），而与上升式三角形相对应的则被称为加速顶（Accelerating Peak or Top）。

下垂底

下垂底指一段倾斜向下的股价波动路径，而且在形态末尾处，股价到达一个倾泻点。这种形态不需要很长。事实上，在某些情况下，股价波动可能没有形成明确的图形，但我们总能找到一个倾泻点。不过，下垂底在其他形态中或之后比较常见，而且最经常出现在三角形态中。更具体来讲，当下垂底构成某个下降式三角形的末尾时，它是一个极为常见也极为可靠的整理形态。

图 7.1 是芝加哥风动公司（Chicago Pneumatic Tool）1930 年上半年的股票走势图，在图中我们可以看到一个既可以解释为下降三角形的特殊阶段，又可以解释为矩形反转之后下垂段的例子。从 3 月 15 日到 4 月 5 日，股价在 34~37 之间波动，成交量远高于正常水平，形成矩形形态。根据我们前面学到的知识，矩形形态既可能成为反转形态，也可能成为整理形态。但是，到 4 月的第二周，这个形态开始向下降三角形发展，且底边下垂。图中小幅下跌的底部（点 A）比之前的底部都要低，接下来第二个底部（点 B）更低，第三个底部（点 C）继续下探。注意成交量一直都没有增加，因此突破没有被确认。尽管如此，这个走势还是非常清楚地说明了技术弱势。C 点股价的水平可以看作支撑线（作出这一推断的原因我们将在第 9 讲中讨论），而继续下跌至点 D，使下垂形态得以确定。

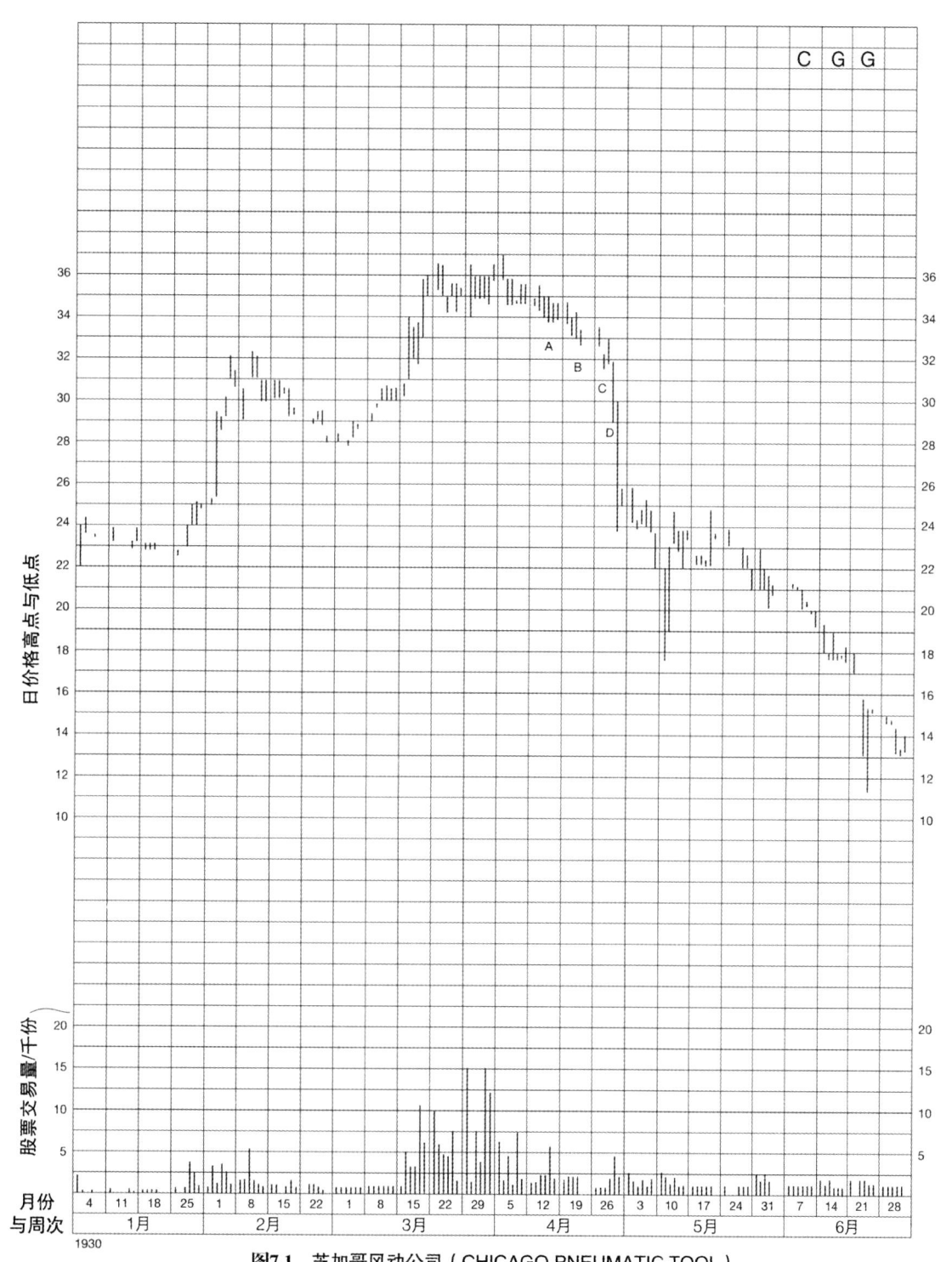

图7.1 芝加哥风动公司（CHICAGO PNEUMATIC TOOL）

第7讲 其他中期形态及现象 | 207

清楚地预示整理

下垂底形态表现出的技术弱势非常明显。股价走势逐渐下垂，连小孩子都能猜到股价将继续并加速下跌。

在芝加哥风动公司的例子中，下垂底从点 B 开始形成。一位大胆的交易者可能在这一时刻就选择卖空，但是一位更谨慎的交易者肯定会等待股价突破 31~32 美元的支撑线后，才选择卖空，之后股价下跌到点 D，进一步确定了他的预测。

下垂底形态表明，股价正处于加速下跌运动中，直到空头耗尽，股价跌到谷底为止。这一形态的早期中，成交量递减，直到出现谷底时成交量才突然增加。接下来，在通常情况下，股价会形成另一个调整形态，预示股价下跌速度将回复正常。而在少数情况下，股价可能反转下跌趋势，进入中期反弹。在芝加哥风动公司的例子中，4 月末下跌趋势末尾处，出现了一段不太明显的价格波动，5 月 5 日股价一下跌到 $17\frac{1}{2}$，紧接着又快速回升至 22~24 美元区域，然后股价才继续下跌至 12 以下。

下垂底提供快速获利的机会

下垂底中，股价运动和达到峰值的速度非常快，为迅速采取操作的交易者提供了较大的获利空间。但是，这种敏捷的交易者必须准备好以同样快的速度平仓，因为像我们前面描述的，股价可能在达到峰值后迅速反转。这种反转的例子出现在内陆钢铁公司（Inland Steel）的股票走势图（图 7.2）中。这次，在下垂底形态开始之前，图中没有出现任何确定的形态。4 月上旬的点 A、点 B 和点 C 构成下垂底。从点 D，即 104 美元的水平开始，股价在两周内猛烈下跌至 92 美元，并在接下来两周时间里继续跌至 90 美元。根据成交量的变化，我们可以确认这轮下跌的峰值出现在 4 月 30 日，即 93 美元的水平上。但是，接下来形成了一个新形态——扩散号角形，本讲稍后介绍——表明出现反转。一个月之后，新的上涨趋势正式开始，到 8 月底股价攀升至 114 美元，即下垂底当初开始形成时的水平。

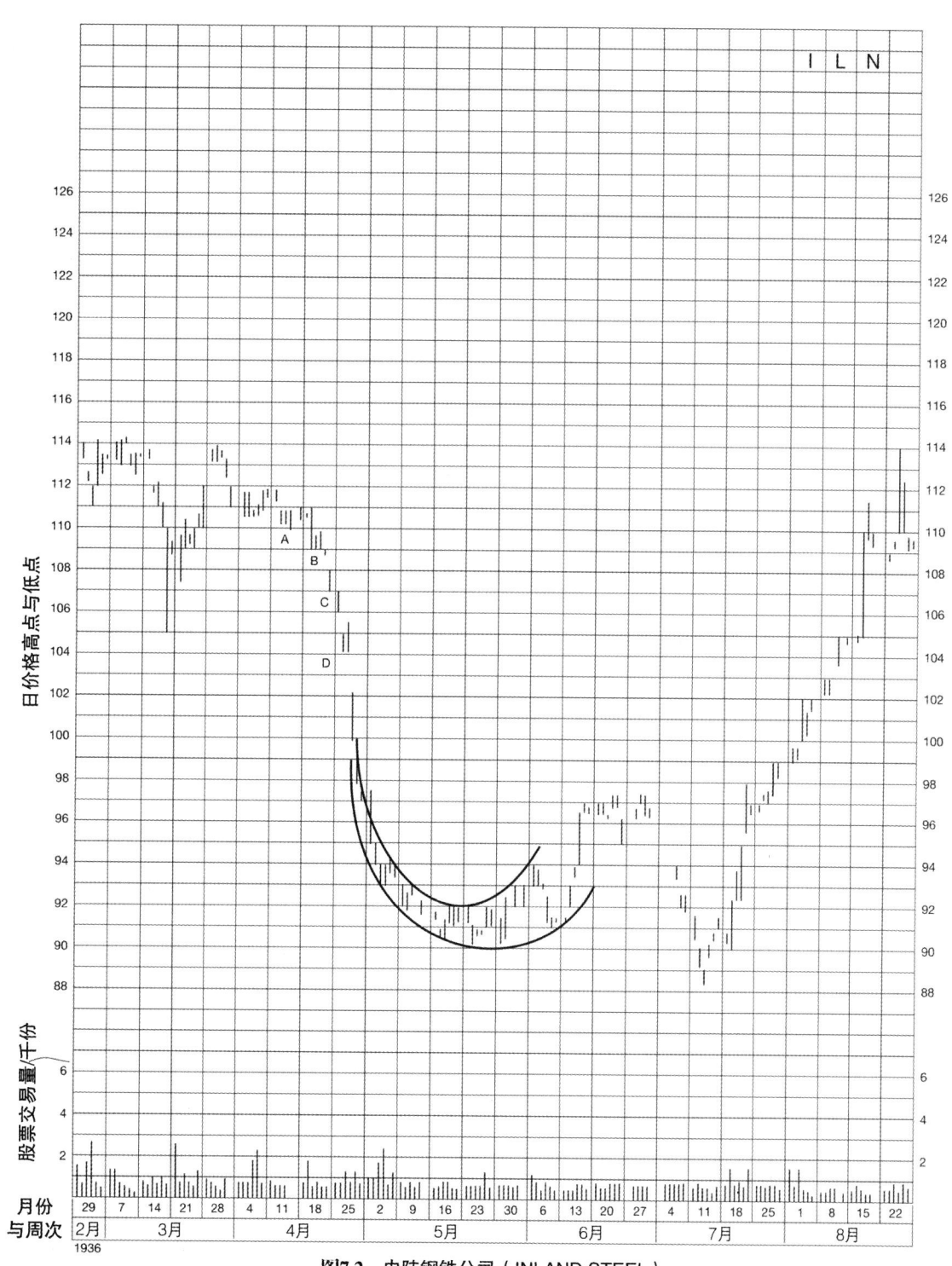

图7.2 内陆钢铁公司（INLAND STEEL）

第7讲 其他中期形态及现象 | 209

加速顶形态

加速顶形态就是下垂底形态的上下翻转。但是，在实践中我们几乎找不到一个只能被归为加速顶的形态。换句话说，尽管我们有时会在底部形态之后发现股价的加速运动，但是这些底部形态最后的突破总会在加速运动到达顶部之前出现。因此，这个顶部不能被看作形态，它只是向交易者强调了"买入"信号的紧迫性，而这个"买入"信号已经由之前的底部形态及突破给出。

在上涨趋势中，作为整理形态出现的加速顶也是同样道理。股价运动的方向几乎总是由加速顶之前形态的明显突破决定。

对于这种突破后出现加速运动的形态，需要注意的一点是快速上涨的走势表明之后的整理趋势非常强劲，直到股价达到顶峰。

圆形底反转的组成部分

大家一定已经意识到，圆形底（或者普通底）反转图形的后半段也可以被看作加速顶。这里我们再次强调，加速顶形态除了加强之前形态的预测（在圆形底中，即股价将上涨的预测）之外，没有特别的意义。在圆形顶中加速顶形态过程中，以及在任何其他底部形态中的加速上升阶段中，成交量的变化与下垂底形态中类似，即在形态初期成交量低，随着股价上涨速度加快，成交量逐渐增加，最终股价达到峰值时，成交量很高。

加速顶之前没有明显突破的例子非常少见

之所以很少出现没有明确突破、只有逐渐加速上升的加速顶形态的原因，可以用一句华尔街上的俗语来解释："股价下跌易，股价上涨难。"这句话不是那种虚无缥缈的敷衍，而是一个不可辩驳的事实，即反转的出现，往往由于内部人已经将股票转移至弱势的公众手中，股价的支撑已经消失，只需一点点压力就能使股价开始下跌。这一解释同时适用于前面介绍的一种特殊突破，即有时没有成交量的确认，仅凭股价运动也能得到明确有效的突破（如在下降三角形和矩形末尾）。但是，底部股价的运动就完全不同，需要大量的买入才能使股价脱离波动区，开始上涨。

艾奇逊—托皮卡—圣菲铁路公司的股票走势图中（图 7.3），1932 年底部的形态向我们展示了一种只能归类于加速顶形态的少见情况。在此期间，除 7 月第一周之外，成交量都相对较高且变化无规律。股价从 7 月初的底部开始加速上升，到 7 月底时已经非常明显，而且日成交量的增加也十分显著。

利用加速形态进行交易

股价离开底部（或者在中期形态中）加速上升的运动，与下垂底一样为交易者提供了快速操作获利的机会。不过，我们一般建议交易者远离"追逐市场"的危险。所以，初学者最好还是将进入加速通道的股价变化看作已经离站的列车，不要盲目追逐，而是耐心等待下一趟车。尽管如此，如果一位时刻关注股票走势的交易者可以在早期发现加速运动，并且能迅速制定操作方案和股价触顶反转后的退出方案，那么他也可以比较安全地利用这种形态获利。

在判断加速运动的幅度时，另一个需要考虑的重要因素是所研究股票的交易历史，特别是可能限制股价运动幅度的潜在支撑及阻力线。支撑和阻力线等限制因素将在第 9 讲中介绍。

号角形态

下一个具有一定预测意义的中期形态是号角形态（Horn）——一种形状既类似圆形反转（第 3 讲中介绍），又类似刚刚介绍的加速形态的明确形态。另外，由于其约束价格线轨迹的两条边线会聚至一点，因此号角形态也与三角形态有一定相似之处。它的解读方法与下垂底和加速顶非常类似，即预示着股价继续在之前方向上快速运动，直到在峰值出现停滞和波动，然后新的趋势开始。

号角趋势既可以出现在整理形态中，也可以出现在中期趋势的反转阶段。图 7.4 是瑟泰—提德制品公司（Certain-Teed Products）1936 年上半年的股票走势图，图中的号角形态预示了股价中期反转的到来。注意 3—4 月间，股价走势的"翻转"形状，其间股价波动幅度逐渐缩小，而且在越过顶部之后，股价运动速度明显加快。在本例中，号角形态很快达到顶点，然后股价在 13 上下区域内波动了一段时间，

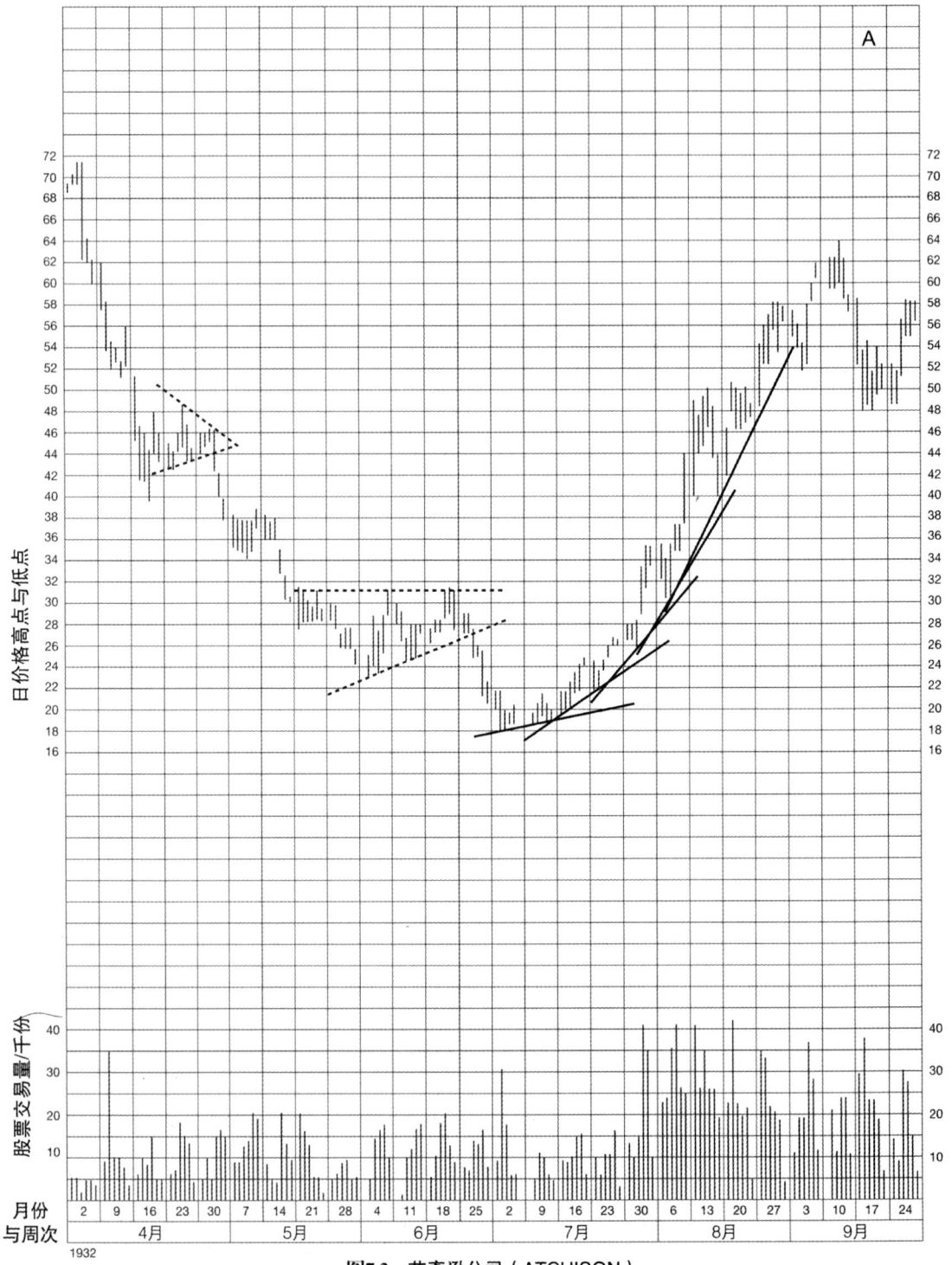

图7.3 艾奇逊公司（ATCHISON）

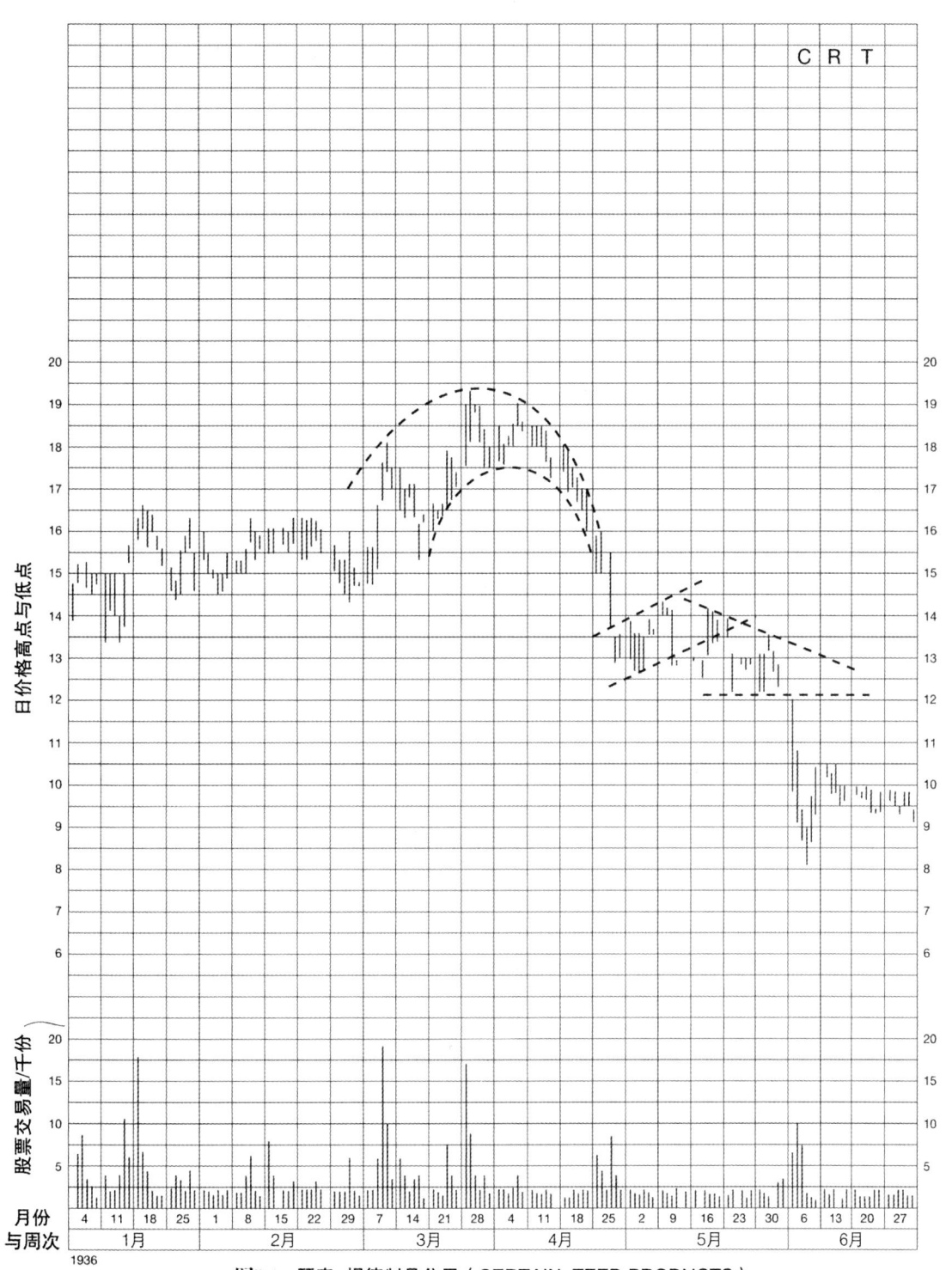

图7.4 瑟泰-提德制品公司（CERTAIN-TEED PRODUCTS）

第7讲 其他中期形态及现象 | 213

从 6 月第一周开始又快速下跌。13~14 之间的波动看起来好像正在形成一个反转形态，毕竟号角形态本身除了说明股价上升至形态顶点再下落之外，并不能对股价后续运动做出明确预测。但是，本例中一直没有出现表明上涨可能开始的形态或者技术力量变化，因此下跌趋势很快再次出现。

在加州标准石油公司的股票图（图 7.5）中，我们可以看到，1935 年秋季，股价底部出现了号角形态。

作为整理形态的号角形态

图 7.6 显示了克莱斯勒公司 1929 年上半年的股价走势（很有趣的是，克莱斯勒公司的股价在 1928 年 10 月达到了大牛市的最高点，比市场平均水平提前了整整一年）。图中股价原本处于快速下跌的过程中，但 4 月中旬下跌势头突然停止，并形成了指向下方的号角形态。

我们根据号角形态与之前股价运动的关系，将克莱斯勒公司图中的号角划分为整理形态，而前面瑟泰—提德制品公司的号角则为反转形态。显而易见，号角形态本身就是一次小幅反转，而其逐渐变窄、加速运动的末端则表明其所在趋势将持续，正如下垂底与加速顶形态的意义一样。

扩散号角形态

扩散号角形态的形状与号角类似，但是较窄的一端在前。在走势图中，扩散号角形态出现的频率远低于正常号角形态。扩散号角形态本身也包含一次小幅反转，但是其后续股价运动的幅度相对比较有限。

一个典型扩散号角形态的例子出现在内陆钢铁公司的股票走势图中（图 7.2），由 4 月下旬到 6 月上旬之间股价的运动形成。

扩散号角形态的预测意义与扩散三角形态类似。这两种形态都是渐宽形状，实际中应用较少，而且不太容易操作获利。

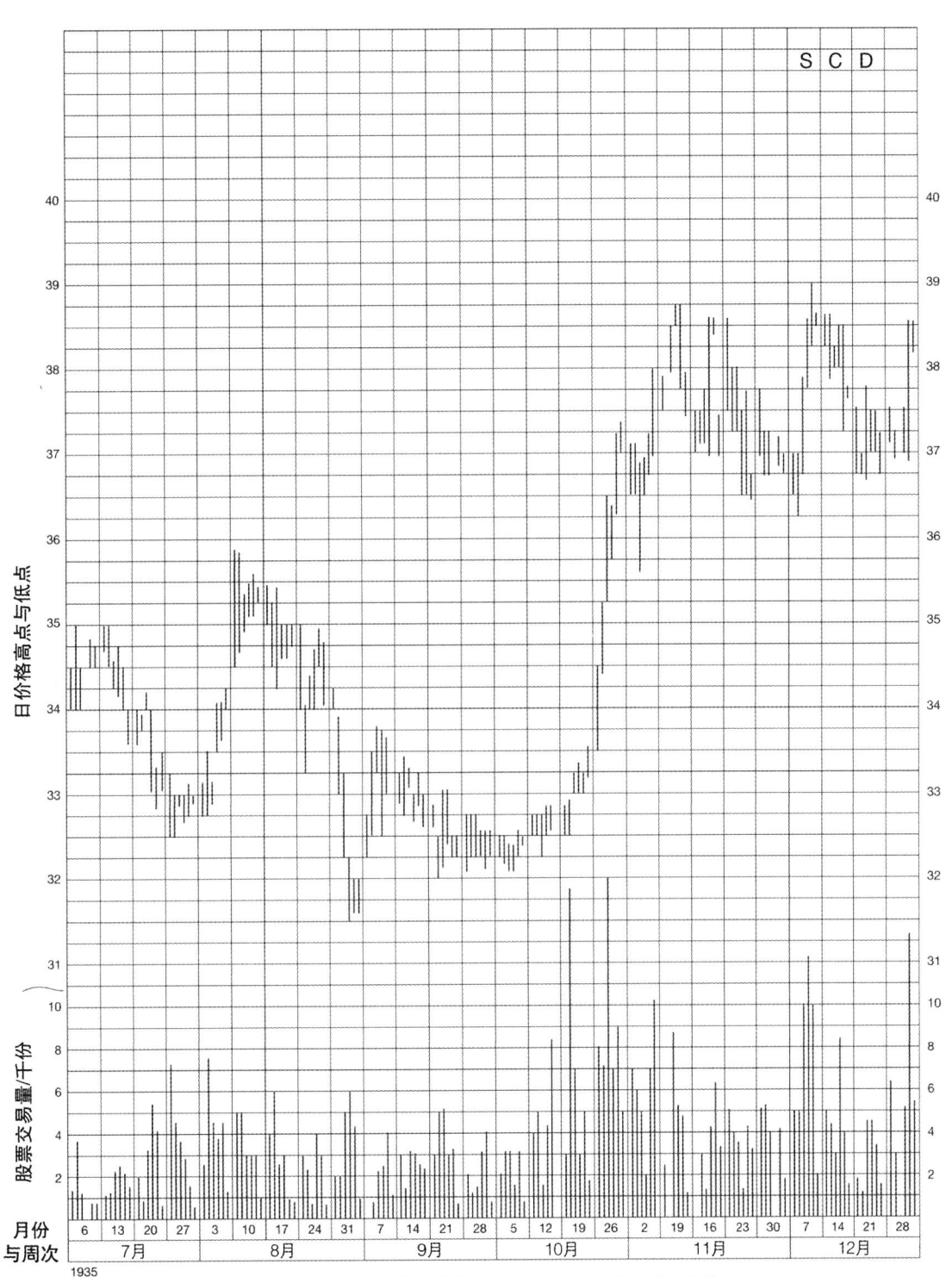

图7.5 加州标准石油公司（STANDARD OIL CALIF）

第7讲 其他中期形态及现象

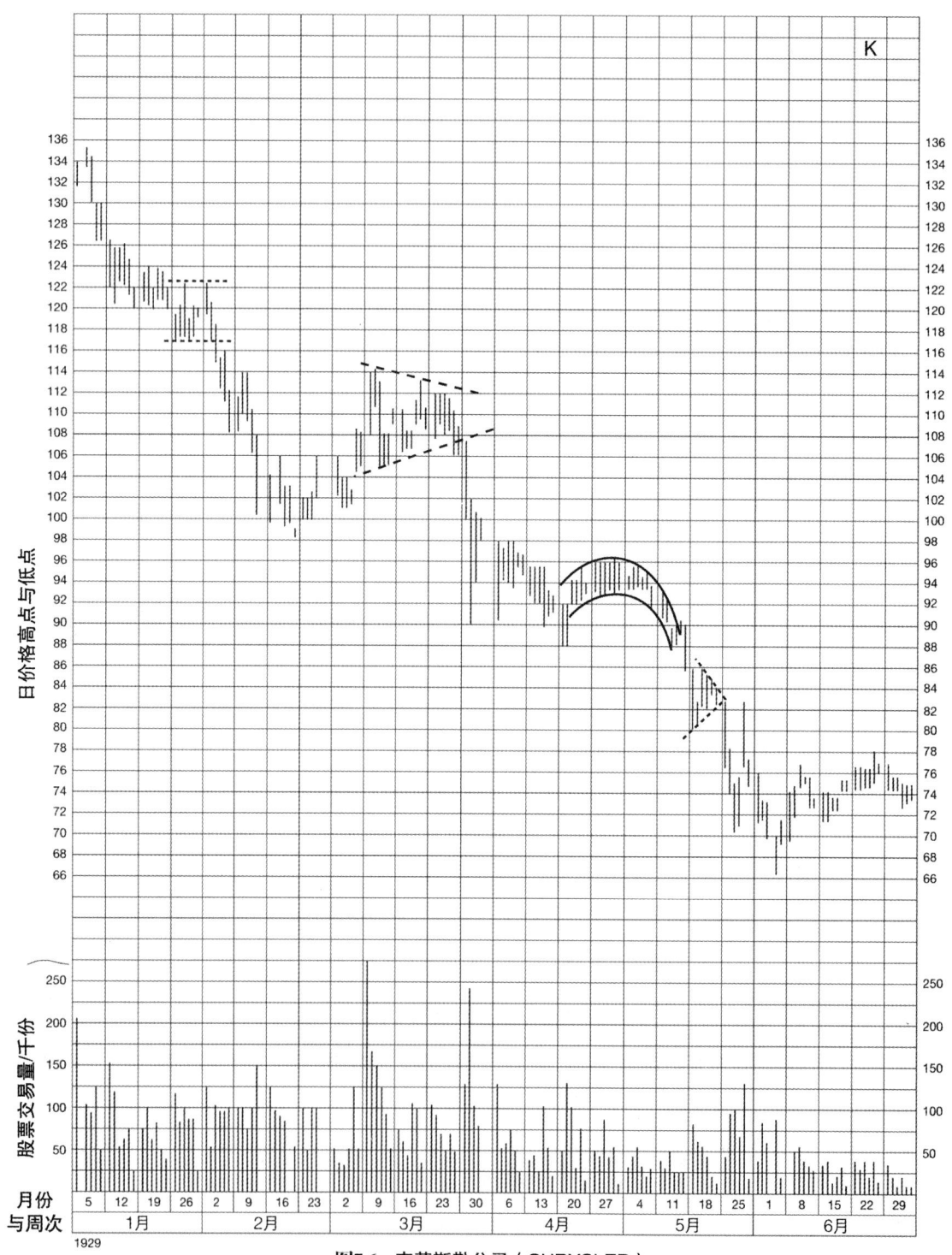

图7.6 克莱斯勒公司（CHRYSLER）

区域类形态的总结

到目前为止，我们学习了多种区域类形态，它们通过自己的形状构造或者通常明确的突破，预示着后续股价运动的方向。这一部分完成后，我们现在将开始学习一些特定的股价运动现象。它们不能被称为"形态"，但是这些现象本身或与形态结合起来往往具有一定的预测意义。

首先要学习的运动现象是线外运动（Out-of-line Movements），它们只出现在我们之前介绍的反转或整理形态之中，而且只出现在形态已经清晰明确的阶段。

线外运动

下面，我们通过一个具体的例子来认识一下线外运动。请读者回顾图 3.10——纳什汽车公司股票走势图中的下降三角形中出现了线外运动，对其做出的解释请参见第 3 讲。

线外运动并不十分常见，但仍然值得我们认真学习。它们最经常出现在直角三角形态和矩形形态中，但是偶尔也出现在我们学过的其他形态中。或许，与其说线外运动出现在形态"中"，不如说出现在形态"外"，因为这种现象实际就是股价突然刺破已经建立的形态。但是，这种刺穿很快就被反转，股价重新回到形态以内。

大多数线外运动都在一日内完成，因此又被称为"一日线外运动"（One-day Out-of-lines）。有的时候，股价可能在线外徘徊 2~3 日，尤其在规模较大的基本形态比较容易出现这种情况。线外运动通常伴随着高于邻近水平的成交量。如果线外运动在一天内完成，则当日的收盘价通常回到形态内，或者至少回到形态边线的附近。

有时类似真正的突破

尽管线外运动并不经常出现，但是在特殊情况下，线外运动能使股价大幅冲到形态外，并收盘于距离形态边线一个点甚至更远的位置。当这种刺破行为伴随着显著增加的成交量时，它恰巧符合有效突破的所有特征。这种线外运动非常具有迷惑性，可能致使交易者过早地进行建仓等操作。交易者看到股价大幅刺破形态，出现良好的成交量确认，而且当日收盘价也远在形态之外，因此自然将其视为突破行为，并据此向经纪商下达指令。但是接下来，就会发现股价又回到形态内，并且一直保持了几天，甚至几周的时间。

幸运的是，线外运动一般表明形态即将完成，而且真正的突破常常与之前线外运动的方向一致，因此除了时间上的延迟和一点精神上的折磨之外，交易者没有什么损失，股价最终仍然会在他预测的方向上运动。

但是，对于更常见的正常线外运动来说，当天的股价没有收盘于形态外显著较远的位置，因此不论成交量有多高，我们都不会将它误认为真正的突破，因此不会导致过早的操作。这种线外运动告诉我们两个重要信息：第一，形态即将完成；第二，后续运动的方向。

线外运动的示例

我们在纳什汽车公司（参见第 3 讲，图 3.10）的股票图中看到了线外运动的例子。这里我们建议学员重新读一读当时对这种现象的描述和解释。

另一个一日线外运动的例子出现在图 7.7，即约翰—曼维尔公司 1934 年的股票走势图中。从 9 月最后一周开始，股价首先走出类似早期上升三角形的形状。接着，10 月 23 日股价跌至 46，第二天反弹到之前三次小高点的位置，此时股票的走势类似矩形的形状。不论哪种形状，一条明确的上边界都已经建立，而且成交量的递减也表明某种具有预测意义的形态正在形成。

但是，10 月 25 日该公司的股价有些出人意料，伴随着成交量激增到高于之前数月的水平，股价一下涨到 50¼，高于形态上边界 ¼ 个点。如果我们正在密切注视这只股票的变化路径，那么很可能认为明确的突破正在发生，因此立刻下单买入约翰—曼维尔公司的股票。但是，如果我们耐心等到当天晚上或第二天早晨，在走势图上更新收盘价和成交量之后，就会发现形势已经改变，当天收盘价在价格线的底端，且位于形态边线以内一个点。根据我们学过的内容可知，当天没有发生突破。接下来八天里，股价的走势都在矩形形态边线以内，直到 11 月 5 日才出现明确的突破——不管是股价刺破边线，还是成交量和收盘价都符合要求。因此，10 月 25 日的股价运动现象就是一日线外运动。

图7.7 约翰-曼维尔公司（JOHNS MANVILLE）

第7讲 其他中期形态及现象 | 219

线外运动的解释

从约翰一曼维尔公司股票图的分析中，我们可以很明显地看到，假设一位交易者在 10 月 25 日股价上升到 50 时买入股票，如果他设置了止损指令（例如在 47½ 的水平上），那么第二天止损指令就会自动执行，将股票卖出。如果他没有设置止损指令，那么最好的可能性是他煎熬一周多的时间之后，才看到股票由亏转盈。但是，对于没有鲁莽操作的交易者来说，一日线外运动却提供了宝贵的信息，即形态结束后，股价将按照线外运动的方向上涨。

我们不希望学员得到一个错误印象，即线外运动的预测是万无一失的，因为没有任何技术形态或者现象能够百分之百可靠。但是，这种先刺破形态再回到形态内的明确变化，在绝大多数情况下都提供了我们刚刚介绍的两个重要信息。

两日线外运动

另一个线外运动的例子出现在图 7.8，即华纳兄弟 1936 年的股票走势图中。当年前几个月里，股价从 14½ 开始下跌，到 3 月第一周止跌于 9。接着，股价走出了一个松散的对称三角形态，并在 6 月 1 日试图突破形态；当天的成交量非常显著，但是收盘价却回落至 10，仅稍微离开了形态，这个特点告诉我们不能将它理解为突破。但是，这一现象可以看作线外运动，它说明技术形态正在发生变化，之前下跌趋势的反转正蓄势待发。

在 6 月 1 日的尝试失败后，华纳兄弟的股价在 9½~10½ 的区间内波动了三周，形成类似矩形的形状。6 月 24 日成交量再次升高，股价上涨至 10，收盘于 10 ⅝。这一次，收盘价虽然位于形态之外，但幅度仍然不够显著。第二天，股价涨至 10 ⅞，最终收盘于矩形上边线以内。这是持续两日的线外运动，它说明形态即将完成，接下来出现真正的向上突破。7 月 11 日（周六），符合要求的突破终于出现。

对称三角形中的线外运动

读者一定会有个疑问：虽然 6 月 24 日与 25 日矩形形态中的线外运动后面出现了正常的预测结果，但是 6 月 1 日的线外运动却在经历了相当长的时间之后，才看到上涨趋势的开始。对于这一点，我们认为有两个原因。

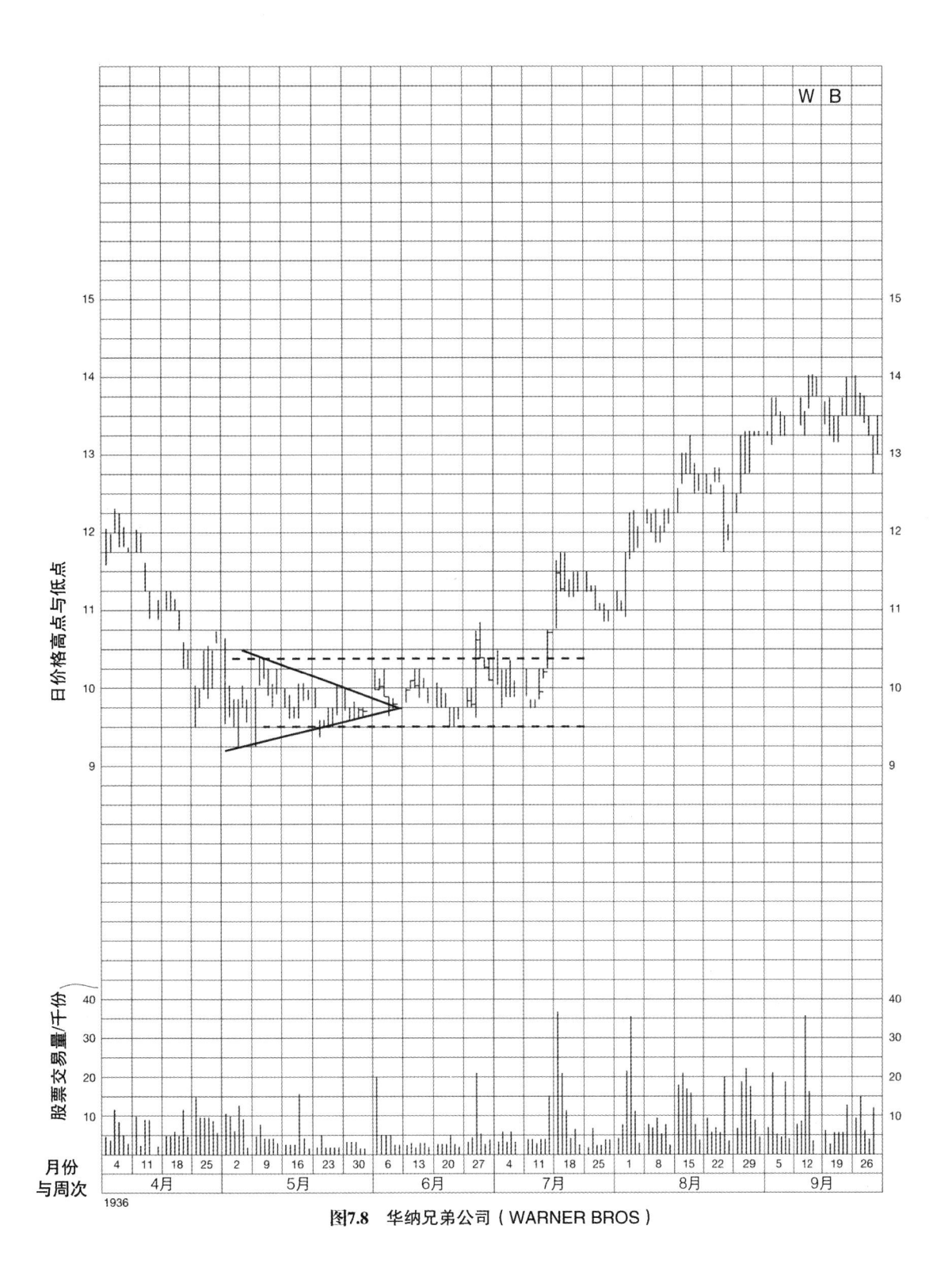

图7.8 华纳兄弟公司（WARNER BROS）

首先，线外运动刺破的边线代表支撑或阻力线时，其预测意义比刺破对称三角形或圆形形态边线的线外运动更重要。因此，从下降三角形下边线刺破的线外运动，或者从上升三角形上边线刺破的线外运动，或者从矩形形态上下两边刺破的线外运动，都有显著的意义。

其次，对称三角形的上下两条边线并不明确。在形态完成之前，我们常常需要不断重画对称三角形的边线。如果线外运动发生在理论端点附近，那么它可以被看作一次失败的突破，正如华纳兄弟股票图中的情况。当突破失败之后，我们很自然地预期技术力量尚未成熟，还需要进一步的积累。华纳兄弟股票图中的变化过程是极为常见的：首先股价形成一个较窄的对称三角形；然后出现一次线外运动，构成矩形形态的一部分；最后股价突破矩形形态，并且突破之前经常出现一个具有良好预测意义的线外运动。

前几讲中线外运动的例子

除了已经提到的纳什汽车公司的例子之外，前几讲中还有一些较好的例子。图3.2中1932年6月10日开始出现的反弹，可以看作一次圆形顶形态中的线外运动。图3.11——哈德森汽车公司的股票图中，1933年11月27日的股价变化是具有正常预测结果的线外运动。图4.7——克莱斯勒公司的股票图中，底部矩形形态内5月26至28日出现了线外运动。

在后面介绍趋势线时，我们将看到线外运动除了出现在形态中之外，还可能出现在已建立的趋势线中。

锯齿形运动

下面要介绍的价格运动现象是锯齿形运动（Zig-Zag），这种现象可以看作线外运动的变体，因为它由两次线外运动构成，但是这两次运动的方向必须相反。锯齿形运动不像线外运动那样简单，也不如后者常见，而且预测意义也十分有限。它可能出现在股票图中的任何时间任何位置，不过它经常与清晰的趋势线相关，而几乎从未出现在明确的区域类形态中。

锯齿形运动首先是一次剧烈的线外运动，从趋势中突出出来，然后迅速反转，很短时间之内又在相反方向上出现一次同样剧烈的线外运动。第一次线外运动可以被称为前锯齿（Zig），第二次线外运动则可以称为后锯齿（Zag）。锯齿形运动的预测意义是，后锯齿完成后，股价将在前锯齿的方向上短暂突破。这一预测非常可靠，但是后续运动的幅度与速度都比较弱。

锯齿形运动的示例

锯齿形运动的一个完美例子出现在1936年罗意威公司的股票趋势图（图7.9）中。注意到从6月开始，股价进入由两条平行边线构成的上涨通道。但是，8月12日，股价向上大幅突破边线，紧接着8月14日又反转回到边线以内。这种现象本身是一次线外运动，如果没有特殊变化，那么一般会很快出现另一次向上突破，从而建立更陡峭的新趋势。但是本例中出现了特殊变化，第一次线外运动之后股价下跌，8月21日股价以同等幅度向下刺破边线。然后，股价又回到之前的趋势内。此时，这已经不再是单纯的线外运动，而是锯齿形运动，其中前锯齿发生在8月12日，后锯齿发生在8月21日。这意味着在前锯齿的方向上将再出现一定幅度的运动，图中9月10日的股价运动印证了这个预测。

注意到锯齿形运动直到第二次线外运动，即后锯齿回到形态内时才完成。简而言之，每次线外运动必须大幅超出趋势边线，而且必须再回到形态内，这样才能得到锯齿形运动，才能预测将在前锯齿的方向上出现第三次运动。

至于每次运动的幅度，罗意威公司中的情况是平均水平。学习技术分析的学生偶尔会发现锯齿形探到基本趋势边线以外更远的地方。第三次运动的幅度一般至少等于前锯齿运动，有时幅度会更大，不过总体来讲，锯齿形运动的预测意义是有限的。

价格运动的重复模式

每一位学习股票图表的学生都会注意到，有的股票走势中相同的形态或模式一遍又一遍地重复。我们知道，经济周期使证券市场产生主要的上涨或下跌趋势，体现在图表上就是一轮轮高峰和低谷，但是这些主要趋势持续时间各异，我们难以仅

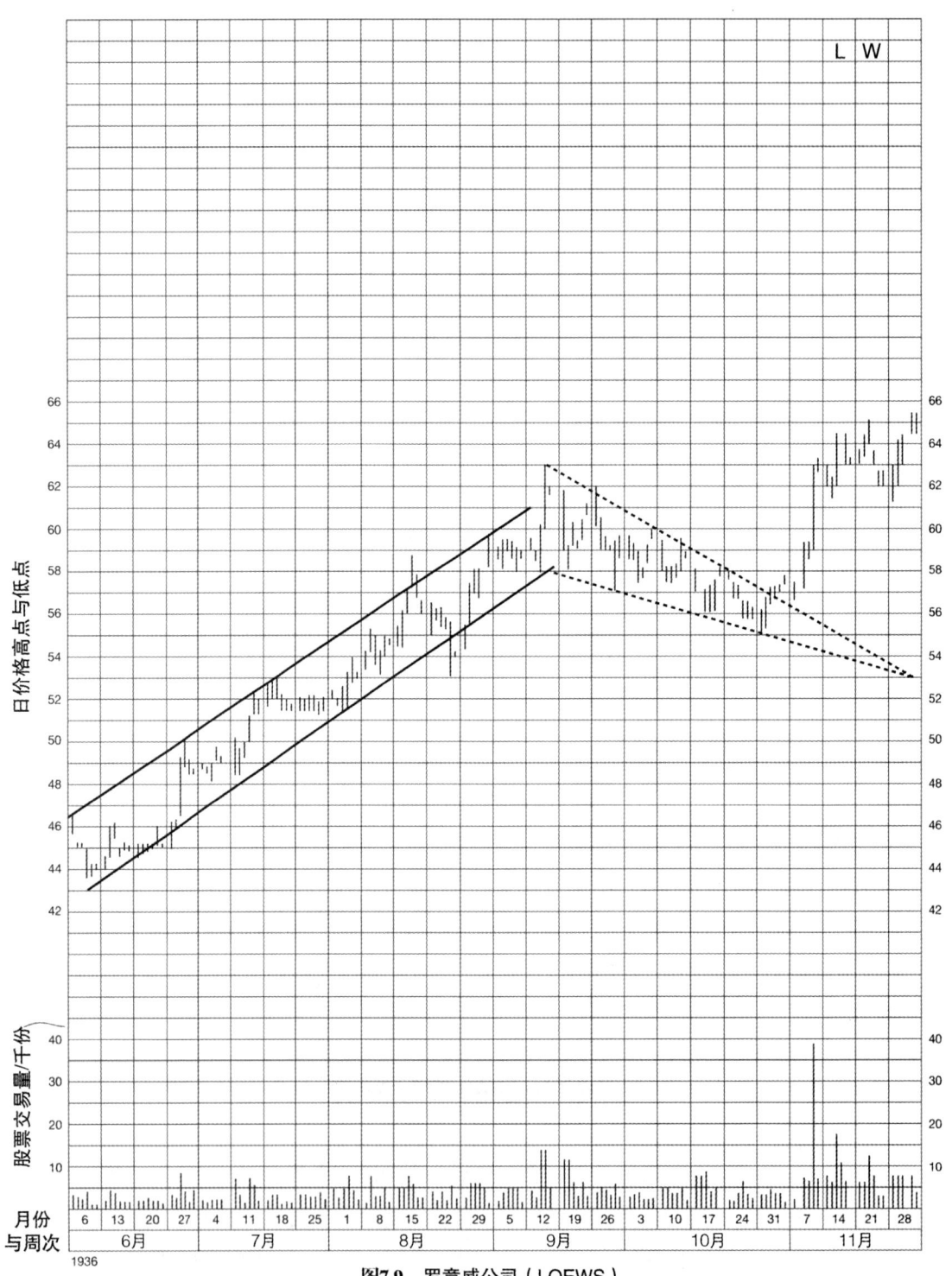

图7.9 罗意威公司（LOEWS）

224 股市趋势技术分析全书

根据时间因素来进行操作。我们还知道，某些行业、公司的股票存在明显的季节性，但是这方面的例外情况太多，以至于我们也无法根据季节周期来交易。

但是，在个股的主要趋势甚至中期波动当中，我们有时确实可以找到重复的形态或者周期性的运动，而且并非由收益等基本面因素或其他逻辑因素引起。简而言之，这些重复出现、可以识别的股价运动就被称为周期性重复运动（Recurrent or Repetitive Patterns）。

为了更好地解释这种主要趋势中的重复运动，我们来看切萨皮克—俄亥俄公司（Chesapeake & Ohio）和商业溶剂公司（Commercial Solvents）的周线图（图7.10中并列的两张图）。图中显示了1929年顶峰之后，股价在长期熊市中重复出现的下跌与反弹。

在切萨皮克和俄亥俄公司的图表中，股价变化的模式是大幅下跌并迅速反转的底部，与较紧凑的圆形顶部交替出现。图中唯一一次"例外"出现在1930年6月30日，此次股价下跌后没有立刻反转形成尖锐的底部，而是在底部停留了一段时间。对于这只股票，这种例外情况出现的概率为25%。

在商业溶剂公司的图表中，股价的运动模式则大不相同。股价在底部形成更为紧凑的圆形形态，而在顶部则是比较尖锐的峰状。这两张图表告诉我们，即使在长期图表中，不同股票也表现出完全不同的运动模式。但是，这些长期的运动模式并非本讲讨论的重点，我们更关心的是中期趋势里股价波动的重复模式。

扇形模式——机会还是警告

一种经常重复出现的形态是扇形（Scallop），如图7.11——集装箱公司（Container-A）1935年前九个月的股票走势图所示。注意图中股价在6月之前逐渐下跌、6—9月之间逐渐上涨的大趋势中，反复出现小幅上涨与下跌变化的规律性。小型底部的规律性尤其明显，每个底部都发生在距上一个底部六周左右的时间。

我们可能较难找到对于这种模式的合理解释，不过解释本身并不重要。我们只需要发现图中出现几次这种波浪时，关注这种重复的股价运动，并意识到这个现象具有技术分析价值。这种重复运动现象一旦清晰可见，就很可能会继续重复一段时间，直到图中出现新的形态干扰了它的节奏。

在集装箱公司的图表中，大家可能清楚地看到这一模式如何在10月第一周里

图17.10 价格运动的重复模式

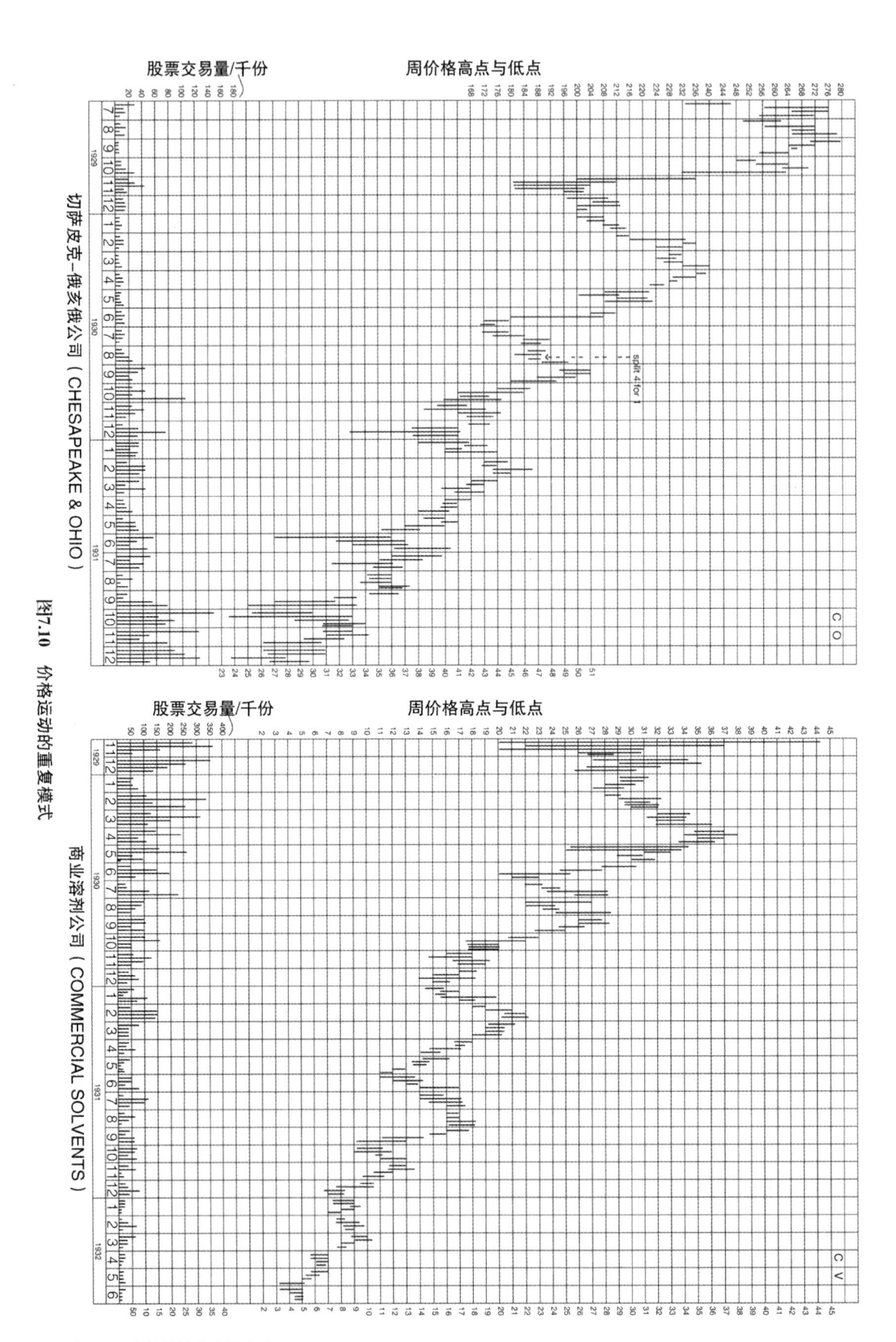

226 | 股市趋势技术分析全书

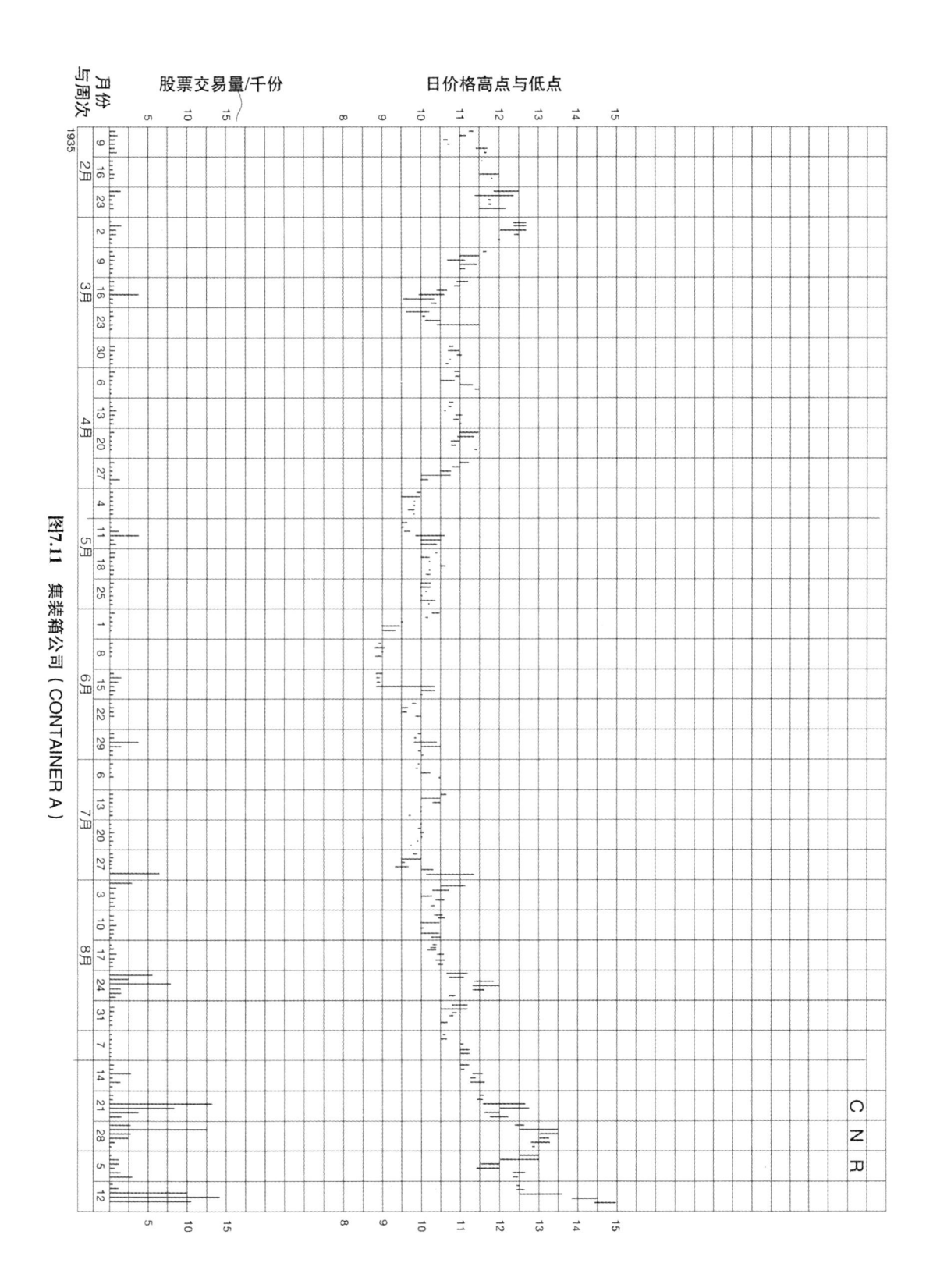

图7.11 集装箱公司（CONTAINER A）

被突然破坏。之后的股价运动没有包含在图中，我们在这里简要叙述一下：股价进入连续六周的快速上涨，一直涨到 19 的峰值，然后横向徘徊了四周，接着在一周内又上涨了 4 点。

显然，扇形模式一旦清晰可见（例如集装箱公司的图中 5 月第一周时），就为交易者提供了快速获利的周期性机会。每一次操作可能只有很小的利益，但是利用所有小幅反转处进行交易的总利润仍然可以非常可观。

关于重复运动的警告

另一种类型的扇形模式由 1936 年商业溶剂公司的股票图（图 7.12）给出。这一次，重复的股价运动可能诱使缺乏经验的交易者过早交易。股价的每一次向上推动都仿佛要进入有利可图的上涨运动，但实际上都被迅速打压，并掉头下跌。这种模式是一个警告，即不要轻信表面上非常显著的突破信号，除非走势图表明股价运动的持续性真的被打破，开始迈入新趋势。

因此，利用重复运动进行交易首先要求交易者全面掌握该股票的历史走势，而且要求交易者既能够迅捷、果断地建仓，又能够在股价和成交量预示形势改变时，立刻平仓获利。

股价缺口——有趣但也有迷惑性的现象

下面要介绍的现象是一个值得重点讨论的话题——股价缺口（Price Gap）。针对股价缺口的理论研究已经是百家争鸣，而且各家都声称自己的理论具有重要的预测意义。抛开研究深度与实际检验，仅仅从表面来看，这些理论很容易使学习技术分析的学生相信，缺口是股价运动预测中最重要的现象之一。我们认为，缺口确实在技术预测中占据一席之地，但是它的价值主要在于对其他图表预测的确认或修正。我们将会看到，在很多情况下，缺口刚刚形成时无法进行分类，也就无法给出明确的预测。因此，缺口不属于最重要的形态和预测因素，而应当划分为比较重要的、具有一定价值的图表现象。对缺口进行这种澄清，是希望学生能够正确地认识它们，评估它们的真实价值，进而更好地利用它们。

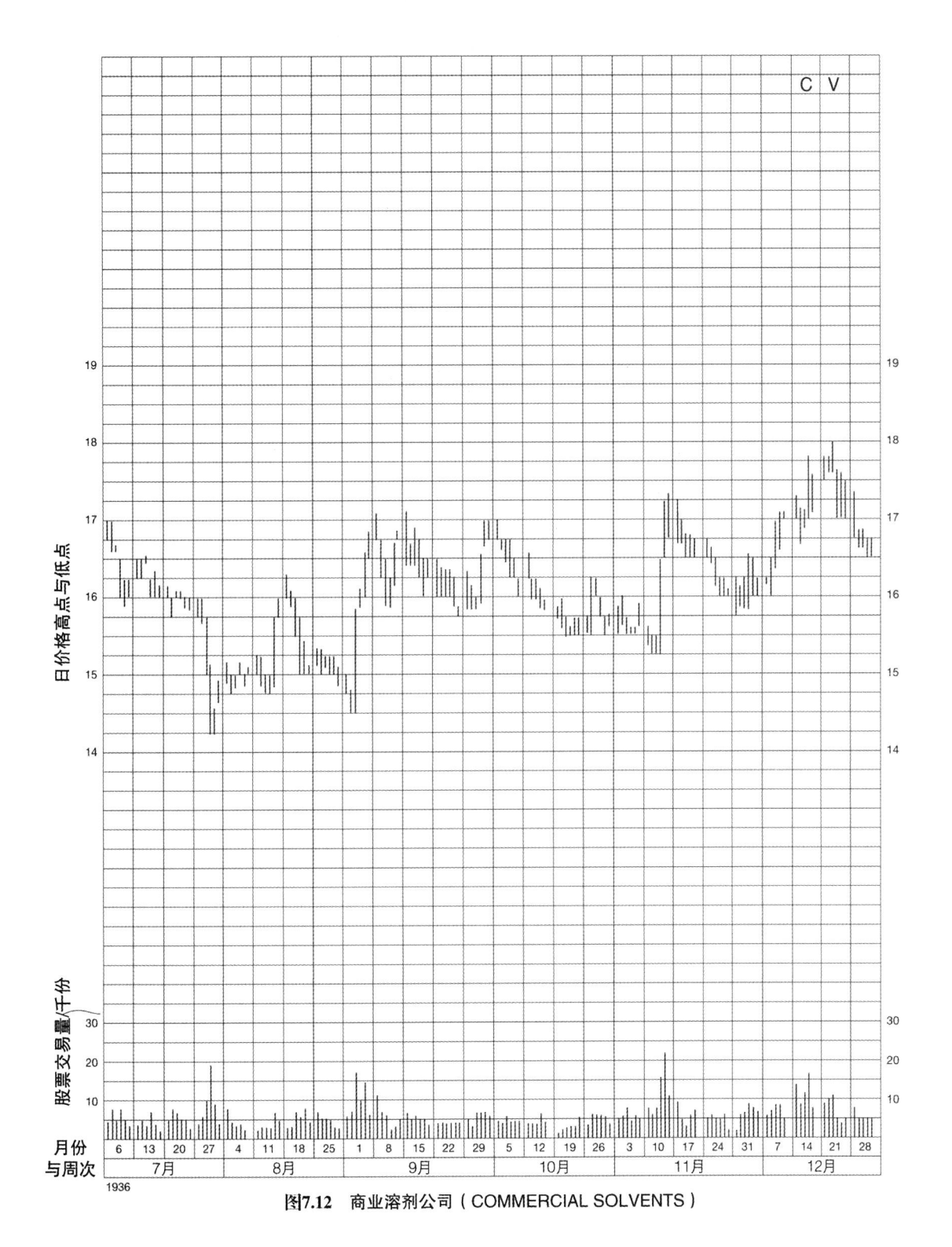

图7.12 商业溶剂公司（COMMERCIAL SOLVENTS）

第7讲 其他中期形态及现象

对缺口的一般说明

在第 5 讲介绍岛形反转时，我们已经对缺口做出了简单的介绍，但是缺口家族非常庞大，值得我们更仔细地检视它。在第 5 讲中，我们说缺口是股票图中连续两个交易日的价格线之间的"敞口"。换句话说，它就是当日价格线没有与前一日价格重叠的部分。在上涨过程中，缺口指当日价格线底端与前一日价格线顶端之间的空白区域。在下跌过程中，缺口指当日价格线顶端与前一日价格线底端之间的空白区域。

缺口在交易稀少的市场中更常见

正常的股价运动通常比较缓慢，使得前后两个交易日的价格线间有部分重叠，因此缺口现象一般出现在技术形势发生剧变的行情中。这点尤其适用于交易活跃的股票走势中出现的缺口，而且这种剧变往往很快就被矫正，使股价又回归到正常波动之中。

但是，当股票处于冷清的市场中，且流通股数量较少时，缺口的形成仅仅是市场交易稀少的结果，并不意味着技术形势有任何异常。对于不活跃的股票来说，部分重叠的价格线可能相距几日或几周，而对于活跃的股票来说，连续两日的价格线就是部分重叠的。

联合化学公司（Allied Chemical）的股票图（图 7.13）是不活跃股票中缺口频繁出现的例子。很明显，这些缺口没有技术重要性，只是冷清市场中挂牌股数很少的自然结果。

而流通股数量大、交易活跃的股票可能偶尔因为种种原因被市场冷落而变得不活跃，在此期间形成的股价缺口也不是我们本讲关注的现象。例如，莎朗钢箍公司（图 5.2）股票图后半部分中由于交易不活跃形成的缺口。

缺口的四种分类

下面我们来研究活跃交易股票中出现缺口的技术意义。这些缺口可以划分为以下四类：普通缺口、突破缺口、整理缺口、竭尽缺口。这种分类的依据是缺口形成的位置和方式，以及缺口之后股价的变动。

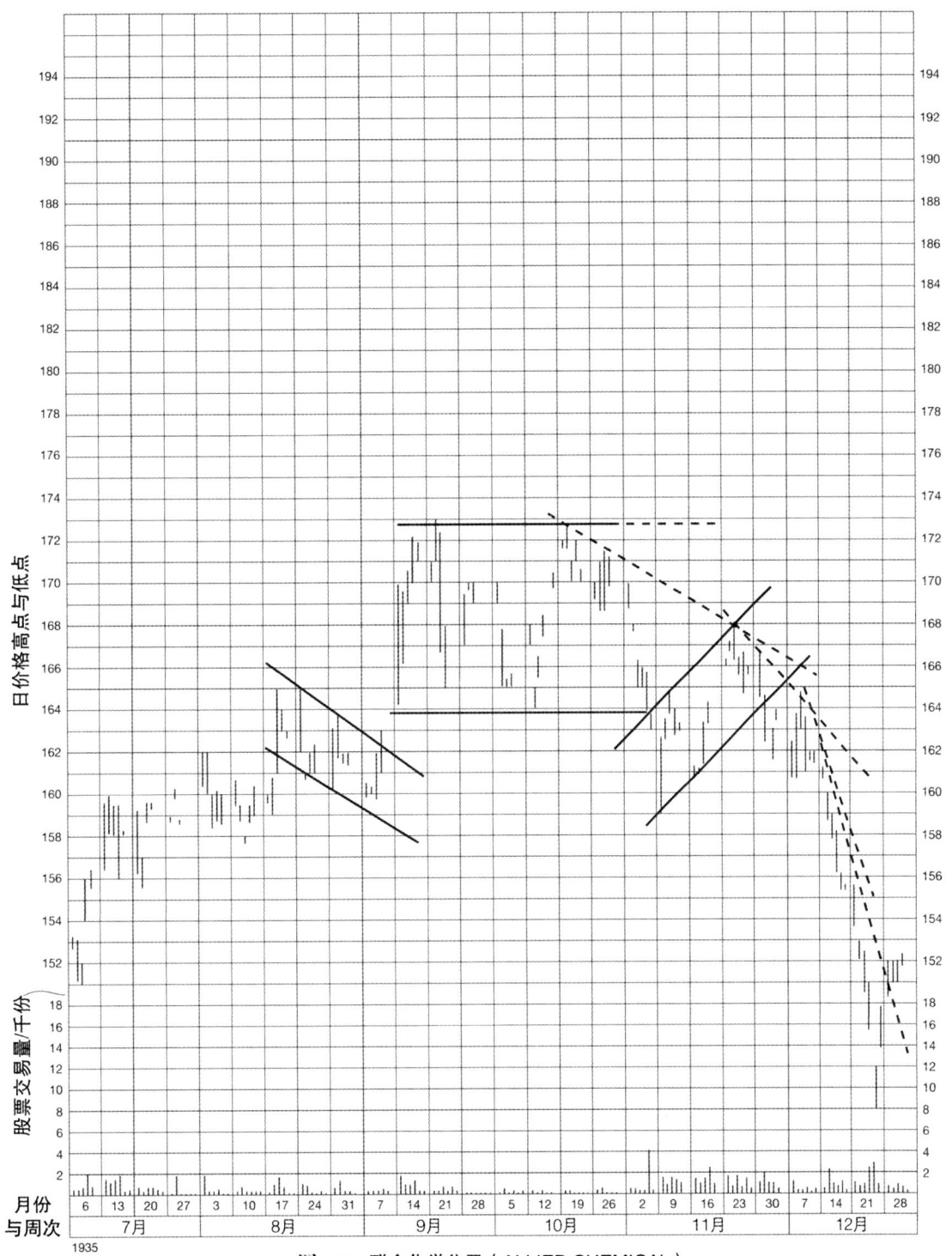

图7.13 联合化学公司（ALLIED CHEMICAL）

第7讲 其他中期形态及现象 | 231

普通缺口——很快被封堵

普通缺口描述的是一种发生在敏感市场中，在几天或者1~2周内即被封堵的缺口。这里的"封堵"，指缺口发生之后某日的价格线与缺口上一日价格线重叠，使"敞口"消失。在被封堵之前，缺口处于"打开"状态。

普通缺口一般形成于区域类形态发展的过程中。大家几乎可以在之前几讲的所有例图中找到实例。例如，在约翰—曼维尔公司的图表中（图3.12），点B与点F之间出现了几个缺口。在麦克货车公司的图表中（图5.9），在矩形底部形态中出现了七个缺口。在西尔斯罗巴克公司（图6.6）的扩散三角形态中也有数个缺口。在空气压缩公司和美国钢铁公司（分别为图4.14和图4.15）的喇叭顶形态，以及新泽西州标准石油公司（图6.7）几乎成为喇叭顶的扩散三角形态中，缺口都频繁地出现。值得注意的是，这些缺口都发生在交易活跃但比较敏感的市场中。另外，普通缺口的唯一预测意义是它将很快被封堵，因此这种缺口在技术分析中的意义不大。

突破缺口

从大多数方面来看，突破缺口是普通缺口的对立面，它出现在股价运动趋势的开始阶段，一般在某个特定区域类形态刚刚完成的时候。在缺口出现之后的一段时间里，它很少能够被封堵，而且当它出现在强有力的重要底部形态中时，它可能永远都不会被封堵，或者至少要等到许多年后，股价在下一个重要周期内才能回落至封堵的水平。突破缺口相对少见，而且预示着技术形势的根本性变化。它表明股票的技术力量突然变得非常弱或非常强，使得正常范围内的多空力量均衡已经无法控制，于是出现了股价的跳空。因此，合理的结论是，平衡被打破，股价在缺口的方向上强有力地运动。

突破缺口的示例

如果我们回到约翰—曼维尔公司的图表（图3.12），就可以非常容易地发现普通缺口和突破缺口的区别。突破缺口出现在点J，随后出现的上升三角形态中包含了众多普通缺口。

突破缺口还在其他的例子中出现。比如，铂尔曼公司的股票图（图4.13）中，复合底部形态突破颈线时；奥本汽车公司的股票图（图 5.10）中，5 月股价突破整理三角形时；电船公司的股票图（图 6.1）中，11 月股价突破较长三角形态时；快速电车公司的股票图（图 6.12）中，4 月股价突破整理矩形时；在哥伦比亚碳棒公司的股票图（图 6.17）中，3 月股价突破旗形形态时；以及纽约中央铁路公司的股票图（图 3.14）中，2 月股价突破楔形形态时。值得注意的是，所有这些缺口都没有出现在形态以内，而是在形态已经明确成形后，出现在股价突破形态的位置。

被封堵的明显突破缺口

但是，在有些情况中，股价突破时形成了缺口，但接着又回头将缺口封堵住，然后继续之前的形态，直到发生真正的突破。这种情况的一个例子出现在共和钢铁公司的股票图（图 2.1）中。从 7 月上旬到 8 月 8 日，股价运动的轨迹形成了对称三角形，并于 8 月 9 日向下突破形态，出现突破缺口，而且当天收盘价位于价格线的底端。除了成交量没有显著增加之外，这一变化非常类似于一次预示着下跌的突破。但是，第二天股价就出现反弹，并填补了部分缺口，到了第三天，股价将缺口完全封堵，然后继续形成了另一个三角形态，直到 8 月 23 日股价向上突破。当缺口被封堵时，成交量比缺口出现的那天有显著增加。这种情况下，有经验的技术交易者不会被第一次突破误导，因为对称三角形的突破必须有成交量的确认，才能成为操作的依据。（请注意：如果股价向下突破一条明确的水平底边，则不需要突破当日成交量的确认。大部分这种情况——例如直角三角形、矩形——成交量直到突破后第二天才会增加。但是，对称三角形的突破必须有成交量的确认，否则可能不是真正的突破。）

直接分类的困难

像共和钢铁公司这种明显的例外情况，有时会引起读者的疑问：普通缺口和突破缺口是否像定义描述的那样严格互斥？例如，根据定义，在出现之后很快被封堵的缺口不可能是突破缺口，而出现后股价在很长一段时间内都未被封堵的缺口自然表明其后续股价运动趋势是长期、有力的。这一点确实有悖我们的定义，但是不会严重到影响缺口在实际预测分析中的作用。

事实上，当缺口刚刚出现时，我们很难甚至不可能立刻确定它属于普通缺口还是突破缺口。正是由于这个原因，我们不能过于相信纷繁的缺口理论，而应该将缺口仅仅作为预测中的辅助工具。

当然，在现在的情况中，股价突破形态时形成的大部分缺口都没有被封堵，即它们是真正的突破缺口，而且突破缺口的敞口越大，它被封堵的可能性越小。

突破缺口的实际应用

很明显，当股价突破技术形态时，缺口的出现使这种突破更加明显。缺口能够有效地吸引分析者的注意力，因此无论它的实际预测意义怎样，它仍然是一个很有用的工具。

进一步来说，股价突破时点上出现缺口，给人的第一感觉是股票的技术形势正在发生剧变。因此，我们会合理地假设后续股价运动比没有缺口的突破情况中更加迅速。事实上，这种假设在大部分情况下都成立。如果我们想知道，由于变化的突然性，突破缺口的后续股价运动比一般突破的是否更加猛烈或者重要，那么仅从图表分析中较难看出，但是我们一般可以利用其他更有帮助、更重要的技术因素来判断。例如，股价形态的规模和特点、未来潜在阻力位的水平（我们将在第9讲介绍）都是比突破缺口本身更加重要的预测因素。

简而言之，突破缺口强调股价的突破行为，同时表明技术形势将出现突破变化。但是，股价突破技术形态的行为比仅仅出现突破缺口要重要得多。如果股价的突破具备所有条件，同时还出现了明显的缺口，那么我们可以迅速、果断地进行操作。

整理和竭尽缺口

在前面，我们介绍了普通缺口是一种出现在形态或价格波动区域之内、快速被封堵的缺口，突破缺口是出现在股价突破形态时、形成后长期不会被封堵的缺口。另外还有两种缺口，它们与普通缺口和突破缺口截然不同，但是这两种缺口出现时很容易彼此混淆。这两种缺口就是整理缺口（Continuation Gap）和竭尽缺口（Exhaustion Gap）。

伍尔沃思公司1936年下半年的股票图（图7.14）可以帮助我们认识整理缺口

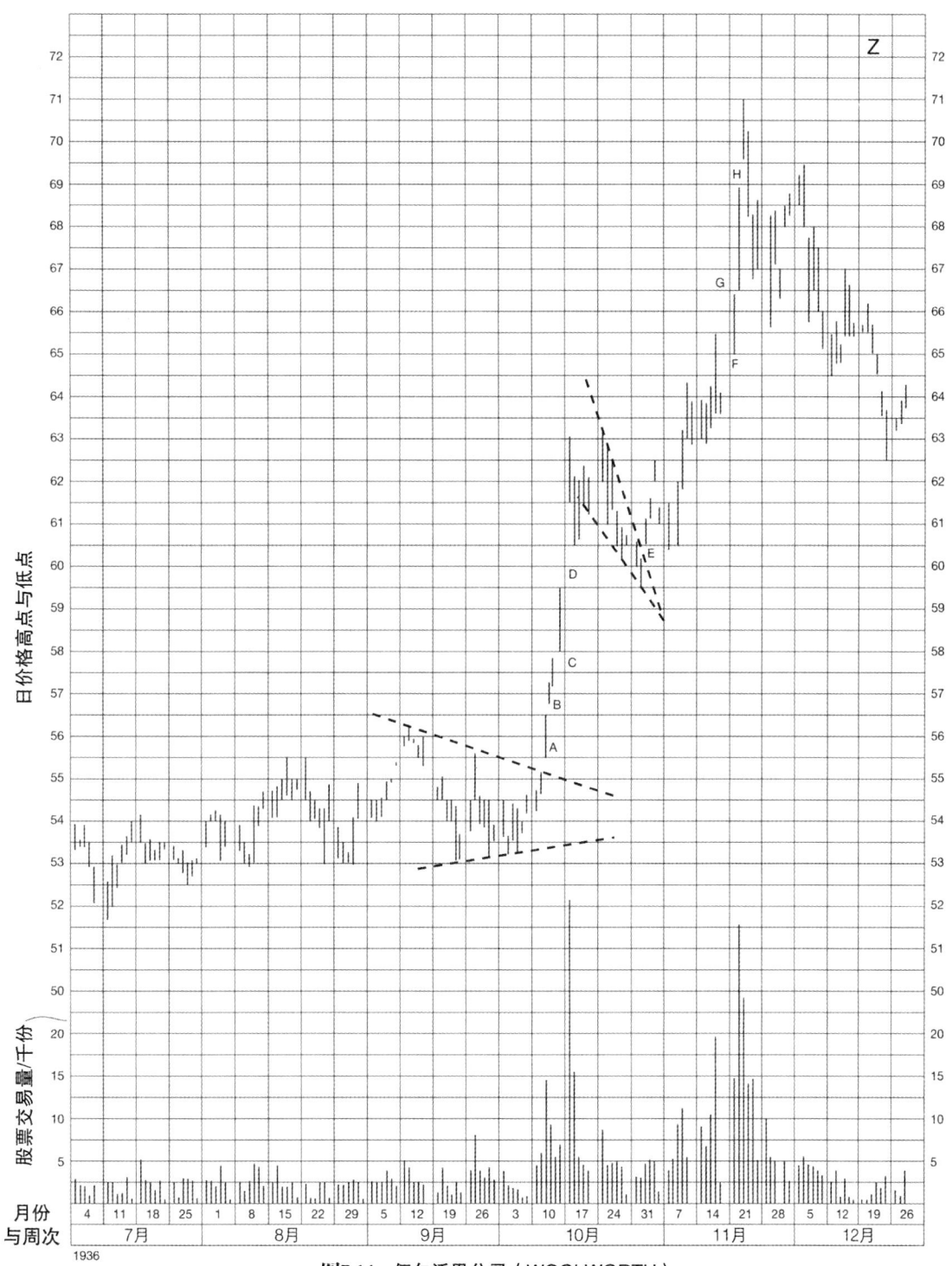

图7.14 伍尔沃思公司（WOOLWORTH）

和竭尽缺口，而且图中还包含许多值得仔细研究的特点。顺便提一下，读者可以将本图与伍尔沃思公司1936年前半年的图2.5对比学习，可以看到股价上涨至71，然后出现在头肩底形态。

先来看10月第二周，图中的A处可以明确地被归类到突破缺口，它说明股票正在形成强有力的技术形势。接下来，在B、C、D处连续看到三个缺口，都出现在股价远离之前的波动区域后快速上涨的过程中。这些缺口肯定不能被归为突破缺口。同时，考虑到之前股价波动的区域位置，我们没有理由认为它们会被迅速封堵。B和C处的缺口是典型的整理缺口，表明股价当前的快速运动将持续。D处的缺口与B、C处有所不同。这里我们先继续看E、F和G处的缺口，稍后回头分析D处。

整理缺口与突破缺口的关系

E处的缺口与A处缺口一样，都是股价突破三角旗形态时出现的突破缺口。F处的缺口应该属于突破缺口，尽管11月13日的股价已经刺破了类似上升三角形的波动区域。我们可以将11月13日的现象看作一日线外运动，而将16日的股价运动看作真正的突破。但是，这种区别并不重要。事实上，整理缺口可以被看作突破缺口的一种特殊形式，或者反过来，突破缺口可以被看作整理缺口的一种特殊形式，因为两者都表明股价快速运动的持续，只不过一个发生在运动的开始阶段，而另一个发生在运动的过程中，而且两者都不会在短期内被封堵。因此，如果我们不考虑股价在63~64区域内的波动，而仅仅关注股价从60上涨至71的过程，F处的缺口也可以被归为整理缺口。

G处的缺口也是明显的整理缺口，但是H处的缺口非常宽，而且其后出现了趋势的反转，同时伴随着高成交量，意味着上涨趋势的终结。H处的缺口属于竭尽缺口，表明股价在之前的趋势上"最后一搏"，接着将进入修正或中期反转阶段。

竭尽缺口的特点

竭尽缺口是我们要介绍的第四个也是最后一个重要的缺口类型。它是缺口家族中必不可少的成员。普通缺口只预示股价的小幅变化，一般在某个波动区域以内；突破缺口表明一次强有力的趋势的开始；整理缺口表明这种趋势的持续；而竭尽缺口暗示着这种趋势的终结以及反转。

可以看到，竭尽缺口和整理缺口很容易混淆。当一个缺口刚刚在快速运动过程中形成时，我们没有确定的标准去区分它属于整理缺口还是竭尽缺口。但是，在大多数情况下，许多相当可靠的线索可以帮助我们正确地评估形势。首先，竭尽缺口出现在一次股价的大幅运动之后，至此之前形态预测的趋势已经基本耗尽。它一般出现在非常快速的上涨或下跌过程的末尾，而且很少是过程中出现的第一个缺口。快速的上涨或下跌导致股票的超买或超卖，于是产生了竭尽缺口，通常（但并非总是）这个过程中包含一个或多个整理缺口。

竭尽缺口伴随高成交量

其次，竭尽缺口几乎总是伴随着显著的高成交量，例如伍尔沃思公司的股票图中，11月17日的成交量。换句话说，竭尽缺口代表之前股价的快速运动达到顶峰，而非常高的成交量表明顶峰或反转，因此竭尽缺口一般都伴随着高成交量。第三，缺口出现之后第二天的股价运动通常（但并非总是）出现一日反转。第四，接下来的1~2天里，股价会迅速将竭尽缺口封堵。最后，竭尽缺口经常比整理缺口要宽得多。

记住以上这些特点之后，让我们再回头看伍尔沃思公司股票图中的A、B、C和D处。A处的缺口很明显是突破缺口。B处的缺口则是整理缺口，它的特殊之处在于第二天（10月8日）的收盘价位于价格线的底端。但是请注意，这个缺口之前股价的运动远不如A处突破缺口之前的股价波动区域，而且10月8日的成交量也比7日要低许多。

只有暂时效应的竭尽缺口

C处的缺口毫无疑问是整理缺口，10月10日的成交量虽然高但并不显著，而且当天的收盘价位于价格线的顶端。但是，D处的情况则不同。首先，从这只股票的交易历史来看，这个缺口异常的宽——足足有2个点——而且出现在大幅、快速上涨的过程中。更加引人注意的是10月13日当天极为可观的成交量，以及当日股价的一日反转现象。D处的缺口符合竭尽缺口的所有特征，如果在当时，我们唯一的顾虑可能是之前几个月的股价运动已经为大幅上涨奠定了非常重要的基础。

尽管如此，D处的缺口仍然表明多头力量的暂时耗尽，图中的走势也符合这一预测。股价需要形成一个新的形态来积累力量，才能持续上涨趋势。这个新的形态就是第6讲中介绍的三角旗——最可靠的整理形态之一。这个重要形态的介入，以及形态在将D处缺口完全封堵之前就已经完成的事实，让我们有把握判断之前的上涨趋势绝对没有结束。因此，D处的缺口是一个只有暂时效应的竭尽缺口。

竭尽缺口并不常见

竭尽缺口是四种基本缺口类型中最不经常出现的一种，而且不是所有的竭尽缺口都像伍尔沃思股票图中分析的那样清晰、典型。另一个值得研究的例子在图6.8中。8月16日和17日之间的缺口是竭尽缺口，不过直到第二天的价格线将缺口封堵后我们才能明确判断它的分类。值得注意的是，17日高耸的成交量（记得将周六的成交量加倍），以及一周之前出现的整理缺口。

在快速电动汽车的股票图（图6.12）中，3月7日和9日之间的缺口也证明是一个竭尽缺口，但是在它刚刚形成时并不容易看出。3月9日的成交量确实非常高，但是除此之外，它并不符合竭尽缺口的其他要求，而第一眼看上去更像一个突破缺口。幸运的是，如此具有迷惑性的情况是非常罕见的。

回顾岛形形态

在此回顾一下第5讲介绍的岛形形态将帮助我们更好地理解缺口现象。岛形形态强有力的反转预测背后的逻辑，就是竭尽缺口与突破缺口相连：前者表明之前技术趋势已经耗尽，而后者则预示着新趋势强有力的启动。第一个缺口并非总能被明确地划分为竭尽缺口，尤其当岛形形态形成过程较长时。但是第二个缺口——突破缺口——能够立刻打消交易者的疑虑。在一日岛形情况中，竭尽缺口出现的特征一般非常明显。例如，在电气股票公司的走势（图5.14）中，一日岛形形态的股价变化和极高的成交量，不要忘记将8月17日星期六的成交量加倍。

形成整理岛形的缺口

在学习岛形反转时，我们曾简要提到过另一个岛形形态，即缺口出现在价格波动区域的上下两侧，而非同侧。这样的整理岛形形态出现在美国工业酒精公司1936年的股票图（图7.15）中，即5月上旬的位置。C处和D处的缺口形成了一个在49~45矩形区域内波动的岛形。我们可以将D处分类为突破缺口，但是更合理的考虑应该将C处和D处都归为整理缺口，因为如果49~45区域中的股价波动全部集中在一天时间里，那么我们就能得到一个正常的整理缺口图形。另一个整理缺口出现在E处，而F处则为竭尽缺口，之后的价格波动中包含了众多普通缺口并反转了下跌趋势。虽然6月11日的成交量相比之前的一周有所增加，但仍然不算显著。真正让我们确信F处的缺口是竭尽缺口，并意识到技术形势正在改变的信号出现在6月12日，股价下跌的程度少于当天除息的幅度。

一个异常的岛形反转

另一个非常有意思的形态出现在工业酒精公司股票图的4月上旬，A处缺口之后。如果我们忽略4月7日的股价下跌到将A缺口封堵这一运动，那么第二个缺口（B处）出现后，我们就得到一个符合条件的岛形反转。虽然第一个缺口被封堵，破坏了我们之前介绍岛形反转时提到的严格条件，但是很明显，接下来的股价运动轨迹完全符合岛形反转的预测。因此，鉴于现在已经进行到更加深入的学习阶段，我们应该澄清一下，这种变化并不是特例，事实上，这种被"破坏"的岛形常常是"好用"的，尤其当第一个缺口符合竭尽缺口的所有特征时。请注意看4月2日出现的极高成交量。另外，前面出现的旗形形态的测量含义（将在第10讲中介绍）也能够帮助我们判断。

另一种不时出现的形态也不严格符合岛形反转的定义，它的缺口并不在相同的高度上，除此之外它与岛形非常相似。伯利恒钢铁公司的股票图（图4.4）中7月的底部出现了这种形态的一个极端例子。其他的例子分别出现在切萨皮克—俄亥俄公司（图4.11）的11月份，铂尔曼公司（图4.13）的12月上旬。这些岛形常常能起到一定的预测作用，但是初学者最好不要试图利用它们进行交易，除非同时有其他更确定的技术信号帮助确认，而且一定不要忘记设置保护性止损指令。从两个缺

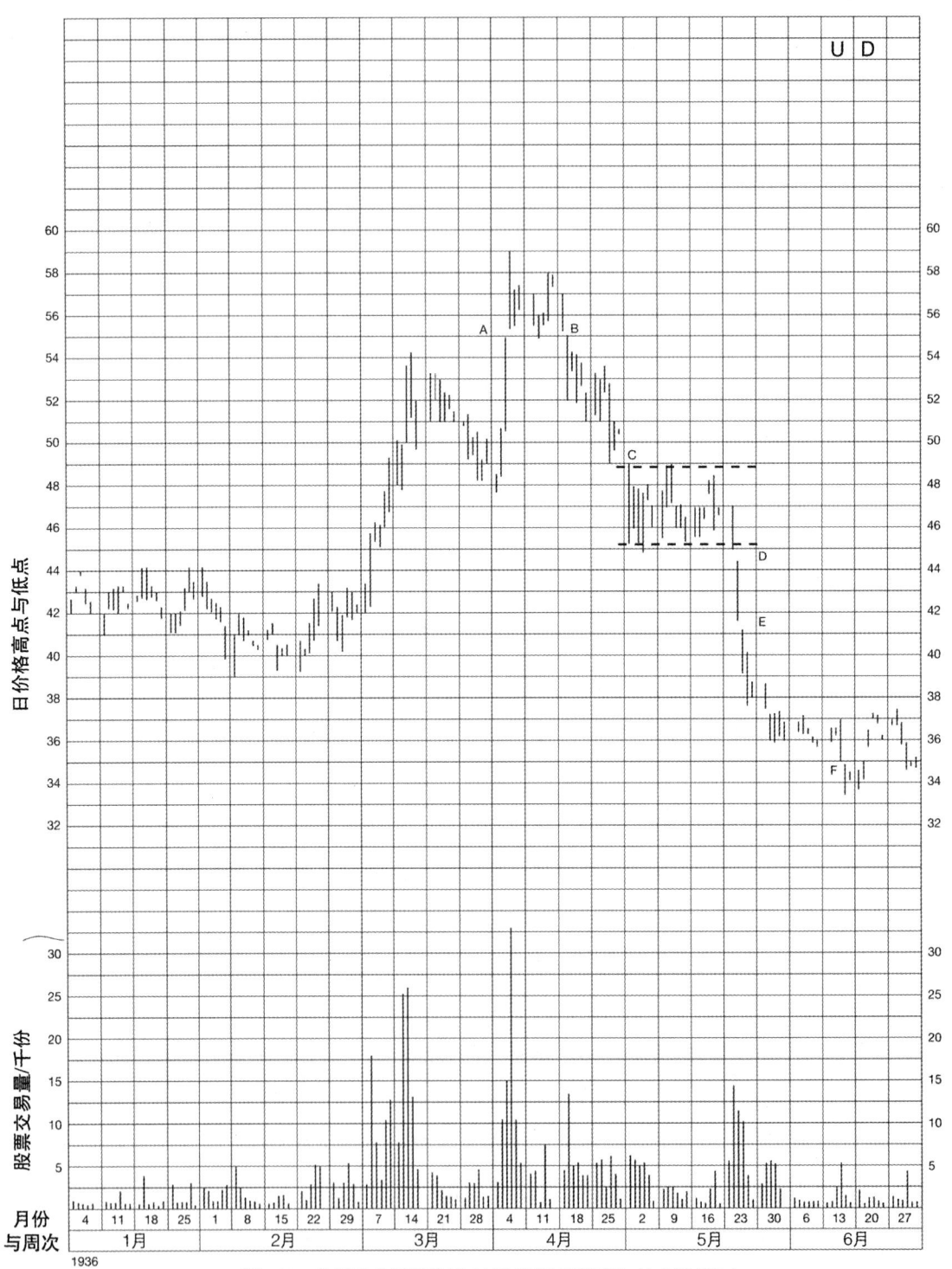

图7.15 美国工业酒精公司（US INDUSTRIAL ALCOHOL）

口的相对高度，我们可以对后续运动的可能幅度进行一定程度的判断。请读者在上面提到的每一张例图中画一条线横穿两个缺口，并比较它们的倾斜度和后续运动幅度。但是，我们要再次提醒大家，不要过于依赖岛形形态，因为它们有时"不按常理出牌"。

形态内岛形的预测意义有限

另一种容易被初学者过于看重的形态是在股价短暂上升之后出现的小型岛形，一般处于大型形态之内。这种岛形的预测意义非常有限，一般其后续运动只能达到岛形之前运动的幅度。这一点对于形态之外的岛形反转同样适用，只是对于这种岛形来说，其后续运动相对有更大的获利空间。

小型岛形的例子可以在伍尔沃思公司的股票图（图7.14）中找到。反复学习这幅图，可能有的大家觉得厌倦了，但这里我们希望读者能耐着性子再认真地看一下这幅图。在9月4~5日之间的缺口和9月12~14日之间的缺口之间，股价运动形成了一个岛形反转，使股价从之前的小幅反弹掉头向下，回到反弹开始时的水平。如果交易者利用这个岛形十分迅速地操作，那么最多能获得不到两点的利润，很难与所冒的风险和支付的交易手续费成本相均衡。另一个例子是10月29~31日之间的变化，第二日股价下跌了1个点，符合一日岛形反转的预测。11月最后一周内出现了另一个岛形，但是它的预测意义只是反转了之前2个点的反弹，而后面的连续下跌则应该是股价快速涨至71后，竭尽缺口反转信号的预测结果。

无法分类的缺口

尽管活跃股票走势图中的大部分缺口可以归入本讲介绍的四种分类，其中有的缺口刚形成时就有明显的特征，而有的缺口则要等到几日之后才能归类，但是仍然有一些缺口不符合通常的规律，也无法明确地分类。不过，这种不能识别的缺口几乎不会对总体走势产生影响，也不会导致错误的预测。任何缺口的预测都必须基于它们与前面整体走势的相对关系。对于一个与之前走势没有联系或联系很少的缺口，我们应抱着怀疑态度来看待，如果后续的股价变动也没有任何异常，那么我们可以完全忽视它（除非它符合第9讲中将介绍的支撑或阻力位）。

除息日和除权日的缺口

第1讲中我们曾提到，注意股票图中的除息日。从理论上来讲，在除息日当天，股票不再具有获得股息的权利，因此股价应下降与股息相等的幅度。若某只股票在某日"除去"股息，那么当天刊登股票市场报告的报纸会在该股票名称之前加上"×d"或者其他可识别的标注。

我们假设某只股票发放2美元股息，那么除息日当天的理论价格线应在前一日价格线之下两点的位置。因此，在除息日与除息日前一天自然会出现一个缺口，尤其当股价正在一个狭窄范围内变动时，这个缺口非常明显。如果这个缺口的幅度正好等于股息，那么很显然它不具有技术含义。但是，如果缺口幅度显著超过股息，那么它具有技术含义，其重要性根据超过股息的幅度而定。如果制图者较难在图中看出除息日的影响，那么他可以将除息日当天的价格线上移股息的幅度，用虚线或彩色线表示。这种方法可以帮助我们评估当日缺口的意义（如果当日有缺口的话）。

除息引起的突破应舍弃

在实际制图时，技术形态很少因为股票小幅除息而出现突破。不过，如果股票在一个狭窄的形态内波动，而股息数额非常大，那么除息造成的股价下降可能引起突破，或者至少破坏原形态。对于明显由于正常的除息而引起的突破，我们应将其舍弃，不予考虑，并关注接下来的价格运动来决定真正的技术趋势。

同样的道理也适用于股票除权引起的缺口或者价格变化，只是除权时"权利"的价格一般较难衡量。

对于缺口的总结

简要总结一下，普通缺口是四种类型中最不重要的，它只说明股价将很快恢复到正常价格范围；突破缺口主要是对形态突破的强调，而且预示着快速后续运动的出现；整理缺口类似于突破缺口，主要是强调它所在的股价持续运动将保持有力、快速的特点；最重要的是竭尽缺口，在大多数情况下我们可以顺利地识别它，一方面可以根据缺口之前股价运动的幅度，另一方面也可以观察伴随缺口的高成交量以及立即出现的反转。

总体来说，缺口必须在股价整体走势的大环境中进行分析。它们最多作为辅助的、确认性的工具。

最后，就像其他的技术现象和形态一样，缺口现象并非万无一失。缺口经常是不明确的，而且可能诱导我们鲁莽地进行操作。尽管如此，当与股价整体走势相结合时，缺口仍然能够提供重要的帮助，进而得到对未来股价走势的合理预测。

缺口的更多含义将在后面学习

我们曾多次提到缺口与支撑及阻力线相关，这一点将在第 9 讲关于支撑及阻力的讨论中介绍。缺口现象在股价预测中的另外一个应用也将在后面介绍。对于缺口之后股价运动幅度的度量理论比较难，但是非常有价值，也比较可靠，我们将在第 10 讲介绍度量公式时仔细探讨这些理论。

在结束关于缺口的讨论之前，我们要补充一点。有的分析者将缺口理论进行扩展，应用在没有出现真正的缺口，只是前后两日的价格线没有重叠的情况，或者应用在某天收盘价与第二天价格线之间有较大距离的情况。这种做法有一定的道理，尤其在第二种情况中，但是真正的缺口，即股价跳到正常范围以外较大的距离，具有更重要的分析意义。如果缺口现象并不明确，那么理论上的缺口预测意义也会相应地有所降低。

第 8 讲

趋势线

- 趋势线分析
- 技术线——工作定义
- 长期趋势线示例
- 趋势线理论
- 趋势线的实际应用
- 描绘趋势线的试错法
- 趋势线的合适角度
- 在股票图中的实践
- 试验性的长期线
- 接下来的6个月
- 趋势内出现的形态
- 确立新的长期趋势线
- 完成巴尔的摩—俄亥俄公司图表的研究
- 利用主要趋势线进行交易
- 双趋势线或趋势通道
- 建立平行趋势线
- 描绘平行趋势线的试错法
- 利用主要趋势
- 顺趋势与逆趋势获利的比较
- 趋势线帮助我们扩大利润
- 趋势线常常给出反转的早期信号
- 水平交易区域
- 作为反转信号的趋势线
- 是什么构成了显著的突破
- 突破趋势线的成交量变化
- 扇叶式散开与熨平趋势
- 熨平趋势类似圆形反转
- 利用形态帮助解读趋势线现象
- 突破趋势线后的回撤现象
- 回撤现象的实际应用
- 利用趋势线估计后续运动的幅度
- 对数尺度的趋势线
- 对数标尺 vs 算术标尺
- 对成交量的综述
- 成交量的历史变化非常重要
- 总结之前介绍过的成交量特点
- 作为反转信号的成交量
- 反转处典型的成交量变化
- 顶部与底部成交量变化的区别
- 趋势暂停时的成交量变化
- 形态过程中成交量的下降
- 作为调整信号的成交量
- 成交量与股价运动的关系
- 成交量与基本趋势的关系
- 利用中期趋势的交易中最有帮助
- 道氏理论
- 道氏理论中的两个均价
- 道氏理论中的主要趋势
- 股票交易中的应用

趋势线分析

在前面几讲中,我们介绍了股票图中发生在中期趋势或趋势反转时的各种形态和现象。现在我们将进入对股价运动和成交量变化更整体的分析。这种分析可能不如基本预测形态明显,但是它们同样重要,尤其在需要评估主要周期和重要反转的时候。它们能够检视股市的长期走势,但是我们将在学习中看到,这种长期的预测对于我们根据当前股票情况进行的交易同样有帮助。趋势线与基本形态之间的关系能够让我们更好地理解股价运动的技术特点。

技术线——工作定义

第一个研究主题是趋势线。学习者对它可能并不陌生,因为趋势线无疑是股市中最显眼的技术特征,对于它的研究层出不穷。不论对于个股还是股市整体,经济学家和交易者们很早就认识到它们的运动形成某种明确的趋势,并孜孜不倦地研究这种趋势。例如,稍后将介绍的道氏理论就以整体趋势线为基础。掌握趋势线的公认定义是初步学习长期图表时的必要基础。

趋势线是股票图中一条穿过价格线端点,并明确股价运动趋势的直线。

趋势线可以有任意长度,分别对应着主要、中期和微小趋势或形态的边界。趋势线越长,其在技术预测中的价值和重要性越大。通常,趋势线应通过两个以上的顶峰或底部,但是有时为了涵盖更多的顶峰或底部,趋势线可以牺牲某几个极点,因为包含的顶点越多,趋势线就越可靠。

长期趋势线示例

为了更好地理解趋势线的定义和绘制方法,现在我们来观察两个长期图表中趋势线的例子。第一个是道琼斯工业平均指数1924—1936年的月线图(图8.1)。第

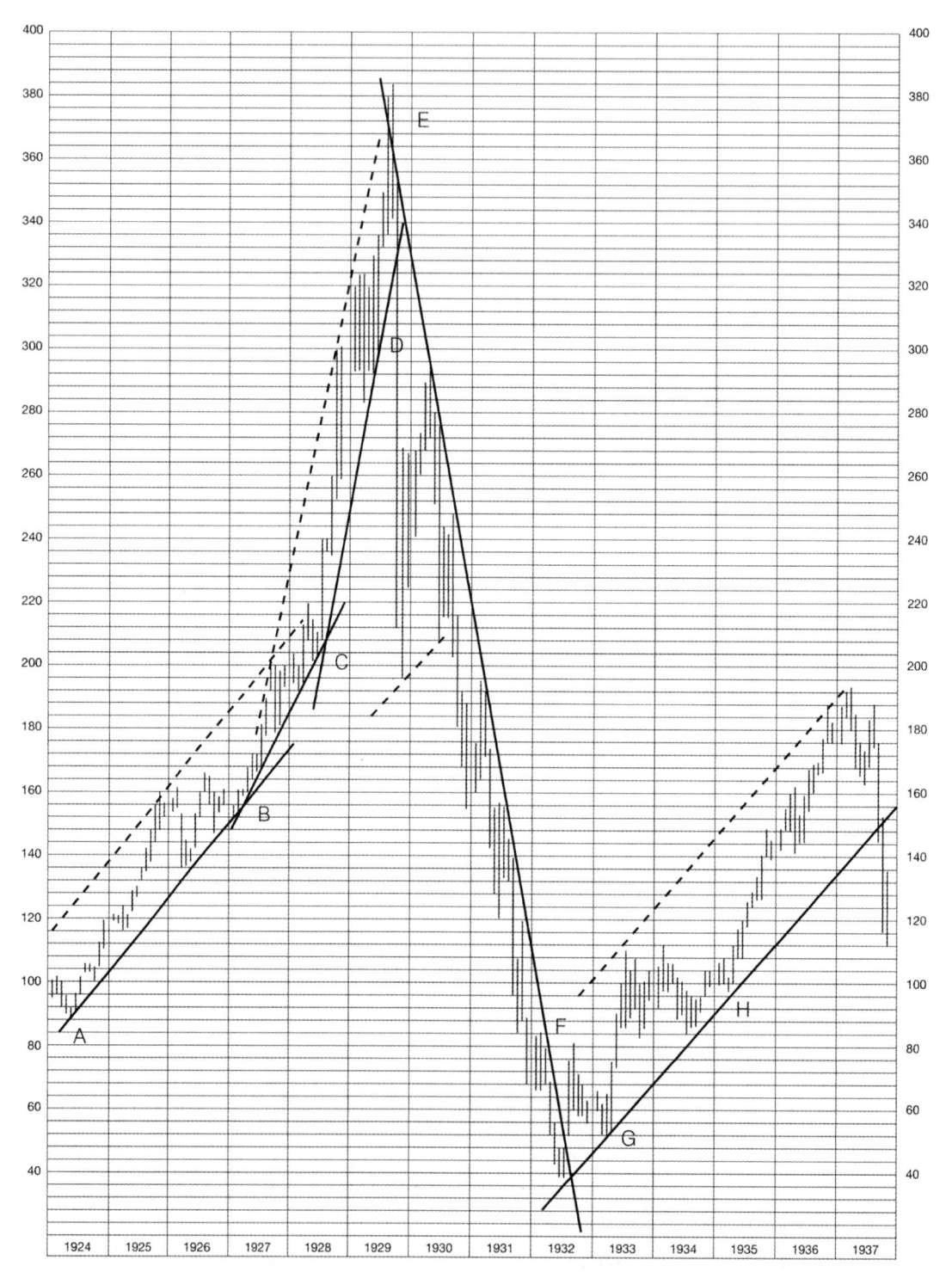

图8.1 道琼斯工业平均指数（DOW JONES INDUSTRIAL AVERAGE）

二个是相同时间段内伯利恒钢铁公司的月线（图 8.2）。图中实斜线为主要趋势线；虚线为次要或辅助趋势线（稍后介绍）。

很明显，这两幅月线图最大的特点是 1929—1932 年大熊市期间趋势线（都为 E-F 线）超乎寻常的精确性。这两条趋势线都穿过了所有中期反弹的顶点。但是，在进一步研究这两幅图之前，有一点需要注意，最主要的趋势线是下跌过程中通过所有顶点，或者上升过程中通过所有底部的线。因为经验证明，这种趋势线比同时包含底部和顶点的趋势线更为重要，也更为准确。换句话说，最主要的趋势线是对角股价运动的右边界。

趋势线理论

趋势线的效用建立在一条基本的原理之上，即任何技术形势或股价运动一旦建立，就将持续到出现某件事改变这种形势。乍看之下，这种论断似乎无关紧要，因为我们知道技术形势随时都可能变化。但是，只需粗略地看看任意一张股票走势图，我们都能发现股价确实按照某种明确的趋势运动。促成股价运动的力量越强，趋势将越明确，而且持续的时间越久，对于交易者来说获利空间也越大。如果股价偏离了趋势，其回归的可能性很大。

普遍来看，趋势线最能帮助分析者注意股价的主要趋势。不过在形态波动过程中，它们用途不大，当股价正在进行持续的上涨或下跌时，它们才能起到重要的作用。因此，最有利可图的趋势线是有一定角度的，或者说是对角线式的。

趋势线的实际应用

更具体地说，趋势线最适合用于判断主要趋势内中期下跌或反弹的范围，因为在反转出现之前，股价总会回到之前建立的趋势中。同理，趋势线也可以预测中期趋势内的小幅波动。作为描绘趋势的边界，趋势线告诉我们股价摆动的理论范围，甚至能够帮助我们预测趋势反转的出现。

趋势线如果被破坏，也有重要的分析意义。理论上来说，趋势线必然将在某个时刻被破坏，因为股价不会永远沿着某一个方向运动。一旦出现重要反转，趋势线就会破坏，并提醒我们及时关注尚处于初期的反转。因此，当趋势线被打破时，我

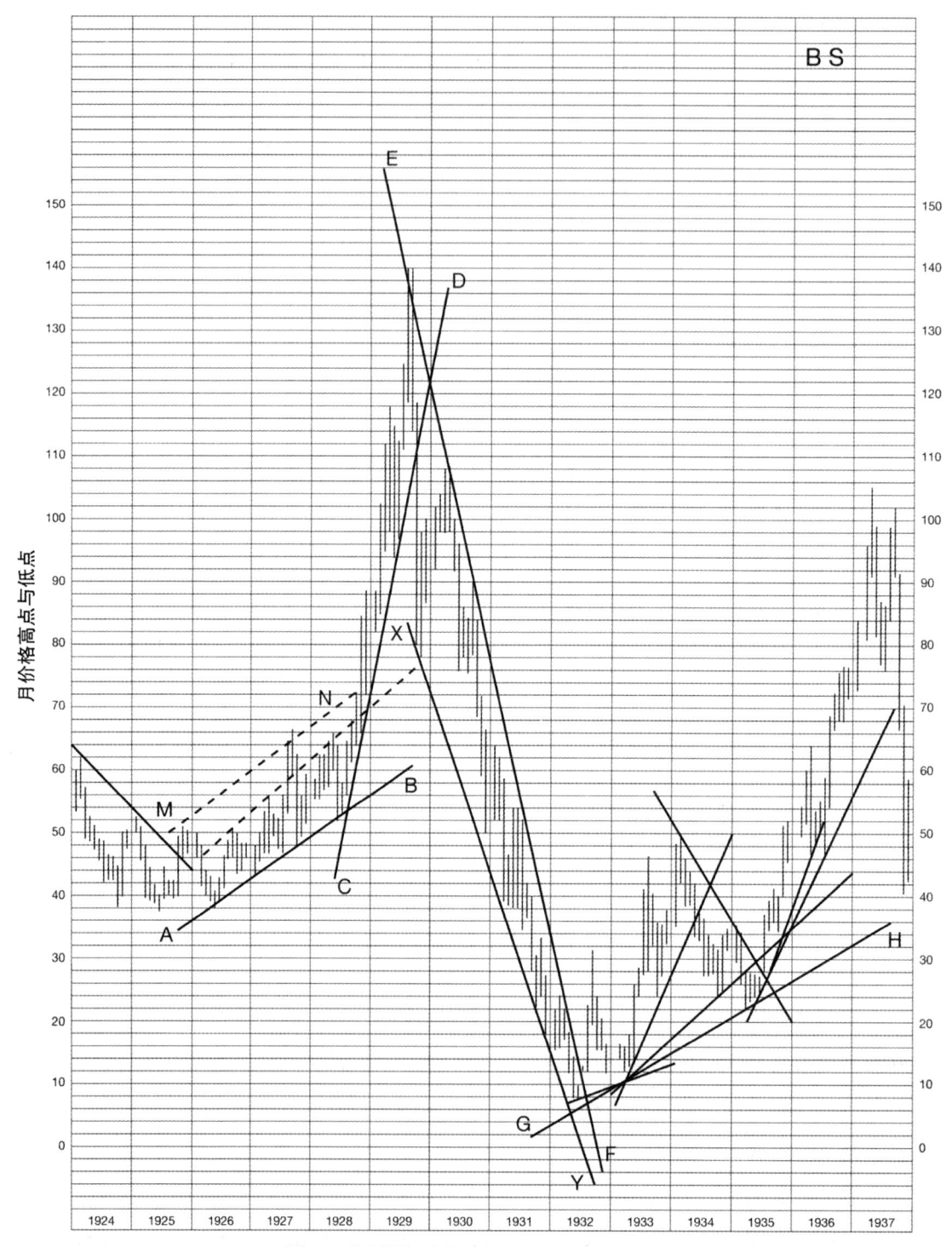

图8.2 伯利恒钢铁公司（BETHLEHEM STEEL）

们不需沮丧，尤其当它已经可靠地持续了相当长的时间。我们应该感谢它帮助我们获得利润，而且提醒我们可能出现的变化。

所以趋势线有两层用途。当它们完好时，可以勾勒出股价运动的趋势；当它们被破坏时，可以通知我们可能出现的反转，并建议我们及时舍弃旧趋势线，开始寻找新趋势线。

描绘趋势线的试错法

趋势线本身并非通往丰厚收益的康庄大道。它们也会出错，就像我们之前学过的所有图表形态和现象一样。而且，要确定一条可靠的趋势线，不一定很快，也不那么容易确定。在很大程度上，趋势线的确立和使用依赖交易者良好的直觉、技巧和经验。即使是老练的职业操盘手，描绘趋势线时也需要大量地试错。

没有人可以拿过一张股票图就立刻画出一条趋势线，并确信它是对当前股价运动最正确、最好的描述。这就好比没有人能够百分之百地预测未来股价。

事实上，制图经验越丰富的人，对自己当前的预测就越谨慎，并当图中股价运动给出信号时，他们也更乐意及时更正原有的趋势线，尝试新的趋势线。

趋势线的合适角度

趋势线的角度尤其有很大的选择空间。一个乍看起来像是主要趋势的股价运动，其开端可能非常剧烈和陡峭。分析师完全可以按照这个角度画出趋势线，但是更有经验的分析师会暗暗记住：这个上升的角度比该股票一般运动的情况要陡得多，因此以后这条趋势线很可能会有变化。

因此，他很清楚自己对目前趋势线的信任程度。这样一来，如果后续股价运动降低了趋势线的倾角，他不仅不会感到恼怒，反而会欣慰，因为倾角越接近正常水平，趋势线的可靠性与持久性越强。

另一方面，老练的分析师知道，该股票趋势出现反转的临界倾角大概有多小。如果初始的陡峭趋势在后面运动中逐渐平缓，那么他会欣然画出更合适的新趋势线。但是如果在后续股价运动中，初始倾角变得过小，甚至低于该股票正常水平，那么他会开始警觉，并寻找重要趋势反转出现的信号。

在股票图中的实践

下面我们将通过图 8.3 对趋势线的理论分析进行实践检验，以便读者更好地理解趋势线分析的实际意义。这张图是巴尔的摩一俄亥俄公司（Baltimore and Ohio）1935 年后 6 个月里的股价和成交量变化。

7 月 22 日，股价明确突破形态（图中只出现部分），预示着强力上涨。突破之后的一轮小幅下挫中，我们找到趋势线——用 A 来表示——的初始两个点（7 月 22 日和 26 日的底部）。但是很明显，这条线对于后续股价运动来说过于陡峭。8 月 8 日，趋势线 A 被打破，之后我们画出新的趋势线 B。8 月 27 日，这条趋势线也被打破，不过当天成交量的变化（将在本讲后面讨论）说明上涨趋势还未耗尽。紧接着我们建立第三条趋势线 C，它直到 9 月 20 日才被打破。后续的下跌运动于 10 月 3 日被扭转，但是我们仍然可以通过 9 月 19 日和 30 日的两个顶点画出一条下跌趋势线 D。注意这条线没有通过 9 月 11 日的峰值，而是通过了稍后 9 月 19 日的顶点，因为下跌趋势直到 19 日才真正开始。

试验性的长期线

10 月 3 日的反转出现之后，股价运动形成一个上升三角形态，并于 10 月 15 日向上突破（请注意在此期间成交量的变化）。现在我们可以通过 7 月和 10 月的底部画出趋势线 E。这条线的倾角说明它可能勾勒出一次重要、长期的上涨趋势。请注意下跌趋势线 D 的突破点正是上升三角形的突破点，即 10 月 15 日的股价变化。

在这一突破点之后，通过第一轮小幅上涨的各底部可以画出 F-1 趋势线，但同样过于陡峭。而通过第二轮小幅上涨的底部画出的 F-2 趋势线，则一直保持到图表末尾。

在继续研究接下来 6 个月股价走势之前，我们希望读者留心图中以下几个特点，以便于后面的学习。首先，8 月开始的小幅上涨与第三条向上趋势线 C 都于 9 月 20 日被突破。其次，当趋势线 B 和 C 被打破之后，后续多次反弹都始终未能再次穿过它们。这几个特点将在第 9 讲关于阻力线的介绍中讨论。

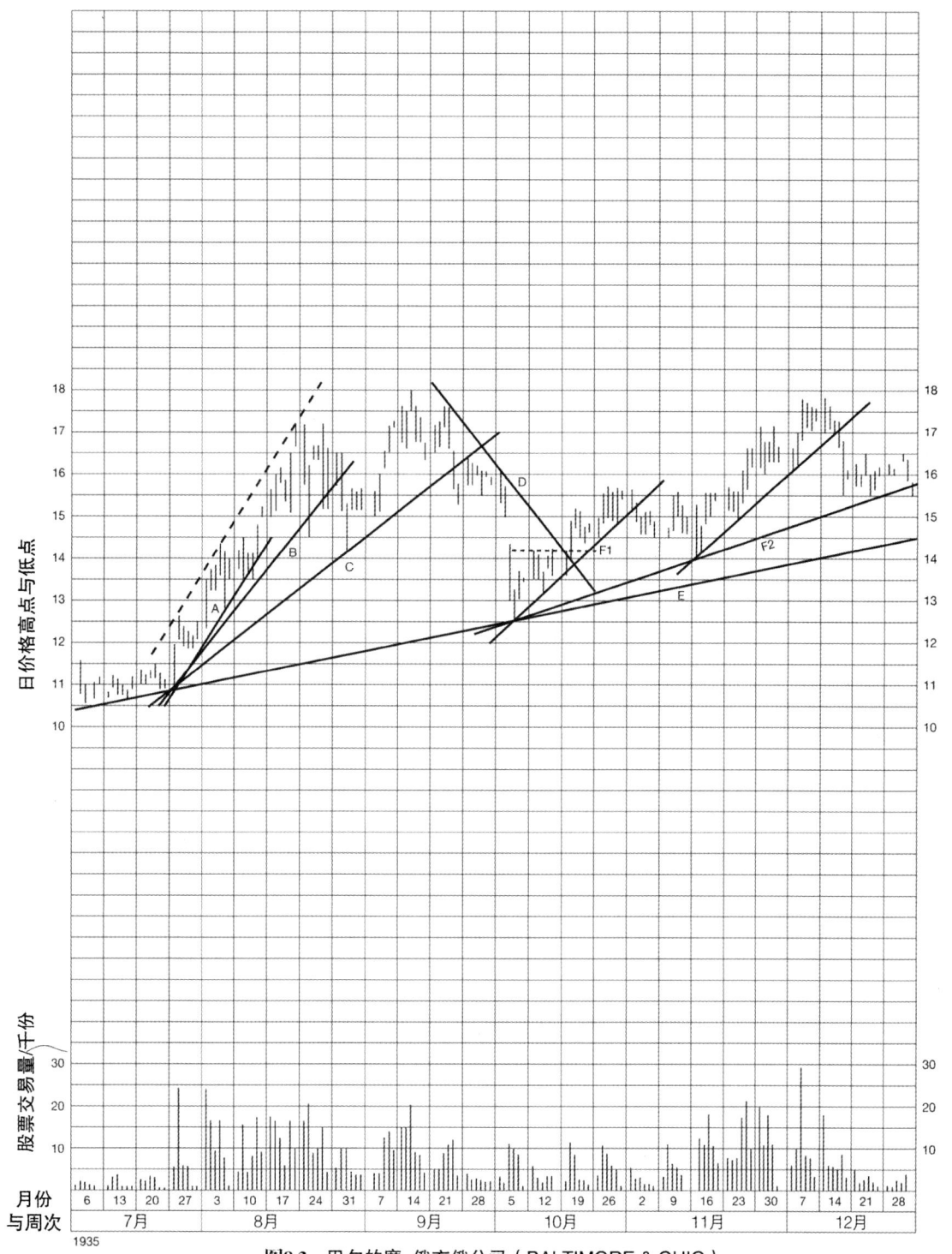

图8.3 巴尔的摩-俄亥俄公司（BALTIMORE & OHIO）

接下来的 6 个月

现在我们来看图 8.4，即将图 8.3 的时间轴延长 6 个月，构成巴尔的摩一俄亥俄公司 1935 年 6 月 1 日到 1936 年 6 月 27 日的股价与成交量变化。图中，我们去掉了已经无用的趋势线 A、B、C、D 和 F-1，但继续保留了趋势线 F-2 和 E。

我们注意到的第一件事就是线 F-2 之上的趋势一直持续了将近 7 个月。这条趋势线穿过 10 月 2 日和 11 月 12 日的底部，在 12 月 28 日被股价下探穿破，但股价当日收盘时仍位于趋势线之上。股价曾多次接近甚至触碰趋势线，如 12 月 19 日、1 月 21 日和 3 月 13 日、23 日、30 日。直到 4 月 21 日，这条趋势线才被显著地突破。

趋势内出现的形态

这里我们来看一下趋势线内出现的图表形态，相信读者已经在图 8.4 中注意到了。

在 F-2 线表明的趋势里，直到 1 月底才出现了清晰的形态，即一个上升三角形，并且股价于 2 月 4 日突破形态，同时伴随显著的成交量。接着股价快速上涨，到 2 月 21 日已经涨至 24¼ 的位置。接着出现另一个三角形态，并于 3 月 9 日被突破，至此前面的反弹被反转。然后股价运动又形成一个三角形态，并于 4 月 2 日向上突破，同时穿透了小幅下跌趋势线 H。后续的上涨相对比较微弱。

2 月伴随高成交量出现的直角三角形态是图中出现的最大、最明显的形态，它表明股价将出现能够穿透 F-2 趋势线的大幅下跌。事实上，F-2 线在 4 月下旬股价快速下降到 16 时被突破，同时试验性的长期线 E 也被突破，我们进而得到小幅下跌趋势线 J 和一条更重要的线 I。

确立新的长期趋势线

陡峭的下跌趋势线 J 于 5 月 5 日被突破，之后成交量处于低位，股价运动形成了一个较长的、较松散的上升三角形态，其顶点一直越过图表末端，其下边界同时构成趋势线 K。

将 4 月 30 日和 1935 年 10 月的底部相连，我们可以得到一条新的长期趋势线 G。读者可能觉得我们对巴尔的摩一俄亥俄公司股票图表中的趋势线现象的讲解有

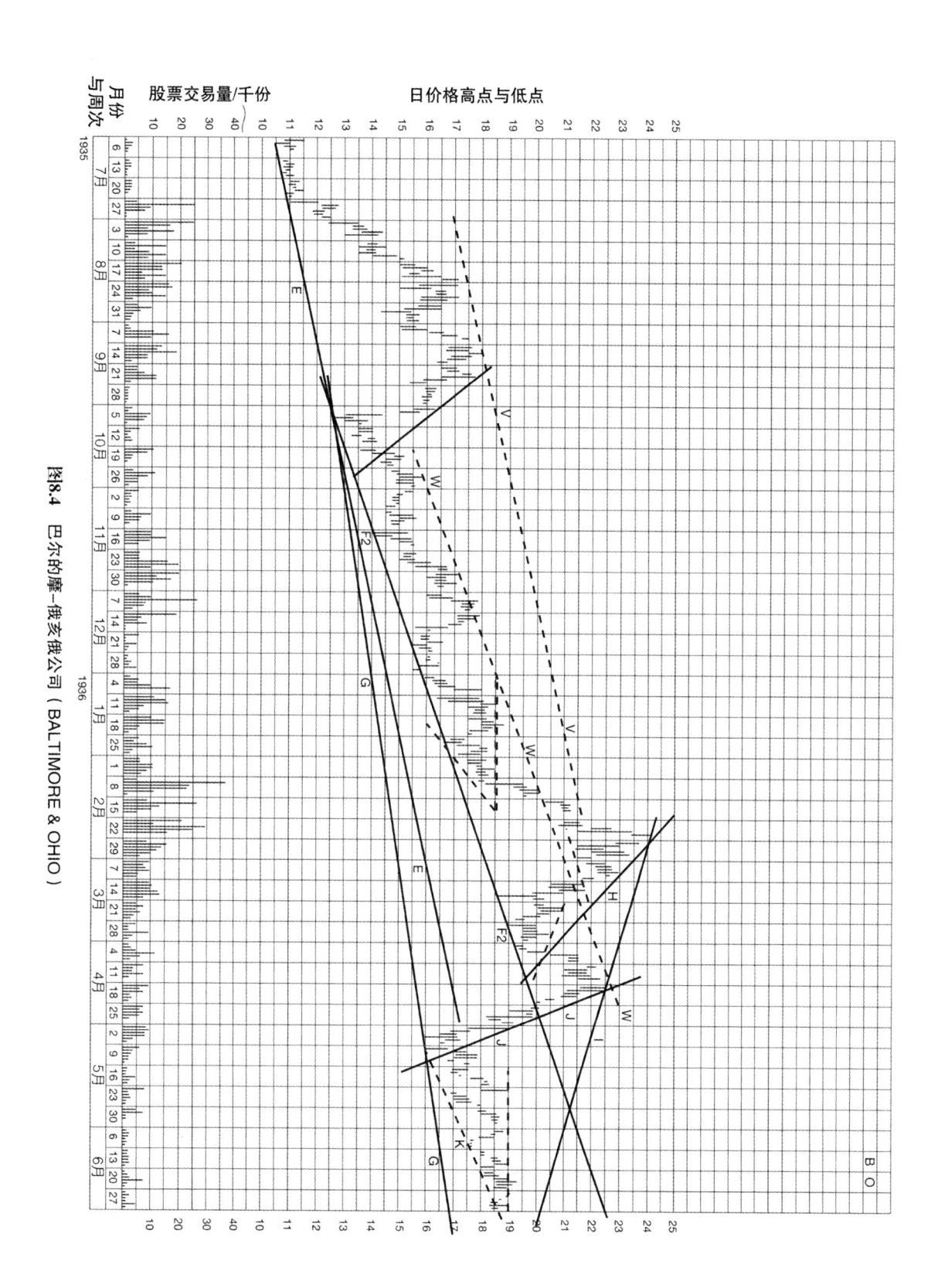

图8.4 巴尔的摩-俄亥俄俄公司（BALTIMORE & OHIO）

第8讲 趋势线 | 255

些冗长，希望能赶紧进入到更有实践意义的预测结论问题。我们当然会给出许多有用的预测结论，但要在深入研究完图表之后。希望读者静下心来，继续学习巴公司后面 6 个月的股票走势。图 8.5 是该公司 1935 年全年的股价与成交量变化，即在图 8.4 的基础上又延伸了 6 个月。

完成对巴尔的摩—俄亥俄公司图表的研究

如果将这张新图与图 8.4 进行比较，首先会发现的是 7 月前两周内股价运动的特点。图中 6 月份形成了表明上涨的上升三角形，但是其后股价没有出现正常的突破，反而在端点附近跌穿边线，下跌幅度将近 1.5 个点，几乎触碰到长期趋势线 G。但是，成交量方面却明显没有任何异动，这条重要线索告诉我们这次下跌可能是"虚假移动"，关于这一现象更典型的例子将在第 10 讲中介绍。

成交量在 7 月第二周内开始增加，同时股价也迅速上涨，符合之前上升三角形的预测。下降趋势线 I 在 7 月 14 日被突破。之后的第一条小幅上涨趋势线 L 很快被突破，很明显过于陡峭。8 月 21 日和 22 日的下跌突破了第二条趋势线 M，同时构成了第三条线 N。趋势线 N 于 10 月 1 日被穿破，但是直到 10 月 15 日才被明确突破。这时，就像 1935 年 8 月的情况一样，第三条小幅上涨趋势线的突破表明趋势被反转，而且后续的反弹始终未能使股价回到趋势线之上。到 1935 年年末，巴公司的股价已经几乎跌到长期趋势线 G 附近。

图 8.6 是巴公司继续延长 6 个月至 1937 年 11 月的股价走势。图中最有意思的特点是长期趋势线 G 的持续过程。1937 年春季股价持续下跌，但 6 月份又回到线 G 之上，最终在 8 月 26 日才明确突破线 G（且伴随缺口）。该点之后的持续下跌确立了一个新的主要趋势——下跌趋势——和一条新的主要趋势线 S。

在巴公司连续两年的系列图表中，除了我们已经提到的，读者还可以观察到各种各样的股价形态，以及其他试验性的或者短暂的趋势线。但是其中对有经验的图表分析师来说意义比较重要的趋势线，我们都已经一一分析了。

次要趋势线或平行线，在图中用虚线表示（如 V、W、X 等），我们将在本讲后面介绍。

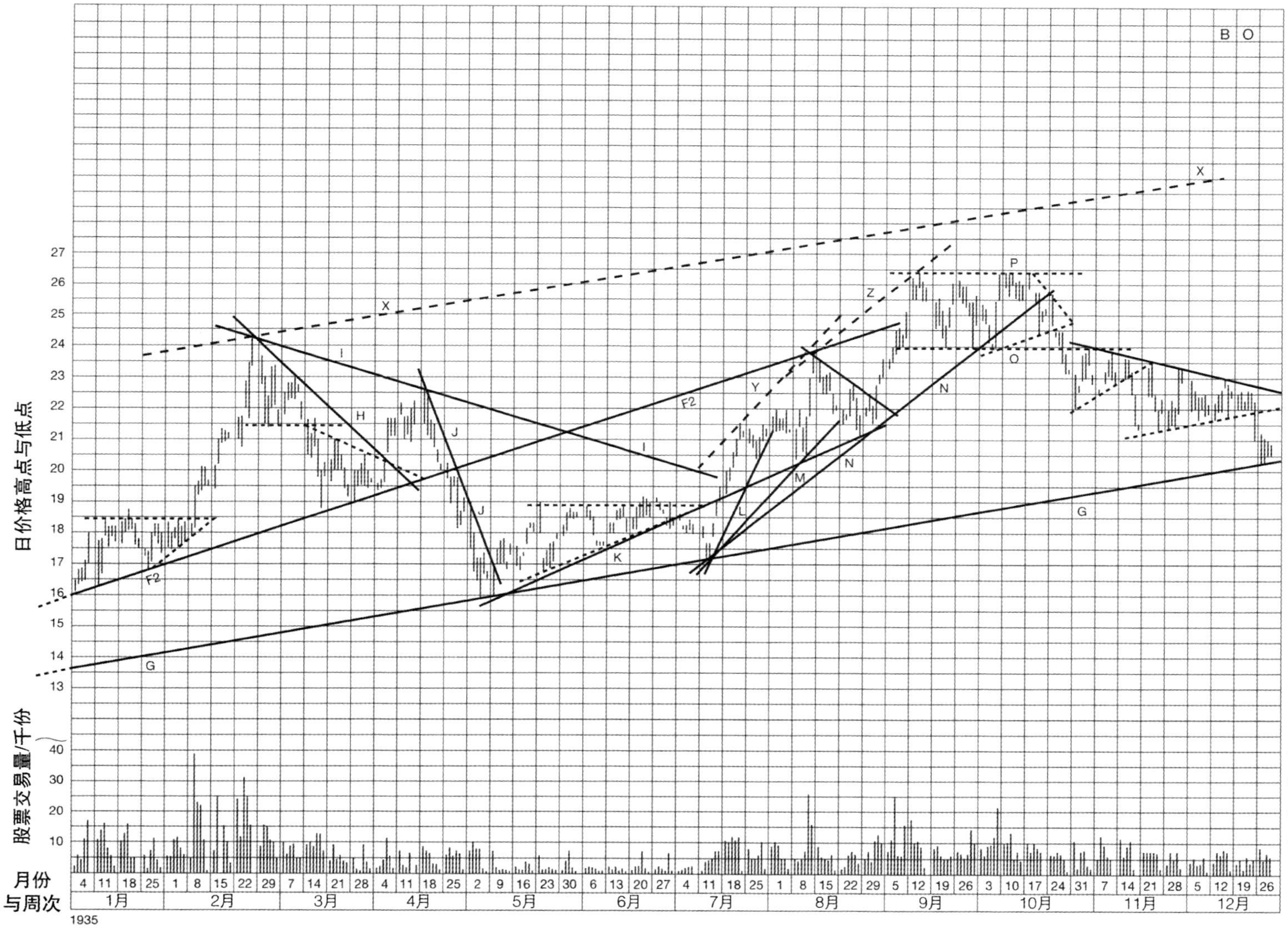

图8.5 巴尔的摩-俄亥俄公司（BALTIMORE & OHIO）

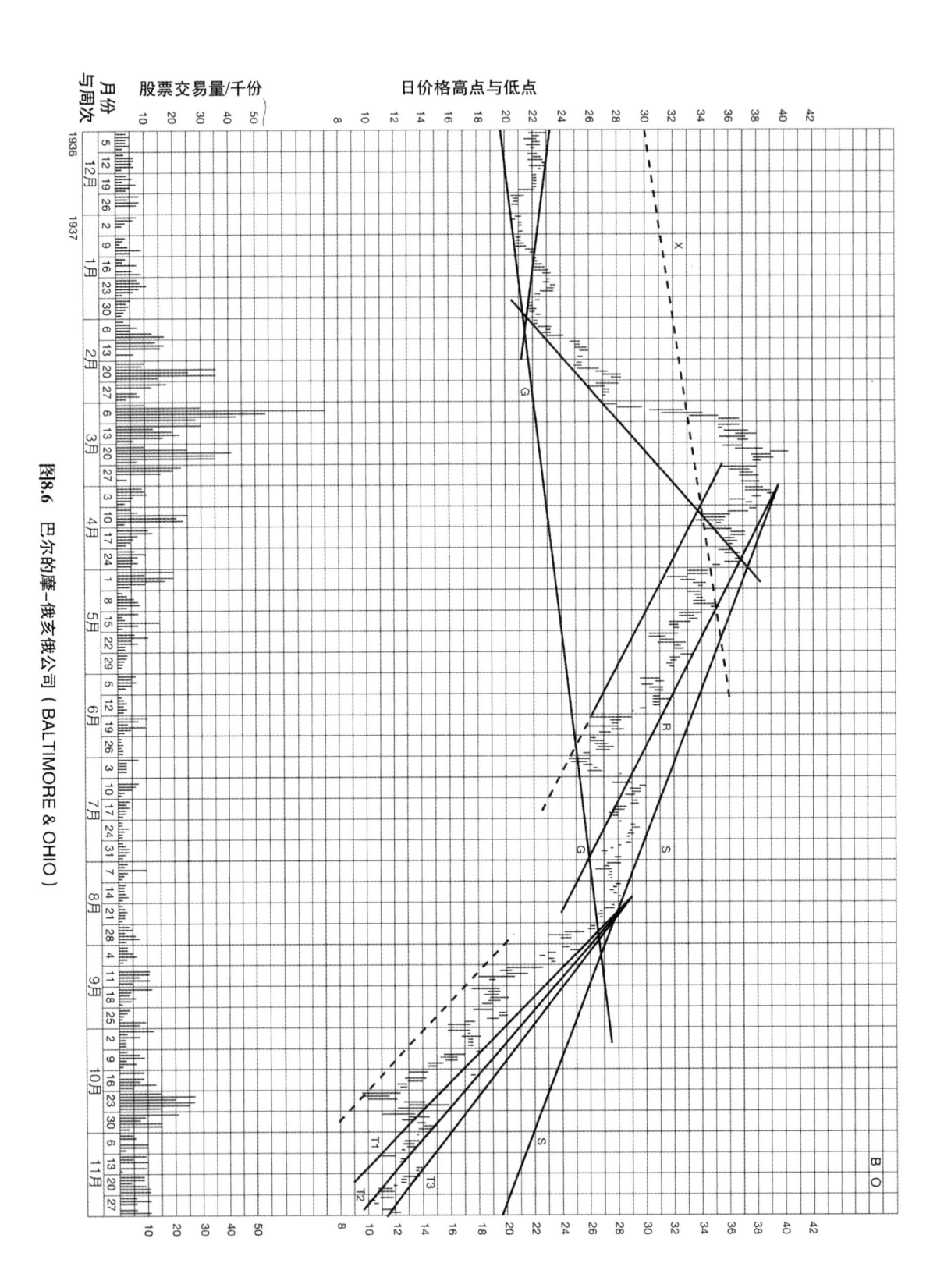

图8.6 巴尔的摩-俄亥俄公司（BALTIMORE & OHIO）

利用主要趋势线进行交易

读者可能对巴尔的摩—俄亥俄公司股票走势图中趋势线的暂时性与不可靠性感到些许失望。但是，如果只是关注趋势线本身，其实在这 18 个月里存在许多可以用于快速获取利润的机会。例如，如果我们希望进行多头操作，则可以在 1935 年 7 月 24 日在 12¼ 的价格买入股票，再在 9 月 23 日当趋势线 C 被破坏时在 16 的价格水平卖出。再在 10 月 15 日以 15 的价格买入，在 1936 年 3 月 9 日以 21 左右的价格卖出。第三次交易可能出现在 4 月 2 日，我们以 21 的价格买入，但当股价在 4 月 20 日突破趋势线 F-2 时，我们就应在 19½ 的位置上平仓止损。接下来，7 月 13 日当趋势线 I 被刺破时出现一次买入机会，价格在 20 左右，然后在 10 月 15 日以 25 左右的价格卖出获利。

这四笔交易中，有三笔都带来了不错的利润，而第四笔的损失幅度也在可接受的范围之内。另外，在进行这些交易时，我们并没有考虑 1936 年 2 月与 3 月之间的直角三角形和 5 月与 6 月之间的上升三角形预示的意义。前者可以提醒我们推迟进行第三次无利可得的交易，后者则可以让我们在 18½，而非 20 的价格上进行第四次交易，从而将总利润提高 1½ 个点。

因此我们可以看到，虽然趋势线本身并不是万无一失，但是它为我们的交易提供了赚钱的机会，尤其当趋势线与之前学习的其他图表形态及现象结合起来考虑时。

双趋势线或趋势通道

到目前为止，我们只考虑了单一或主要趋势线。双趋势线指由两条趋势线分别约束趋势的上下边界。其中一条是我们在巴尔的摩—俄亥俄公司的股票图中已经详细介绍的主要趋势线，另一条则是与主要趋势线平行的次要趋势线，它约束相对的边界。双趋势线不必严格地平行，但是至少要差不多是平行关系，否则没有预测价值。

可以料想，平行趋势线单一或主要趋势线要少见得多，但也可靠得多。当它们出现在长期主要趋势中时，可以提供获利的绝佳机会。对于有经验的读者来说，只需看一眼股票走势，就能判断是否可能存在双趋势线。与主要趋势线类似，绘制双趋势线时也允许一定的灵活度。

建立平行趋势线

一般来说，我们需要至少三个价格线顶点才能画出暂时的平行趋势线。其中两个端点用于画出主要趋势线，而两点之间股价运动的相反方向上的顶点是第三个顶点，用于画出与主要趋势线平行的次要趋势线。平行趋势线通过的顶点越多，其确定的趋势就越重要、越可靠。

平行趋势线形成了一个趋势通道，在通道内股价上下波动，就像河水在河道中蜿蜒流动。当平行趋势线确定了一个主要趋势——或者说，趋势通道比较宽——交易者可以在每次股价碰到趋势边界时扭转操作，通过不断转换多空位置（即买入再卖出与卖空再买回交替进行）来获得可观的利润。

描绘平行趋势线的试错法

下面我们回到图 8.4，来看一下如何寻找可靠的平行趋势线。第一个有可能出现平行趋势线的机会出现在我们通过 7 月和 10 月的底部画出试验性的长期主要趋势线 E 时。通过 9 月顶点画出一条平行于线 E 的直线——图中用虚线 V 表示——我们就得到一条试验性的趋势通道。这两条线都在接下来的股价运动中被突破，因此应当被舍弃。

另一次机会出现在主要趋势线 F-2 建立时。图中平行于 F-2 线的次要趋势线 W 通过 10 月最后一周反弹的顶点，并且在接下来的 3 个多月里都没有被打破。

需要注意的是，直到平行趋势线被检验过至少一次，并经过后续股价运动"证明"之后，我们才能考虑利用它来进行交易操作。例如，如果巴公司 2 月 19 日的股价没有上涨穿透 V 线，而是下跌，则我们有理由认为形成了一个可靠的趋势通道，可能进而卖出股票，期待在股价继续下跌至 E 线附近时抄底买回。事实上很有趣的是，穿透 V 线的上涨迅速被反转，但是这条线仍然已经被破坏，谨慎起见，我们需要定义一个新的主要趋势。

利用主要趋势

另外，虽然平行线 F-2 和 W 已经构成了一个良好的趋势通道，但是通道相对较窄。我们用这个例子来说明平行趋势线交易的一个重要推论：利用与主要趋势方向一致的中期运动进行交易，比利用方向相反的微小修正运动要更加安全，且获利更多。

老一辈交易商的一句俗语也印证了这条推论，即"牛市中趁低买入，熊市中趁高卖出"。这条推论的关键在于，与主要趋势方向相反的微小运动，其幅度往往不如与主要趋势方向一致的运动大。这个原理在实际交易中的应用取决于通道的宽窄，以及倾斜的角度。如果趋势陡峭，不论向上还是向下，而且通道比较窄，那么与趋势相反的修正运动几乎无利可图。但是，如果通道很宽，而且趋势较缓，那么反方向运动可能幅度稍大，可以获取一定利润。

顺趋势与逆趋势获利的比较

下面我们来看图 8.7 工业人造丝公司（Industrial Rayon）的股票走势图，来进一步理解前面提到的推论。在 1936 年 4 月的下跌潮之后，6 月 6 日股价形成一个底部，接下来在 6 月 17 日的反弹中形成一个顶部。下一个底部出现后，我们可以画出一条长期趋势线，即图中的 A-1 线。次要趋势线 A-2 在 9 月的上涨中被打破，但同时可以建立起另外一个趋势通道，即 B-1 和 B-2。

按照图中的走势，6 月上旬可以买入股票。根据趋势线理论，当股价于 8 月 18 日触碰 A-2 线时可以选择卖出股票，然后在 8 月 21 日股价回探至 A-1 线时再买回。而在较陡峭的 B 趋势中，获利空间要小得多，例如，10 月 6 日股价冲高至 38 左右时可以卖出股票，但接下来的下跌只到 37，因此卖空交易基本无利可得。很明显，对于 6 月买入工业人造丝公司股票的交易者来说，如果在整个上涨趋势中一直保持多头，不去理会反复出现的小幅波动，直到 11 月 23 日 B-1 线被打破时（伴随着一个典型的穿破缺口）再卖出，那么他的获利情况要好得多。

另外，大家可以注意到，B-1 线和 B-2 线并不是严格地平行。但是，它们平行的程度已经足以达到有效趋势通道的要求，而且它们通过的顶点与底点的数量也令人满意。

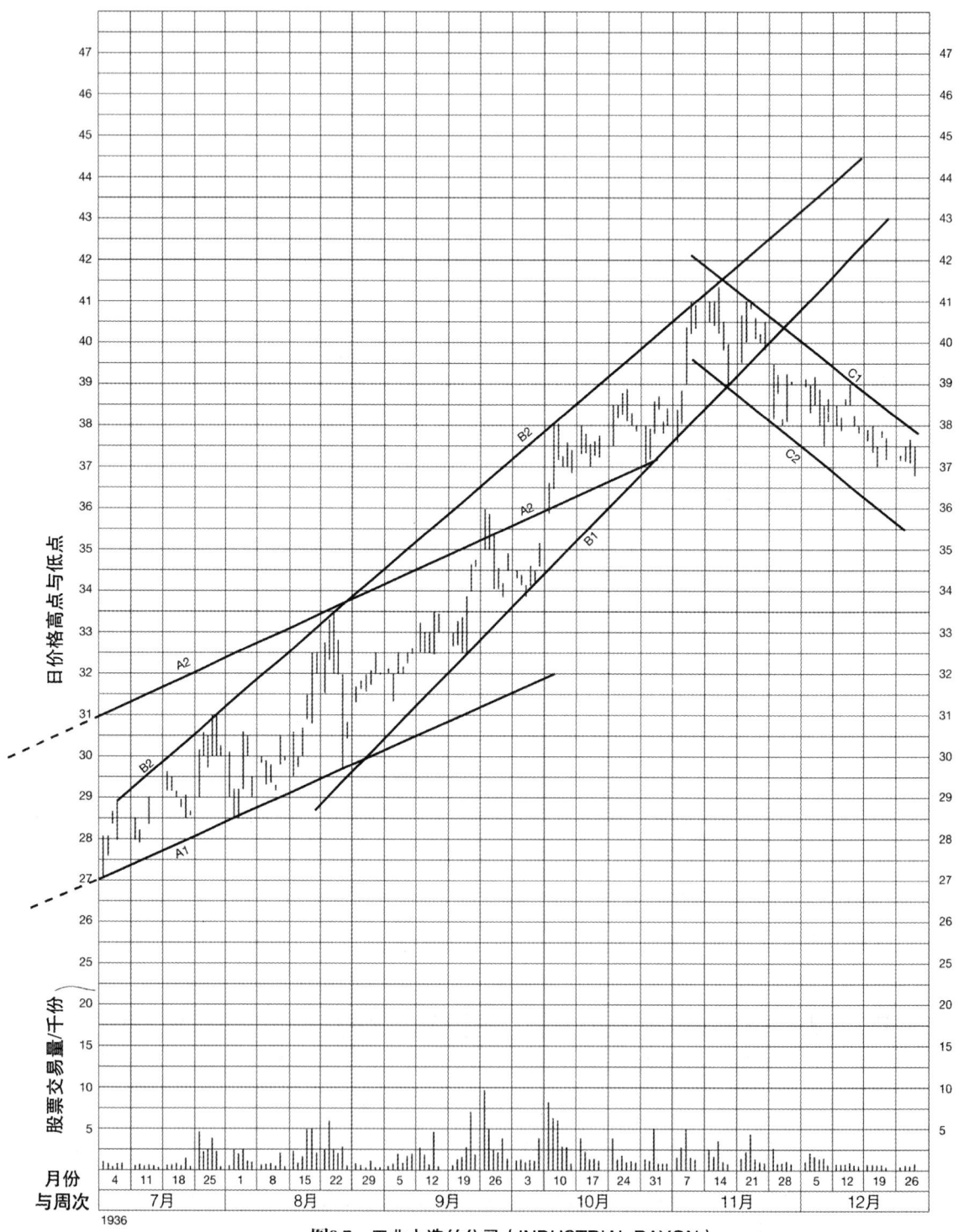

图8.7 工业人造丝公司（INDUSTRIAL RAYON）

趋势线帮助我们扩大利润

像工业人造丝股票图中那样狭窄、陡峭的趋势通道可以明确告知我们应当在上涨趋势中保持多头，或者在下跌趋势中保持空头，直到中期趋势已经被反转。事实上，如果这种情况中只有单一或主要趋势线，无法建立合适的次要趋势线时，我们也能获得同样的信息。西尔斯罗巴克公司1936年下半年的股票走势（图8.8）中就出现了这种情况。对于7月份买入股票的投资者来说，图中单一的趋势线也明确说明不要过早抛出股票。

根据这种理论，我们来仔细考虑一下交易战术的基本原则，以及止损增利的方法。老练的交易者知道这种考虑的重要性，尽管初学者可能并不觉得它有多重要。我们将在后面介绍市场交易策略时进一步阐述这些原则。总而言之，新手最常见的错误之一就是放任损失扩大，而在利润仅有几个点时就草草平仓。

就防范过早行动来说，趋势线对于利用重要周期进行长期交易的投资者来说更加重要。例如伯利恒钢铁公司的股票图8.2中，主要下跌趋势线E-F能够提醒者，不要买入股票并持有，直到1932年8月这条线被明确突破为止。

趋势线常常给出反转的早期信号

趋势线的另外一个重要用途是在技术形态完成之前预测反转。这一点也可以通过西尔斯罗巴克公司的股票图（图8.8）看出。注意到趋势线在12月第二周股价位于97~98区间内时就预示将有反转出现，这时对称三角形正在形成。直到12月21日股价才突破形态，此时股价已经跌至92。

巴尔的摩一俄亥俄公司的股票图（图8.5）则在1936年10月内出现了类似的情形。趋势线N于10月15日被突破，而大型矩形形态则直到10月22日才被向下突破，此时股价已经比10月15日低了1.5个点。

有时一个规模、强度都良好的重要反转技术形态可能在趋势线被突破之前完成，因此更早地给出交易信号。巴公司股票图中1936年2月到3月间的对称三角形顶部就是这种情况。

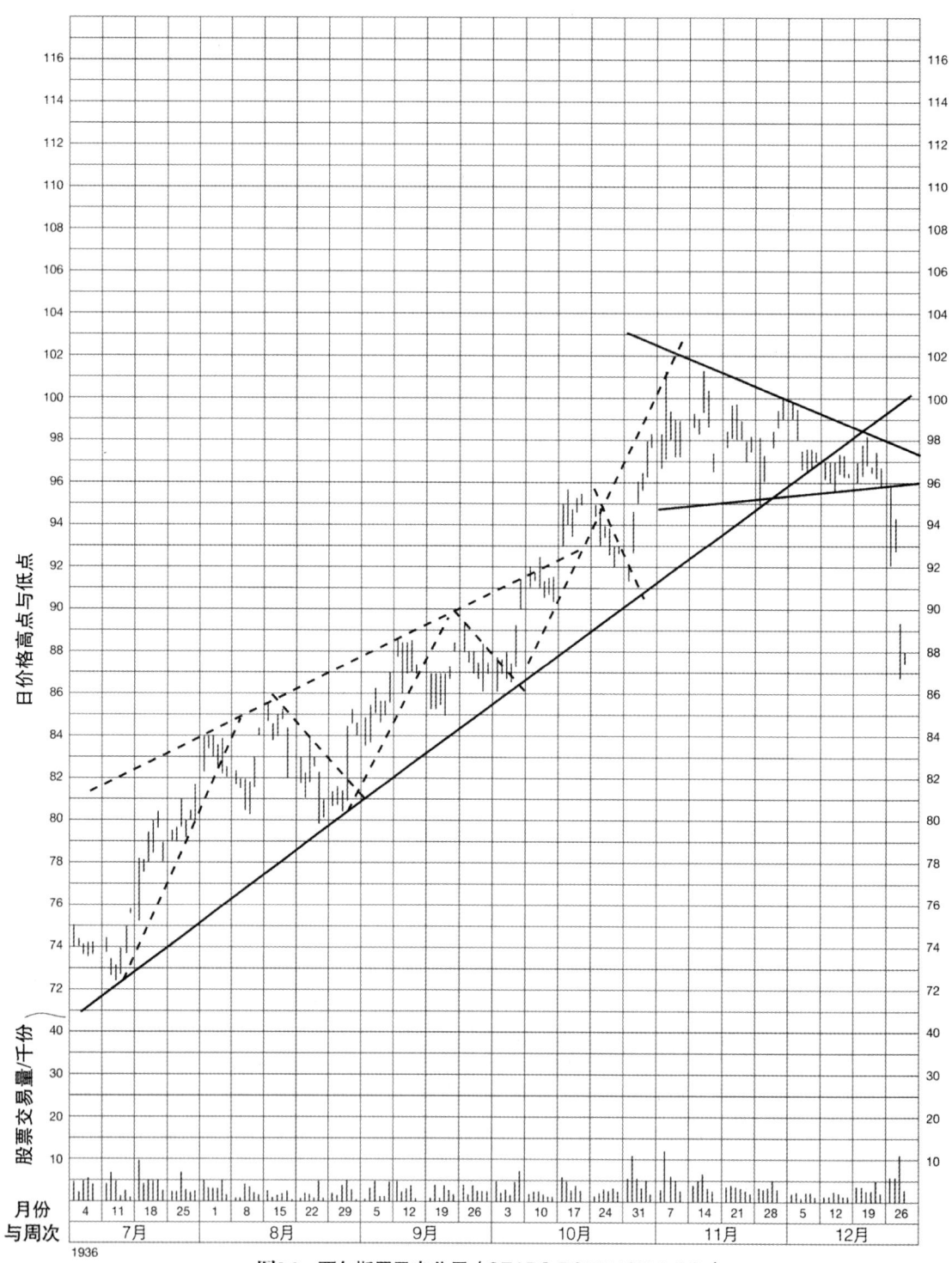

图8.8 西尔斯罗巴克公司（SEARS ROEBUCK & CO.）

水平交易区域

在目前对于水平趋势线及趋势通道的讨论中，我们一直关注的是对角趋势，即倾斜向上或向下。而且我们看到，趋势越陡峭，即离水平线越远，则在通道内交易的获利空间越小。与之相对的另一个极端是几乎水平的趋势通道。如果这种通道比较宽，股价可以在上边界与下边界之间进行几个点幅度的摆动，则我们可以通过交易多空操作来获利。如果这种通道比较窄，那么虽然理论上仍有机会，但是获利空间要小得多，而且对操作者的敏捷性要求更高。

水平趋势通道的一个例子是美国标准公司1936年下半年的股票图（图8.9）。这条通道的宽度只有约两个点。尽管如此，对于能够迅速理解股价走势的敏捷型交易者来说，它仍然提供了获利的机会。这种趋势通道与之前介绍的矩形形态有一定联系。但是，平行趋势内的成交量变化并不总是像矩形形态内那样逐渐地、明显地下降。如果水平趋势通道比较宽，且比较松散，则它看上去就与矩形不太相像，如图8.9中美国冶炼公司的例子。

作为反转信号的趋势线

在介绍趋势线时，我们经常将股价显著突破趋势线作为重要预测信号。当趋势线首次被突破时，我们会怀疑这是否说明趋势已经被反转。在进一步讨论这个比较麻烦的问题之前，让我们先来看一下什么叫做显著的突破。

首先明确的一点是，图中趋势线越长，其倾角错误的可能性越高。也就是说，我们将线从起始点延伸得越远，它离真实趋势的偏离就越明显。因此，趋势线越长，我们应该越谨慎地看待股价明显破线的行为。我们也应该更加保守地操作。在评价长期重要趋势中时，一两个点的差别并不重要。同样，对于持续数周的中期趋势来说，几分之一个点的运动幅度也不能算作显著。记住这条基本原则（并清楚在有些时候基本原则可能不奏效或需要调整）之后，我们来学习一些更具体的规律。

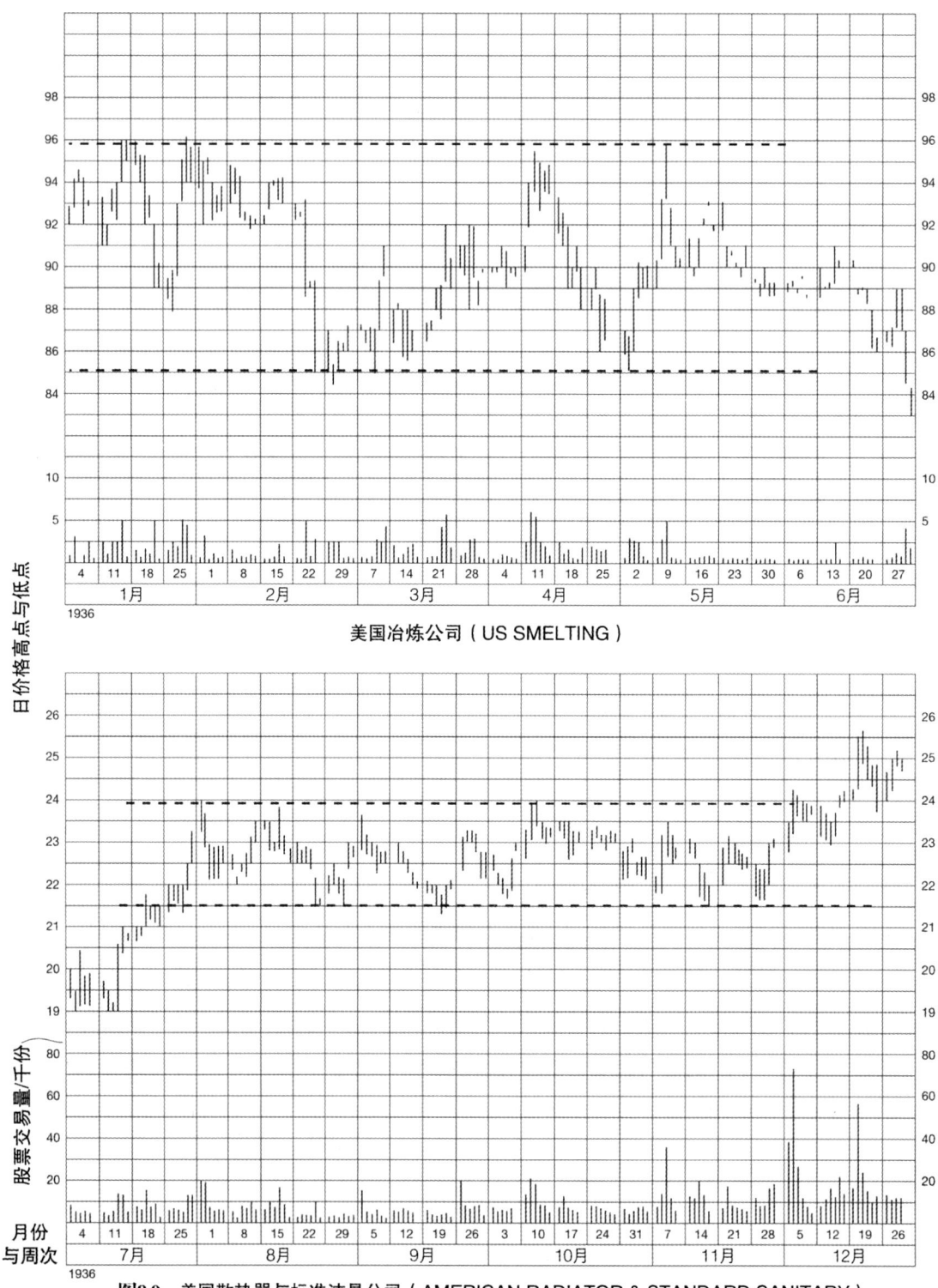

图8.9 美国散热器与标准洁具公司（AMERICAN RADIATOR & STANDARD SANITARY）

是什么构成了显著的突破

总体来说，评估股价突破趋势线行为是否显著的方法与之前学习的形态突破评估方法应当相同。换句话说，我们必须同时考虑股价运动的幅度、突破当天的收盘价以及成交量，尽管我们后面会看到，成交量在这里并不是显著突破的必要条件。

首要的、最重要的考虑是突破的幅度。对于价格在 50 以下的股票来说，突破明确建立的中期趋势线的幅度小于一个点时，基本没有技术意义，只是偶尔可能需要我们调整一下趋势线的角度。对于股价在 25~50 之间的股票，突破幅度应为一个点，对于价格更高的股票，幅度按比例增加。另外，在短期、较小的趋势中，突破幅度可能稍小。

除了股价运动幅度之外，当天收盘价水平也必须纳入考虑范围。如果当日股价一度突破趋势线，但最终掉头并收盘于趋势内，那么一般不能有把握地认为趋势已经被破坏，虽然一般在这种情况后，很快就会出现有效地突破。通常来说，股价需要穿透趋势线，并收盘于显著远离趋势线的位置，此时我们才认为趋势被破坏。

突破趋势线的成交量变化

尽管趋势线的明确突破经常伴随着成交量的增加，向上突破时尤其如此，但我们不能完全依赖这一规律。最多可以说成交量的增加使突破的意义更为重要。当股价突破趋势同时突破某个形态时，对趋势的突破更加重要。

当一条重要的趋势线被穿破时，经常出现缺口现象。这种缺口是突破缺口，与出现在股价突破区域形态时的缺口意义相同，可以被看做明确的突破。

大家此时可以回顾一下我们对巴尔的摩—俄亥俄公司 4 张股票图（图 8.3、图 8.4、图 8.5、图 8.6）的详细分析，尤其注意重要的突破。另外，图中还出现了几次不明确的突破，可以不加以考虑——例如 1935 年 12 月第一周内的股价运动，以及同月 28 日的运动。另一个运动幅度上并不显著的例子发生在 1936 年 10 月第一周。

扇叶式散开与熨平趋势

在学习了明确突破趋势线行为的要求之后，我们现在来看一下这种突破的预测意义。最重要的问题是:"趋势是否发生反转？原本上涨的股价是否将要下跌？或者原本下跌的股价是否将要上扬？"不幸的是，不存在简单、肯定的测试来找到答案。反复试错、不断研究以及实践经验对于正常解读趋势线现象非常重要。趋势线现象并不比我们之前学习的其他技术形态或图表现象更为正确，但是如果考虑图表整体，我们常常能找到许多帮助做出正确预测的线索。

正如在巴尔的摩—俄亥俄公司的股票图中分析的那样，趋势的陡峭程度常常是预测反转的可靠线索。如果趋势一开始就非常陡峭，那么我们应该预期它将被破坏并修正至更自然的角度，之后才会发生相反趋势上的真正的反转。这种趋势的修正或许可以被称为扇叶式散开，因为后续的趋势线一般从一个公共点开始逐渐分岔，就像女士的扇子一样。通常，当这种扇叶式运动发生时，第三条趋势线的突破标志着反转的出现。在巴公司的股票图中，我们已经看到了两个良好的例子——第一个在1935年8月到9月之间，趋势线A、B、C被打破时；第二个在1936年7—10月之间，趋势线L、M、N被打破时。

熨平趋势类似圆形反转

另一种类似于扇叶式散开的趋势线现象被称作熨平趋势，它与前面学习的普通或圆形反转形态有一定相似之处。事实上，这种现象看上去就是一个规模较大、变化较缓且相当不规则的圆形反转（不过需要除去圆形反转过程中的成交量变化特征）。下面我们以1929—1932年间大西洋炼油公司（Atlantic Refining）股票的周线图8.10为例，来学习熨平趋势现象。不需要仔细分析就能发现，当趋势在1932年几乎呈水平状态时，反转已经迫在眉睫。

利用形态帮助解读趋势线现象

当趋势线被破坏时，要判断突破信号是重要反转还是趋势修正，形态的预测意义往往能起到很重要的辅助作用。如果我们在图中看到某个重要的技术形态，一般就不需要趋势线现象来提醒可能出现的反转。事实上，大多数主要或中期趋势的反转都既可以由技术形态或股价运动现象或二者共同预测，也可以由趋势线的突破预

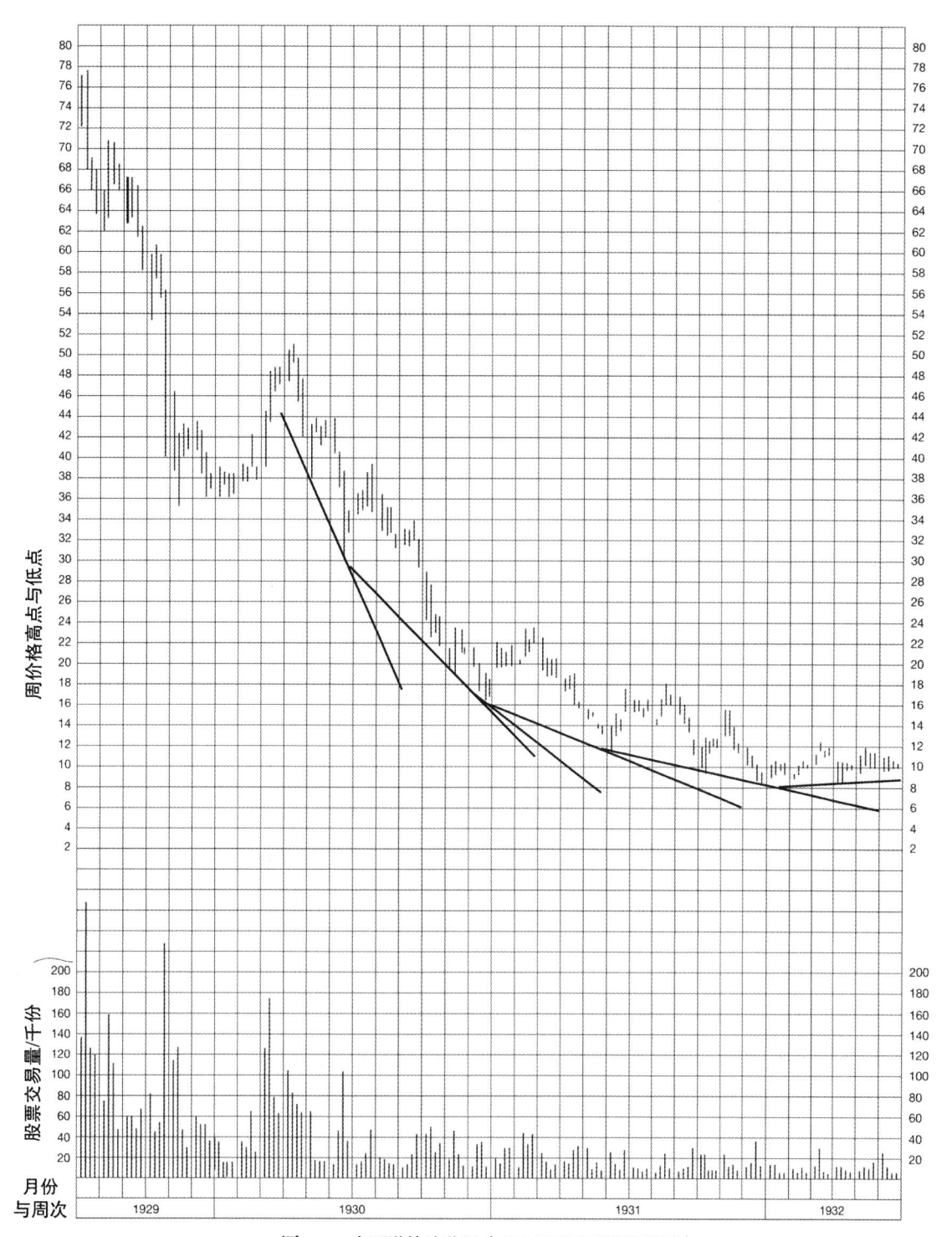

图8.10 大西洋炼油公司（ATLANTIC REFINING）

第8讲 趋势线

测。需要记住的是，充分利用所有的"工具"，利用趋势线更好地分析形态，利用形态更好地评估趋势线。在巴公司的股票图中，我们已经看到如何利用熟悉的形态来确认对趋势线意义的解读。

突破趋势线后的回撤现象

在股价突破趋势线并反转过程中，有一种经常发现的现象值得仔细研究。我们称它为"回撤"现象（throw-back），指股价突破趋势线后，很快又回到趋势之内的现象。这种现象非常常见，大概每三次突破中就有两次会出现回撤现象。

在巴尔的摩—俄亥俄公司的股票图中，我们可以找到好几个回撤现象的例子。例如，在图 8.3 中，9 月第一周的反弹使股价回到趋势线 B 内，而这条趋势线刚刚于 8 月 27 日被突破。趋势线 C 于 9 月 20 日被突破，紧接着 9 月 23 日股价就反弹回到线 C 以上。在图 8.4 中，2 月 17 日的下跌几乎使股价回到线 W 处，而线 W 刚刚于上周被突破。在图 8.5 中，回撤现象发生在 10 月 19 日，股价刺破趋势线 N 之后。读者还可以在这些图以及本讲其他例图中找到更多的例子，事实上如果仔细观察的话，几乎可以在任意一张股票图中发现回撤现象。

回撤现象的实际应用

或许我们较难对回撤现象做出合理的解释，但是它的实际应用价值却非常明显。我们不能指望在每一次突破之后都发生回撤现象，而且回撤的幅度也并不总能达到旧趋势线以内——股价可能触碰到趋势线，也可能在线附近波动几天，而且即使穿透线，其幅度很少超过几分之一点，有时回撤的股价可能离旧趋势线有较大距离。

在记住这些可能发生的情况之后，有经验的交易者仍然愿意利用这种友好的回撤现象，当趋势线刚刚被突破时，他只平仓部分股票。但是一般的初学者最好不要冒险依赖回撤现象，而是果断平仓。

另外，当趋势线的破坏伴随着突破缺口时，回撤现象会时常发生。

利用趋势线估计后续运动的幅度

在本讲开始处，我们曾简略提到趋势线的一种应用，即以此预测任一股价运动在脱离某种区域图形后可能达到的价格。既然我们已经借助几个例子仔细研究了趋势线运动，那么现在就来进一步研究这个实际问题。当我们需要判断某个形态是否值得操作，尤其当需要比较不同图表中的形态哪个能带来更大的潜在利润时，趋势线对后续股价的运动幅度的判断都是非常重要的工具。它也与中期或微小趋势中的反转形态密切相关。

举例来说，请读者观察巴公司股票图 8.4 中，1936 年 3 月股价突破直角三角形顶部之后的下跌运动如何在 F-2 趋势线处停住，并且等到一轮小幅修正之后股价才继续下跌，最终停止在长期趋势线 E 附近。再比如图 8.5 中，在离开强有力的上升三角形之后，股价 7 月份的上涨运动在新的长期趋势线 X（平行与趋势线 G）附近停住。

对数尺度的趋势线

在结束平行趋势线的介绍之前，有必要引入股票图的标尺。股票图的标尺主要有三种：连续（算术）标尺、比率（对数）标尺和平方根标尺。这三种标尺各有所长，虽然平方根标尺用得最少，而且没有什么重要优势。读者可能对前面二者的区别并不陌生，简而言之，对于比率（对数）标尺来说，随着股价上升，每一个点的间距逐渐缩小，使得股价相同的百分比变化对应相同的垂直距离。例如，比率价格标尺上 10 与 20 的距离等于 20 与 40 的距离，也等于 40 与 80 的距离，依此类推。而算术标尺中，不论股价多高或高低，每一个点的间距都相等。算术标尺是我们本书到目前为止所有例图中使用的标尺。

平方根标尺是一种半对数标尺，介于算术标尺与对数标尺之间。擅长数学思维的读者可以理解一下这样的描述：一条股价每天上升一个点的趋势线，在算术标尺图表中为直线，在对数标尺图表中为对数曲线，在平方根标尺图表中则为抛物线，三种情况中熨平趋势的速度依次递减。

比率标尺的优点在于，股价越高其波动幅度往往越宽，而通过衡量百分比的变化，对数标尺能够弥补这种大幅度摆动带来的不便。

对数标尺 vs 算术标尺

但是根据我们的经验来看，算术标尺更方便使用，而且它对形态的扭曲程度要远远小于对数标尺。对数标尺可能在高股价水平上压缩形态，而在低股价区间内放大形态，因此要正确地解读形态意义非常困难。

对数标尺的图中，除了一种特殊情况之外，趋势线一般不是直线，因此较难进行获利操作。这种特殊情况是长期上涨的大牛市，此时算术标尺的股票图中趋势线一般加速度为正，呈向上弯曲的曲线。这种现象最常出现在股票均价的月线图中，或者在与市场趋势紧密相连的龙头股票走势中。例如，道琼斯工业平均指数在1924—1929年间的加速上涨趋势如果绘制在对数标尺上，则如图8.11所示，该上涨趋势基本形成一条直线，而不是向上弯曲的曲线。而且，1929年10月的突破表明这轮主要趋势的终结。与此类似，在对数标尺上，1932—1933年之间各底部联结成一条直线，并于1937年3月被突破。

另外，对数标尺的图表在主要下跌趋势中和在上涨及下跌的中期趋势中都基本没有作用。简而言之，一般的交易者完全无需采用对数标尺的图表，除非他个人偏好用对数标尺来记录周线图和月线图。

对成交量的综述

在介绍股价形态和现象的过程中，我们多次提到所伴随的成交量变化的特征。我们相信大家已经认识到成交量对于技术分析的极端重要意义。说"成交量占据了技术分析的半壁江山"可能并非绝对正确，但是这确实有助于强调同时考虑股价运动与成交量变化进行预测的重要性。

成交量是衡量某段期间内某只股票买入与卖出情况的指标。每一笔交易都包含一位买家和一位卖家。其中，买家愿意（或者不得不）在某个价格上买入股票，卖家则愿意在该价格上卖出股票。作为这只股票的潜在交易者，我们希望了解这些交易对股价走势的可能影响。一般来说，我们无法获知到底是谁在买入谁在卖出，以及他们这样做的原因是什么，也无法根据交易者的数量来判断买方力量与卖方力量孰强孰弱。但是，如果能够将交易的成交量与股价联系起来，并且成交量能够纵向比较，那么我们一般可以推断出它在技术图表中的影响意义。

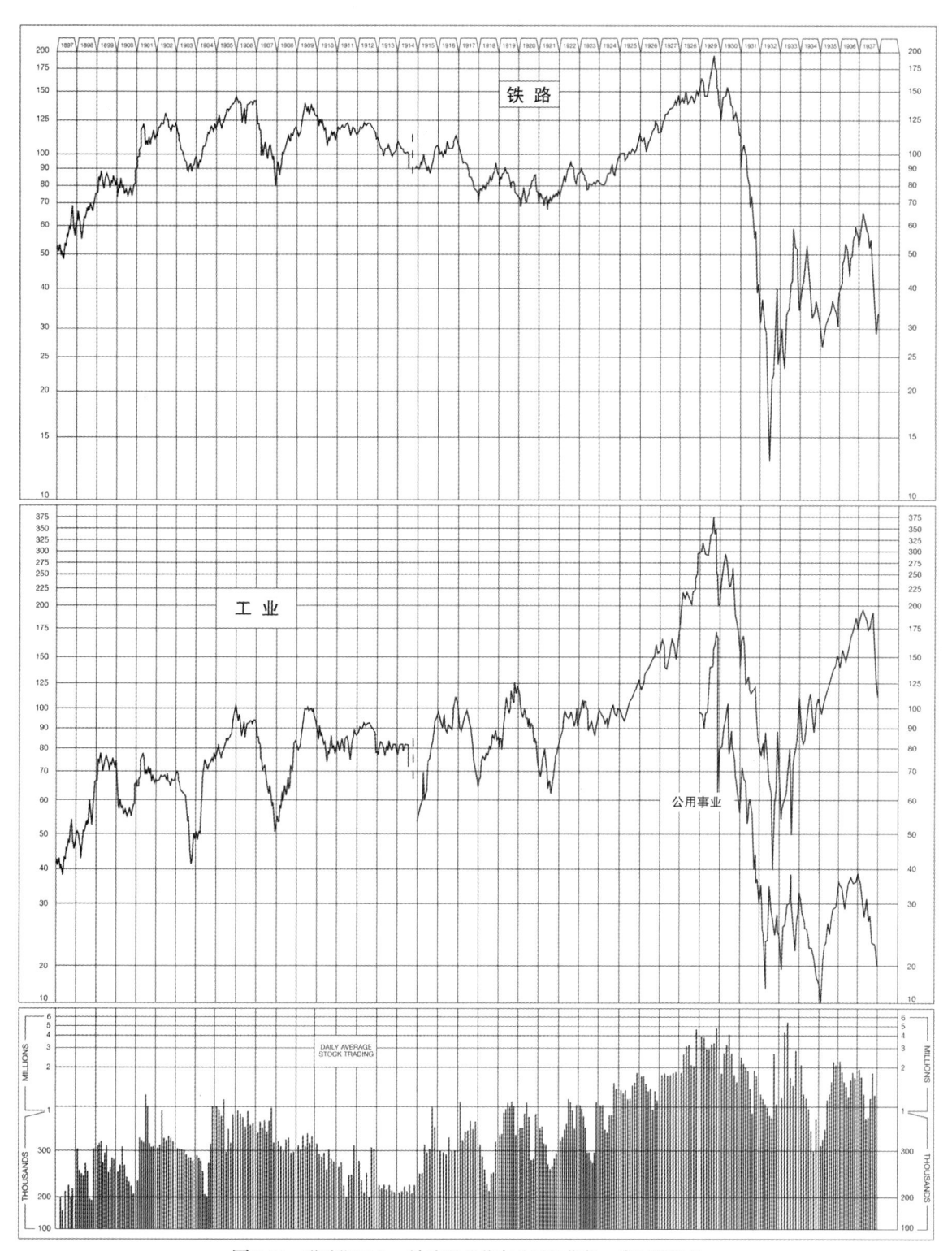

图 8.11 道琼斯工业、铁路和公共事业平均指数，半对数标尺
（THE DOW–JONES INDUSTRIAL,
RAIL & UTILITIES AVERAGES ON A SEMI–LOGARITHMIC SCALE）

第8讲 趋势线 | 273

成交量的历史变化非常重要

在解读成交量的技术意义时,最重要的考虑是"两个关系"。首先是当前成交量与前期成交量变化的关系,其次是成交量与同期股价运动的关系。换句话说,某天成交量的具体数值并不重要,真正重要的是该数值与之前几天内成交量数值的比较,或者有时是与之前几周甚至几个月内数值的比较。在具体分析成交量图表之前,我们必须对该股票成交量变化的历史有足够的了解,以作为比较的基础。因此,在对成交量的讨论过程中,读者一定要记住的是,当提到"高成交量"时,我们指的是成交量比该股票考虑期间平均成交量情况高。

同时,尽管我们会给出一些一般结论,但是就像所有的技术分析因素和现象一样,它们并不是万无一失的,不管对于股价还是成交量分析。

总结之前介绍过的成交量特点

在前几讲中,我们曾在以下情况中特别提及成交量变化的相对特点:

1. 趋势反转时的高成交量法则。现在我们已经更了解技术预测分析,因此对于这一法则,后文将作出更深入的分析并介绍更多的限制条件。
2. 区域类形态(如三角形态、旗形和矩形)形成过程中,尤其在接近完成时,日成交量出现标志性下降,以及圆形顶形态在越过中心点之前成交量下降。
3. 股价突破区域类形态时,成交量显著增加。在某些情况中,这种增加可能发生在突破之后的一至两天内。
4. 加速或下垂形态中,高成交量标志极点出现。
5. 竭尽缺口形成时,出现高成交量。

作为反转信号的成交量

到目前阶段,读者应该能明显看出总结中第4条和第5条之间的密切联系。这两种情况中,股价都剧烈上涨或下跌,其原因就是成交量井喷表明的超买或超卖现象。而且很明显,这种极值或竭尽的成交量从本质上来说,符合趋势反转中成交量增加的一般法则。但是,当具体分析趋势反转处成交量的特征时,我们会发现这种极值或竭尽的成交量在股票图整体中作用有限，而且得出一个很有趣也很有用处的结论：顶部反转与底部反转中成交量的典型特征并不相同。

反转处典型的成交量变化

趋势反转期间，典型的成交量变化是两次冲高（或者增加）。第一次伴随着股价在旧趋势中最后的推动，第二次则伴随着股价突破进入新趋势。第一次是极值或竭尽运动，第二次则与我们已经介绍过的技术形态突破过程中成交量的增加特征有关。尽管单从图形来看并不总是非常清晰，而且存在诸多例外情况，但是如果仔细分析的话，大多数股票图在反转处都具备极值和突破两次成交量增加，即使图中并没有出现明确的技术形态。

在头肩反转的情况中，如果头部只比左肩高一点，那么成交量极值往往出现在左肩的形成过程中，而头部的成交量则增加较少。当颈线被突破时（或者突破之后不久），突破成交量出现。如果头部比左肩高很多，那么真正的极值成交量通常出现在头部形成过程中。在三角反转情况中，极值成交量出现在形态开端，即股价在旧趋势中的最后一次有力上涨，之后就进入逐渐向一点会聚的波动过程。极值成交量也标志着旧趋势已经到达尽头。

在矩形反转的情况中，成交量变化与三角反转情况完全相同。但是在圆形和复合反转形态中，情况稍有不同。在典型的圆形或普通反转中，极值成交量出现在股价趋势开始加速时，突破成交量则在股价掉头进入新趋势时出现。而在复合反转形态中，成交量的变化比较混乱，既类似普通反转的情形，又类似头肩反转情形，有时看上去像是二者的混合。

顶部与底部成交量变化的区别

分别比较极值缺口和突破缺口，我们可以看到顶部与底部成交量变化的典型区别。总体来看，顶部的极值成交量高于突破成交量，而底部的突破成交量一般高于极值成交量，不过存在许多例外情况。很明显，这种区别背后的道理可以用一句熟悉的俗语来解释："股价下跌易，股价上涨难。"

另外，从大多数情况来看，底部的极值和突破成交量一般整体低于顶部的水平。

趋势暂停时的成交量变化

在前面几讲的例图中，读者很可能已经发现成交量在趋势暂停时的变化与形态突破时非常相似。由于这种暂停通常导致股价的小幅回撤或修正，因此它与趋势反转有一定相关性。两种情况中，股价都是在一段波动之后出现突破，同时伴随着突破成交量。反转中成交量与趋势暂停中成交量的不同点仅仅在于变化的幅度。反转与趋势暂停本身更重要的区别是突破时股价的运动方向，而不在于成交量。尽管如此，有经验的技术交易者仍然能够从成交量中合理推断出当前变化是反转还是暂停。

形态过程中成交量的下降

在前面几讲中，我们多次提到成交量运动的另一个特点，即区域类技术形态形成过程中成交量的下降趋势。通常，当形态接近完成但尚未突破时，这种成交活动的萎缩尤其显著。掌握这条规则有利于分析者判断某个股份形态能否归为可靠的预测形态。如果股价运动呈现出一个良好的区域形状，成交量的变化可以用于确认，但并不是关键因素。如果股价运动形状非常不清晰，那么成交量的特点就能"投出关键的一票"。新手经常在图表中误认出本不存在的形态，这时用成交量检验一下就能帮助他避免错误的结论和无利的操作。

作为调整信号的成交量

我们已经知道成交量的增加表明技术形态的突破，这个规律的另一个应用是预测趋势调整。成交量的增加几乎总是伴随着股价的向上突涨，有时也伴随着股价的向下骤跌。如果股价下跌当日成交量没有增加，一般一到两天内会显著上升。如果成交量一直没有增加，那么有理由怀疑出现了"虚假移动"（将在第10讲中介绍）。我们只需记住，当股价离开某个波动区域时，不论其形态如何，成交量的显著增加都是趋势调整的信号。另外，趋势线刺穿时成交量的增加也有相同的含义，同时确认了刺穿运动的重要性。

在这方面，我们要再次强调周六成交量加倍的原则，这样才能与一周内其他天数的成交量变化进行正确比较。

成交量与股价运动的关系

目前我们还没有提到成交量研究的另一个方面，即成交量与股价运动的关系。就这个问题已经进行了大量研究，不过令人失望的是，至今尚未找到可靠的交易规律。这里我们只能给出一个一般规律，即只要股价的运动幅度与成交量变化幅度成比例，那么预测结果就是趋势调整。但是，如果连续几天出现高成交量，而股价并无明显变化，那么说明股价遇到了重要的阻力，接下来会出现一定程度的修正运动。这条基本规律在实际应用中需要最大的灵活性，而且需要与图中其他因素结合来评估它的重要性。

成交量与基本趋势的关系

最后，当技术分析者发现股票图表中其他因素都无法给出明确的线索时，成交量运动的另一个基本规律就派上了用场。这条规律可以简单地表述为：当股价运动与基本趋势方向一致时，成交量更高；方向相反时，成交量倾向于变低。需要注意的是，这条规律只适用于整体考虑，而不应该用于单日成交量的变化，因为此时存在诸多例外情况。但是，如果在股票图中一段合理的期间内使用，那么它的可靠度比较高。

我们可以找到很多良好的例子，事实上，只要仔细检视，几乎所有股票图中都能找到类似的例子。大家可能还记得，我们在分析 1929 年顶部通用美国运动公司股票图（图 5.1）中扩散三角形态时曾使用过这条规律，在阿那康德铜业公司（图 6.4）的上升三角形态分析中再次提到过它。这条规律对于第 7 讲介绍的线外运动分析有重要意义对于第 10 讲中将介绍的虚假移动侦测也很有帮助。另外，它还能在评价突破区域类形态后出现的回撤运动分析（之前曾几次提到，尤其在第 6 讲）中起到决定性作用。

对利用中期趋势的交易最有帮助

这条基本规律还适用于周线图中的主要或周期性趋势，但是对于长期交易来说则几乎没有作用，因为过长的时间间隔使成交量的相对关系难以清晰看出。

不过，在利用中期运动交易时，不管运动处于持续还是反转阶段，这条规律都非常有帮助。

具体来说，它能够非常有效地帮助我们判断上涨过程中的某次下跌究竟是反转进入下跌趋势的开端，还是仅仅是一次很快会结束并恢复的小幅波动；它也能帮我们判断下跌趋势中的某次反弹究竟是反转的开始还是暂时的修正。

大家应该能够理解，这条规律不过是我们工具箱中的另一件工具。就规律本身来说，它的作用比较有限，但是如果与基本技术分析因素——形态、缺口、趋势线等——结合考虑，它就能帮助我们对未来股价走势作出合理的预测。

道氏理论

此时简要介绍一下道氏理论是非常合适的，因为这个理论就建立在总体趋势和成交量的考虑之上，但不包含我们之前学习的任何具体形态和股价运动现象。

众所周知，查尔斯·H·道首先提出了道氏理论的基本原则，后人在其基础上发展出道氏理论。他个人只将这些原则应用于均价图的分析，且只是为了判断基本商业和经验周期，而不是用于投机获利。他的跟随者们更加关心这些原则在投机方面的应用，而且大多数公众也相信道氏理论是股市成功交易的向导，其实这与实际情况和创始者的初衷都相去甚远。

道氏理论中的两个指数

道氏理论基于对两个平均价格指数同时进行的分析和解读，这两个指数分别为道琼斯工业平均指数和道琼斯铁路平均指数。当道先生最初公布市场分析的基本原则时，铁路行业在美国金融市场占据极为重要的地位。投资在铁路行业的资本量占整个国家公司资本的很大比例。而且，当时几乎所有商品的运输，不论原材料还是产成品，都依靠铁路进行。因此，经济中的任何变化都迅速、直接地反映在铁路公司的收入中。正因如此，道先生才将铁路平均指数看得如此重要，虽然现在这种情况已经不复存在。1932年之后，铁路行业平均指数的运动较难用道氏理论来解释，而且常常具有严重的误导性。

道氏理论中的主要趋势

当代道氏理论研究的集大成者无疑是罗伯特·雷亚先生，下面的内容选自他的著作《道氏理论》，简要地总结了道氏理论中六条主要原则。

1. 三种趋势——平均价格指数运动中有三种趋势，它们可能同时发生。第一种也是最重要的一种是主要趋势，例如我们熟知的分别指显著上涨或下跌的"牛市"和"熊市"，它们可能持续几年的时间。第二种也是最具有欺骗性的一种是次级折返趋势，这是一种出现在整体上涨趋势中的大幅下跌，或者出现在整体下跌趋势中的大幅上涨。这些折返运动通常持续三周到数月。第三种通常不太重要的是股价的日常波动。

2. 两个平均价格指数必须互相确认——铁路平均指数和工业平均指数的运动应该同时考虑。其中一种平均价格指数的趋势必须经由另一个指数确认之后，才能得出可靠的结论。如果某一种平均价格指数的趋势不能得到另一个的确认，那么由此得到的结论几乎肯定是错误的。

3. 趋势的判断——连续渐高的上行式反弹是牛市信号。相反的，逐渐走低的下行式反弹则表明熊市的到来。这种结论有利于我们评估次级折返运动，而且对于预测主要趋势的恢复、调整或者反转都很重要。这里的反弹或下跌指某个平均价格指数一次或多个日变化导致股价运动方向反转，且幅度超过 3 美分。只有当两个指数都确认时，这种运动才有意义，不过这种确认不必发生在同一天。

4. 横向整理——横向整理指在连续两到三周甚至更长的时间内，两种平均价格指数都在大约 5 美分的幅度内运动。这种运动表明内部人将要吸入或出货。如果两个平均价格指数同时向上突破整理区间，则将出现吸入，股价将上涨；相反地，如果同时向下突破整理区间，则暗示着出货，股价很可能下跌。如果其中一个平均价格指数出现这种现象，但没有得到另一个的确认，那么结论很可能是错误的。

5. 成交量与股价运动的关系——存在超买现象的市场在反弹时成交稀少，而下跌时成交热烈；相反地，当市场处于超卖状态，则下跌时成交稀少，而上涨时成交积极。牛市一般终结于成交量过大的时期，而开始于相对较低的成交状态。

6. 个股——所有活跃的、流通量较大的大公司股票一般与平均价格指数同步涨跌，但是任何个股都可能存在与充分多样化的平均价格指数不同的个体风险。

道氏理论在股票交易中的应用

希望更详细地研究道氏理论的学习者，可以在罗伯特·雷亚的学生的著作中找到对所有原则的解释。广泛来讲，道氏理论对市场整体趋势的基本研究具有毋庸置疑的权威性，但是在个股交易方面，我们的经验表明它的价值有限。投资者不能买卖平均价格指数，而且个股的股价既不与指数同时达到峰或谷，也不具有相同的变化速度。更经常的情况是，当平均价格指数给出获利的信号或交易机会时，时机早已错过了。

第 9 讲

支撑与阻力水平

- ◎ 反转水平的重要性
- ◎ 术语的选择
- ◎ 预测阻力价位的方法
- ◎ 阻力价位将来成为支撑价位
- ◎ 反转价位的合理解释
- ◎ 记忆因素的影响
- ◎ 人为因素偶尔也有影响
- ◎ 供给与需求价位的可靠程度
- ◎ 过去的底部变为未来的顶部
- ◎ 过去的顶部变成新的底部
- ◎ 周线图的预测价值
- ◎ 成交量是估计未来影响的因素
- ◎ 熊市中建立的支撑与阻力位
- ◎ 相反趋势中重复出现的价位
- ◎ 预测通用电气公司的下一步走势
- ◎ 中期趋势中的阻力和支撑位
- ◎ 微小顶部不久变成微小底部
- ◎ 微小支撑价位的反向作用
- ◎ 形态与趋势线中的阻力位
- ◎ 趋势线确立的支撑与阻力
- ◎ 被突破的趋势线将很快失去技术意义
- ◎ 支点——强阻力点
- ◎ 头肩反转形态中的支撑与阻力
- ◎ 多重形态中的支撑与阻力线
- ◎ 矩形和直角三角形的分析
- ◎ 对称三角形中建立的支撑与阻力水平
- ◎ 形态顶点显著的情况
- ◎ 对称三角形构成"支点"
- ◎ 第三种情况
- ◎ 预测支撑水平时需要灵活判断
- ◎ 形态阻力研究的应用
- ◎ 买入或卖出的第二次机会
- ◎ 旧支撑或阻力价位的有效期
- ◎ 50、100等价位的特殊意义
- ◎ 中期运动的半途理论
- ◎ 从支撑或阻力位"弹开"的效应
- ◎ 获利的良机
- ◎ 卖空操作中支撑和阻力价位的作用

在上一讲中，我们提到趋势线的用途之一是估计股价中期运动的目标价位。存在明确的趋势表明股价运动只要触到趋势边线就会折返，因此我们可以衡量交易可能获得的利润，并且将这个利润在不同股票之间进行比较。趋势线的这种约束作用可以称为"阻力"现象，是一种对于许多技术交易者来说非常有利的交易工具。支撑与阻力水平是本书中最有趣，也最实际的研究主题之一，因此我们将花较大的篇幅来介绍它。

反转水平的重要性

在本书中，我们首先介绍的是预测趋势反转的各种形态。表明反转的信号无疑是实际交易中最重要的一项，因为在反转迹象出现之前，我们都可以认为之前或当前趋势正在持续。这里的反转迹象就是表明技术形势正在发生变化，因此应当立即按照新的趋势调整我们的交易策略。

如果能通过某种方式进一步获得反转何时发生的信息，那么在计划策略方案时就非常有优势。例如，假设我们决定买入某只股票，根据获得的信息，我们知道股价接近哪个时点时应密切关注股票图的走势。而且当反转证据出现时，我们也能更迅速地操作。所以，了解股价将在什么水平遇到阻力，对实际交易非常有帮助，它可以帮助我们判断买入该股票是否有利，也能告诉我们何时应卖出获利。

术语的选择

一般来说，阻力价位指在该价格区间内，股票买入或卖出报价增多，致使技术趋势被阻碍，结果是趋势反转，或股价暂时停滞在该位置上波动。不过为了使后面的讲解更清晰，我们不采用阻力价位的这个宽泛定义，而是将"阻力"仅限于股价上涨运动中被阻滞的价格区间，同时采用"支撑"来描述下跌过程中股价停留的区间。

在这样的定义下，阻力价位是一个粗略的值，或者一个明确的价格区间，在该位置上之前上涨的股价遇到强卖阻力。支撑价位也是一个粗略的值或者价格区间，此前下跌的股价遇到强买支撑。因此，阻力价位也可以被称作"供给区"——该区域内股票的供给增加。同样道理，支撑价位可以被称作"需求区"。

预测阻力价位的方法

在前面研究趋势三角运动时，我们已经提到一种预测潜在支撑或阻力点的方法。事实上，在前面学习过的各种形态及股价运动现象附近，都存在着许多暂时的支撑与阻力水平，我们将在本讲后面仔细介绍。不过在实际交易中，最重要的支撑和阻力价位出现的区间，往往是该股票历史走势中曾出现区域形态或价格原地波动的区间。从这个意义上来说，后来的支撑和阻力价位不过是之前相同位置上支撑和阻力的再现，因此我们知道，任何股价波动形态，不论反转还是调整，本身都反映了某种支撑与阻力现象。

阻力价位将来成为支撑价位

此时需要重视的一点是，当一个由阻力形成的区域形态被突破后，它就变成了支撑位。同理，当支撑价位被突破后，它成为以后股价运动的阻力位。支撑与阻力可能一直保持支撑或阻力，但更经常的情况是，它们会不断交换身份。换句话说，一个区域形态，不论由阻力形成还是由支撑形成，未来都可能在相同或相反的方向上再次出现，并阻止从上方或下方接近的股价运动。

反转价位的合理解释

要对支撑与阻力价位做出合理解释，我们必须同时考虑自然因素和人为因素。一种自然解释的根据是公众等交易者倾向于记住并看重股价之前的走势。当股价水平变动迅速时，公众将在分隔较大的水平上买入和卖出，没有聚集现象，人们也不会对股价留下深刻印象。

但是，如果股价在一个较窄的区域内波动了一个时间，那么公众的买卖交易都聚在该区间内，因此人们容易记住这个特定的价位。股价停留在该区间内时间越久，其间发生的交易量越大，这个区间对于未来技术分析就越重要。

例如，股价从 75 快速涨至 100，之间的价格都没有足够的停留时间来产生技术分析意义。但是如果股价接着遇到阻力，在 95~100 之间波动了一个月，那么公众将很可能记住这只股票的这个价格区间。很明显，在这个区间内买入或卖出股票的人将尤其印象深刻。现在假设股票再次快速攀升，然后在 125 左右形成一个狭长的水平区域。那么 125 的价位比 100~125 之间的各价位重要得多。在 100 和 125 这两个价位上，我们可以找到区域形态以及阻力和支撑价位。

记忆因素的影响

假设前面这只股票从 125 跌回至 100。当股价回到之前 100 左右的区间时，公众的关注程度将远大于整个连续下跌过程中的关注程度。如果股价到达 100 的位置，那些还记得这个区间的人，以及那些曾想在这个价格出手的人会开始买入。他们看到买入的第二次机会，许多人会抓住他。

另一种情况是，可能有一些交易者在 100 左右的区间里卖空股票，而且忘了布置止损指数，当股价涨到 125 时他们因为产生的浮亏而不安，那么现在股价回到 100 时，他们将非常乐意在原价上买回平仓，没有损失。因此，这些不同的自然因素形成了更强大的买入（或需求）力量，使得 100 从之前的阻力点变为支撑价位。

假设 100 附近的支撑力反转了股价趋势，那么当股价涨至之前的阻力位 125 左右时，它将遇到阻力。在此价格上，那些前一次涨到 125 时想要卖出股票的人抓住了第二次机会。那些当股价跌回 100 时，希望自己曾在 125 卖空的人也获得了第二次机会。因此，仅仅从自然因素角度来看，阻力与支撑价位的重要性是非常合理的。

人为因素偶尔也有影响

不过，有时我们可以发现一些人为因素，比如职业操盘者计划好的行为。内部人的操作有时具有我们刚才提到的自然因素，但是更经常地，他们很清楚自己想要在什么价位吸入股票，在什么价位抛出股票。他们要想在某一价位上买入一大笔股票，然后再在另一个价位上卖出，往往需要提前制定明确的、有组织的方案。

如果操盘手在 100 左右的价位上买入所需的大部分股票，并决定在 125 左右的价位卖出，那么他们不大可能在股价第一次涨到 125 时就全部抛出。更可能的情况是，股价第一次达到目标时，他们先抛出约⅔的股票，使该价位上的多头力量暂时耗尽，然后让股价自己逐渐下跌，除非多头的力量过弱，股价即将跌穿 100。这时他们的最佳策略是买回一些在 125 价位上抛出的股票，从而使下跌停止在 100 的位置上，然后缓缓回升。但是当新的上涨趋势再次接近 125 时，他们将卖出剩余的所有股票，从而实现在 100 买入，在 125 卖出的计划。

供给与需求价位的可靠程度

在任何情况下，我们都会发现这种支撑和阻力价位非常可靠。尽管如此，我们要再次强调，它们并非万无一失。不过，它们可能比之前学习的形态和法则更重要、更可靠。有时，历史走势中预测的阻力位和支撑位可能不会持续有效，但是对于图表分析的读者来说，它们仍然很有价值。它们可能在一段时间内有效，但是一旦我们发现这些价位被打破时，它们就在反面意义上起作用，因为它们证明了当前股价运动的巨大力量，而且突出地表明这次运动将一直持续到下一次阻力或支撑位出现。

很自然，弄清楚过去的支撑或阻力价位将持续多久是实际交易中评估它们可靠程度的重要问题。不过，在我们研究这个问题之前，先来分析一些主要趋势中支撑与阻力现象的例子，以便于同学们加深理解。

过去的底部变为未来的顶部

前面我们学习了突破后的支撑价位变为阻力位（反之亦然）的一般原则。证明这个原则的一个几乎完美的例子，可以在道琼斯工业平均指数月线图（图 8.1）中找到。让我们首先观察 1924—1929 年之间的长期牛市，并且注意股价遇到阻力的价位。第一个阻力位出现在 120~124 之间，之前的上涨过程在此停留了 5 个月。第二次阻力位出现在 160~164 区间（注意图中每条线代表 4 个点），股价在这里停留了 1 年多，然后才再次上涨。当股价涨到 200 时，再次出现阻力位，持续 6 个月。接下来股价毫无困难地通过 216~220 区间，然后几乎直线攀升至 320~324，接着遇到阻力位，持续 5 个月之后才最终达到 1929 年顶峰。

现在我们观察 1929—1932 年间的大熊市。第一次恐慌性下跌使股价在两个月里从 212 跌到 196，在这里遇到支撑位并反弹，这个支撑位是之前上涨过程中的阻力位，印证了我们的一般原则。1929 年灾难性的大崩溃在股价轻易地突破 320 左右的支撑位时，就已经有了征兆。但在第一次恐慌性下跌之后，股价走势出现了一系列较正常的摆动。从 196 开始的一次比较有力的反弹，使股价在 1930 年 4 月回到 296 的位置。注意这个阻力位就是 1929 年前 6 个月上涨过程中的支撑位。换句话说，过去的底部现在变成了新的顶部。

过去的顶部变成新的底部

让我们继续看熊市中的情况。接下来的下跌在 216 位置短暂停留，此支撑位是 1928 年早期上涨过程中的阻力位。过去的顶部变成新的底部。下一次股价的骤降在 160 位置遇到支撑，在 1925 年 10 月至 1927 年 3 月之间的细节图中我们曾强调过该位置的重要性，同样是过去的阻力位变成现在的支撑位。1931 年早期的反弹在 196 位置上遇到阻力并掉头，此价位也是 1929 年第一次恐慌性下跌过程中的支撑位。接下来的下跌停止在 120 的支撑位，而在 1924 年末至 1925 年初时它是阻力位。

1932 年起牛市的开始阶段中，股价的变化不能与之前的走势直接比较，但是仍然可以发现第一次上涨过程在之前熊市的堵塞处被反转。另外，160 的价位首先在 1925 年至 1927 年之间作为阻力位，接着在 1930 年成为支撑位，然后在 1931 年变为阻力位，又在 1936 年成为阻力位。1931 年 6 月的下跌在 120 位置上遇到支撑，同年 11 月的反弹则在 120 位置上遇到阻力。1932 年 9 月上涨的顶部在 1933 年和 1934 年间都担当了支撑位的角色。

周线图的预测价值

紧跟市场的学员一定对过去的顶部与底部对未来走势显著的影响力印象深刻。它们对于预测目标价位的重要性不言而喻，即使只草草浏览一下道琼斯工业指数 12 年间的走势也能清楚地看到。但是，在对个股交易应用支撑与阻力理论时，周线图能够给出比月线图更准确、更具体的信息。它们能更清楚地显示出股价长期堵塞的位置以及股价迅速掠过而没有形成阻力与支撑的位置。周线图还能反映不同价位的成交量水平，而成交量在判断这些价位未来重要性时非常有用。

如果我们仔细观察，任意一只活跃股票的周线图都包含许多过去走势中支撑与阻力位对未来走势形成影响的例子。例如，通用电气公司1932年7月之前的股价与成交量变化（图9.1）。左侧空白处的数字是1930年1月股票一拆四之前的股价，右侧空白处则是拆分之后的股价。我们只需要看右侧的数字。

成交量是估计未来影响的因素

1929年11月，通用公司的股价从400左右的峰值猛跌至168。这等同于拆分后股价从100跌至42，这里42是一个对未来走势可能有一定影响的价位。接下来的"恐慌后"反弹使股价回到64~65之间，接着遇到了长达两个月的阻力，直到跌至54~55之后，股价才重新开始上涨。这一波上涨在78~79位置上遇到阻力，持续一个半月，然后继续上涨至94~96区间后被反转。现在股价开始下跌，第一轮剧烈下跌刺穿了78~79线（表明确定无疑的下跌行情），但是在74位置上得到支撑；这次运动（即1930年4月最后一周和5月第一周）伴随的高成交量表明支撑位对未来走势有重大影响。另外，在学习这幅图中的成交量时请记住，应当将股票一拆四之前的成交量乘以四之后才能与后续成交量进行比较。

接下来的下跌在64~65区间内得到支撑，而在1929年末，这个区间是阻力区。下一轮反弹在74价位上遇到阻力，我们在前面提到过该价位可能有重大影响。股价在64~65和74位置上波动了3个月，说明这些价位未来可能有重要影响。

熊市中建立的支撑与阻力位

在探讨复杂的细节之前，我们继续跟踪通用电气公司从熊市开始到1932年底部的股价走势，并注意其中阻力和支撑的价位。

支撑位分别出现在1930年11月的46~47水平和12月的42水平上，后者还是前面提到过的1929年的支撑位。之后，股价在54左右遇到阻力（与1929年12月比较），36左右得到支撑，46左右遇到阻力，然后在24~25位置上得到有力的支撑（根据成交量因素判断）。但是，后续的反弹没有按照我们的预期回到36（与1931年6月比较），而是在34~35位置上被反转。下一个支撑位是18，接着与我

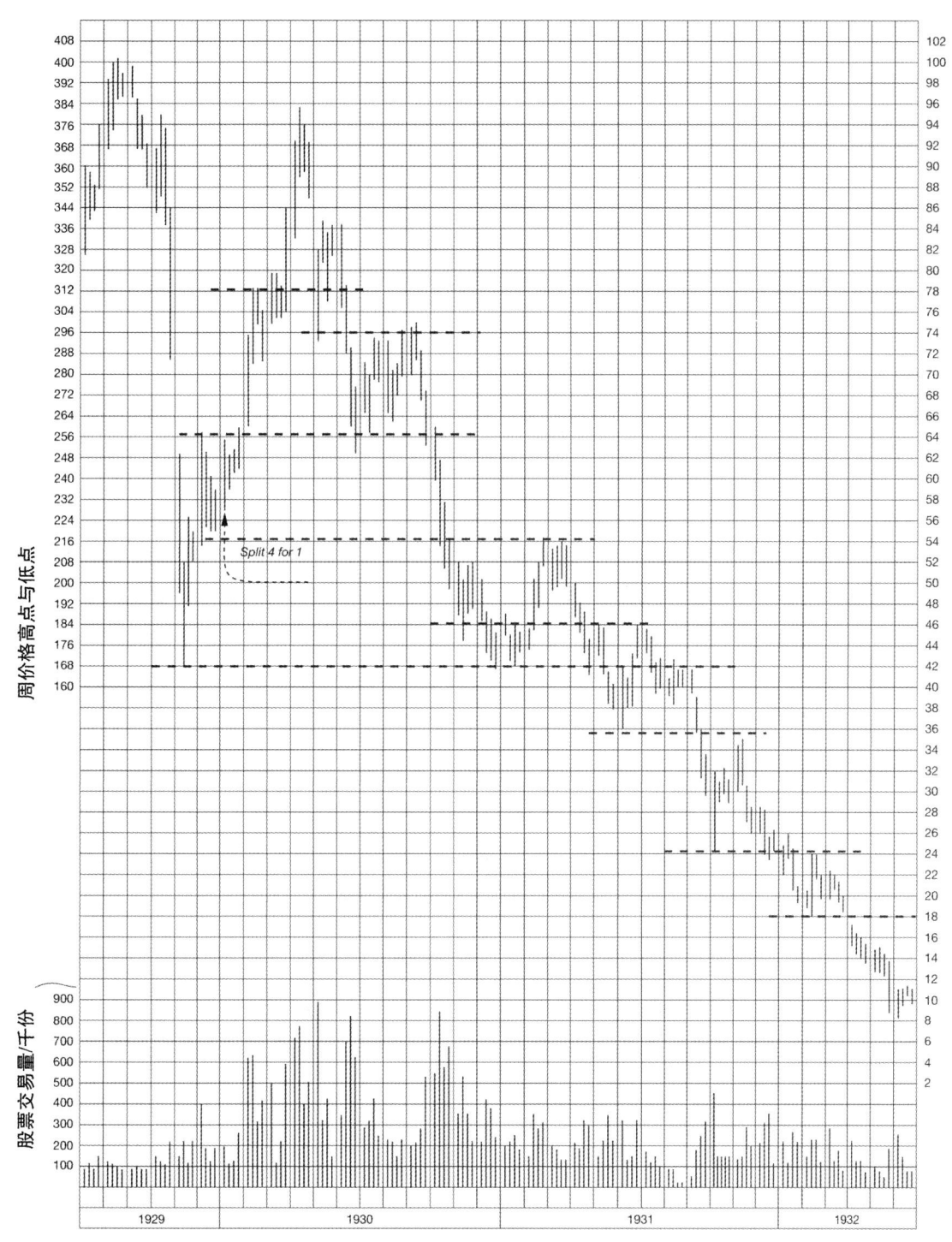

图9.1 通用电气公司（GENERAL ELECTRIC）

们的预期一致，1932 年 2 月在 24 的位置上出现阻力。

在离开这张图表之前，我们建议学习者回顾一下前面的分析过程，并注意图中的虚线如何清晰地画出股价运动和堵塞的边界。这里我们主要用视觉上的平均值来画出各价位，不过要记住，之后的股价运动可能并不会精确地按照画出的线运动。另外注意成交量的变化，因为一个合理的假设是，建立支撑与阻力位过程的总成交量越大，该价位对未来股价趋势的影响就越持久。

相反趋势中重复出现的价位

在明确了通用电气公司熊市中重要的支撑与阻力位后，我们现在来检验它们在相反趋势中的实际影响。图 9.2 是该股票 1932 年 7 月到 1936 年 12 月之间历史走势的周线图。图中用虚线画出了 9.1 中的各价位，以方便同学们了解它们的持续影响。

首先，第一轮剧烈上涨刺穿了 18 价位，而我们原本预期这里将出现阻力；尽管如此，从 1933—1934 年，这个价位确实发挥了持续的影响，如 1932 年 11 月的阻力以及之后众多下跌中的支撑。

我们曾在 1931 年的走势中提到 24~25 价位很可能对以后的走势有重要影响，现在发现它在这张图中构成了一堵"阻力墙"，只有 1933 年夏天一次剧烈的上涨曾刺穿它，接着就直到 1935 年 6 月股价才突破。1929 年恐慌性下跌中的支撑位 42 在 1936 年成为阻力位，同时还是中期反转点。事实上，从 1935 年 11 月股价涨到 41 时，这个价位的作用就已经开始显现。接下来 3 个位于 42 以上的旧支撑和阻力位的影响，在图 9.3 通用电气公司 1936 年后半年的日线图中看得更明显。

预测通用电气公司的下一步走势

在前面的学习中，我们已经看到旧的支撑和阻力位在后续的股价运动中能够发挥多久的影响。而且我们还观察了许多重要的例子，证明旧的支撑位或底部如何在后来的运动中变成阻力位或顶部。通过研究通用电气公司的历史走势，我们可以合理地预测：股价将在涨至 54~55 位置上遇到阻力（与 1929 年 12 月和 1931 年 2 月作比较），在突破这一价位后，股价将能够自由运动至 64~65 价位（与 1930 年 6—8 月作比较）。事实也正是这样。

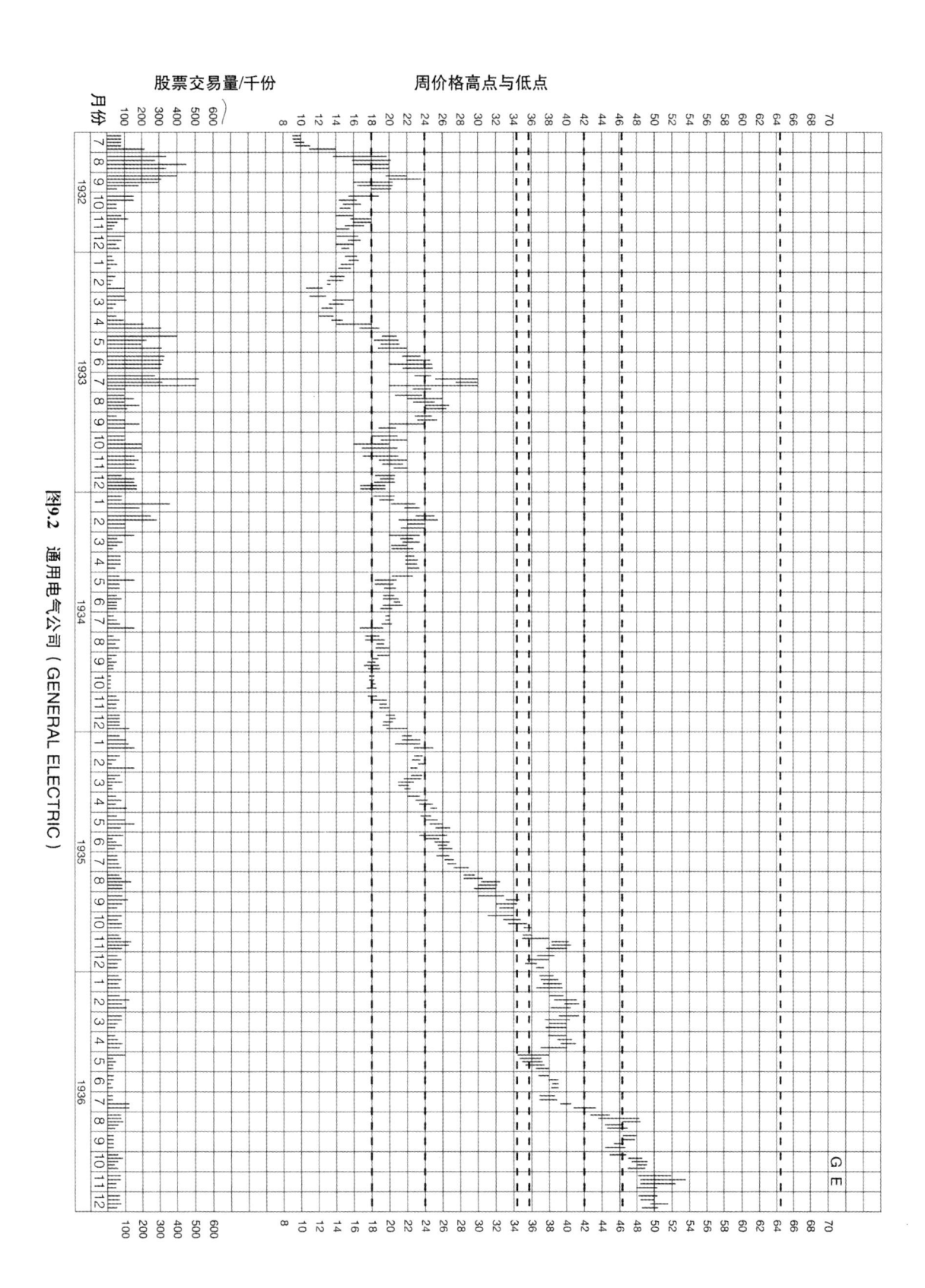

图9.2 通用电气公司（GENERAL ELECTRIC）

第9讲 支撑与阻力水平 | 291

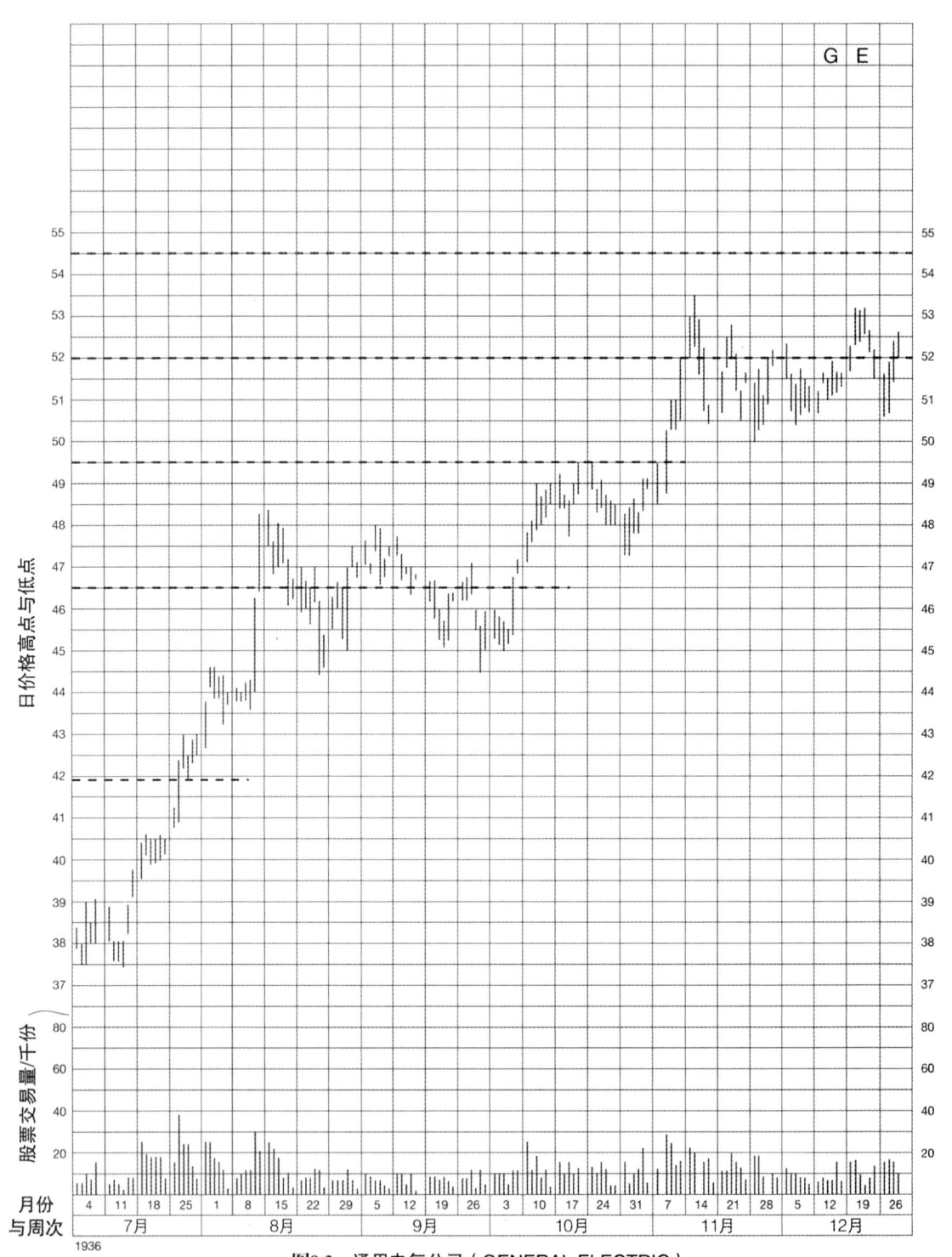

图9.3 通用电气公司（GENERAL ELECTRIC）

中期趋势中的阻力和支撑位

到目前为止，我们的讨论都集中在长期图表中由中期运动构成的主要支持和阻力区域。对于技术交易者来说，提前识别这些区域当然是最重要的，而且我们也在例子中看到如何通过周线图中的历史区域可靠地预测未来的影响。但我们也看到，这些价位不能通过任何数学过程建立，而且在估计未来影响的时候，我们不得不依靠大量主观判断和对股价和成交量的视觉感受。不过，尽管在绝对精确度方面有缺陷，重要的支撑与阻力位（或者需求与供给区域）估计一般比较接近真实情况。

现在我们来学习中期趋势中的微小波动，将发现它们包含与主要趋势中支撑与阻力位相同的现象。这些微小波动在周线图上是看不到的，但是在任意活跃股票的日线图中都可以找到。斯奈德包装公司（Snider Packing）的股价走势（图 9.4）就给出了很好的例子。

微小顶部不久变成微小底部

1935 年 7 月和 8 月，该公司股价上涨至 19 时遇到阻力，直到 8 月 29 日被突破（注意成交量）。接下来的反弹在 21 水平上形成微小顶部，然后股价回落至 19，并在这个之前的阻力位上得到支撑。接着股价从这里涨至 23½，然后跌至 21。这里又出现了之前的顶部变成新底部的现象。后来的变化比较重复——每次小幅下跌都在前面小幅上涨的顶部得到支撑并反转。只有一次例外，即 10 月 22 日的下跌，当时股价没有到达前一次的顶部 24½。

当 11 月出现中期反转时，第一次剧烈的下跌停滞在 10 月末微小顶部的附近，接着第二次下跌则在 9 月最后一周的顶部附近得到支撑，同时伴随高成交量。

微小支撑价位的反向作用

技术交易者能很快形成一种直觉来判断什么价位最可能成为未来股价运动的支撑或阻力。例如对于分析中期趋势的交易者来说，斯奈德包装公司 8—11 月之间出现的众多微小支撑位只有在被突破后才具有重要性。在中期上涨过程中，回落至之前顶部的小幅下跌经常出现，因此没有负面意义。但如果一次小幅下跌突破了比较

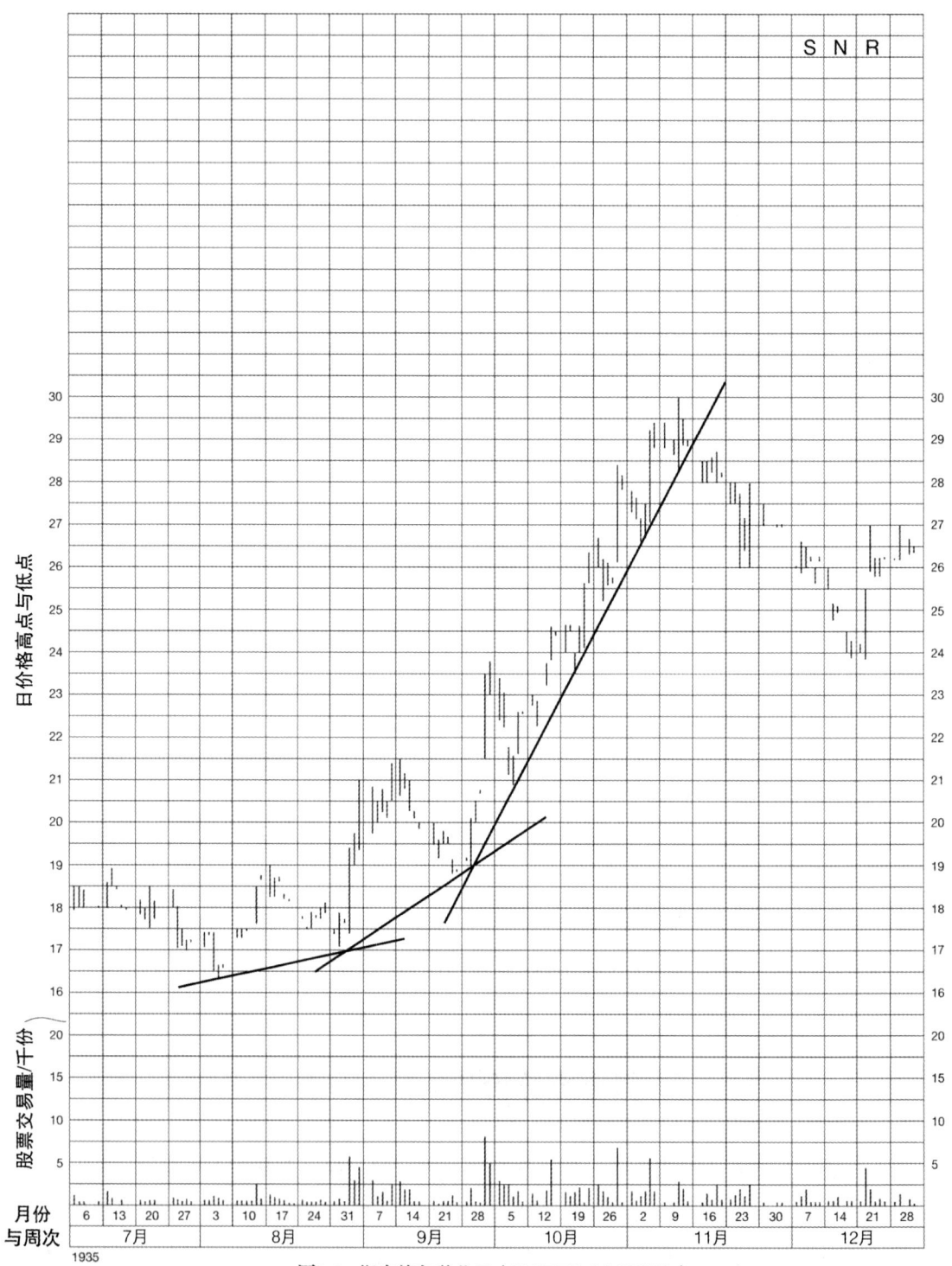

图9.4 斯奈德包装公司（SNIDER PACKING）

重要的支撑位，那就表明技术形势将发生重要的变化，中期趋势很可能被反转。

在本讲前面的众多例图中，大家可能发现许多微小支撑和阻力位的例子。例如，麦克货车公司（图 5.9）、电船公司（图 6.1）以及哥伦比亚碳棒公司（图 6.17）的股票图中都有明确的支撑和阻力价位。

形态与趋势线中的阻力位

我们已经学习了股价历史走势中支撑与阻力价位对于预测的重要性，也观察到这些价位如何根据股价接近的方向不同而转换其支撑与阻力的角色。在一开始讨论阻力价位时，我们提到阻力价位会反复出现，并给出各种可能的原因，包括记忆因素影响等等。这些价位一旦建立起来就不会随着时间而变化，不过它们可能最终会失效。换句话说，某个价位上的阻力可能被耗尽而消失，但是它不会改变价位本身。而且我们还强调过注意价位持续的时间，尤其当伴随着高成交量时。

但是，现在我们来介绍一种完全不同类型的阻力，它不是根据之前走势确立、并总在同一价位上重复出现，而是由股价趋势或者形态产生的支撑或者阻力。这种支撑或者阻力随时间的不同可能出现在不同的价位上。这周它可能是某个价位，但到了下周它可能出现在一个更高或更低的价位上。换句话说，许多趋势和区域形态建立的支撑或阻力线是一条斜线而非水平线。

趋势线确立的支撑与阻力

在第 8 讲中，我们介绍了股价在某个明确的趋势通道中波动前进的现象，这种趋势一般可以用一条趋势线来描述，偶尔也可以用两条基本平行的线来表示上下边界。在上涨趋势中，主要且最可靠的线通过连结各次下跌的底部而成。这条线实际上是一种移动支撑位，当股价接近它时会被阻碍并反转。在下跌趋势中，主要趋势线通过连结各次反弹的顶部而成，它也是一条移动阻力线。如果趋势通道非常明显，可能画出两条平行趋势线，则上边线是移动阻力线，下边线是移动支撑线。

趋势线与支撑和阻力之间的这种联系可能没有严格的解释，从直观来看，当股价较大程度地脱离主要趋势通道时，必然会遇到抵抗。但是预测股价突破趋势线之后的走势，就完全是另一回事了。我们发现股价接近旧的趋势线时，仍然会遇到抵抗。在前面介绍趋势线的一讲中，我们将这种现象称为"回撤"。

被突破的趋势线将很快失去技术意义

但是，这种趋势线的持续有效性在被突破后将很快消失。一旦新的趋势线明确建立，旧的趋势线就基本不再具有技术意义。事实上，回撤现象的阻力（或支撑）往往只出现一次。当股价第二次回到旧趋势线附近时，基本不会再遇到反抗。价格回撤与趋势线突破之间相隔越久，这条旧趋势线的阻力或支撑效果就越弱。

支点——强阻力点

现在我们已经知道，单条趋势线具有重要的支撑和阻力功能，即使在趋势线被突破后的一段时间里仍然保持这种效果，那么我们可以预期两条趋势线的交点将形成更大的阻力。事实情况正是如此，这个交点处根据形状特征被称作"支点"（Cradle）。

当两条趋势线相交时，支点就出现了。从阿那康德铜业公司的走势图（图9.5）中，我们可以看到快速上升趋势中出现的支点：趋势线A和B在1936年5月第一周相交于30水平上。股价并不总是会折返到支点，但是当这种情况真的出现时，股价运动总会在该点停止并掉头。之后，离开支点一段距离之后，股价可能突破其中一条或者两条趋势线。

头肩反转形态中的支撑与阻力

在第一部分学习的各种反转和调整形态中，也存在典型的支撑和阻力线。就像趋势线的情况一样，在股价离开形态之后，这些支撑与阻力线仍然在一段时间内有效。在头肩形态中，突破点之后的颈线是走势图中非常关键的一条线。颈线第一次被突破表明趋势的反转，之后股价可能会回到颈线附近，但极少能显著地穿过。如果颈线呈水平，则它代表的支撑或者阻力水平可以很容易地根据本讲开篇介绍的原则解释。如果颈线向上或向下倾斜，那么其支撑或阻力功能更类似于趋势线的情况。

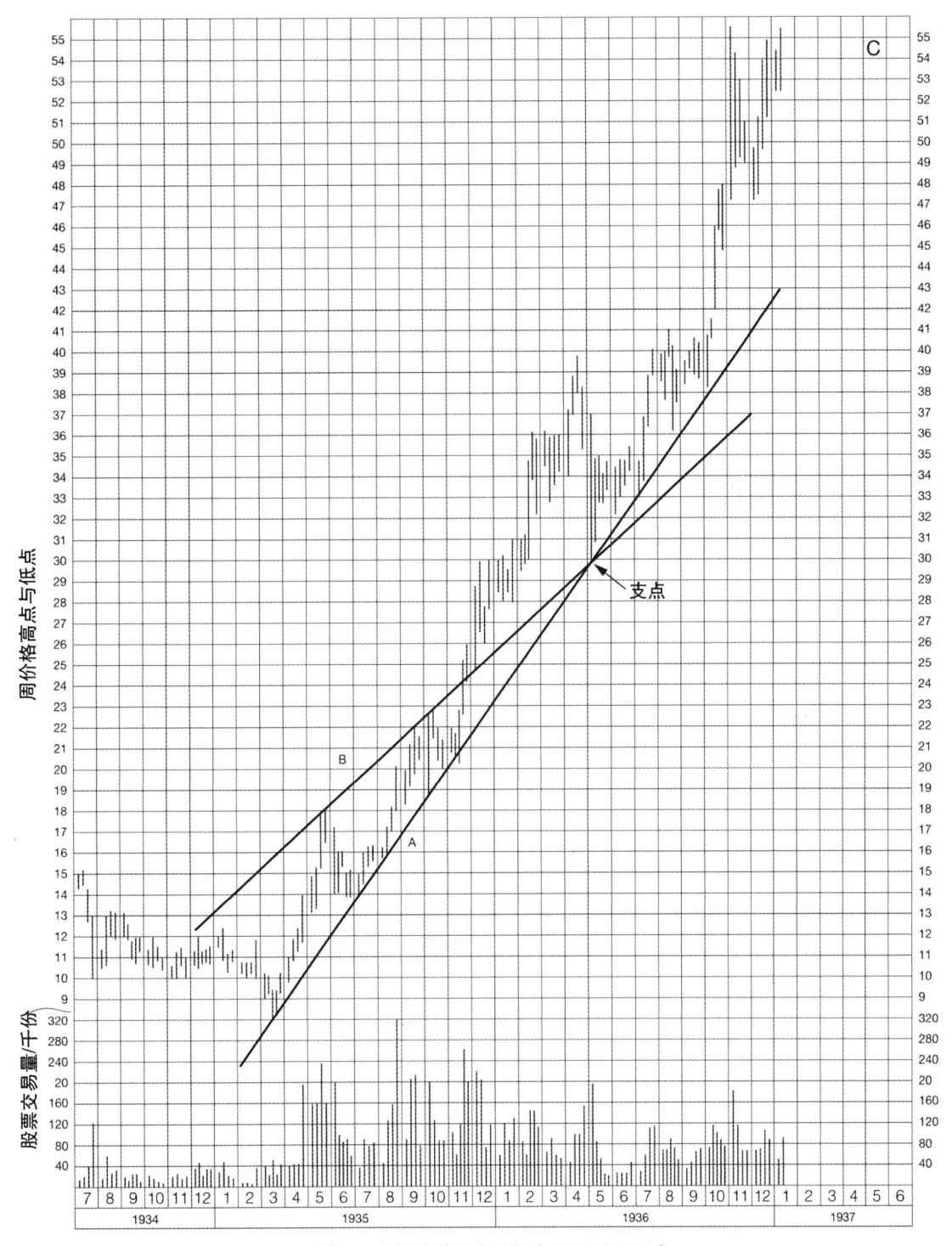

图9.5 阿那康德铜业公司（ANACONDA）

第9讲 支撑与阻力水平 | 297

普通头肩顶形态中颈线形成阻力的一个例子出现在联合碳化物和碳棒公司（Union Carbide and Carbon）走势图（图9.6）中的10月24日所在周。同一页上，头肩顶形态中倾斜颈线的支撑作用可以在联合太平洋公司（Union Pacific）的走势图中看到（即10月12日与19日的两周时间里）

就像我们在斯奈德包装公司的股票（图9.4）中分析微小支撑与阻力水平时说过的，对于中期趋势交易者来说，最好不要依赖颈线的支撑与阻力功能。股价回到颈线附近的情况并不少见，而且也不会干扰头肩形态的预测意义。只要颈线能够"抵挡"住股价的回撤，那么原来的预测就是有效的。

多重形态中的支撑与阻力线

在分析双重顶和双重底，以及相关的多重形态时（第5讲），我们发现股价从第二个顶部开始的下跌直到穿过两顶之间谷段的水平时，双重顶才完成。现在，我们可以将这个发现与支撑和阻力现象联系起来。谷段代表支撑水平，直到这个支撑被穿破后，我们才能得出结论认为趋势发生了反转。另外，支撑水平一旦被突破，就变为后续上涨过程中的阻力水平。同样的分析逻辑也适用于其他多重顶或底形态。

矩形和直角三角形的分析

类似的支撑和阻力分析也适用于股价离开矩形形态后的走势解读。很明显，这个熟悉且可靠的预测形态的上下边界分别代表了阻力和支撑水平。当突破发生时，股价穿破其中一条边界，则该边界代表的阻力或支撑意义立刻交换。例如，如果股价上涨，突破矩形的上边界（或阻力水平），则之后该边界就变为支撑水平。突破之后，股价可能继续上涨几天甚至一到两周，然后回落至原矩形形态的上边界附近，并得到支撑，然后才进行强有力的上涨通道。当股价向下突破矩形时，下边界（或支撑水平）就变成后续反弹运动的阻力水平，但是这些反弹很少能穿破阻力位。

同理，上升三角形的上边线（水平边线）在被突破后成为支撑线；下降三角形的下边线被突破后成为阻力线。第6讲中阿那康德铜业公司的股票走势中，我们可以看到上升三角形被突破后的支撑效果。图6.5美国制罐公司股票趋势图中出现了下降三角形阻力功能的完美例子。事实上这个原则适用于所有包含水平边线的形态。

图9.6 头肩顶形态

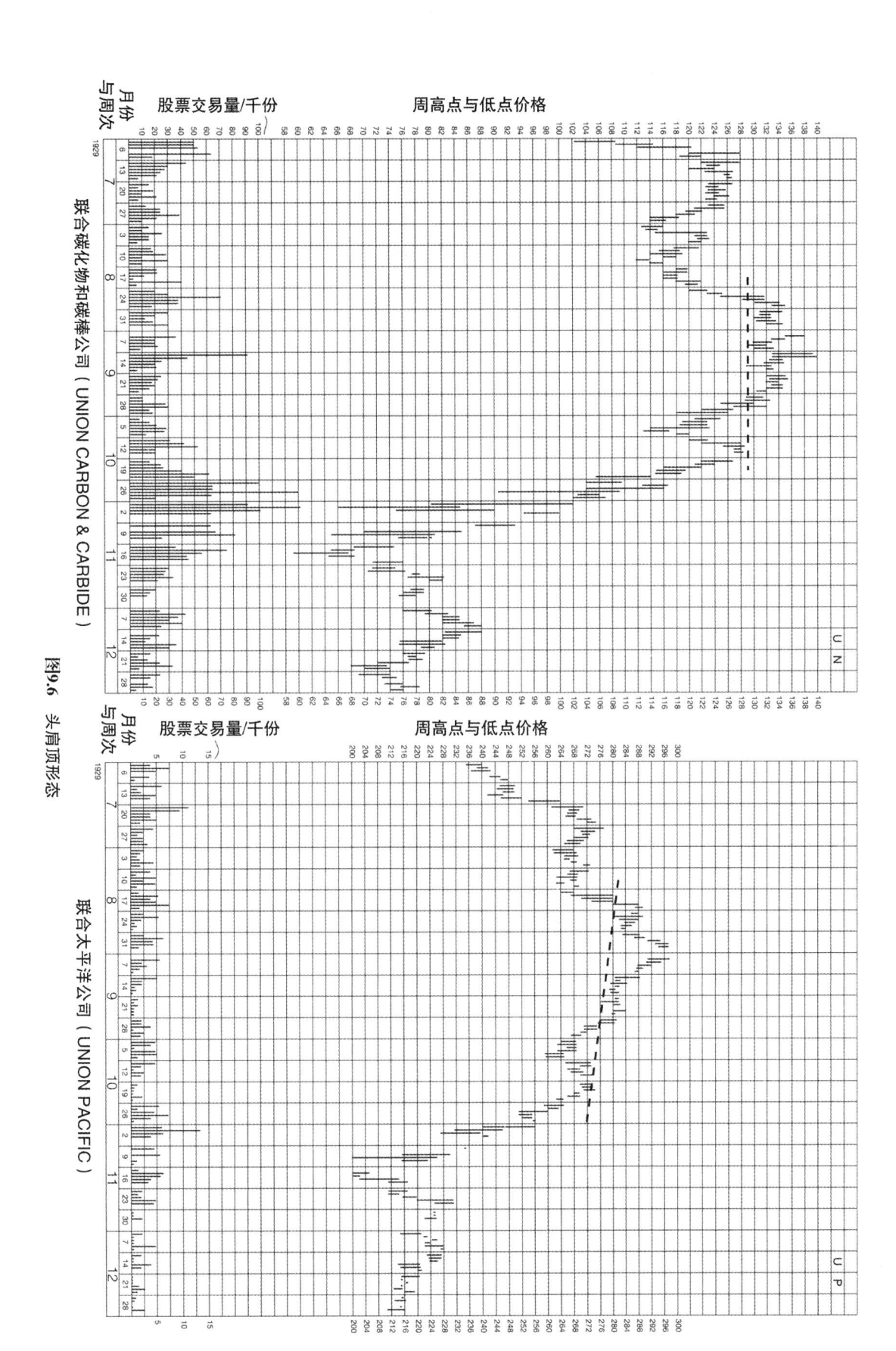

第9讲 支撑与阻力水平

对称三角形中建立的支撑与阻力水平

对称三角形突破后的支撑与阻力分析，与前面不太相同。其后的支撑与阻力线形成了一个有趣的区域，类似物理学中的"磁场"。

在明确突破对称三角形之后，股价回撤遇到的第一条"防御"线的位置取决于突破发生时距离理论端点有多远。如果突破发生在形态完成之前——例如在形态起点与理论端点之间一半或⅓的位置——而且之后股价没有运动很多就回撤，那么我们可以预期这次回撤将在形态边线的延长线附近停住。换句话说，如果股价向上突破对称三角形，然后上涨了一小段后迅速掉头，那么对称三角形的上边线就成为支撑线，与趋势线中的情况比较类似。同理，如果股价向下突破，那么下边线将成为后续反弹的阻力线。

一个证明对称三角形边线的阻力效果的例子出现在芝加哥气动工具公司（Chicago Pneumatic Tool）1935年下半年的股票走势中（图9.7）。从9月第三周开始，股价走出对称三角形态，并在11月4日显著向上突破，同时伴随成交量的明显上升。但是，这轮上涨只持续了一个交易日，就开始下跌（同时成交量明显萎缩）。11月12日，当日股价线触到对称三角形上边线的延长线，然后立刻"弹起"。当然，我们不能预期对称三角形的支撑线总是像本例中这样"立竿见影"。如果在股价这条线上下几美分的范围内，也可以充分地认为支撑线起作用。

形态顶点显著的情况

现在假设股价直到对称三角形顶点附近才突破，而且后续运动一段时间后才回撤。在这种情况下，回撤运动一般在对称三角形的端点水平附近遇到阻力。在美国工业酒精公司1931年的股票图2.3中，我们可以看到这个现象。在图中2月和3月间的大型头肩顶形态内，有一个由虚线表示的良好的对称三角形态。3月12日，股价在三角形顶点附近向下突破，但是之后没有出现大量的卖出，很快出现股价的反弹，请注意，这轮反弹在端点水平上停留了三日，然后股价才正式开始下跌。

三角形顶点的这种支撑或者阻力效果一直持续到顶点之后一段时间，读者可以发现在很多对称三角形被突破后，股价都会回撤到这条线附近。只要这条线没有被回撤的股价穿破，那么就可以认为之前形态突破的预测是有效的。

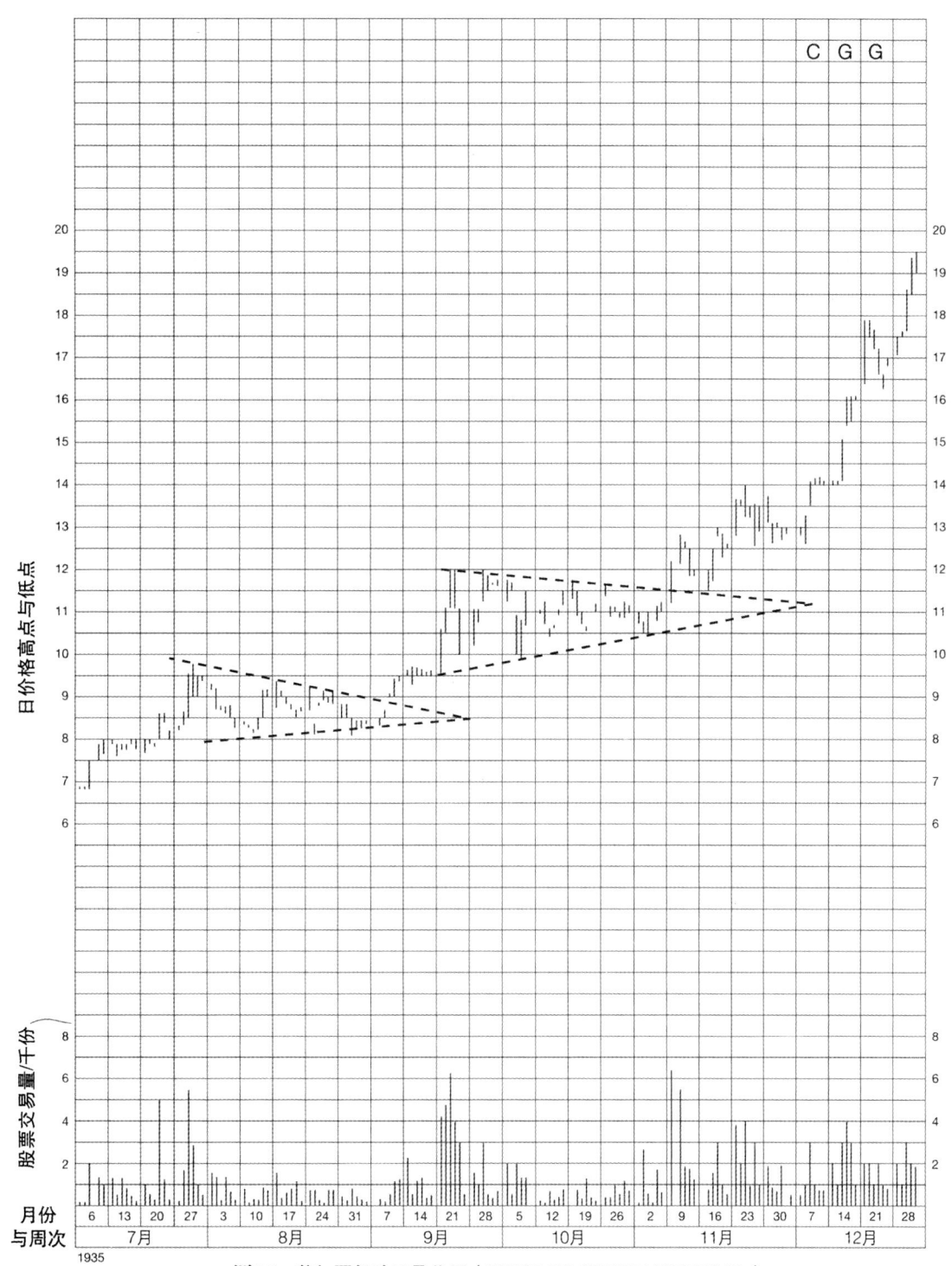

图9.7 芝加哥气动工具公司（CHICAGO PNEUMATIC TOOL）

对称三角形构成"支点"

对称三角形两条边线的相交点形成一个支点，它的意义和我们前面已经讨论过的趋势线汇合产生的支点相同。而且，这个支点对于后续股价运动的阻挡能力非常强，使得股价一般在靠近支点时都会很快反转。支点产生阻力效果的一个例子出现在 1936 年纽约中央铁路公司 1936 年下半年的股票走势中（图 9.8）。10 月中旬股价到达顶部，之后在 10 月 26 日到 11 月 12 日之间，股价走势形成了一个较宽的对称三角形。后来股价向下突破形态，并于 11 月 17 日反弹到对称三角形的下边线，并如我们意料的遇到了阻力。之后股价下跌到 41¼，然后出现又一次小幅反转，到 11 月 28 日反弹至 45½。这时三角形两边相交的支点起了阻力作用。后来 12 月第二周的反弹没有到达端点水平，而是触到对称三角形上边线的延长线时掉头继续下跌，这条延长线与趋势线的作用非常类似。事实上，对称三角形的两边就可以看作微小趋势的趋势线。

学生可以轻易地发现，纽约中央铁路公司图中的对称三角形实际上是一个大型复合顶形态的一部分。股价运动的轨迹很清晰，但是成交量的变化则比较不规则。不过，股价突破形态之后的运动模式非常符合预期，而且三次强反弹都在阻力线被抵抗，更加确认了三角形态的下跌预测。

第三种情况

在前面我们已经考虑了两种情况中的支撑或阻力水平，分别是股价从对称三角形突破后很快折返的情况以及股价在距离突破处不太远的位置折返的情况。但是，大部分情况下，明确突破发生后股价会运动相当长一段距离之后才停下或者掉头。这时，我们不能预期股价掉头后一直回到顶点水平，这种折返至少不能破坏已经形成的技术趋势。一般的情况是，这种折返会停在三角形刚形成时的上边线顶点（或下边线顶点）的水平上。换句话说，此时股价已经离开了对称三角形的"磁场"区域，因此我们应寻找一般的支撑或阻力水平，正如斯奈德包装公司的股票图 9.4 中的情况。

另外一个规模较小，但同样典型的例子出现在电船公司的图中（图 6.1）。注意股价在 12 月 5 日突破小三角形态之后出现下跌，接着在三角形上边线 11¾ 的位

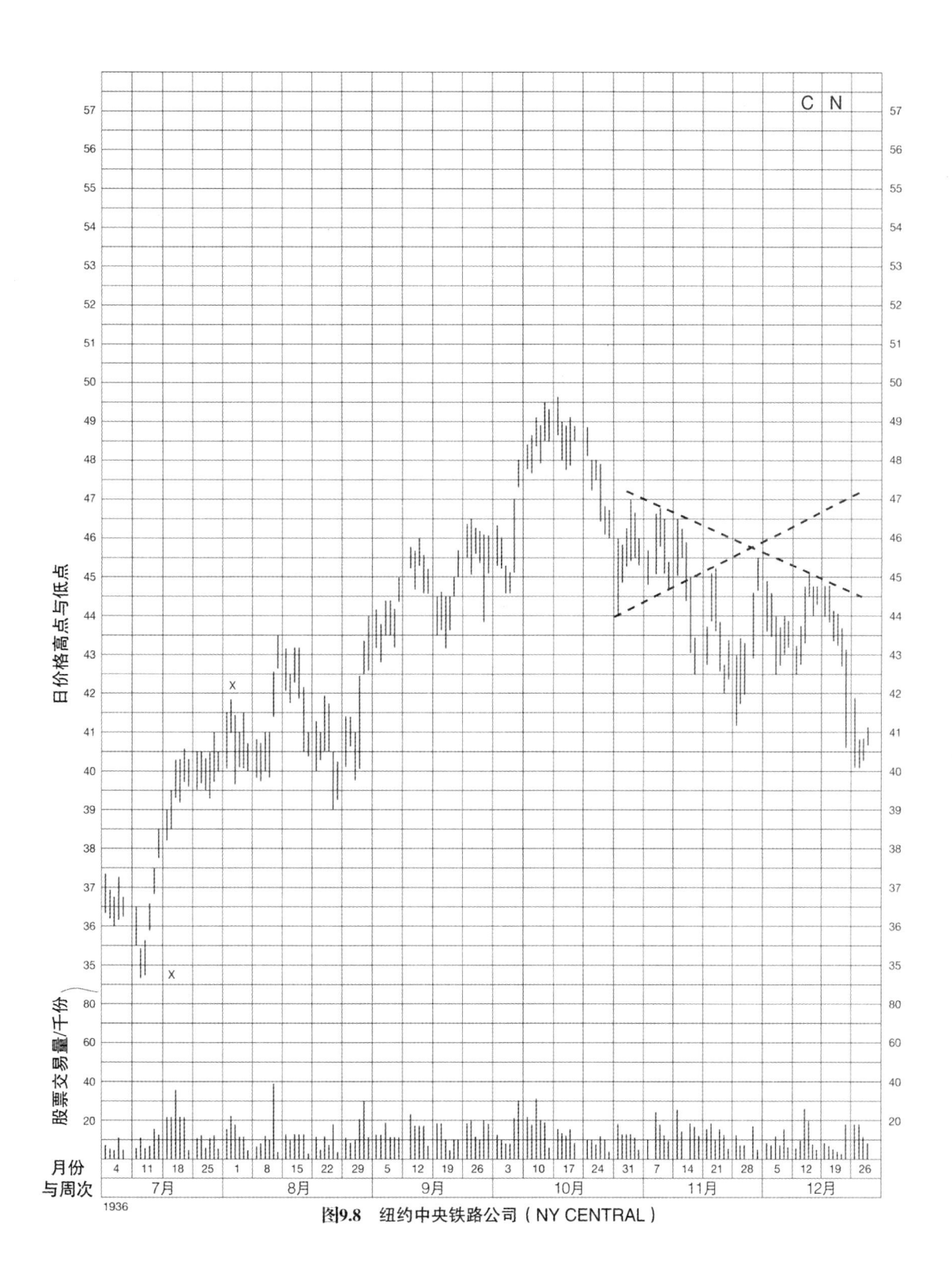

图9.8 纽约中央铁路公司（NY CENTRAL）

第9讲 支撑与阻力水平 | 303

置上得到支撑。奥本汽车公司的股票图（图3.7）中也有两个这种支撑的例子——11月15日三角形底部的上边线顶点，12月20日调整三角形的上边线顶点。其中，后者在1月第二周的下跌中也起到支撑作用。

对于对称三角形底边顶点的抵抗作用，可以参考德州公司的周线图（图3.13）的例子。读者可以对比一下1930年12月到1931年2月间形成的三角形和1931年8月的上涨过程。

预测支撑水平时需要灵活判断

在分析对称三角形态时我们指出，支撑或阻力水平取决于突破后股价折返的时机。在这里我们无法给出任何精确的公式，来帮助读者判断股价将在何时何处遇到阻力或支撑。要对股价运动过程中的关键水平做出合理的判断，需要积累大量的经验并进行透彻的研究。不过，初学者无须过分紧张。如果他认真研究股票图，并结合形态意义仔细分析股价的每一次涨跌，那么他将很快形成判断支撑与阻力现象的"感觉"，而且也将发现这个现象的无穷趣味。

缺口现象中的支撑与阻力

另外一个值得研究的现象是缺口中的支撑与阻力水平。我们已经知道，当股价突破技术形态形成缺口时，这种缺口很少被封堵。那么我们可以合理地认为，形成缺口的股价运动同时也建立了一道支撑或阻力"防线"，阻挡之后的股价回到旧形态。事实上，上升突破缺口之后很快出现的下跌，通常在缺口顶部附近水平得到支撑。例如约翰曼维尔公司的股票图3.12中1月19日的股价变化。同理，下跌缺口形成了阻力水平。

调整缺口有时也具有这种作用。例如，在铁姆肯滚子轴承公司的图中（图4.6），上升调整缺口形成支撑。注意2月第二周在52水平上形成了缺口，之后3月第一周股价回落到这个水平。一般来说，如果缺口比较宽，我们可以预期它的顶部水平成为支撑；如果顶部水平支撑失败，那么缺口的中间或底部可能形成支撑；如果这些都失败了，那么说明股价的运动趋势将持续到下一个支撑水平。

形态阻力研究的应用

本讲中，我们花费大量篇幅介绍调整和反转形态中发展出的各种阻力和支撑水平，对此有人可能感觉不理解。我们之所以这样做，最重要的一个原因是理解股价运动的一般规律，将帮助我们避免过分的担心。例如，我们在股票图中看见股价明确地向上突破上升三角形时买入这只股票，但接着就看到股价回落到三角形边线附近。通过本讲的分析我们知道，只要股价在边线处得到支撑，那么我们对之前的判断仍然可以保持信心，相信三角形预测的显著上涨运动将在不久后出现。

买入或卖出的第二次机会

另一个非常实用的原因是，我们常常可以根据形态中支撑与阻力的分析，在错过第一次操作的机会之后，在仍然有利可图的水平上进行补操作。例如，当股价上涨至突破形态时，我们由于某种原因没有买入股票，如果接着股价回跌至形态支撑线附近，那么我们就又获得一次屯入股票的良机。

事实上，许多经验丰富的技术交易者在股价刚刚突破形态时，只买入计划购买量的一部分，等到股价回跌到支撑线附近时再买入余下的部分，有时他们甚至提前在支撑价位布下买入指令。这种策略有许多优点，但是初学者应该记住的是，股价突破后并非每次都会出现回跌，而且有时即使出现回跌也不会到达支撑价位。如果大家快速地回顾一下本课中举例的典型图形，可以发现大部分情况下最有利的买入时机就在突破发生时。

旧支撑或阻力价位的有效期

图表分析的学员经常提出一个问题：之前的支撑或阻力价位的作用能够持续多久？坦白说，我们很难给出一个明确的答案。本讲开头提出的支撑或阻力价位的解释或许能够提供些许线索，另外成交量也是一个需要考虑的因素。

总体来说，支撑和阻力价位由股价的微小波动形成，如斯奈德包装公司的股票图9.4所示，一般在两到三个月后变得不再重要。另外，主要趋势中重要的中期运动顶部或底部也会形成支撑和阻力价位（如通用电气公司周线图9.1），这种支撑和阻力价位可能对几年后下一轮主要趋势中的股价运动仍然有效。因此基本原则是，形成支撑和阻力价位的股价运动越重要，这个价位对未来运动的影响越长久。

在下一轮主要趋势中，当然会形成新的支撑或阻力价位——有时是旧价位的重复——这些新价位可能在之后的趋势中发挥重要作用。例如，观察通用电气公司的日线图9.3中，8月1日当周在44½的价位上出现阻力。同样在44½的价位上，在8月21日和9月25日的下跌运动中出现支撑。这个价位可能在几个月后又作为支撑或阻力位出现，取代之前的46½，成为对未来股价运动有重要影响的价位。不过根据这张图中的走势，44½只是一个不太重要的、作用很快消失的价位。

另一个影响价位作用持久性的因素是股价离开反转水平的迅速程度。如果股价缓慢上涨然后形成圆形顶，那么在一段时间之后，这种支撑价位的有效性将弱于股价快速上涨然后快速下跌形成尖锐峰状的支撑价位。在这一点上，注意观察通用电气股票图9.1和9.2中的42价位，由1929年秋季股价的急速下跌与之后的快速反弹形成，这个价位的重要性持续了很长时间。

50、100等价位的特殊意义

每一位跟踪股市动态的投资者都会发现，股价运动到50或者100的水平时，有时会停滞并波动一段时间。很多时候，股价穿过50或100水平时，确实会遇到一定困难。一个可能的原因是，我们的思维习惯于将数字取整。例如，当听到某只股票价格是42时，我们常常会感觉"它应该能涨到50"。而且交易者喜欢在这些整数值价位上布置买入或卖出指令，使得思维习惯的"阻力"被进一步加强，对未来股价运动的影响也更显著。另外，按照以前的交易规则，100是股票的面值，而面值是一个重要的参数，因此不论股价从哪个方向靠近100价位，都容易被阻停。不过，这些因为习惯人为产生的支撑或阻力位不如我们之前讨论的支撑或阻力位有效。股票的交易历史仍然是我们最佳也最安全的指导。

中期运动的半途理论

下面我们介绍一个曾经非常受重视的理论——中期运动的半途理论（The Halfway Intermediate Movement Theory）。虽然严格来说这个理论与支撑和阻力分析没有直接联系，但是根据目前掌握的知识，在这里引入这个理论是有益的。该理论认为，当一次主要运动中出现了干扰性反转时，只要反转运动最高只达到之前主要运动幅度的一半，那么我们就可以将这次反转仅看成一次中期运动。如果反转一直持续到超过主要运动幅度的一半，那么可能说明这次反转意味着主要趋势正在改变。此时，原本认为是中期修正的运动可能实际是新主要趋势的开端。

检验一段时间内的股票走势图可以发现这个理论得到一定支持，但并不是一个非常可靠的交易法则。大部分中期修正运动不会回撤至原主要趋势幅度的一半以上，但是有一些回撤幅度达到⅔，偶尔甚至回撤至主要趋势的起点，不过最终主要趋势都没有改变。或许⅔是一个更安全的边际：如果一次中期运动回撤到原主要趋势幅度的⅔位置，那么我们有理由怀疑主要趋势将反转。

从支撑或阻力位"弹开"的效应

在应用支撑和阻力分析时，还有一个需要讨论的要点，即股价在接近支撑和阻力位时的运动特点。如果仔细观察之前的几张图表，可以发现此时股价的运动有两种情况：要么在该位置停住一段时间，在最终突破价位之前形成某种形态；要么它们被价位"弹回"，向反方向运动。

当股价接近支撑或阻力价位时究竟会发生哪种情况，没有一个可靠的判断规律（事实上我们已经看到，偶尔会出现股价毫不费力地穿过价位的情况，不过这是特例而不是普遍现象）。我们必须同时考虑图表中其他方面的因素，比如成交量、之前运动的程度和尖锐程度、突破前形态的特点和规模、其他股票的表现以及市场整体情况和预期支撑或阻力位的强度。另外我们还应该了解这只股票在到达关键价位时一般的运动特点。

获利的良机

最后，一条非常重要的安全法则是当股价接近重要的支撑和阻力区域时应及时撤出投资，然后根据资金的多少，静静观察，等到时机合适时再重新入市。例如，假设我们在1935年买入了通用电气公司的股票（图9.2），1936年2月时仍持仓，那么明智的决定是当股价接近42价位时平仓获利，因此该股票的交易历史表明这个价位可能是非常顽固的阻力位。之后，我们可以心平气和地观察通用公司的股票是否能穿过这个价位，再决定是否再次买入，或者一直等待股价形成某种强有力的上升形态，表明上涨趋势已经形成。事实上，图中 1936 年 5 月确实形成了这种形态（见同期日线图）。

由此得到一条推论，当股价接近强有力的阻力线时买入股票——或者说成为该股票的多头——是不明智的。可能就在阻力位之下两三点的水平上，股价突破某个重要形态，如果仅根据形态的意义，我们很可能买入股票，但是我们知道这个位置存在阻力位，而且可能强大到足以扭转之前的技术形态。这时，保守的交易者会耐心等待，看阻力位是否能够起作用。如果阻力位被明确地突破了，那么他就可以自信地得出结论：重要的运动趋势即将出现。

卖空操作中支撑和阻力价位的作用

前面我们已经提到，如果市场处于极糟的大熊市，那么最有力的支撑位也可能被轻易突破。此时股价会在追加保证金和强制卖出的压力下一泻千里，直到资金实力较弱的公众投资者被彻底榨干。不过除了这个特殊情况之外，熊市中的交易策略与前面讨论的牛市中交易策略没有什么不同。

当股价跌至比较有力的支撑线附近时卖空股票是不明智的。最安全的卖空时机是当股价反弹至阻力位附近，或者刚刚从支撑线突破。当股价接近下一个支撑位时，卖空者应尽快平仓，然后等待股价反弹一段后再卖空。

第 10 讲

测量法则和形态

- ◎ 支撑和阻力位的历史追溯
- ◎ 当前股票图中没有重要价位
- ◎ 趋势线的测量含义
- ◎ 主要趋势线更加可靠
- ◎ 形态的测量含义
- ◎ 头肩形态的测量含义
- ◎ 测试头肩形态的测量公式
- ◎ 头肩形态测量法则的可靠性
- ◎ 三角形态的测量含义
- ◎ 旗形与三角旗形的测量方法
- ◎ 测量规则仅适用于旗杆
- ◎ 旗形测量规则不能预测反转
- ◎ "半旗杆"震荡形态
- ◎ 半旗杆震荡形态的例子
- ◎ 一个不太明显的例子
- ◎ 半旗杆形态的可靠性
- ◎ 缺口的测量理论
- ◎ 单缺口测量理论
- ◎ 缺口之后的股价运动非常多变
- ◎ 一个不太容易解读的例子
- ◎ 多重缺口理论
- ◎ 也适用于两个调整型缺口的情况
- ◎ 测量缺口分析的实例
- ◎ 多重缺口规则的可靠性
- ◎ 测量过程的时间因素
- ◎ 虚假移动和突然下跌
- ◎ 股票图中最令人困惑的敌人
- ◎ 幸运的是虚假移动不常出现
- ◎ 三角形态最容易发生虚假移动
- ◎ 普通对称三角形态的虚假移动
- ◎ 大多数虚假移动都伴随着低成交量
- ◎ 伴随高成交量的特殊虚假移动
- ◎ 直角三角形态的虚假移动
- ◎ 矩形的虚假移动
- ◎ 虚假移动 vs 线外运动
- ◎ 头肩形态之后的虚假移动
- ◎ 如何防范虚假移动
- ◎ 高成交量的突然下跌
- ◎ 突破规则的严格定义
- ◎ 运用止损指令应对虚假移动
- ◎ 虚假移动的积极作用
- ◎ "甩尾"——不是虚假移动
- ◎ 止损指令
- ◎ 止损指令的原理
- ◎ 何时下达止损指令
- ◎ 改变止损指令
- ◎ 在什么价位上布置止损指令
- ◎ 多头仓位中止损价位确定原则的应用
- ◎ 止损价位的第一次改变
- ◎ 缺口提供新的基点
- ◎ 结束美国橡胶公司例子的讨论
- ◎ 终于被执行的止损指令
- ◎ 卖空操作中的止损指令
- ◎ 卖空操作初始止损指令的布置
- ◎ 卖空交易中的止损指令是买入指令
- ◎ "心理"止损的使用
- ◎ 形态内设置止损指令几乎无用
- ◎ 不要忽略其他的图形信号
- ◎ 止损指令的其他用途

股票交易者在决定买入任何一只股票之前，都有三个问题要解决，分别是：

1. 股价运动何时开始？
2. 股价运动方向如何——上涨还是下跌？
3. 股价运动将持续多久之后，才会被反转或者在某一个位置停滞不前？

对于前两个重要问题，学习技术分析的学员可以根据本课前七讲分析的各种形态及现象知识，直接给出可靠的回答。而第三个问题同样非常重要，因为我们在面对整个市场中众多的股票，当然希望自己的资金总能配置在最优选择上。我们只愿意买入或卖出那些能够带来最高回报率的股票。因此，我们在分析股票图表时，有必要比较不同的投资机会，并尽可能估计哪个机会能够带来最大的利润。

支撑和阻力位的历史追溯

在第9讲学习支撑与阻力位时，我们看到在股价历史走势中建立的价位在预测未来走势时发挥着重要作用。尤其在分析周线图中的主要和中期趋势时，过去的支撑与阻力价位可能在几年之后仍然能够发挥影响。利用这些价位，我们可以得到对股价运动目标价位估计的首要且效果最佳的辅助。假设我们在跟踪的大量股票中发现了这样两只股票：它们的股价处于同一区间，走势都形成了重要性相近的形态，二者的股价同时突破形态，而且突破的过程都预示着后续运动将有利可图。但是，其中一只股票的历史周线图表明，在当前股价以上几点的位置存在潜在阻力区，而在另一只股票的历史走势中，突破价位以上20~30点的范围内都没有出现过阻力现象。很明显，在其他条件相同时，利用第二只股票交易获得丰厚利润的概率高于第一只股票。对于第一只股票来说，如果它的技术力量非常强，那么有可能直接冲破过去的阻力位，毫无障碍地上涨许多点，但是从概率角度来看，这种情形是有风险的；更可能的结果是，股价在过去的阻力区内波动很长一段时间，甚至可能受阻回落，在形成某种重要技术形态之后才最终穿破阻力区。

当前股票图中没有重要价位

因此，如果我们想交易某只股票，那么对它的历史走势进行一番彻底的分析是非常必要的。尽管这个过程可能耗时耗力，但从其重要意义来看，这些努力都是值得的。研究股票的交易历史和可能的支撑及阻力价位，最适宜的工具是股价周线图。研究的起点应至少回到前一次主要趋势的开端。换句话说，如果我们正在追踪的股票处于长期牛市之中，那么我们应选择股价从高位开始进入上一个熊市的时点作为研究起点。如果我们正在跟踪的股票处于熊市中，那么就应选择股价从低位进入上一个牛市的时点，以便我们找到潜在的支撑价位。

如果我们希望研究得更加深入，那么可以通过采用月线图来将研究期间再向前推，进而在买卖力量重复交替的过程中找到最重要的价位。事实上，月线图也可以用于分析近期趋势，但是月线图上某些重要价位和成交量变化可能不太明显，而周线图则更加适宜研究近期趋势。当通过研究股价历史走势，确立了支撑及阻力价位在当前趋势中最可能出现的位置时，我们可以在当前日线图中标记出这些价位，还可以根据预期的价位影响重要性，采用一些方面的代码来区别标记。当需要新建一张图时，可以将这些价位的标记延续到新图纸上，从而可以在观察股价的运动时，继续用这些价位来估计股价的可能运动范围，以决定何时出手交易，而不必每次股价变化时都回头研究历史走势。

趋势线的测量含义

在第8讲中，我们学习了趋势线和趋势运动，并了解到当一个明确的趋势建立起来时，我们有一定把握认为这种趋势将持续，直到出现有力的反转信号。因此在趋势运动中，我们也有一个测量当前微小或中期趋势可能目标的方法，一般趋势停止并反转的位置很可能处在趋势线附近。但是，反转发生的具体价位取决于趋势线的"角度"，或者说股价到达趋势线所花费的时间。如果趋势线比较陡峭，那么股价脱离通道的运动幅度可能很小。这一点可以通过工业人造丝公司走势图（图8.7）中的趋势运动分析来说明。

主要趋势线更加可靠

总体来说，我们发现趋势线用于股价修正运动幅度的预测很有帮助，这里的"修正"运动指股价运动方向与基本趋势相反。例如，趋势线在确定重要熊市中的中期上涨运动可能幅度，或者在中期下跌趋势中的微小上涨幅度，以及牛市中的类似分析时交易最好。在这些情况中，我们一般使用单条或者主要趋势线，即下跌趋势中各顶峰的连线，或者上涨趋势中各底部的连线。少数情况下，我们可以画出较好的平行或者次要趋势线，它们对于预测趋势通道内任一方向上股价运动的幅度的可能目标也非常有帮助。

形态的测量含义

学习者将看到，前面介绍的两种估计股价运动幅度目标的方法都有一个前提，即我们首先识别出某种可能对这一运动设限的条件，或者说某种股价的运动遇到后将被阻止并反转的障碍。但是在许多情况中，股票的交易历史并没有显示出支撑或阻力问题，而且股票图中也没有建立起明确的趋势线。此时我们不得不根据运动的产生过程来估计可能的运动幅度，即观察运动开始处的形态特点，或者运动本身的特征，来决定股价运动的强度以及可能的幅度。

在较早的几讲中，我们曾提到一个非常宽泛的结论，即不论是反转形态还是调整形态，形态规模越大、边界越清晰，则形态完成后的股价运动幅度将越强。另外我们也强调了一个原则，即评估形态重要性时，必须考虑基本趋势的方向。与基本趋势的方向一致时，股价将运动得更轻松。因此，一般在牛市中，相对较小的底部形态可能导致非常强的上涨运动，而很大的顶部形态之后则只出现非常不明显的下跌。熊市中的情况正好相反，即顶部形态会导致长期、大幅的下跌，而底部形态则伴随着相对小幅的上涨。不过，当比较的两只股票价格走势方向相同时，我们不必担心这种基本趋势的影响。

头肩形态的测量含义

本书中我们学习的第一个反转形态是头肩形态。在分析此形态时，我们曾提到一个比较可靠的测量公式，简述如下：股价突破颈线之后运动的距离（用点数或美元数来衡量），将至少与头部与颈线的距离相等。股价可能在该位置上短暂停留，接着要么继续在原方向上运动，要么在反方向形成短暂的反转，股价回到颈线附近，然后再按照头肩形态的预测方向运动。另一种情况下，股票的技术形势可能发生彻底改变，冲销了原先头肩形态的预测。

测试头肩形态的测量公式

我们可以将这个测量公式应用在前面几讲头肩形态的例图中，以检验公式的准确性。首先来看图 2.1 中共和钢铁的头肩形态，如果我们画一条通过点 C 和点 I 的颈线，则这条线与头部顶端的垂直距离约为 28 点。在 10 月最后一周，股价在 112 的水平上突破颈线。应用测量公式，我们预期股价应在下跌 28 点（即 84 的水平上）或更低的位置上出现暂停。实际上，这次下跌一直持续到 73 的水平上才出现暂停，接着一次小幅反弹使股价回到 89。

在西部联盟（图 2.2）的头肩顶形态上，测量公式给出的预测惊人地准确，但是在美国工业酒精（图 2.3）的头肩顶形态中，公式预测的暂停位于 56 附近，但股价毫不费力地穿过这个水平，一直运动到 38 才停下来。另外，这条公式在波登公司（图 2.4）的股票图中，以及蒙哥马利－沃德公司（图 2.6）和杜邦公司（图 2.7）的头肩底形态中都有良好的效果。不过在伍尔沃思公司的股票图（图 2.5）中，小型头肩底形态的测量结果说明股价应该在上涨到 52 时出现暂停，但实际情况中股价在 50½ 的 G 点上就出现了小幅反转。而将测量公式应用于图中规模较大、位置较靠外的头肩形态时，预期股价应上涨到 56，这也与实际情况存在一定差距。

头肩形态测量法则的可靠性

仔细观察前面提到的各例子，我们可以对这条测量法则的可靠性有一个大致了解。不过我们仍然建议读者观察所有与头肩形态相关的例图，包括图 2.9、图 3.5、图 4.10、图 9.8。尤其值得注意的是在图 9.8，即纽约中央铁路公司的股票图中，测量公式的结果表明应在 40 左右的位置出现暂停，实际中小幅反转发生在 41¼ 的位置上。很明显，这条测量公式效果相当好，但也存在诸多例外情况。我们无需根据这条公式规定具体的交易原则。这里有一条有时比较有用的建议：如果另一只股票的走势图中出现了更好的机会，那就立刻平仓获利吧！

三角形态的测量含义

学习股票技术分析的学员总会试图找到适用于测量三角形态中股价运动幅度的法则。但是我们在仔细检验了上百幅例图之后得出结论，目前已经提出的各种理论中没有一种是可靠的。其中最有意思的一种理论声称，突破后股价运动的幅度将等于之前股价从震荡段到三角形态第一个反转点的距离。我们之所以认为这种理论有趣，是因为它确实在许多情形中都取得不错的预测效果，例如荷利食糖公司（图6.2），公共汽车公司（图5.11）和电船公司（图6.1）。但是，如果观察一下本讲中其他三角形态的例图就会发现，这种理论在大多数情况下都不成立。而且显然它不适用于反转三角形态。

一条更加保守的三角形态测量公式则认为，突破后股价运动的幅度将至少等于三角形态开口端的垂直距离，或者说，等于形态最宽处的距离。这条测量法则看上去确实具有较高的可靠性，但实际上我们完全可以利用趋势线或支撑阻力分析法得到同样的结论，一般趋势线分析更加常见。

旗形与三角旗形的测量方法

尽管三角形态的测量含义可靠性有限，但是与其相似的旗形和三角旗形却呈现出完全不同的测量效果。事实上，这两种有趣且可靠的调整形态能够为我们做出最精准的测量之一。

我们在第6讲中曾介绍过，旗形形态是建立在"旗杆"之上——一段近乎垂直的价格轨迹，方向朝上或朝下。旗杆的长度（以点为单位），即从之前的价格堵塞位置到旗形开始形成位置之间的距离，在大多数情形中都能较好地反映出价格离开旗形最后一个反转点后的运动幅度，例如迪尔公司（图6.14）中的情形。图中的旗杆长18点，即从旗杆开始处（57）到旗形形成点（75）。请注意，测量时需算到旗形的顶点。现在旗形的底部位于69的位置，从这里股价开始继续之前的快速上涨。69加上18等于87，按照测量含义股价上升的可能目标价位是87，实际情况仅仅比我们的测量超出2个点。

测量规则仅适用于旗杆

同样的测量方法适用于所有类型的旗形形态以及三角旗形态。一个非常好地证明上升趋势中上升旗形测量效果的例子是国际收割机公司（图6.16），旗杆从79到91，形态后股价运动从89~101。但是需要注意的是，在计算长度时，我们只考虑从股价震荡或小幅反转后开始形成的旗杆本身，而去除之前股价的波动过程。例如灰狗公司股票图（图6.15）中三月上旬形成的第一个旗形形态中，我们对旗杆的测量应当从30的微小反转开始。而在该图中四月末形成的第三个旗形中，我们则应从该周股价震荡点39的位置开始测量。

旗形测量规则不能预测反转

灰狗公司的股票图（图6.15）还揭示了旗形测量规则的另一个要点。这个规则告诉我们之后股价可能的运动幅度是多少，但无法预测趋势的反转，甚至不能预测股价达到该目标运动幅度后是否会出现一段较长的停滞。实际上，股价可能只在目标价位上稍做停留，然后迅速继续沿着之前的趋势运动，正如灰狗公司股票图中1935年春天的情形。注意图中的旗杆非常短，而旗形本身则相对较大。但是，如果旗杆很长（即头尾价位相隔较远）同时旗形本身较小，那么我们一般可能预期股价在达到目标价位后，会处于"气数已尽"的状态。总而言之，我们应当一如既往地对技术规则在实际交易中的应用效果保持谨慎。如果股价的运动已经达到了我们预期的幅度，那么旗形规则给了我们一个非常好的"标杆"，在这个位置上我们应该卖出获利，静观其变。

"半旗杆"震荡形态

显而易见，旗形（和三角旗形）形成于股价异常快速变动时的抛售获利行为。大多数情况下，这种形态都形成于股价快速运动过程的中期，对此我们也很难给出一个合理的解释。不过，正如本讲中多次提到的，我们最关心的是规律本身，而并非一定要找到背后的可能解释。不论原因是什么，最终的结果是我们得到了另一个与旗形有着相同预测的形态。

这种与旗形联系紧密的测量形态被称为半旗杆震荡形态。它很难被归到本书前面提到的分类之下，因为它没有一个明确的形式。它只是一段非常紧密、持续时间从5天到3周不等的股价震荡，从而形成一根"旗杆"，具体的持续时间粗略地取决于旗杆的长度。这段震荡的形状可能类似一个小型的三角或者矩形形态，同时成交量逐渐萎缩，与调整形态即将完成时成交量的变化方式一样。有的时候，这段震荡的形状又与其他形态都不同，但不管怎样，都符合"紧密"的要求，没有减弱的趋势，震荡的幅度也不会逐渐扩大。这种形态表示股价将在同一方向上走出一轮快速的调整，幅度与旗杆的长度大约相同，而且在大多数情况下，它暗示我们这是卖出获利的好时机。

半旗杆震荡形态的例子

该形态的一个几乎完美的例子出现在西部联盟公司1935年下半年的股票图中（图10.1）。在挣扎了两个月之后，51~52上的阻力位终于在10月14日爆发式的交易之下被突破，紧接着股价几乎垂直上升至64。在这个位置上股价的运动停止上升，形成一段非常紧密的震荡形态，同时成交量持续下跌，直到11月7日出现又一次交易量的突升，接着在不到两周的时间里股价升至77。测量从52被突破的位置到第一根旗杆的顶端64，我们预测接下来运动的可能幅度是12。从后来的走势可以看到，这一预测相当精准。这个例子中的半旗杆震荡形态看上去有点类似三角形态，但根据严格定义判断并不符合三角形态的要求。但是，它仍然符合"一段非常紧密的震荡过程"，没有丝毫减弱的趋势。如果我们此时尚未持有西部联盟的股票，那么在观察到11月2日当周股价和成交量的变化时，我们很可能会买入这只股票。

一个不太明显的例子

在美国橡胶公司1936年上半年的股票图（图10.2）3月21日当周的变化过程中，我们可以看到半旗杆震荡形态的另一个例子。股价从19½上涨到27，形成一根旗杆，接着在26左右的位置上紧密震荡约一周时间，同时成交量下降。这段变化表明股价将迅速上升至34左右，实际情况中股价确实从3月24日（注意成交量）开

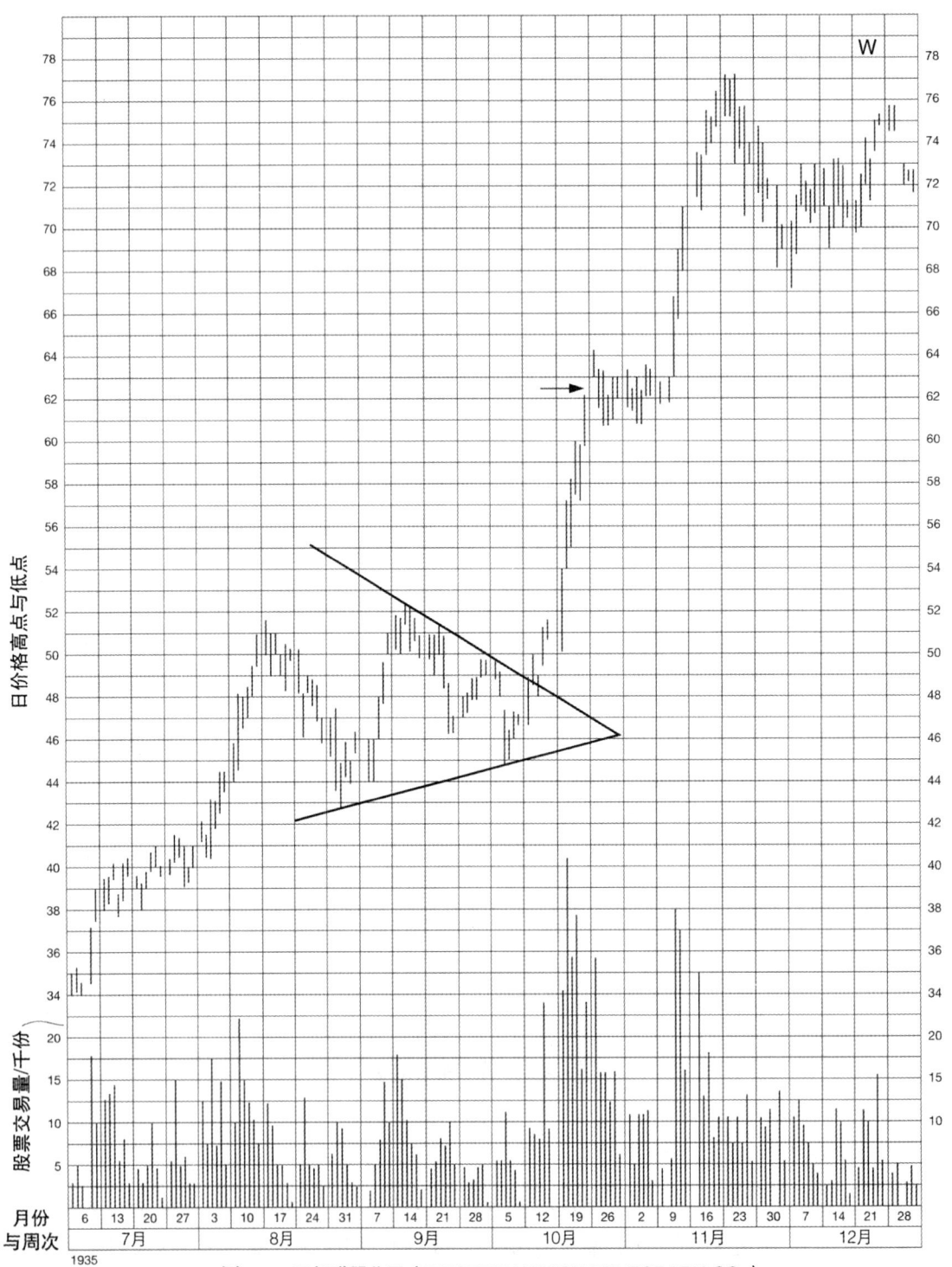

图10.1 西部联盟公司（WESTERN UNION TELEGRAPH CO.）

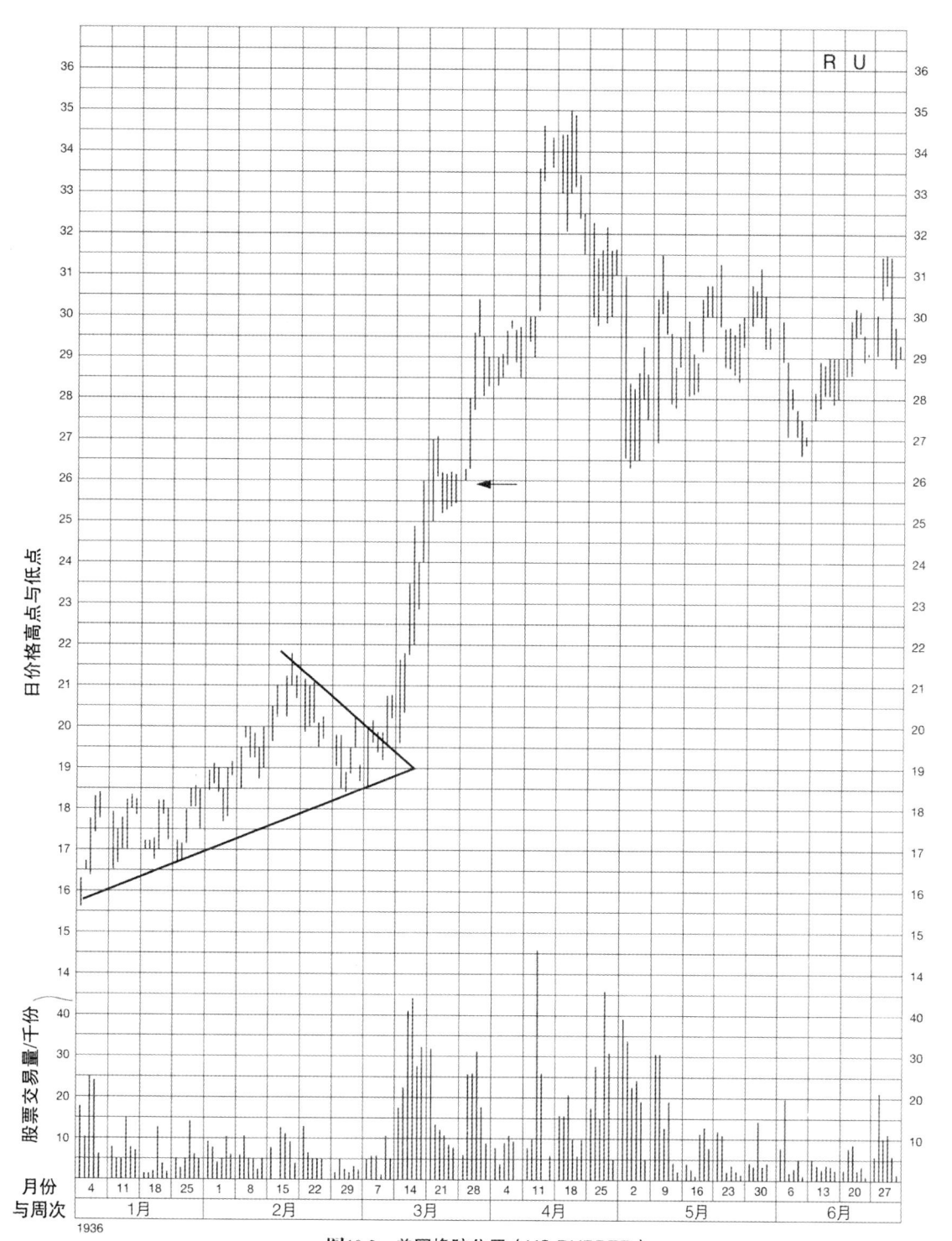

图10.2 美国橡胶公司（US RUBBER）

第10讲 测量法则和形态 | 319

始上涨。但是这一次股价在30左右的位置上突然停住，即只实现了预测幅度的一半，接下来两周里股价都没有明确的变化。由于当时市场整体突然发生剧烈反转，因此半旗杆形态的预测被打断。尽管如此，4月8日成交量又出现突升，同时股价终于涨到预测位置。

半旗杆形态的可靠性

虽然上面两个例子中半旗杆形态的预测效果十分精确，但是我们要再次强调应谨慎防范对于技术形态或其他预测信号过分依赖的危险。在股票图的技术分析中，没有"绝对"一词。半旗杆震荡形态和旗形作为技术形态都非常可靠，但是它们也会出现不好用、不按套路出牌的情形。按照这种预测进行买卖的交易者必须做好准备依实际情况灵活应用，而且当规则不适用的"特殊情况"出现时，应果断放弃预测。

就像旗形和三角旗形一样，半旗杆震荡形态既可以出现在上涨过程中，也可以出现在下跌过程中。不论方向如何，预测意义都不变。

缺口的测量理论

接下来这组测量理论建立在股价的缺口之上。事实上，调整型缺口也被一些学员称作测量性缺口，因为它们具有公认的测量价值。我们有理由认为缺口可能与股价运动幅度相关。缺口本身就是股票技术形势异常变动的证据，因此自然可以用来测量技术力量的强弱，而技术力量的最终结果就是后续股价上涨或下跌幅度。然而，我们在实际交易中发现种类繁多的缺口规则中没有一种能够提供非常可靠的预测。尽管如此，我们仍然有必要认真学习其中的两种理论，因为它们确实告诉我们当股价反常地出现缺口时，股价运动幅度应如何测量。

单缺口测量理论

第一种测量理论适用于股价突破后快速运动一段，接着出现调整型缺口的情况，其测量含义是股价从缺口开始的运动幅度将大约是从突破到缺口之间距离的1~1.5倍。换句话说，快速上涨或下跌过程中的第一个调整型缺口（假设前面没有出现突破缺口）出现在整个运动约 40%~50% 的位置。这里提醒一条应用上的注意事项：如果某只股票经常出现缺口，那么这种缺口几乎没有技术意义。

下面我们举一个单缺口测量理论的应用实例，见美国钢铁公司的股票图 10.3。在 1936 年 1 月之前，股价运动中都没有出现缺口。1 月末股价向上突破一个小型对称三角形态，同时成交量明显增长，但是没有明显迹象表明股价将迅速上涨。直到 2 月 10 日股价运动才攒足力量，当天上涨将近 4 点，并收盘于当天价格顶点 55½。强有力的上涨趋势持续至第二天，将股价推升至 58½，并在身后留下一个将近 1 个点的缺口。考虑到该公司股票的收盘价一般都与前一天的价格线形成重叠，因此这个缺口意义非常显著，正是让我们检验测量理论的良机。从突破位置 49 到缺口形成位置 56（忽略分数位），我们得到 7 个点的长度，这说明接下来股价将再快速上涨 7~10 个点，即股价将上升至 63~66，然后可能出现一段停滞或者反转。美国钢铁公司的股票确实是这样做的：股价一直上升到 65，很好地实现了我们的预测。

缺口之后的股价运动非常多变

如果学习者手中有大量历史股价图，那么他可以找到许多证明某一测量理论成立的例子。一般来说，我们很容易在运动完成之后发现对应的测量理论。但是，应用单缺口测量理论时，缺口刚刚出现在图中，因此我们面临的一个难题是如何判断股价运动开始的位置，以及测量开始的位置。另外，我们往往也无法立刻有把握地判断缺口属于调整型还是竭尽型。最后，即使股价运动的开始位置比较明确，而且缺口很明显地属于调整型，但是后续运动幅度仍然可能远远低于或高于我们的预测值。

下面我们通过两个公司的股票图来说明快速运动中的单缺口情形，分别是通用剧院设备公司（图 4.12）和新泽西州标准石油公司（图 5.5）。前者的股票图中，在 4 月 22 日和 23 日，单头多肩形态顶部反转之后的下跌趋势中出现了一个缺口。理论颈线（即图中 1 月 29 日和 3 月 13 日两个底部的连线）被突破于 4 月 11 日当周，突破位置为 10½。缺口出现在 7¾ 处，根据我们的测量规则，接下来的快速下跌幅度将在 3 到 4½ 点之间。实际情况中，股价下跌了 4 点，而且几乎在一天内完成。

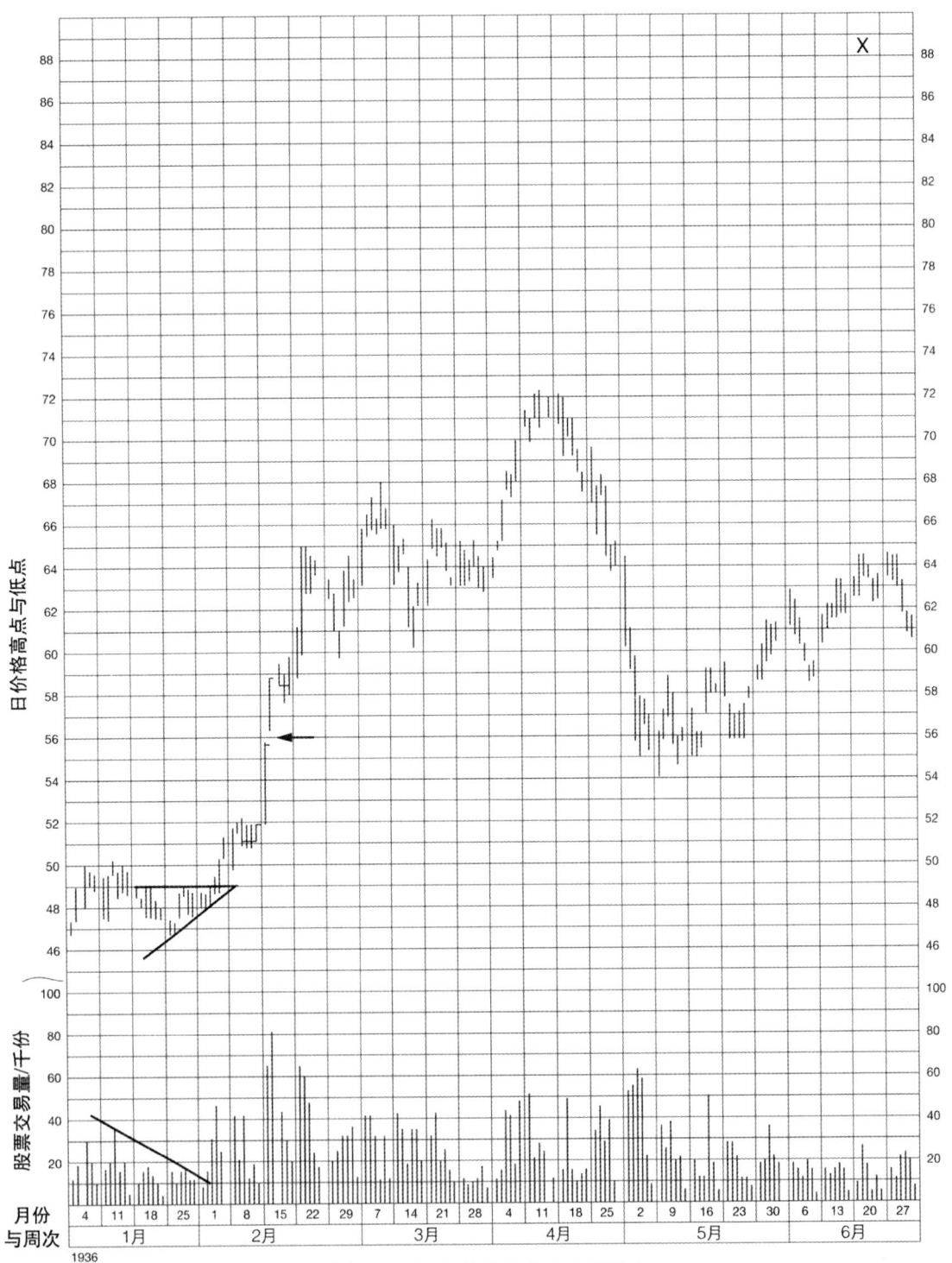

图10.3 美国钢铁公司（US STEEL）

一个不太容易解读的例子

在新泽西州标准石油公司的股票图（图 5.5）中，3 月 24 日和 25 日之间出现一个明显的调整型缺口。在应用测量规则之前，让我们首先判断一下股价运动的起始点。最安全的——当然也是最保守的——选择是缺口正下方 67 位置上一段较小且不太明确的震荡，这样得到的测量结果确实很好地预测了下一轮小幅震荡。但是，如果往前看一下股价的走势，很明显在 64 位置上有一个更重要的"突破"，即 1 月与 2 月间各顶部组成的向下倾斜的中期趋势线被穿破，同时成交量显著地增加。如果将 64 作为测量起点，那么后续股价将上升至 77~80 之间。但是，如果我们再往前看一些，会发现这轮形成缺口的上涨运动实际上开始于 61 位置上的一段底部震荡（注意观察成交量），而在这个基础上，缺口理论预测股价在反转之前将上升至 79~84 之间。实际情况是，股价上升到 80 的位置，也就是说这两种预测结果都是合理的。

学习者还可以参考以下几个前面课程中提到过的例子，有的很好地印证了缺口理论，而有的则没有按套路出牌。

图 1.3——7 月 28 日趋势线被突破后 131 位置上出现的 ¼ 点缺口；

图 2.1——8 月末在 118 位置上出现的大型缺口；

图 2.3——3 月末在 58 位置上出现的小型缺口；

图 5.13——在 112 位置上的缺口；

图 6.8——8 月 10 日当周在 10½ 位置上的缺口。

一个提示：如果缺口很快被封上，那么不能使用单缺口规则。

多重缺口理论

前面几节中我们学习了适用于单个调整型缺口的测量规则。但是，如果股价运动开始于突破缺口，然后出现调整型缺口，那么我们面对的就是一个技术形势变化更剧烈的情形，其后的股价运动自然也更复杂。

这种情形下的理论是多重缺口测量规则，它表明股价离开第二个缺口后的运动幅度约为第一个与第二个缺口之间距离的两倍。

一个应用这条测量规则的良机出现在美国工业酒精公司的股票图（图 7.15）中。

5月19日，股价向下突破调整三角形态，形成突破型缺口D。紧接着股价形成调整型缺口E。第一个缺口出现在45位置上，第二个在41½位置上，二者距离为3½点，它的两倍是7点。那么我们的预测就是股价则从41½开始下跌7点至34½左右。实际情况中，下降过程进行到33½处。

也适用于两个调整型缺口的情况

这条测量规则既适用于一个突破型缺口与一个调整型缺口的情况，也适用于股价快速运动中出现两个调整型缺口的情况，理论上来说，只要调整型缺口仍在出现，我们都可以使用这条规则。当然，常识告诉我们任何过于异常的股价快速运动最终都会"以悲剧告终"。超买或超卖时，股价都会快速变化。因此，我们不应过于依赖任何一条测量规则，因为这些规则都建立在股价的异常变化之上。毕竟缺口理论始终存在一个风险：某一个缺口可能是竭尽缺口。

测量缺口分析的实例

下面我们以"老朋友"——伍兹沃思公司的股票图（图7.14）为例，来看一下多重缺口规则的应用。第一个应用机会出现在调整型缺口B紧跟着突破型缺口A出现时。这两个缺口之间的距离约为1½点，因此预测股价将继续上升约3点，即从第二个缺口位置56½升至59½处。但是，缺口B后面紧接着出现缺口C，因此我们可以再次应用这条规则。这里略去数学上的细节，相信大家可以很容易地自己证明，现在新的预测认为股价将上涨至60左右。这一预测很快就实现了。

第二个应用机会则出现在突破缺口E的3天之后又在62位置上出现另一个缺口。这一组合的预测含义是股价将继续运动至65。然而，一个小型岛形反转出现了，股价掉头回到了缺口E附近的支撑线，然后才恢复上涨运动。虽然之后股价达到了预测价位，但这次预测仍然是失败的。第三次应用出现在最终反弹过程，缺口G跟随着缺口F，规则表明股价将继续运动至71½处。从图中来看，这一预测没有实现。不过此时的成交量显示，缺口H很可能是一个竭尽缺口，因此我们应该预期到后面可能出现的变化，尤其在第二天缺口被封住之后，它的竭尽特征已经完全建立。

多重缺口规则的可靠性

伍兹沃思公司的股票图让我们有机会对多重缺口测量理论做出相当透彻的检验，而且提醒我们当股价的运动轨迹离良好的基础形态越远，我们应越小心对待。另外，它再次表明不能过于固执地依赖测量规则。我们必须密切关注股票图中的变化，时刻注意发现其他的技术迹象，而且当扰动因素出现时应立即放弃原来的测量预测。在第 7 讲中我们曾强调，对于调整型和竭尽型缺口的区分是困难的，而这种困难进一步放大了盲目依赖多重缺口规则的风险。

克莱斯勒公司的股票图（图 4.7）可以用来学习多重缺口规则在两个缺口相隔很远时的应用。如果实际应用中两个缺口的距离超过这个例子中的情况，那么可能就不再具有测量意义。总的来说，两个缺口离得越近，测量预测就越可靠。

测量过程的时间因素

在结束关于测量规则的讨论之前，我们需要再次强调：至今我们尚无任何一种时间周期理论能够可靠应用在实际交易当中。时间理论的研究是非常吸引人的，它激发了众多分析师进行详尽的研究。但是目前还没有发现一个可靠的时间规则。

虚假移动和突然下跌

在前面的内容中，我们曾多次提到"虚假移动"和突然下跌，但是直到现在我们还没有对这两个现象给出具体的解释。这种现象确实会发生，虽然不太频繁，但是误导性很强（至少对新手来说），值得我们进行接下来的探讨。

这些现象在股票图中的表现非常符合它们的名字——"虚假移动"、"突然下跌"。实际上许多学员将这两者看成同义词，对此我们没有什么意见。

但是严格来看，"虚假移动"指的是一段比"突然下跌"持续更久的股价运动。后者通常只用一天或两天完成（类似于日内反转和一日线外运动），而前者则没有那么剧烈而且可能持续一周甚至更久。突然下跌可能发生在任意时刻，可能在形态内或形态外，而虚假移动则通常指的是明确的形态在即将完成时在错误方向上——即与真实的后续运动方向相反——出现的令人困惑的、不明确的但是幅度相对较小的股价运动。我们假设突然下跌的出现归咎于职业操盘者想要扰乱公众而进行的操作，而虚假移动的出现则更多由于市场暂时显现出的不确定性或者职业操盘者的离场。

股票图中最令人困惑的敌人

与往常一样，我们更关心的是现象出现的结果而不是原因。为了大家更好地学习本讲内容，我们统一使用"虚假移动"来描述导致（或者表面上导致）错误预测的股价运动。如果这种股价运动持续相当远，而且伴随着成交量的上升，那么它们就成为了股价图分析以及实际交易中最危险、最麻烦的一种形态。它们可能看起来非常类似一次真正的、有效的突破，诱使我们买入该股票，结果后续运动证明这是一次错误的操作，我们不得不承受损失以及精神上的折磨。

即使这种股价运动并不符合有效突破的所有要求，但是它们仍然是令人困惑的，因为它们会让我们怀疑（至少暂时怀疑）图中形态是否适用于技术分析理论。例如，假设股票图中形成了一个强有力的、非常可靠的向下反转形态，所有信号都表明股价将进入一次长期的有利可图的下跌过程。但是就在股票看上去即将开始进行这次主要下跌时，股价突然在几日内跃升了几点。这一变化与我们的技术分析结果正好相反。但是我们从理论和实践中都记住一点：没有任何技术形态是万无一失的，它们都时不时地会出错，而如果真的出错了，那么接下来的长期运动方向可能就是完全相反的方向。因此很明显，当我们满心期待着一次大规则的下跌时，即使是小幅的突然上涨，也能打乱全盘计划，给交易者造成心理上的困扰。

这种虚假移动可能使交易者对自己的股票图失去信心，认为他的分析全部错误，应该从长期下跌的预测转向长期上涨。假设就在他决定改变之前预测结果时，虚假移动结束了，股票掉头向下，进入之前正确预测的长期、强有力、有利可图的主要下跌过程，想象一下这位交易者将会多么混乱！

幸运的是虚假移动不常出现

虚假移动可能出现在任何容易得到确定、可靠分析的图表形态中，也就是说它可能出现在本书教大家识别和进行技术分析的任何形态中。幸运的是，如果我们按照之前介绍的方法仔细考察有效突破的每一项要求，那么大部分虚假移动都不应该对我们形成误导。尽管如此，我们还是应当注意这种现象，因为它们确实能够给出错误的预测。我们必须学会发现虚假移动，并能够有效地保护自己，不仅是降低可能的损失，更重要的是完善股价运动理论，并避免对预测方法丧失信心。

三角形态最容易发生虚假移动

我们已经看到三角形态既可能是反转形态也可能是调整形态，不过调整形态的概率更大。这种"双重身份"导致我们有必要在三角形态完成、股价明确突破之后才去预测后续运动的方向。这使得三角形态尤其容易受到虚假移动的困扰。同时，我们也能很自然地预期虚假移动经常发生在三角形态中，尤其在端点附近，因为随着股价运动接近端点，交易活动将非常低落，股价范围也非常狭窄，使得技术形势只需一点不平衡就能导致一次虚假移动。同时在这种环境下，职业操盘手能够很轻易地发动一次虚假移动。这里我们并不认为所有的虚假移动都是内部交易者人为制造的，但是其中一部分确实是。

普通对称三角形态的虚假移动

一个对称感触形态中出现虚假移动的好例子是通用汽车公司1936年的股票图（图10.4）。图中展示了虚假移动的一般形式，也是不容易导致错误预测的形式。注意图中4月30日到6月1日之间的股价运动形成了对称三角形态，同时成交量承受着形态接近端点而逐渐下降。到6月1日三角形变得非常窄，使得一次普通的价格波动都很容易穿透三角形的边。实际上，三角形的下边线在6月2日被穿透，接着股价不显著地向下运动了三天，于4号和5号收盘于61，穿透以下一个点。接着趋势发生反转，仍然不显著，到6月10日股价上升了一个半点，收盘于三角形端点水平之上，然后明显的上涨开始。请仔细观察这个过程中成交量的变化。当股价处于三角形之下的一周内，成交活动一直处于极低潮的状态——比图中之前时间都要低。但是，当股价开始上涨时，成交量逐渐增加并且在股价向上穿透端点水平时出现明显上升。

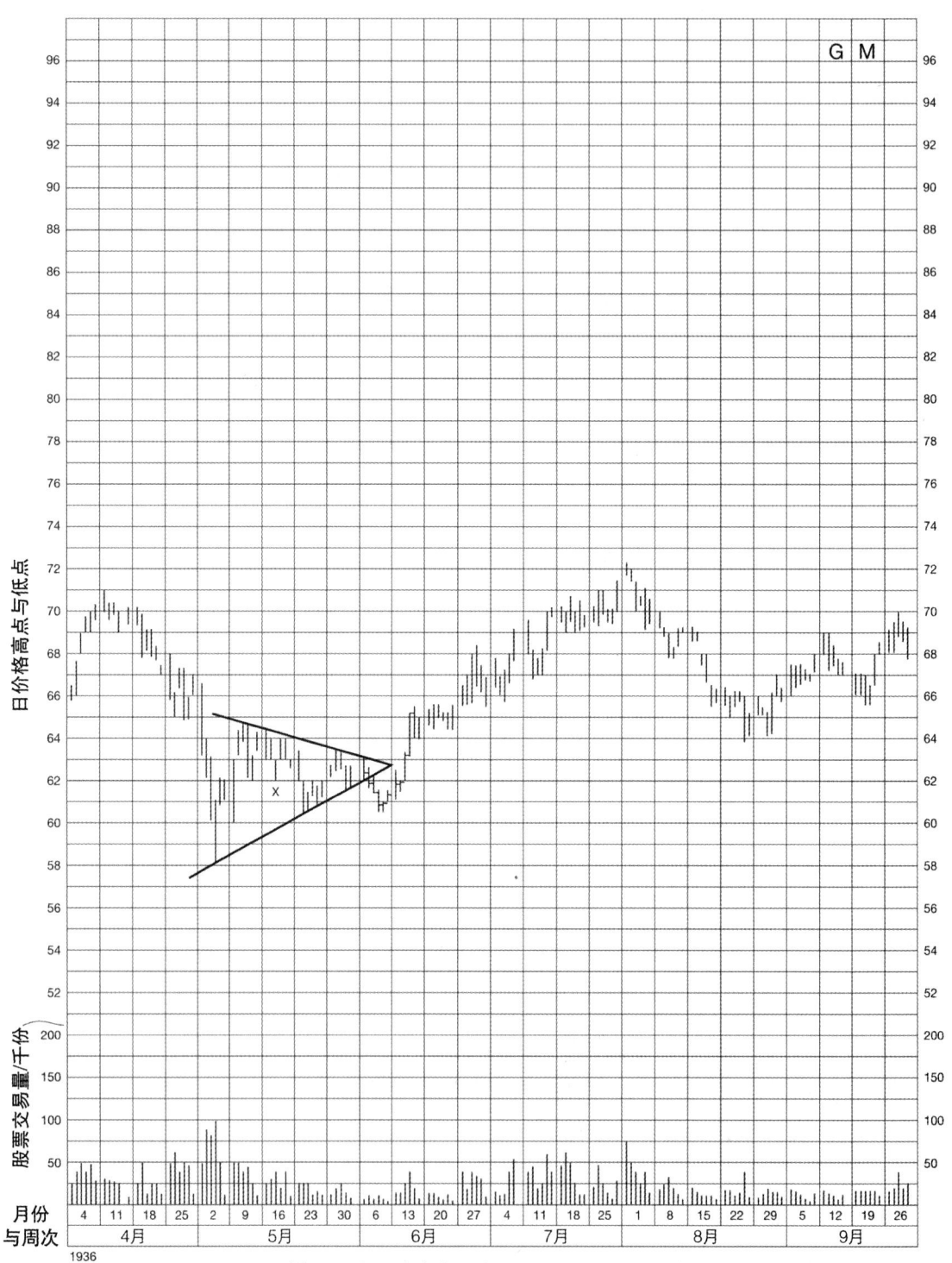

图10.4 通用汽车公司（GENERAL MOTORS）

大多数虚假移动都伴随着低成交量

这个例子展示了虚假移动的一种较为普通、不太具有欺骗性的形式，这种形式中当股价在错误方向上运动时，成交量一直保持在低位，而当股价进入真正的趋势时，成交量才开始增加。我们可以看到，这个例子中的虚假移动不具有有效突破的特征。股价运动是不显著的，成交量没有上升，也就是说对称三角形态中真正突破的特征它都不具备。因此，如果我们在跟踪通用汽车公司的股票，那么6月6日这周的股价变化可能会引起我们的关注，但不会误导我们形成下跌趋势的错误预测。仔细观察成交量，我们就应怀疑这是一次虚假移动，而且当成交量在接下来的一周内逐渐上升时，我们可以确定自己的怀疑，并得到股价上涨的正确预测。

伴随高成交量的特殊虚假移动

对称三角形态的虚假移动中一种更罕见但更具有欺骗性的形式出现在海勒姆·沃克（Hiram Walker）公司的股票图中（图10.5）。这一次三角形完成于8月5日，但是没有出现有效的突破。股价在边线附近不显著地运动着，直到当周周六，成交量上升，同时股价开始下跌。到下一个周二，8月11日，股价和成交量都表明这是一次有效的向下突破，股价将进入下跌过程。但是第二天，尽管成交量更高，但是股价稳住了。两天后股价开始上升，并收盘于端点水平之上。周六时它向上跳跃了 1½ 个点，同时成交量非常高，形成了1点高的突破缺口。接下来的股价运动非常正常。

8月8—12日之间的股价运动是最危险、最令人困惑的虚假移动，不论是股价还是成交量都无法判断它的真实身份。对于根据虚假移动进行了交易的投资者来说，唯一的办法就是当真正趋势开始时迅速反转操作，以小幅损失为代价，获取真正趋势带来的大幅预期收益。如果我们仔细观察整个变化过程可以发现，这种虚假移动很明显是内部人谋划的行为，目的是在股票上涨之前从公众手中"抢夺"更多的股票。简要地说，这是典型的"突然下跌"，幸运的是现在的市场中这种现象已经非常罕见，而且一般在进入最后的真正趋势时都伴随着比较明显的信号。这一点我们将在后面谈到突然下跌图形的积极影响时再具体介绍。

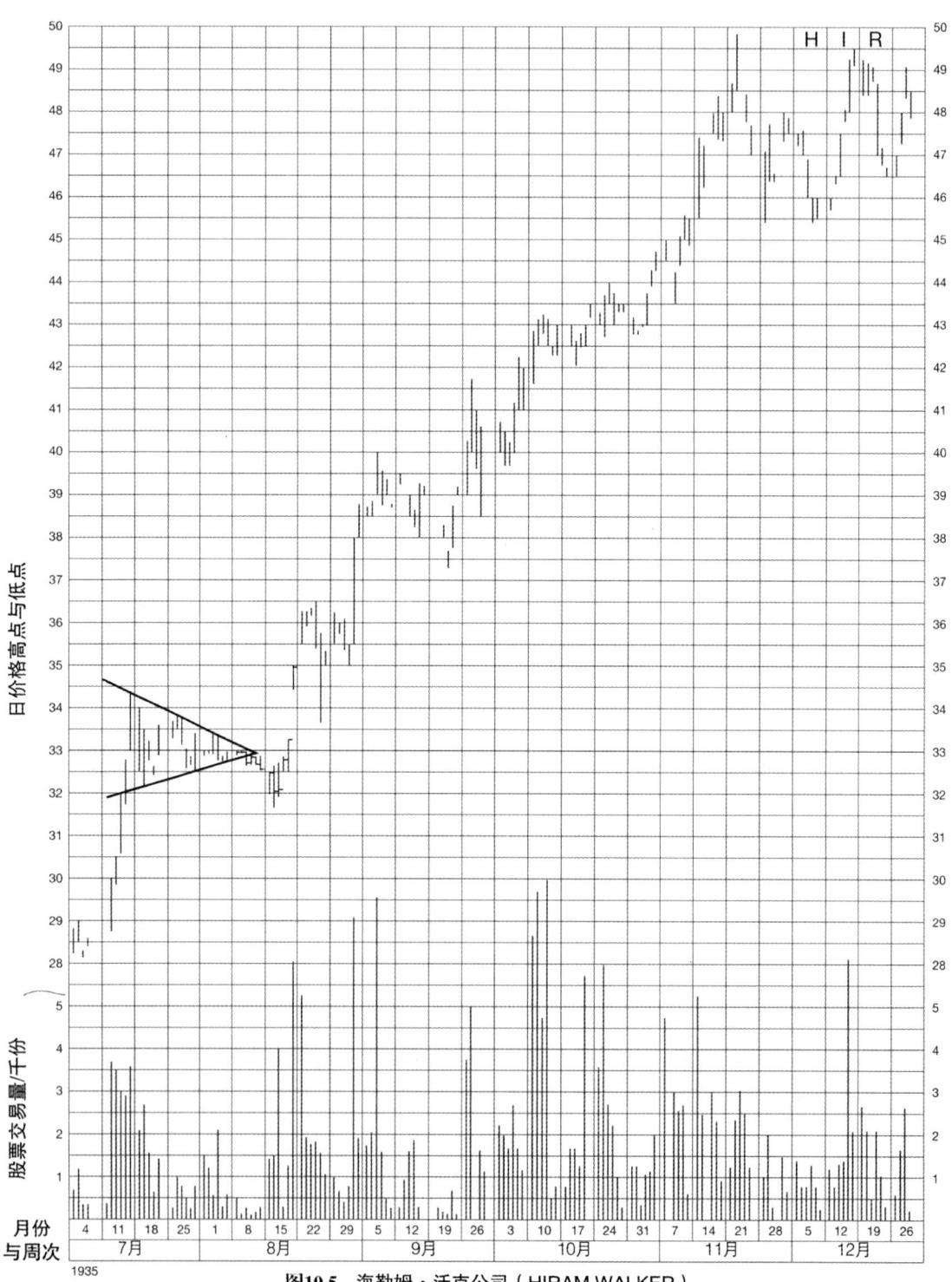

图10.5 海勒姆·沃克公司（HIRAM WALKER）

直角三角形态的虚假移动

前面所举的两个虚假移动的例子是在对称三角形态中，大家要记住的是这种情况中虚假移动发生在形态已经处于端点附近且即将完成。虚假移动也可以发生在条件类似的直角三角形态中，但是这种情况下虚假移动不会有很强的迷惑性，因为直角三角形态有明确的方向指示，所以任何与形态指示方向相反的股价变动都很可疑。在前面几讲中，我们曾简要地介绍过这种虚假移动，出现在阿那康德铜业公司（图6.4）的上升三角形中。我们建议学员回头再看一下这张股票图以及分析中关于虚假移动的部分。阿那康德铜业公司的例子中，上升三角形明确地指出股价最终的突破方面将向上。因此，当1月17—21日出现的股价走势与预测方向相反，再加上这期间成交量很低，我们应该能够辨别出这是虚假移动，不应轻易卖出股票，甚至卖空股票，直到更明确的信号出现。需要强调的是，这种发生在上升或者下降三角形中的虚假移动很少会破坏形态的形状，也不需要重绘形态的边界线。

矩形的虚假移动

矩形是一种非常可靠的预测形态，因此发生在矩形中的虚假移动也是最具有欺骗性的一种。好在虚假移动极少发生在矩形中，但是一旦出现了这种异常情况，往往很容易导致误读。

下面我们来看一个异常情况的例子，出现在美国机械与铸造公司（American Machine and Foundry）的股票图10.6中。1935年7月8日到8月25日的股价走势形成一个矩形形态，最后一周里成交量明显下降，表明即将发生突破。8月27日，股价向下穿过矩形的下边线（23），最终收盘于当天最低点22½，同时成交量明显增加。这个变化非常类似于一次有效的突破，唯一的不足是股价突破的幅度只有1/2点，而根据我们之前的结论，在这个股价范围内1个点以上的幅度更可能是有效的突破。然而，第二天的股价没有继续之前的趋势，而且接下来一周内成交量继续走低，股价也没有明显变化。9月9日开始出现一波强有力的上涨，在11日形成一次高成交量的有效突破，接下来股价进入良好的上涨趋势。

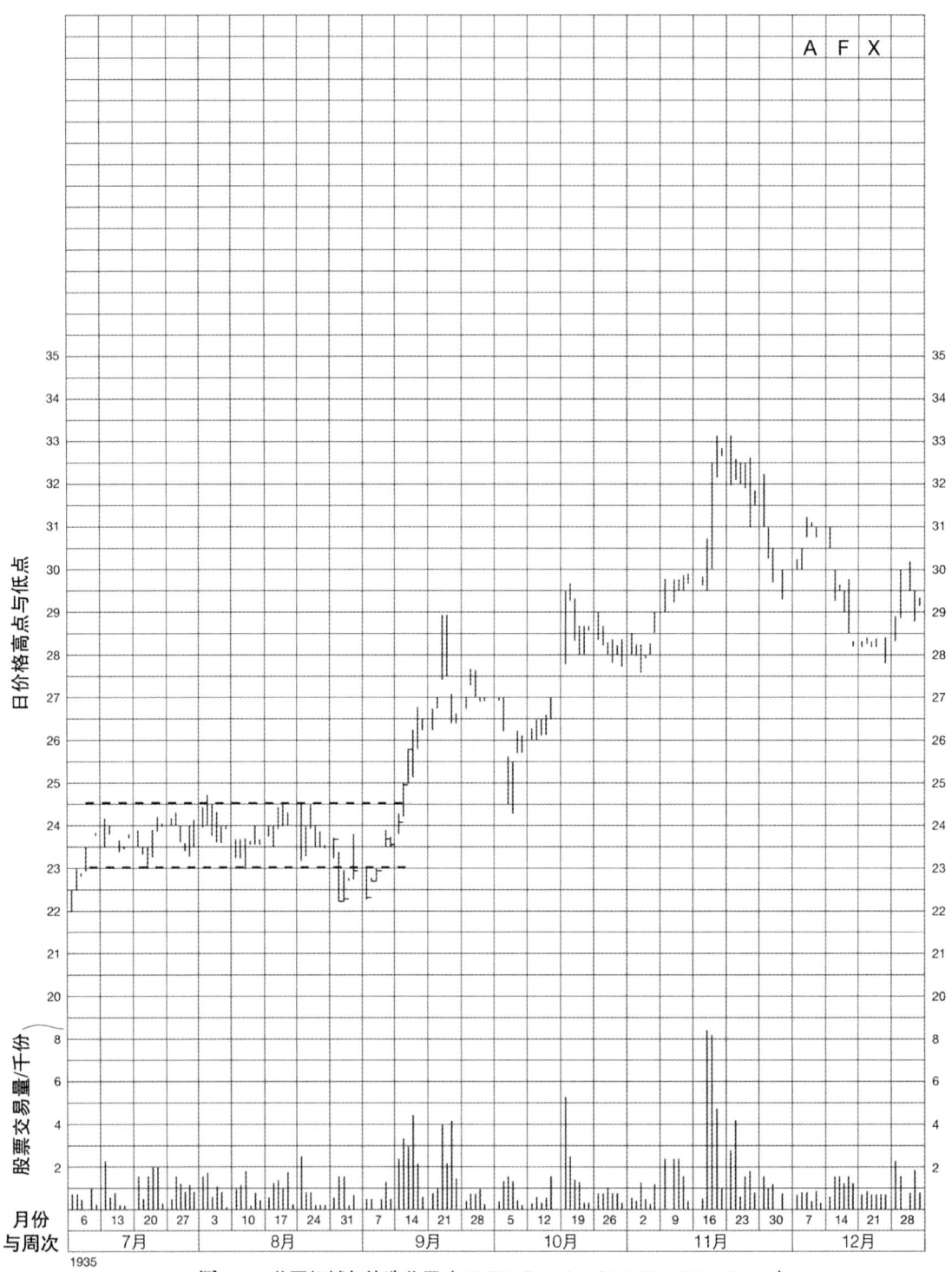

图10.6 美国机械与铸造公司（AMERICAN MACHINE & FOUNDRY）

虚假移动 vs 线外运动

使矩形中的虚假移动分析更加复杂多变的一个因素是，交易者往往将之错认为线外运动。例如，如果 9 月 6 日美国机械与铸造公司的股价回落至矩形边线以内，那么交易者有理由认为之前向下的突破是一次线外运动，并预测了最终的真正趋势。这使得接下来向反方向上发生的突破完全出人意料，形成更严重的干扰。

头肩形态之后的虚假移动

另一种罕见的但同样非常具有欺骗性的虚假移动出现在股价突破头肩形态的颈线，但没有按照形态预测的方向变化时。这种现象的一个例子出现在纽约中央铁路公司的股票图 9.8 中。图中 7 月 23 日至 8 月 21 日之间的股价变化形成头肩形态，其中左肩形成于 7 月 28 日，头部形成于 8 月 6 日，右肩形成于 8 月 19 日。形态的颈线稍微向上倾斜，并于 8 月 21 日被突破。突破时成交量上升，股价下跌至 39 并收盘于当日最低点。这个突破的幅度将近为 1 个点——考虑到成交量和股价的情况，这个幅度基本可以认为突破是有效的。然而，第二天的股价回升并收盘于颈线附近，之后再没有收盘于颈线之下。8 月 27 日，伴随着成交量的再次上升，一股强有力的上涨趋势正式开始。

如何防范虚假移动

现在大家很可能有一个疑问：我们是不是只能任由虚假移动的摆布？坦白说，对于最极端类型的虚假移动，我们没有万无一失的防范措施。但是这种极端类型并不常见，而对于常见的普通虚假移动，我们拥有许多防范手段。

其中一种防范方法前面已经提到过，主要是仔细观察成交量的变化。大多数情况下，如果股价离开形态时或者穿透某条关键线时成交量上升，那么这种运动更可能是真实的。如果股价变化时成交量比较低或者逐渐下降，那么这更可能是虚假移动。这种判断是合理的，因为当内部人准备推升股价时，他们会首先在当前价格上获取尽可能多的股票，此时不需很高的成交量就能促使股价发生变化。如果内部人想要导演一出虚假移动，那么他们会谨慎地对待出手的股票数量，不希望浪费手中宝贵的仓位。大部分情况下，虚假移动的势头正好符合公众希望抛售这只股票的愿望，这里内部人就会进一步减少他们的交易量。但是如果股价真实地突破形态，那么内部人必须在吸引公众注意之前，快速大量交易以完成仓位储备。

高成交量的突然下跌

低成交量代表虚假移动、高成交量代表真实趋势的规则有一个例外情况，就是日内反转。这种现象的特点是全天成交量都很高，股价上午上涨或下跌，下午再沿反方向运动回到上午开始的位置。股价突破形态时发生日内反转的现象更多出现在突然下跌中。一般我们都能通过当日股价运动方向的反转容易地判断出日内反转现象，它表明上午的运动是虚假的，真实运动的方向是相反方向。当然，这种现象中股价很少能显著地脱离形态，因此一般不会形成可靠的突破信号，尤其当我们将可靠的突破定义为"股价当日收盘于距离形态显著的位置"而不仅仅是运动到形态外。

突破规则的严格定义

总结起来，防范虚假移动的最佳方法就是确定一个严格而且保守的突破规则，从成交量和股价运动幅度及收盘位置两个维度进行衡量。如果某次运动不仅符合上述条件，同时还伴随着突破缺口（适用于不常出现缺口的股票），那么对于这次运动的真实性我们可以得到双重保证。

此处需要再次提醒同学们注意的是，在除息或除权日当天或之后一两天内股价运动到形态之外的现象不应算作突破，除非后续的股价和成交量在基本面因素的影响下，发生符合突破要求的变化。尤其当这种脱离现象伴随着普通水平的成交量，而且股价下跌的幅度与股票除息或除权的金额相近时，我们更要小心。这种由于除权变化引起的虚假移动例子可以参见国际收割机公司的股票图 6.16 中 9 月 19 日当周的股价走势。

运用止损指令应对虚假移动

经验告诉我们，实际交易中运用止损指令（stop-loss order）非常有帮助。我们知道，最罕见也最具有欺骗性的虚假移动中，股价和成交量的表现非常类似真实有效的突破，若要防范这种虚假移动，正确布置止损指令非常重要。不幸的是，应用止损指令的一个常见缺陷是，虚假移动的极端情形或者突然下跌现象造成的股价大幅波动，产生迫使止损指令被执行的风险。但尽管如此，止损指令仍然十分常用。

布置止损指令时应注意价格的选择，使得除了股价进行真实运动之外，指令都不会被执行。这意味着指令设置的水平必须足够远，使它们被突然下跌现象中股价"触发"的概率尽可能地低。这里只是简单提及了止损指令，要想真正应用好止损指令，需要深入理解止损指令的基本原理，并通过经验积累形成良好的判断力。稍后我们将具体介绍止损指令，在学习那一节时希望同学们时刻提醒自己虚假移动可能造成的风险。

虚假移动的积极作用

现在我们已经了解虚假移动在股票图中如何形成以及如何识别，下面我们来学习一个令人高兴的结论。当股价脱离形态时，虚假移动很少发生两次以上，所以我们有理由相信在相反方向上不会再发生虚假移动。正因为这样，许多技术分析师实际上非常欢迎虚假移动，一旦发生虚假移动，那么他们有把握预期股价将向相反方向上进行真实运动。因此虽然虚假移动发生时容易令人困惑，但是它们其实是带有伪装的帮手，让我们在股价最终在真实趋势上运动时，信心十足地守住仓位。

总结起来，虚假移动经常出现在股票图中，我们应该时时对其保持警惕。尽管它们可能发生在任意一种形态中，不过最常见的还是三角形态的端点附近，而且通常可以根据伴随的低成交量和不显著的股价运动幅度进行识别。波动幅度较大的突然下跌类现象，基本没有防范措施，我们只能在后来技术形势改变时迅速改变操作，好在这类现象非常罕见。总而言之，无需惧怕虚假移动，在认真识别之后，将它转化成有积极作用的帮手。

"甩尾"——不是虚假移动

一种有时在股票图中出现，容易被怀疑成虚假移动的现象是甩尾（End Run）。这种现象发生在股价从一个强形态中有效突破之后，并没有完成形态预测的运动幅度，而是迅速掉头向相反方向运动了一段距离。甩尾现象一个好例子出现在肯纳寇特铜矿公司（Kennecott Copper）1936年上半年的股票图中（图10.7）。

图10.7 肯纳寇特铜矿公司（KENNECOTT COPPER）

图中 2 月 19 日至 4 月 4 日之间形成了一个强有力的上升调整三角形态，而且在 39 位置上有一条非常清晰的顶部阻力线。4 月 6 日股价明显地从形态中突破，所有信号都表明接下来将发生大幅度的上涨。但是，股价在 41½ 位置上迅速掉头快速下跌，穿过上升三角形顶部的支撑线，一直跌至 33½，跌幅达到 8 点，比例为 20%。作为龙头股，肯纳寇特公司股票的这种走势变化无疑是由于市场整体正在经历的一次实质性中期下跌引起的，这次下跌当时已经导致多个均值指数下挫达 30%。虽然肯纳寇特的股票已经准备上升，但仍然无法抵抗当时普遍的抛售势头。尽管如此，2 月到 3 月间强有力三角形态表明上涨趋势一定会发生，最终肯纳寇特公司的股价确实迅速恢复并持续上涨，到 11 月份涨至 63。

甩尾现象有时也可以通过突破水平之前强有力的阻力（或支撑）区域来预测。此时对股票历史走势的研究通常能提前预警，防止我们过分依赖形态单独的预测信号。在肯纳寇特铜业公司的股票图中，历史走势显示 41~42 区间内很可能存在强有力的阻力，因此上涨趋势可能在这个区间内滞留一段，不过这个理由不能很好地解释股价一直下挫到 33½ 的现象。

如果甩尾现象是由市场整体情况引起，或者由某个影响整个行业的不可预期变化引起，那么当看到股价轻易地突破形态设立的强支撑或阻力位时，我们就应明确地知道应该以尽可能小的损失退出，并等待时机的到来。以肯纳寇特股票为例，4 月 20 日到 23 日之间股价和成交量的变化是显著的，如果不是这只股票本身情况较好（通过之前的技术形态反映），那么股价的下跌幅度可能更大。

像虚假移动一样，甩尾现象并不常见，但是学会识别并正确处理这种现象非常重要。

止损指令

在前面介绍虚假移动时，我们曾简要提及止损指令的防范作用，实际上这只是一种比较有限的应用。止损指令的首要目的——损失最小化——清楚地反映在它的名字里，但是它也能够在保护浮盈不受股价突变影响方面发挥重要作用。总体来说，止损指令最重要的功能就是自动实现华尔街上一句古老的谚语："控制损失，放任利润。"

一个普遍的现象是，没有经验的交易者赚到一点就很满足，而亏到很多仍然不甘心地等待股价回升。这种错误策略导致一种有趣的局面：大多数个人交易者都会时不时获利，但如果固定一段期间，大部分账户的期末余额为亏损状态。这是因为几次不必要的大额损失超过了数量众多的小额利润。习惯性地在每一笔交易上应用止损指令，不论多头还是空头，情况会改善许多。如果止损指令的价位选择得当，那么它能将初始资本金的损失控制在适当幅度内，当股价向有利方向变动时保护交易的资本成本，并且逐步保证大部分累积的浮盈能够最终实现。

止损指令的原理

止损指令，或者更严格地称为"停止"指令，是要求经纪商在股价达到或超过某个特定价位时，买入一定数量的某只股票。止损指令在股价达到要求价位之前不会被执行。例如，假设你以 50 美元买入了 100 股美国钢铁公司的股票，并决定如果股价跌到 48 美元或更低时就卖掉股票，因此这个幅度的下跌意味着股价将进入下行通道。这时你可以通过设置一道 48 价位上的撤销前有效止损指令，来保证股价一旦触及 48 美元，股票将立刻被卖出。"撤销前有效"是一句行话，说明这道指令要么被撤销，要么当美国钢铁公司的股价达到 48 或更低时被执行。如果股价跌至 48½，对指令不会有任何影响，但一旦交易价格达到 48 或更低，那么止损指令将立即生效，生成一个常规卖单，经纪商立即将你持有的美国钢铁公司股票以最合适价格卖出。

如果止损指令卖出的是散股（odd lot），即少于 100 股的数量，那么你的指令将在股价达到止损价格后，以成交的第一单整笔交易上浮 1/8 点的价位上被执行。

交易频繁股票的止损指令往往在非常接近止损价格的位置上被执行，但是对于交易不频繁（稀薄）的股票以及受重要未预期信息冲击的股票来说，最终执行价可能距离止损价格好几个点。不过，不要因为这种偶尔发生的、令人沮丧的现象而停止使用止损指令。止损指令的最终结果总会证明未雨绸缪的价值。

何时下达止损指令

使用止损指令时，首先要解决的问题是何时下达止损指令。止损指令应该与首次常规买单同时布置，或者最迟在经纪商反馈常规买单已经被执行时。任何情况都应遵循这个原则，没有例外。在布置买单时，你对止损价位的判断能力比之后任何时间都要好，包括买单被执行时、被股价走势困扰时、得知重要新闻时，以及担忧损失时。

当你看到强有力的技术信号——例如股价从明确的反转或调整形态中有效突破——说明应该买入或卖出某只股票时，你应当同时研究一下股票图，决定股价在反方向上运动到什么价位时就表明你的预测是错误的，或者股价超过什么价位时你希望不再持有该股票。决定之后，你在向经纪商下达买入或卖出指令的同时，布置你的止损指令。

改变止损指令

止损指令一旦被下达就不能轻易改变，除非你希望在获利方向上提高止损价位。如果你的预测正确，那么你可能也应该将止损价位向该方向移动，但是记住第一个止损价位的目的是将损失降至最低。除非你想留存利润，否则不应移动它。如果你已经买入股票，并已经在买入价格以下布置了止损指令，那么你只可以将止损价格设置得更高，而绝不能降低。相反地，如果你卖空某只股票，并将止损价格设置为高于卖空价，那么当利润积累时可以将止损价降低，但绝不能提高。

在什么价位上设置止损指令

关于止损价位的选择有许多不同的公式。尽管我们认同根据某个公式决定——即使是僵化的算术法则——好于没有公式依据乱猜，但是正确布置止损指令的首要依据应该是本书中学习的技术图形分析。分析的原则很简单。止损指令是用来帮助我们在预测出错时或者趋势改变时快速、自动地解除"坏交易"。因此止损价位应该能够反映到改变我们初始预测，或者预示有利趋势将转向的股价运动。同时，它们还应"躲开"并不影响或改变基本预测的小幅波动。

应用这些原则并不困难，最简单的方法是根据一张具体股票图表来研究。如果我们已经持有某只股票，下面来看一下止损价位应设置在什么位置才能起到保护作用。不妨假设我们认为美国橡胶公司1936年秋季的上涨过程有利可图。在图10.8中，股价8月和9月的走势形成一个对称三角形态。9月23日股价向上突破形态，同时成交量明显上升，尽管当天收盘价格没有形成显著幅度，但我们已经有足够理由立即买入该股票，尤其考虑到当时市场整体正处于周期性上升阶段。

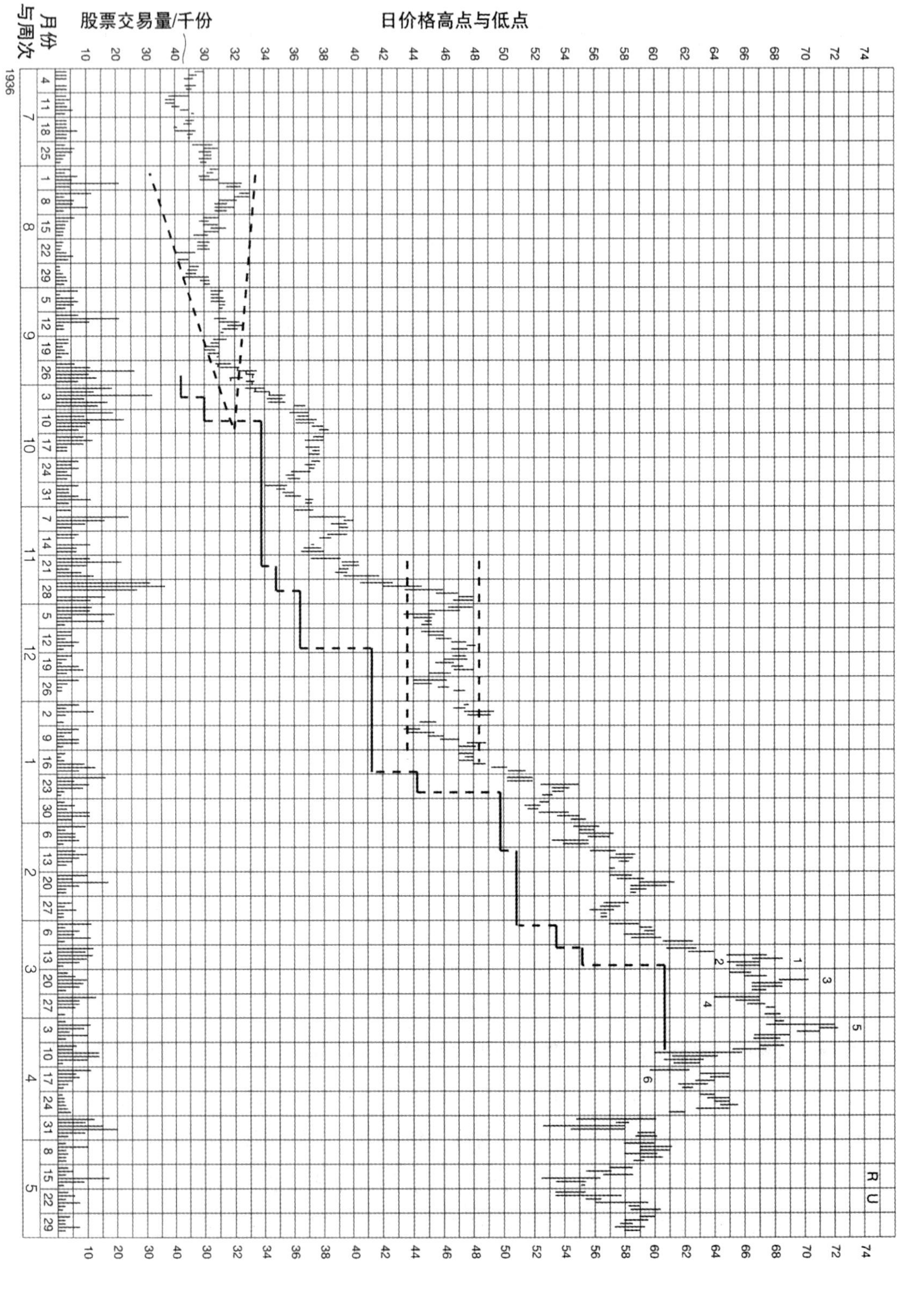

图10.8 美国橡胶公司（US RUBBER）

多头仓位中止损价位确定原则的应用

买入这只股票时，我们坚信美国橡胶公司的股价将强势上涨，但是我们没有考虑到虚假移动或线外运动的可能性。如果这是线外运动，那么买入该股票最终能够获利，但股价会先跌回形态中。这种下跌不应显著低于 9 月 19 日形态最后一次小幅反转的底部位置 30 美元。但是我们还应为突然下跌现象预留一定距离。根据经验，这种预留幅度约为股价的 5%。在美国橡胶的例子中，底部 30 点的 5% 约为 1/2 点，所以我们的止损指令应当比 30 低 1½ 点，即布置在 28½ 的位置上。决定了止损价位之后，我们于 9 月 24 日向经纪商下达指令：市价买入美国橡胶公司股票，同时在 28½ 价位上布置止损指令。9 月 25 日，股价小幅跌回形态，但第二天就掉头向上，并接着快速上涨。最终我们的止损指令没有被执行。

在继续观察美国橡胶公司的止损指令之前，或者我们应该再解释一下前面提到的 5% 的预留幅度。如果一只股票市价在 10 美元范围，预留幅度约为 0.5 点；如果市价在 50 美元范围，预留幅度约为 2.5 点；如果市价在 80 美元范围，预留幅度约为 4 点，以此类推。当然，这是一个非常主观的数字，就像所有其他测量规律一样，根据操作者的判断最终决定。如果股价习惯性地在小范围内波动——比如像通用汽车这类股票——我们可能将预留幅度调至 5% 以下。与之相反，如果是像钒钢公司（Vanadium Steel）那样大幅波动的股票，我们就应该给它更大的幅度，比如 8%。研究股价的历史表现可以发现预留幅度应当比正常水平偏离多少。

止损价位的第一次改变

现在我们回到美国橡胶公司的案例，考虑止损指令的下一步操作。当股价离开预测形态之后，会出现小幅回挫、缺口、调整形态、震荡或者不明确的横向运动，根据我们学过的知识，这些现象将形成新的支撑位，并且是我们布置新止损指令的基础。在美国橡胶的例子中，我们已经看到一个例子——9 月 25 日股价回挫至 31½——当股价上涨并远离形态时，我们可以在距离 31½ 以下 5%，即 29⅞ 的水平上布置一道新的止损指令。有一个惯例是将止损价位设置为略低于 25、30、50 等整数的位置。突然下跌现象一般会停止在这些价位上。

但是这里出现了另一个问题：隔多长时间之后我们可以安全地改变止损指令？

这里我们需要再次提出一个非常主观的指导性原则，实际操作时根据股价历史表现调整。这条原则就是：等到出现两个交易日内股价范围全部在设立新止损指令当日股价范围之上时。如果我们正处在上涨趋势中，正如美国橡胶公司的例子，那么我们应当等到出现两个交易日最低股价比下挫最低点当日最高股价还高时，改变止损指令。本例中，下挫最低点出现在 9 月 25 日，当日股价范围的最高点是 32¾ 点。第一次出现两个交易日的股价范围全部在这之上是 9 月 29 日和 30 日。那么在 10 月 1 日，我们可能取消之前买入股票时在 28½ 位置上布置的止损指令，并在 29⅞ 位置上布置新的止损指令。

这条"两日原则"（可以根据具体情形和操作者判断进行调整）适用于上涨和下跌趋势中，也适用于缺口以及其他用来确定止损价位和小幅反转位置的图表形态中。在对美国橡胶公司股票接下来的研究中，我们还将应用它。

请时刻记得在取消前次止损指令的同时，布置一道新的止损指令。否则，在你的经纪商的记录中，两个指令都处于有效状态，都可能在将来某个时候被执行。除非你有明确指示，否则你的经纪商不会撤销前次止损指令。事实上，只要指令没有被撤销，经纪商都有义务执行它。

缺口提供新的基点

9 月 25 日的小幅回挫之后，美国橡胶公司的股价稳步上涨，没有再出现需要改变止损价位的新技术信号，直到 10 月 3 日。当日股价运动形成了半个点的缺口，从 35½ 到 36。正如我们所知，调整型缺口建立小幅支撑和阻力水平，除非趋势改变，否则通常不会被突破。但是，在改变 29⅞ 的止损价位之前，我们应该再次应用"两日法则"。缺口的最高价格是 36，直到 10 月 7 日才满足两个交易日的股价范围全部在 36 以上。10 月 8 日，我们可能取消 29⅞ 位置上的止损指令，并在 33¾ 位置上，即缺口位置 35½ 以下 5%，布置新的止损指令。

在这之后，股价再次小幅上涨，然后于 10 月 23 日回挫至 35¼。这个价位暂时看起来像一个微小反转点，但是紧接着 26 日股价再次下跌到 34。不过这次小幅下跌就这样结束了，股价又一次开始上涨，没有触及 33¾ 的止损价位。注意我们不会因为位于 34 的新底部而改变止损价位，因为这意味着降低止损价位，但我们的原则是只能向获利方向移动止损价位。

结束美国橡胶公司例子的讨论

下一次上移止损价位的机会出现在 11 月 18 日，这一天满足了 11 月 14 日底部 36½ 的 "两日原则"，我们可以将止损指令上移至该价位以下 5% 的位置。11 月 24 日我们可以再次上移止损价位至 36½，即约为 11 月 20 日底部以下 5% 的位置。12 月第一周出现的下跌，在 12 月 10 日满足了 "两日原则"，此时我们可以将止损指令设置在其下 5%，即 41¼ 的位置上。一个多月之后，股价的发展才需要再次移动止损价位。在此期间股价形成了矩形，并于 1 月 15 日向上明确突破形态，接着是连续 5 天的震荡——几乎形成旗形——从 1 月 8 日到 14 日，这次震荡的底部可以作为确定止损价位的新基点，将止损价位上移至 44½ 位置。

1 月 20 日股价运动形成的缺口使我们可以再次移动止损价位，这次移至 49⅞（避开整数 50）。2 月 9 日出现信号将止损价位移至 50⅞，即 2 月 5 日下跌底部以下 5% 的位置。2 月 9 日至 15 日之间的横向需求形成一个良好的基点，新的止损价位移至 54¼，不过更保守的办法是等待股价运动更明确，即 2 月最后一周股价跌至 56 时。3 月 2 日，距离上一个底部满足 "两日原则"，我们可以将止损价位移至 53½。3 月 8 日可以根据 3 月 4 日下跌的底部 58，将止损价位上移至 55¼。

终于被执行的止损指令

3 月 10 日的大型缺口为我们提供了下一个止损价位的基点。直到 3 月 13 日，这个缺口的 "两日原则" 才被满足。然后我们可以将止损价位上移到 60¾。这是最后一次移动，因此之后没有再出现新的基点。3 月 22 日的下跌停在止损价位之上，但是 4 月 7 日的剧烈下跌终于达到了止损价位。当股价跌至 60¾ 时，我们的止损指令转为市价卖出指令，经纪将据此卖出我们的股票。到这时，我们手中的股票已经从 33 美元升值到 60 多美元，实现了约 27 点的利润。

在根据止损指令卖出股票之后，股价反弹了，在月底前一直回升到 66，但是这次反弹并不表明应再次买入。相反，触发止损指令的那次下跌已经完成了一个重要的反转形态，即轮廓鲜明（1-2-3-4-5-6）的喇叭顶形态（见第 4 讲），这次反弹实际也只实现了之前形态预测结果的 50%。至此我们已经充分利用了美国橡胶公司的股票，6 个月后这只股票跌到了 20 美元。

卖空操作中的止损指令

刚刚我们讨论的美国橡胶公司股票中期上涨趋势非常好地表明，正确布置的止损指令能够有效保护交易者仓位，并为交易者省去"盯盘"造成的担忧和困扰。如果止损指令在多头交易中非常有用，那么它们在空头操作中也基本是不可或缺的。当交易者买入股票多头，股价走势最多让他损失掉买入的成本，但是如果他卖空股票，那么理论上他的风险是无穷大的。实际上每一位博学的经济学家都认同，卖空操作有其优点，但是除非给每一笔交易设置明确的止损指令，否则从实际交易观点来看，卖空交易是不合理的。

卖空操作初始止损指令的布置

前面美国橡胶公司的假想操作中，我们为保护多头头寸而使用的布置止损指令技巧在空头交易中同样适用。如果读者认真学习了前面美国橡胶公司例子中止损指令的应用，那么他此时不需要进一步地解释了，不过这里我们还是简要地说明一下卖空操作中止损指令的应用。

下面假设我们在美国钢铁公司1937年8月开始的下跌趋势中进行了交易。图10.9记录了这只龙头股票1937年下半年的日成交价和交易量。美国钢铁公司的股票从当年3月的高点127跌至6月的低点91，然后在7月快速反弹，几乎达到之前的高点。这期间开始时成交量比较高，但随着8月股价反弹逐渐减速，成交量也越来越小。8月第三周里，股价下跌，但成交量上升。到8月26日，股价形成清晰的圆形顶，非常适合卖空。

如果与后面的日线图和周线图一起看，图中还有其他的信号证明美国钢铁公司的股票在7月末和8月初应该清仓，但是我们现在关注的是一种保守的卖空，即等到趋势完全改变之后才进行操作。这种改变的决定性信号就是圆形顶形态（见第3讲中介绍）。我们知道圆形顶是最重要的反转形态之一，而且这种形态的特点是经常出现在熊市反弹的顶部，因此意味着大幅下跌即将到来。1937年这种形态出现在多个领先股票中，是大熊市到来的最有力证据之一。

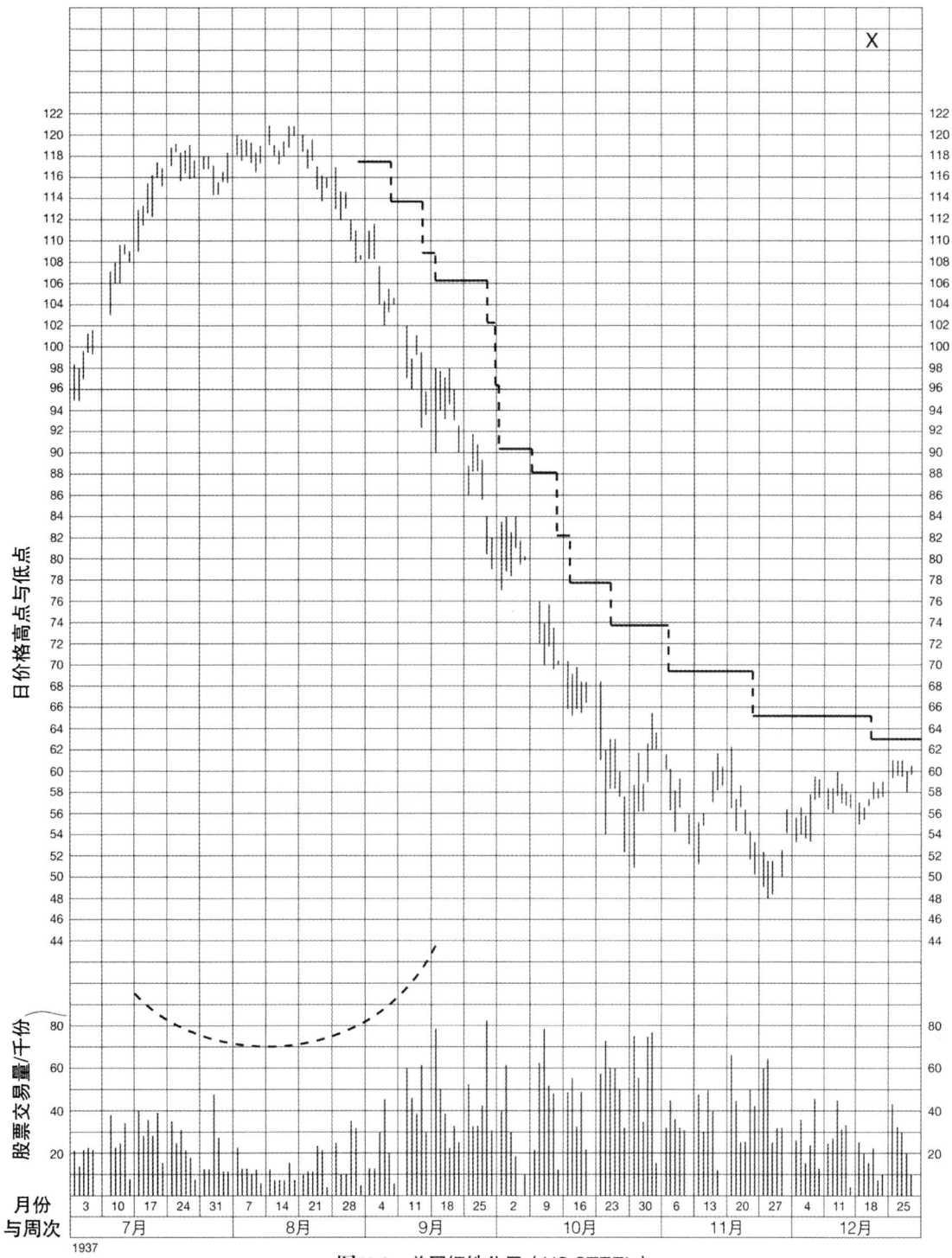

图10.9 美国钢铁公司（US STEEL）

第10讲 测量法则和形态 | 345

卖空交易中的止损指令是买入指令

回到我们的例子，假设我们在 8 月 26 日完成股票图后决定卖空美国钢铁公司的股票。不过，在向经纪商下达卖出指令之前，我们必须首先确定在什么价位布置止损指令，以便当下跌预测没有成真时我们能及时抽身。仔细观察股票图，我们发现 8 月 23 日震荡的顶部 117 可以是距离最近的有效基点，因此我们的第一个止损指令就可以设置在该价格以上 5%，即 122¾ 位置上。注意在这个例子中，我们进行的是卖空操作，因此止损指令执行时将变为买入指令，执行价格将高于而不是低于止损价格。8 月 27 日一开盘，我们就向经纪商下达指令，如市价卖出美国钢铁公司 100 股，同时在 122¾ 的止损价格上买入 100 股。

有一条原则要求我们将止损价位设置在距当前价格相当远的位置，一般相隔 15 个点。这种情况下，大部分交易者都有充分理由认为，不管他们对技术形势解读的正确性多么有信心，都不愿意冒这么大的风险。比较灵活的操作者此时可能会稍微调整原则，将止损价位降低，如 117½，比 8 月 11 日的微小底部略高。实际上，在我们进行操作的一天之后，就已经距 113 位置上的小型缺口实现"两日原则"，这说明将止损价位设置在 117½ 上是合理的。

接下来的周三，即 9 月 1 日，股价形成一个下降缺口，同时成交量上升，进一步确认了我们的预测。当接下来两天股价范围均在缺口水平之下时，我们就可以下移止损价位至该水平之上 5%，即 113½。9 月 7 日出现另一个缺口，比之前的缺口更大，成交量也更高。因此 9 月 9 日时我们可能在这个基础上设立新的止损价位，降至 109¼。下一次降低止损价位的机会出现在 9 月 13 日，止损价位降至 106⅛。9 月 23 日股价下跌满足前一周价格线顶点的"两日原则"之后，我们可以撤销 106⅛ 上的止损指令，并在 103 位置上布置新的指令。

接下来的 4 周里，美国钢铁公司股票的空头随着股价持续下跌而不断累积利润。在此期间还有几次良好的技术信号告诉我们可以改变止损价位。下面我们只简要地列出这些信号，大家可以在图中检验它们，并自己发现新价位确定的基点。

9 月 25 日之后——降至 96¾；

9 月 27 日之后——降至 90¼；

10 月 4 日之后——降至 88¼；

10 月 7 日之后——降至 82；

10 月 11 日之后——降至 77¾；

10 月 20 日之后——降至 73½。

到 10 月末，股价下跌趋势减缓，但直到股票图最后还没有反转证据出现。不过在 11 月中又有两次向获利方向（即向下）移动止损价位的机会。11 月 3 日之后止损价位可以移至 69½，11 月 19 日之后可以移至 65¼，两个价位都由前一次反弹高点上浮 5% 确定。再接着，12 月 14 日止损价位可以降至 63。

"心理"止损的使用

出于种种原因，许多交易者不喜欢使用止损指令，而是倾向于"心理"止损，即当股价市价达到心理止损价位时，做出买入或卖出的决定。反对采用常规止损指令的人认为，向经纪商提前下达止损指令，对于当前多变的市场几乎是无效的。一种常见的反对观点说，如果股价刚刚触发止损指令就立刻反转并按预测方向运动，那么结果是交易者承担了不必要的损失而且失去了仓位。不过很明显，这种不幸的结局更多由于止损价位的错误选择，而不是由于使用了止损指令。

还有一些交易者不太愿意用止损指令去打扰他们的经纪商，因为他们的账户比较小，或者因为他们的经纪商态度恶劣。不过，接受和执行止损指令是经纪商义不容辞的责任，交易者有权在这方面获得经纪商礼貌、高效的服务，因此交易者应该坚持自己的权利。好的经纪商会鼓励客户使用止损指令，因为这是一种能够保护客户本金和利润的明智、保守的做法。

理论上来说，如果交易者与市场密切联系，当股价达到心理止损价位时立刻获知，那么心理止损应该和由经纪商执行的常规止损指令达到同样的效果。但是在实践中，人们总是容易在关键的时刻由于种种诱惑而贻误行动时机，想着"再给它一次机会"，于是改变了心理止损价位，结果承担了更多不必要的损失。从长期来看，经验丰富的交易者认为谨慎地布置止损指令是成功交易必不可少的一部分，而且通过提前布置止损指令的"冷血"操作，交易者能够避免由于市场发生未预期到的变化而产生的困扰和耽搁。

形态内设置止损指令几乎无用

请注意，在本讲中用于解释上涨和下跌趋势中布置止损指令的例子里，买入或卖出操作都是在重要预测形态完成之后才进行。只有在这种相对安全的技术位置上，止损指令才最有效。有一些交易者喜欢通过形态内股价的微小运动操作获利，比如1937年10月大恐慌之后，有好几个月股价出现大幅摆动的获利区间。在这些区间或者大型形态里进行交易是不安全的，而且不幸的是，此时止损指令也无法起到有效的保护作用，因为止损价位很难设置，要获得更多的利润就伴随着更大的风险。我们不推荐在形态内的交易中使用止损指令。

不要忽略其他图形信号

本讲用大量篇幅强调使用止损指令的重要性，但我们不希望读者获得一个错误印象：总要等到止损指令被触发之后才平仓。在大多数的交易中，如果读者密切跟踪股价走势，那么他会发现一些反转或者竭尽的信号，从而能够在比止损价位好得多的水平上平仓获利。测量公式、阻力价位、成交量高点、竭尽缺口——本书学到的所有不同技术现象——我们都应该留心，从而在最有利的价位上平仓。

止损指令的其他用途

止损指令除了可以为交易者平仓、在市场趋势突变时反转仓位外，还可以用来建立新的头寸。例如，如果我们买入100股某股票，同时设置止损指令，在买入价之下卖出200股，那么趋势改变时，我们不仅可以卖出持有的100股股票，同时还卖空了100股股票。这种止损指令也叫作双重止损（Doubling Stop）或转换止损（Switching Stop）。有的交易者预期股价将从某个形态中突破，比如矩形，就可以在有效突破的价位上设置一道止损指令。因此不论突破在什么时间、什么价位上发生，交易者都能立即持有该股票。有时资金充足的交易者会这样应用止损指令，但我们并不觉得这些操作有什么特别优势，也不建议普通技术分析学员进行这类操作。

止损指令最好还是作为保险措施，它对于股票交易的重要性正如保险对于其他商业活动的重要性一样。

第 11 讲

长期图表、均值图和组图的使用

- ◎ 回顾
- ◎ 月线图
- ◎ 月线图中的形态
- ◎ 月线图在交易中用处不大
- ◎ 均线图的作用
- ◎ 行业图的应用
- ◎ 研究个股更有利可图
- ◎ 长期分析的要点
- ◎ 如何在制图中采用更短的时间间隔
- ◎ 日间隔的分解
- ◎ 实时交易图
- ◎ 小幅运动图表
- ◎ 微小趋势线图
- ◎ 点数图
- ◎ 点数图的局限性
- ◎ 日内图表只具有特定价值

- ◎ 图表研究的其他方面
- ◎ 其他交易媒介的制图
- ◎ 债券市场
- ◎ 债券市场操作的示例
- ◎ 商品市场的图表
- ◎ 选择多样性对图表技术的影响
- ◎ 选项的不同制图方法
- ◎ 全部活跃选项的平均值
- ◎ 不同市场或交易所的制图
- ◎ 不同谷类商品之间价格的密切联系
- ◎ 小麦图表中出现的形态
- ◎ 整理三角形和测量缺口
- ◎ 基本形态和意义保持不变
- ◎ 棉花市场的图表
- ◎ 棉花市场图表示例
- ◎ 商品交易本身的问题

回　顾

在前面各讲中，我们陆续介绍了技术图表分析的不同理论，以及它们各自的特点与重要性。这种从单个现象入手的渐进式学习将为我们整体图表分析打下坚实基础。

我们逐一学习了实际应用中必不可少的众多分析工具，逐一掌握了这些工具的用途、重要性、在图形中的位置，以及可靠性。在完成了基础部分的学习之后，剩下的任务就是在实际图表分析中应用这些工具，通过跟踪大型交易图表来积累经验，自己判断应该使用哪种理论、哪个信号、哪种形态，由此将单个的规律整合成一个知识体系，帮助我们成功地分析所有各类的图表，并最终达到准确预测市场的目的。

月线图

总体来说，我们之前学习的都是日线图中较短、频率较高的形态，但是这些形态可能持续时间无限长，图形形状也更宽更大。如果形态拉伸至几个月甚至更长时间范围里，那么它们在周线图或者月线图上将比日线图上更容易识别。

这种情况下周线图非常有帮助。它们的优点之一是制作起来花费较少的精力。而且，它们通常能够将我们的注意力集中在日线图中不是很明显的特点之上。读者现在应该知道，我们学习的各种理论和形态不仅适用于日线图，而且适用于任何时间间隔的图表。同样，由于这些理论不过是公开市场交易形成的现象，它们也适用于商品交易，如棉花、小麦和玉米的价格，甚至适用于任何由公开自由市场中的供给与需求决定的价格记录图形。我们会在后面介绍商品图表，但是让我们首先学习股票月线图中的股价模式。

月线图中的形态

通用汽车公司和迈尔斯烟草公司（Liggett & Myers Tobacco-B）的股价月线图（图11.1），记录了这两只股票13年的股价走势。图中的垂直线代表从1924年1月至1936年12月之间每个月股价范围的最高点与最低点。成交量没有在图中显示。

通用汽车公司的图表初看之下十分复杂，这主要由于股票进行的几次拆分，以及1926年9月发放了50%的股票股利。但是，我们不需要被这些资本变化而影响，因此股价在每次变化之后都经过了调整，以使图中的股价运动保持连续性。图中右侧的价格代表每股价格。

从1924年开始，图中出现的第一个形态是1925年11月到1926年6月之间形成的小型对称三角形态，之后股价快速上涨。1927年初几个月里出现了加速顶形态，接着当年末一个良好的上升三角形态使股价在1928年3月里从144上涨至199。图中顶部我们看到一个复合形态——大型的双头双肩形态，花了一年半时间形成。接下来股价跌至34，然后股价用两年时间形成一个巨大的下降三角形态，至1932年已跌至8。接下来趋势掉头向上，我们发现一个良好的旗形形成于1932年8月和1933年3月之间。1933年7月到1935年3月之间的形态看起来像是一个即将完成的单头多肩反转，但是形态的颈线始终没有被突破，到1935年6月股价运动形成了一个大型整理三角形态，并在突破后出现股价快速上涨。在图表末端没有什么明确的形态出现，但是可以明显地看到期间有几次貌似出现有意义形态的机会。

迈尔斯烟草公司的月线图可以按照同样的方法分析。从1924—1927年，我们可以发现1926年3—7月间有一个明确上升趋势形成的加速顶形态。1927年顶部出现了一个三角反转。从1928年7月到1930年末，我们可以看到一个规模颇大的扩散三角形态——这三年间的走势也可以看成一个头肩整理形态。另一个大型头肩反转形态形成于1931—1933年间的低谷期，它的右肩同时还是一个良好的旗形整理形态。1934年11月到1936年8月之间的股价走势乍看之下像要形成一个头肩顶形态，但是颈线没有被突破，因此形态没有完成。1936年全年的股价变化形成了一个对称三角形态，暗示着接下来要么整理，要么反转，取决于股价突破的方向。

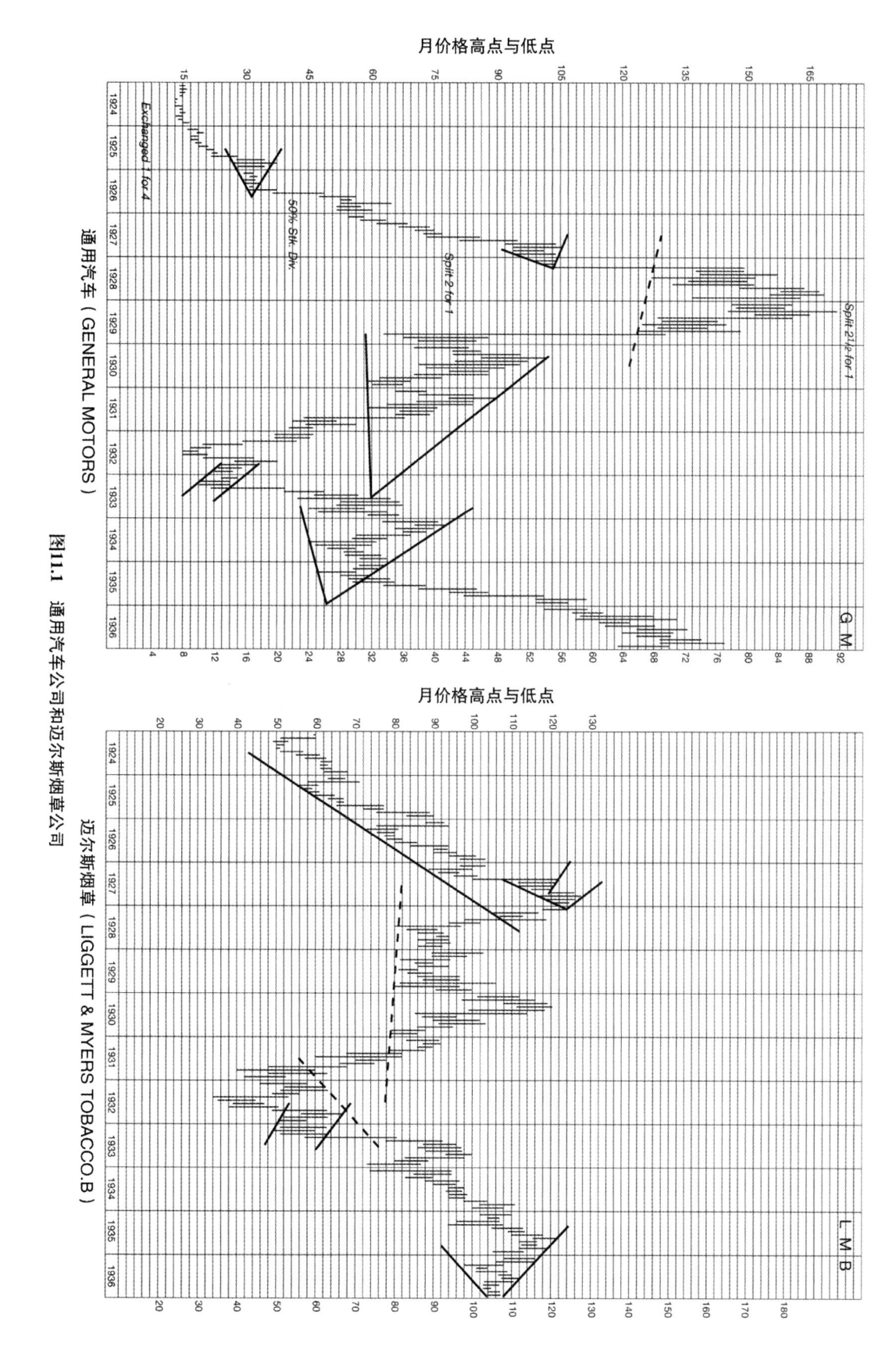

图11.1 通用汽车公司和迈尔斯烟草公司

月线图在交易中用处不大

大家对于前面月线图中提到的形态的规模以及之后股价运动的幅度一定印象深刻，但是他应该记住，这种规模的形态需要许多个月甚至数年的时间才能形成，而且有时在很长一段时间内看不出清晰的形态。通过简要地观察月线图，我们可以明显地发现，交易者很难根据月线图上的形态作出及时可靠的预测来获利。日线图和周线图在日常交易中更加有用，也更为可靠。但是如果想要进行长期投资，那么月线图就非常有用了，有时它们还能体现出股价的重要变化，与日线图和周线图中的获利机会相呼应。

均线图的作用

在前面的学习中，我们曾多次提到均价和均线图，并说明了均价就是一篮子数量一定的选定个股的综合价格，均线图就是这些个股价格的综合图表。这些均线图符合我们前面介绍的个股图表中的一切技术分析规律。而且因为我们面对的是代表整个市场的一篮子股票，均线图中出现在市场整体中的技术形态比某几只股票中的更为重要。换句话说，如果足够多的个股都表现出统一的形态特定，进而使综合图表出现某种特定形态，那么这种预测的强度也大得多。

但是，有一种可能情况是，某些股票处于主要下跌趋势而另一些股票则在上扬。即使当整个市场都处于重要转折时，有一些个股到达反转点的时机比其他股票早几周甚至几个月（这方面例子可以参见图11.1中的两个月线图）。因此，对于资金量有限的投资者来说，他自然希望将资金用于最有利的时机上，那么他手中的个股图就比均线图有价值得多。

另一方面，大部分股票迟早都要随着市场大势而动。因此，对于拥有大量资金的长线投资者来说，他并不那么关心频繁换手带来的交易利润，而是重点关注大额投资策略的收入，那么均线图这时就能发挥重要作用。大家可以试试把我们之前分析个股形态的众多方法应用在图11.2纽约先驱论坛报（New York Herald Tribune）的工业股均线图中，看看有什么有趣的发现。

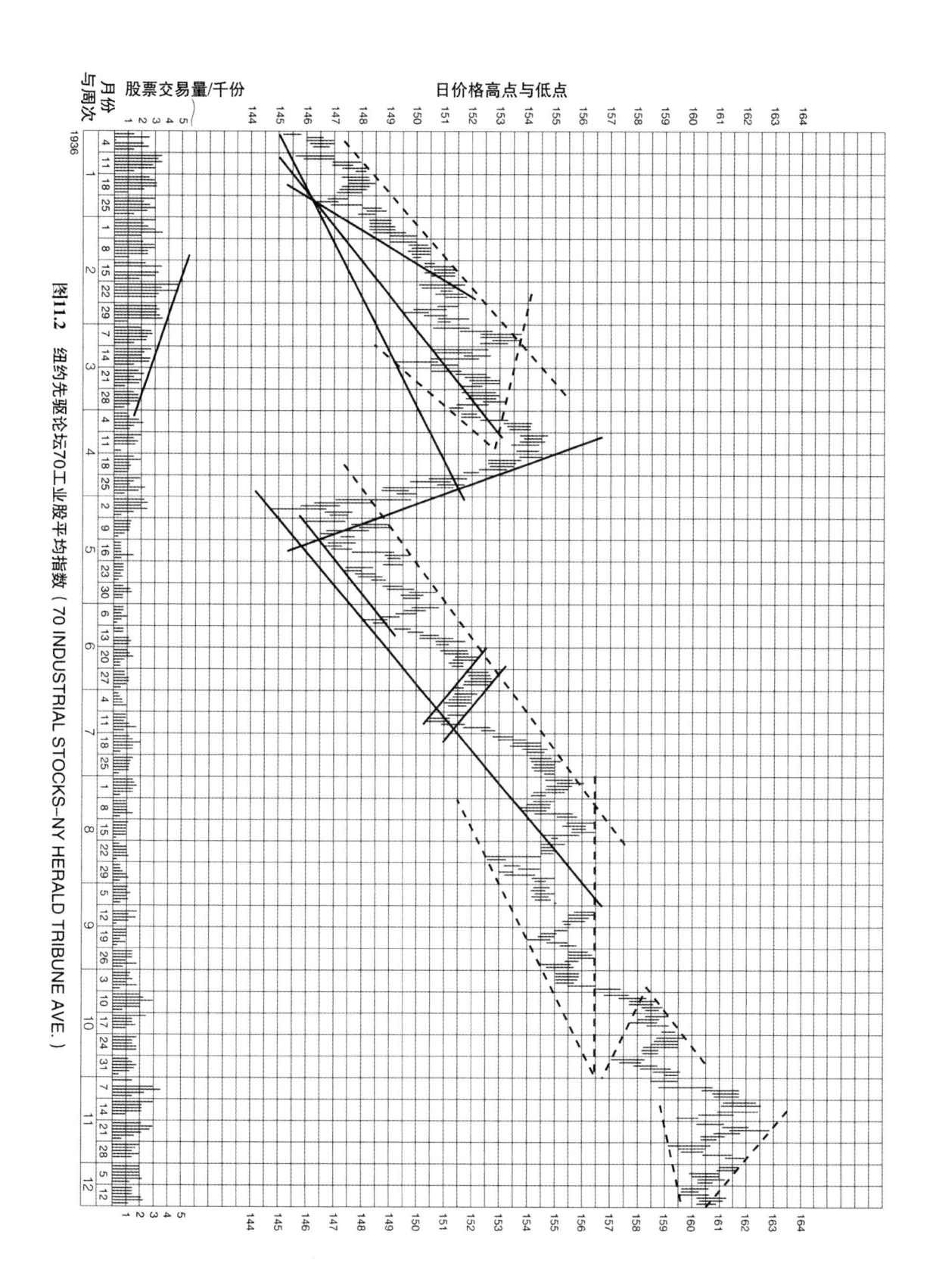

图11.2 纽约先驱论坛70工业股平均指数（70 INDUSTRIAL STOCKS-NY HERALD TRIBUNE AVE.）

行业图的应用

前面对于市场均价的介绍同样适用于行业均价——石油、食品、钢铁、铁路、公用事业等等。如果想要自己制作或者购买某个行业的均值图，那么他会发现这种图有值得研究的地方，但实际交易价值十分有限。就像某个行业的所有股票可能常常与市场整体运动方向相反，行业内的某只股票也常常与行业均值走向不同。总体上有这样一个普遍规律，即买入技术走势强的行业的股票比走势弱的获利潜力更大，反之亦可。不过这条规律存在许多例外情况。

图 11.3 为我们展示了两个行业均值走势的比较，图中两个均值分别是 1934 年 7 月至 1936 年 12 月《纽约先锋报》加权计算的五只食品股均值和七只铜业股均值，包括价格范围和成交量。大部分时间里，铜业均值上涨得更迅速也更稳健，回落和下挫的幅度相对较小。而食品股票行业的上扬和下跌则基本在一个波段内，净值改变不大。从长期来看，这种差异的结果十分显著，但是可以发现在短期交易中，食品行业能够提供差不多的利润（这里假设买卖整个行业的所有股票）。事实上，利用食品行业可以在买卖方向上都投入比铜业更多的资金。行业图中有时会出现预测形态，但是比个股图中少得多。

研究个股更有利可图

大家需要决定时间和精力的分配，多少投入到市场整体的分析，多少用于行业图的分析。如果你跟踪分散化的 40 或 50 只个股，那么手中的个股图足以提供所需与市场整体相关的所有信息。不要忘记，假如道琼斯工业指数图中出现了预测形态，不论看起来多么有利，你都不能向经纪商提出"买入 100 股道琼斯工业指数"。如果影娱业股票均值图中出现了头肩形态，那么你不能卖出 50 股"影娱业股票"。总而言之，你必须用具体的个股进行交易，而个股不一定与行业均值或市场整体同方向同速率移动。只有个股本身的走势图能告诉你哪一只适合买卖。

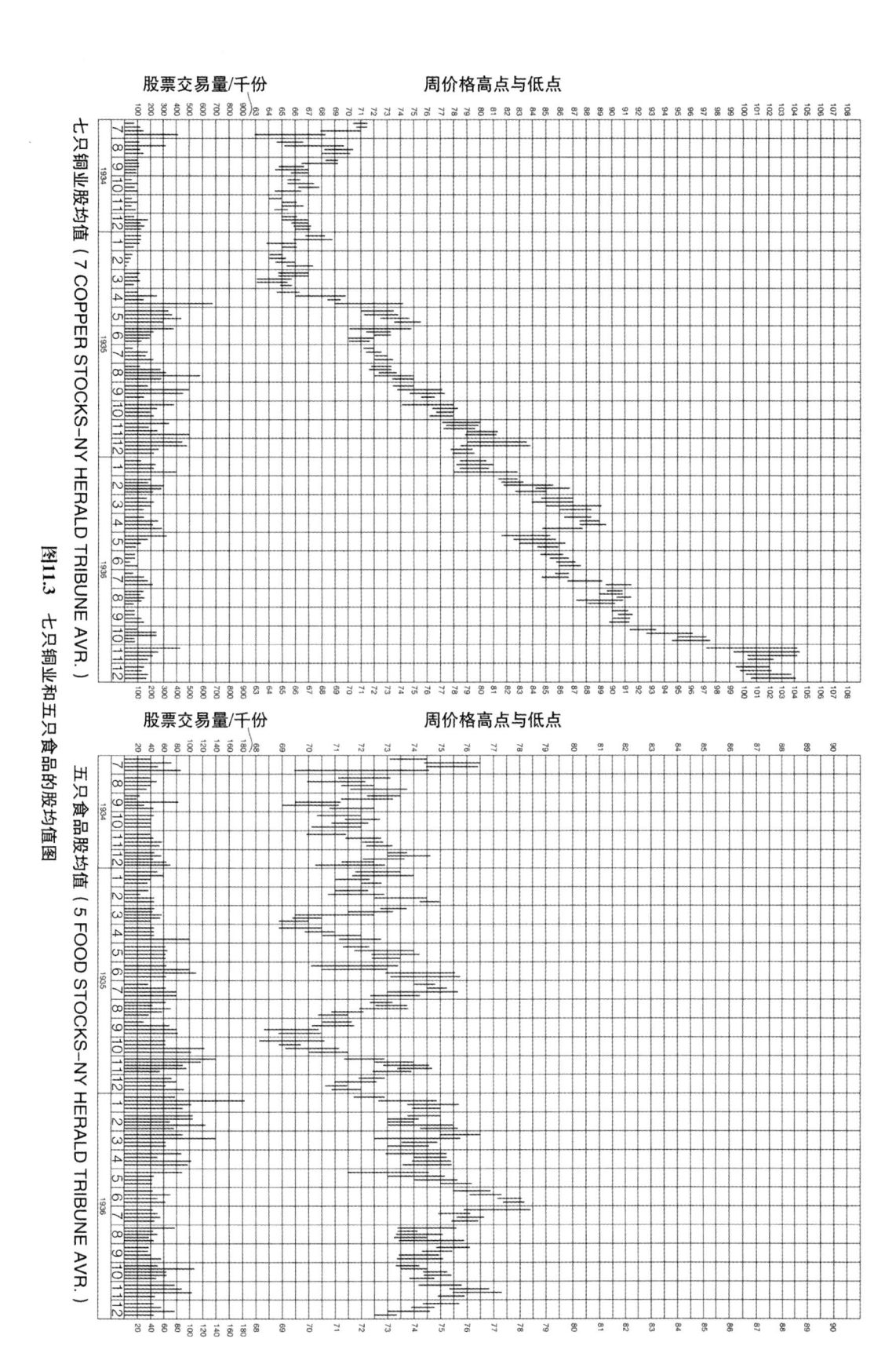

图11.3 七只铜业和五只食品的股均值图

长期分析的要点

我们即将完成对个股、行业股和市场均值长期股票运动的学习，现在一起来回顾一下这些图的观测要点。首先，我们需要再次强调，成功的图表技术交易并非机械盲目地遵守每一条技术预测，而是时刻保持开放的心态，将这些个股图表要素仅仅当成分析的辅助。

我们可能观测到均值呈现出主要趋势，一旦这个趋势确立，那么当中期趋势不够明朗时，我们总应按照主要趋势进行操作。

这还能导出另一条规则，即交易者总要注意将自己的观点、图表的观测以及所有其他因素结合考虑，最好选取中间观点，而不是从一个极端忽然转向到另一个极端。由此可以得到，对于纯粹的长线交易来说，建仓和出仓都应遵循比例原则。换句话说，当有迹象表示牛市接近尾声时，逐渐地卖出股票，当长期熊市快结束时，逐渐地买入股票。不过这条规则主要用于周期性或者半投资性操作，而非本课大多数学员感兴趣的普通交易。

如何在制图中采用更短的时间间隔

图表技术分析学习中经常遇到的一个问题是如何将形态和原理应用于时间间隔单位更短的图表中。我们课程中涉及的大多数图表为日线图，因为目前来看，以日间隔制图被证明是股票交易和普通技术分析最实用的方式。

但是，我们也会介绍比日间隔更长的制图方法，比如周线图、月线图，甚至年线图，每一种间隔都有各自的优势。另一方面，我们也可以将日线图分解成无限小的时间单位，比如小时图、半小时图，甚至记录该股票发生的每一笔交易的图表。最后一种也被称为实时交易图。

日间隔的分解

日间隔的第一种分解方法是小时图。在这种图表中，技术分析的唯一区别是每次图形记录的时间间隔由天变成了小时。换句话说，小时图显示了交易期间每小时股价和成交量的变化，而不是每个交易日的变化。

从理论上来讲，小时图中的形态和日线图中预测意义相同，稍有区别的是形态的后续运动在幅度上会较小，与形态本身的规模成比例。股价现象之一——缺口——在日线图中预测非常管用，不过可以想象，在同一交易日的两个小时之间出现的股价缺口基本没有意义。在我们选择制图的时间点上出现的股价缺口，与当日该小时里股价的其他变化没有什么不同。日线图或小时图中的隔夜股价缺口则会对交易者产生心理影响，而且这个缺口说明闭市期间技术力量正在累积或削弱，而同一交易日内小时间的股价缺口则没有心理影响，也不说明技术力量的变化。

但是，我们不需要花费很多时间研究小时图。易知，对于普通交易者来说，小时图并不会提供什么有价值的信息。套利者、快速倒手交易者会对日内股价小幅波动产生的小额利润感兴趣，因此小时图对他们可能有所帮助，但这需要全天不断地注视着价格变动，注意所选股票的每一笔交易，并在小时末更新图表记录。

实时交易图

将时间间隔分解的极限就是实时交易图，即，不是将发生的交易按照时间归集，而是将每一笔交易的价格和成交量都在图上标出。介于小时图和实时交易图之间的是半小时图、十五分钟图，或者任何其他的时间间隔图，唯一的要求是在一张股票图表中必须采用统一的时间间隔。实时交易图的一种变形是 200 股交易图，即忽略 100 股交易，只记录 200 股以上的交易。这样将节省大量时间、空间和精力，但是理论上不如基本实时交易图那么精确和有价值。

容易发现，这些日间隔的分解图都麻烦得多，尤其是实时交易图，因为它记录了每一笔个股交易的成交量和股价。将一只股票的每一笔交易图形化对于专家和理论研究者来说有一定价值，但是对实际交易者肯定没有必要。

小幅运动图表

另一种实时交易图的变种被称作小幅运动图表（Minor-Move Chart），它不像实时交易图那么具体和费力，而且能够提供日内小幅运动的图形。在股价图上画一条垂直线，表示该方向上每一次小幅运动的幅度，直到股价从前一次运动方向上反转。反转发生的标准可以任意选择，一般从半个点到三个点都可以。当之前的小幅运动被反转后，从前一次运动的结束点画一条水平线，直到下一条垂直线的位置。

接着，反转方向上的小幅运动用相反方向上另一条垂直线来表示，直到股价又一次被反转，这个过程持续下去。

换句话说，如果我们决定小幅运动的标准是一个点，而且股票当日开盘于50，接着跌至49，那么我们就画一条垂直线从50到49。如果股价又回升至49⅞，我们不必在图上进行任何操作，因为反转运动幅度没有达到我们的标准。但是，如果股价接着跌至48⅛，那么我们将垂直线再向下延伸。如果股价现在回升至49⅛，那么我们的小幅运动就被反转了。以48⅛为端点，画一条短的水平线至下一条垂直线的位置，然后画一条新的垂直线从48⅛到49⅛，如此类推。这种小幅运动图给出了比较精确的日内股价运动图形，但是它无法标注具体时间，而且忽略了成交量因素。

微小趋势线图

小幅运动图表的一种变形是微小趋势图（Minor Trend chart），它也只考虑预定标准幅度内的股价运动，但区别是标注显著股价变化的方式不同。以与前面同样的数据为例，我们的股价从50开始，以此为起点画一条斜线至下一条垂直线上48⅛的位置，然后从这个点再画一条斜线至下一条垂直线上49⅛的位置，以此类推。

对于实际交易者来说，小幅运动图和微小趋势图具有相同的局限性和缺陷，而且它需要每天收集或购买一份所选股票的全部交易记录。

点数图

实时交易图的另一种变形与小幅运动图非常类似，区别在于用某个记号或具体数字将股价表示在图中，而不仅仅是画短垂线和水平线。这种图名称很多，不过最常用的是数图（Figure Chart）或点图（Point Chart）。图的具体结构可以随个人喜好改变，不过如果我们接受前面例子中只记录一个点以上幅度运动的规律，那么我们应该在第一个垂直栏的水平方位上标注50。当股价跌至49时，我们应该在数字50下面适当距离上写下数字49。

但是，如果按照相同的数据，我们不应该在同一个垂直栏上写48，因为下跌趋势在48⅛处被反转，股价没有到达48的位置。当反转发生时，我们只需使用下一个垂直栏，以49为起点，然后标出上涨过程中经过的整数位，直到出现下一次反转。

点数图可以用于做任意范围的小幅运动，例如最小幅度设为半个点、一个点、三个点或者五个点。不过点数图也没有显示成交量和时间。在一段时间之后，这种图上可能会出现可以分析的技术形态，但是我们却缺少了非常重要的成交量因素。缺口现象同样无法显示。有一些测量规则可以应用于点数图的小幅预测中，但是实际中这些测量规则的效果不如垂线图中介绍的基本原则。

点数图的局限性

与其他类型的小幅运动和短时间隔图相同，点数图要求记录选定股票的每一笔交易，或者每天从统计机构购买交易数据。由于点数图只显示幅度等于或超过预定最小幅度的股价运动，因此通常它无法显示当天的全部股价范围。例如，点数图记录 3 个点以上的运动，那么实际股价范围可能超出图中记录情况 2 7/8 个点。如果记录一个点以上的运动，同样可能忽略 7/8 个点的范围。可能有人会说，幅度较小的股价运动对于解读市场趋势没有多大意义，但是实际情况却常常不是这样。小幅运动可能非常重要，尤其当它们与成交量结合起来考虑时。

在对点数图进行大量研究和应用之后，我们不得不认为它在实际交易中并不比普通垂线图有什么优势。在极端罕见的例子里，它能预测出一段快速、几乎"垂直"的大幅上涨后出现的突然反转，这段上涨没有形成形态，不过可能出现了成交量耗尽的现象。但是，即使在这种少见情况中，交易者只有一丝不苟地将每一笔交易更新在图中，才能及时发现反转信号并用来获利。而且，这种股价运动虽然发生时让人眼前一亮，但对普通交易者来说还是太危险。如果这种现象发生在投资者正持有的股票上，那么比较合适的做法是将止损指令随着股价的上涨而上移，从而为利润保护留出足够的安全边际。另一方面，许多垂线图中经常出现的重要预测现象则无法在点数图中出现。

日内图表只具有特定价值

虽然我们不向普通技术交易者推荐各种日内图表和特殊的小幅运动图表，但大家仍然应该了解这些图表的含义和绘制方法。首先，绘制这种图表不仅需要繁重的额外劳动，而且更需要交易者长久的耐心，才能在交易大厅持续一整天盯着报价表的变动，或者在闭市后购买交易记录并从头至尾地整理一遍。

其次，经验表明，普通学员或交易者通常不会从这种图表中得到很多信息，而且为绘制这种图表而付出的额外劳动也很难实现"物有所值"。在特殊的情况下，这种日内图表对短期预测或者套利交易可能有重要的价值，但是对于普通的图表交易者来说，这种日内图表的迷惑性大于有用性——甚至形成误导，过分放大短期运动的重要性，这也是"盯盘"行为的一个坏处。

但是，不论是否特殊情形，我们都建议交易者将日内图表仅仅作为日线图的辅助工具，因为后者才是技术交易分析的根基，也是最适合普通交易者的分析工具。

图表研究的其他方面

很多年来，股市一直是重要的研究对象，人们不放过任何可以想到的图形、数学方法来试图解释股市的行为。想要在这方面多加了解的学员肯定能找到无穷无尽的领域进行探索。移动平均（moving average）、摆动指标（Oscillator）、比率计算（ratio calculation）、市场宽度（Breadth of Market Factors）等——都有各自的拥护者。只要你愿意投入时间，就会发现这些研究都引人入胜，但是它们在实际操作中的交易价值却不尽如人意。经验表明，这些理论带来的困惑和误导多于收益。

本书主要介绍的是实用性强、理论完善而且易于应用的技术交易方法，这些方法在合理的实施下，可以以较低的风险带来较高的利润。我们没有介绍未经检验或纯学术——"如真则无敌"型理论——且晦涩难懂无法及时进行有利操作的理论。本课程介绍的技术分析方法不需要持续订阅任何一份数据或分析，只需要交易者投入一定的时间和精力——正如任何风险收益共存的生意都需要一定的投入一样。

其他交易媒介的制图

在本讲的开篇曾提到，我们所介绍的大部分技术规律除了可以应用于股市之外，同样适用于其他领域，只要该种物品的交易包含对立的供给双方。

虽然图表理论在股票市场中能够得到最专业、最实用、最易获利的应用，但是理论本身的基本逻辑可以应用于所有自由公开交易市场中受制于对立双方的价格运动。

债券市场

例如，债券市场就是一个非常适合应用图表理论的媒介，虽然交易限制、有限的投机操作和内部交易，以及相对较少的卖空操作大大降低了图表理论的有效性。这些因素不仅使债券交易图相对简单，技术形态较少，而且债券价格的波动幅度也较窄，交易量也比股票要低得多，这些方面不利于图表交易理论。再加上债券天然的稳定性限制了价格的波动，也限制了潜在的交易利润。

因此，债券市场中的图表交易理论不如股票市场中那么有利可图，但基本原则仍然适用。债券图表不仅容易操作，而且对感兴趣的交易者以及做市商和投资者都非常有益。债券图表中的技术形态更加平实，如果采用比股票图表在相同价格下更宽的价格标尺，债券图表将更易使用。更宽的标尺可以弥补债券价格波动幅度较小的缺陷。

债券市场操作的示例

图 11.4 是一幅典型的高评级铁路债券的价格图。图中显示了纽约中央铁路付息 4½%，2013 年到期的债券在 1936 年下半年的价格和成交量变化，所选标尺能够清楚地展示出形态。从 7 月 9 日开始，债券价格沿"旗杆"从 87 上涨至 89½，并在该水平上形成一段振荡，同时成交量逐渐下降，呈现出半旗杆形态，预示着未来债券价格将涨至 92 左右。这个预测在不到 3 周的时间里就成为现实，此时交易者可以将部分股票平仓获利。图中第一条微小趋势线于 8 月 21 日的下跌中被打破，但是 24 日的股价运动形成了一个岛形，预示着上涨趋势的继续，以及再次建仓该股票的机会。9 月 8 日至 16 日的价格运动类似一个旗形，但是 17 日价格向上的突破却没有伴随着成交量的上升。不过后续的上涨证明这个旗形是有效的，而且表明在 95½ 位置上股价将出现停滞（这里的根据是测量规则），在该位置上交易者可以再将持有的部分股票平仓获利。

同时，经过 8 月 22 日的价格底部可以做出一条趋势线，再经过之前的顶部可以画出一条平行趋势线。构成旗形的下跌部分于 9 月 16 日触及趋势线，但没有穿破。9 月 23 日的价格范围顶到了上趋势线，根据趋势线原理可知，接下来将出现价格下挫。但是 10 月 17 日，趋势线被小幅穿破，接着价格横向展开，直到 21 号出现新一轮下跌，表明趋势已经破坏。

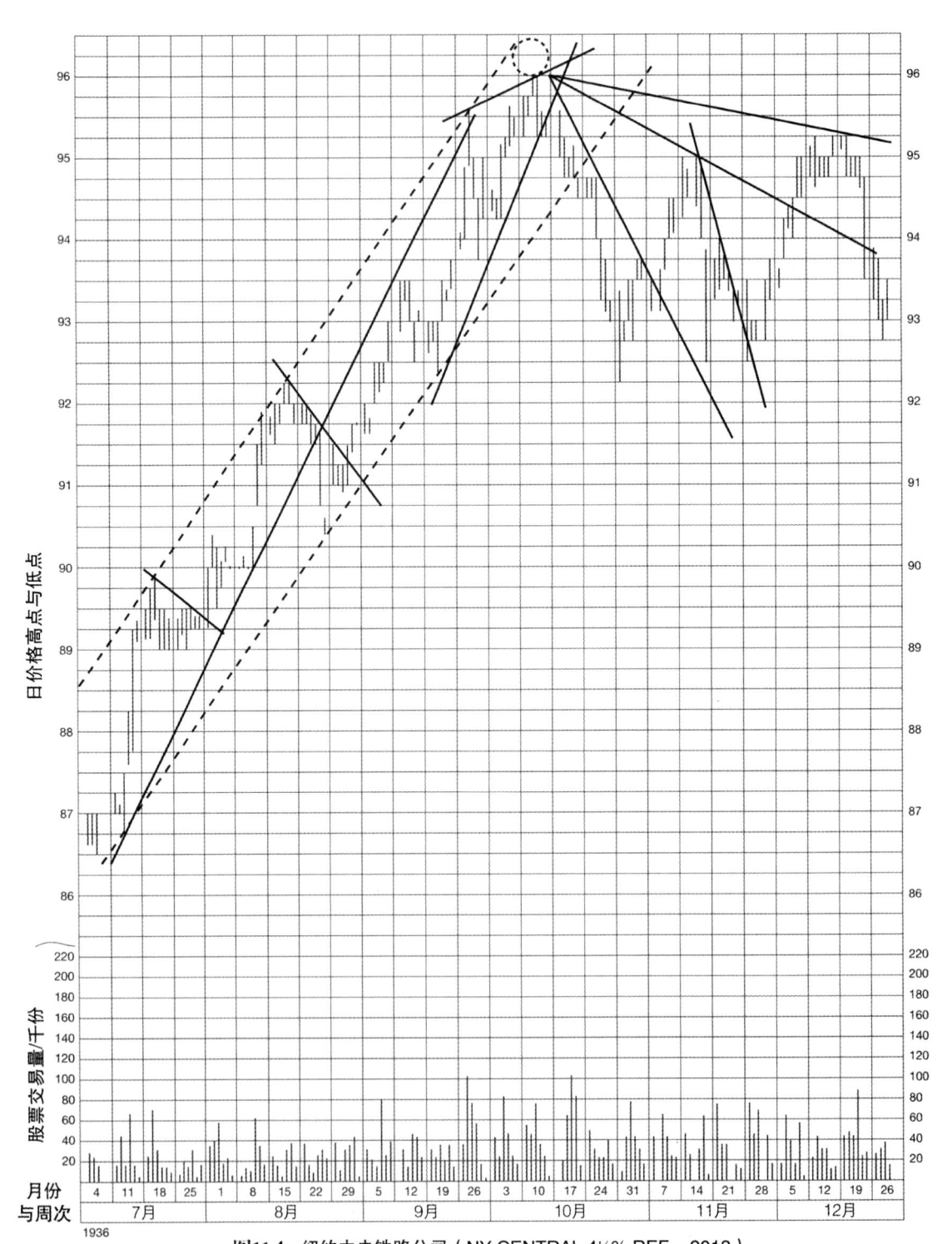

图11.4 纽约中央铁路公司（NY CENTRAL 4½% REF. –2013）

第三条趋势线经过 10 月 26 日的底部，该线被破坏说明主要趋势将会反转。这一信号被 12 月份的一轮弱反弹进一步确认，该轮反弹未能显著突破第三条趋势线。

商品期货市场的图表

更自由的商品期货市场比债券市场更适合应用图表和技术预测理论。这种市场非常类似我们理想状态下的自由公开投机交易市场。市场中对立的双方互相影响，使得期货价格快速变化。期货市场为投机交易者提供了更广阔的空间，而且职业交易者和投机活动约束较少，一般允许市场双方进行卖空交易，而且通常价格波动幅度比债券市场大得多，获利空间也广阔得多。

公开交易的全部商品——小麦、玉米、黑麦、燕麦、棉花、羊毛、白糖、铜、橡胶、咖啡、可可豆等，基本都适用图表交易理论。但并非商品本身决定图表理论的适用性，而是该种商品的市场性质、交易类型、交易活动、所需数据的可得性、价格波动的幅度和其他相关因素决定了应用图表理论可能提供的价值。显而易见，以上因素与理想情况越接近，该种商品的市场中运用图表交易的精确性与获利性就越高。

小麦和棉花市场可能是图表理论最常研究和解读的对象，这很大程度上归因于这两个市场在以上各方面均存在优势，都是规模大、重要性高而且利润丰厚的市场。它们拥有自由公开的交易、大流量的成交活动、卖空行为、投机操作机会和标志性的价格大幅波动及广阔获利空间。

选择多样性对图表技术的影响

在小麦、棉花及其他商品市场中制图的一个困难来自于不同期货交割日的冲突，以及由此产生的复杂价差。例如，在小麦市场中，交易者可以在任何一天选择三种不同方式之一进行交易。在 11 月份，他可以选择买入或卖出在 12 月、5 月或 7 月，在芝加哥、温尼伯或堪萨斯城市场交割的小麦。如果 5 月的期货合约到期，也就是说 5 月交割的小麦停止交易，那么 12 月的期货合约就开始交易，市场开始交易下一个 12 月份交割的小麦。如果 7 月的期货合约到期，那么明年 5 月交割的期货合约就开始交易。在任何一天，9 月小麦可能每蒲式耳比 7 月小麦贵或便宜 5 美分。而在棉花市场中，交易者可以同时选择 11 种不同的未来交割日期。

这里我们假设学习者在商品市场中制图之前，已经自己了解了商品市场的机制，以及交割合同的性质。大家需要学习价差、逼仓、交换等术语的含义。但是这些知识并非制图技术讨论的必备基础。

选项的不同制图方法

由于同时进行的交易活动可能对应不同的期货交割选项，因此制图者面临一个股票图表不存在的问题。最简单也最常用的方法是将不同的选择看作独立的、分开的市场。小麦价格图根据选项的不同只延续7—10个月，交易者可以选择同时记录1张、2张或3张不同的图表，而且可以将每一张图看作单独的交易过程，就像他面对的是3只不同的股票。但是，这个过程的缺点是无法提供长期持续的记录，而在股票图表分析中我们知道，长期记录能提供很多有价值的信息。

如果想要在小麦这种商品期货市场中保持图表的持续性，第一步应当在一张大图上记录所有可交易的选项，可以使用不同颜色的笔来区分不同的选项。例如，绿色表示5月，红色表示7月，蓝色表示9月，黑色表示12月。当选项过期或变成现货，新的期货中最远的一个选择就被替代在图表中。我们相信这种方法是很好理解的，在这里就不提供例图了。

另一种不太常用的方法提供的完整性较差，但更简单一些，即每次只记录一个选项，通常是期货交割时间距离最近的一个，在交割月第一天当日或者之前结束该选项，然后从该点继续记录下一个最近选项。例如12月交割的小麦可以在11月30日当天结束记录，5月交割的小麦可以在4月30日结束，以此类推。应用这种方法记录的1936年6月6日至1937年1月30日之间8个月的价格及成交量情况如图11.5所示，数据来源于芝加哥期货交易所。当改变记录对象时，不同交割选项间的价格差异可能在一定程度上影响图形的连续性，但是正常情况下这种价差较小，选项的交替与供需变化的影响基本一致。

全部活跃选项的平均值

如果交易者有时间有条件，而且渴望更深入地研究市场，那么所有方法中最好的一个就是记录一张所有活跃交易期货选项平均值的"超级图"。这张超级图提供了实时交易和长期操作所需的连续性，而且可以成为整体市场评估和个别选项短期评估的绝佳向导。

绘制这种超级图表要求制图者具有比绘制股票图表时更深的计算能力并付出更多的劳动，因为超级图记录的是所有选项的移动平均值。随着每一个选项到期并执行，新的期货选项被替换到平均值计算中，因此我们可以得到一个整体市场中令人满意的、持续的平均值记录。

不同市场或交易所的制图

除了不同期货交割选项带来的困难之外，小麦交易者还面临着决定成交量及成交场所的问题。例如，在美国国内，小麦期货可以在芝加哥、明尼阿波里斯、德卢斯和堪萨斯城的公开市场上交易。其中芝加哥市场（期货交易所）是规模最大、最重要的市场。堪萨斯城是普遍认为重要性排在第二位的市场，尤其在现货市场方面。加拿大的温尼伯市场规模大，交易活跃，限制较少，因此比美国国内交易所对世界经济影响更为敏感。大部分交易者选择在其中一家交易所进行操作，但是同时跟踪多个交易所的情况是有帮助的。官方的成交量数字通常只能在芝加哥市场上得到。

不同谷类商品之间价格的密切联系

正如不同股票会同时受到整体经济、工业情况的影响而上涨或下跌，不同的谷类商品也会因为同样的基本条件而受到同样的影响。例如，如果小麦价格上涨，那么人们可能更多地购买玉米。一种谷物的稀缺会反映在其他品种需求的增长之上。因此玉米市场影响着小麦市场，反之亦然，而且这两个市场还会同时影响黑麦和燕麦市场，因为它们都具有替代作用。结果，活跃的小麦交易者需要同时记录并观察玉米和其他谷类商的情况，并将这些信息用于对小麦图表的分析和预测中。

小麦图表中出现的形态

现在回到图 11.5 的小麦图表，我们可以看到图中出现了一种熟悉的形态。可以看到，这张图从开始到 6 月份之间记录的是 7 月交割选项，然后到 8 月 19 日记

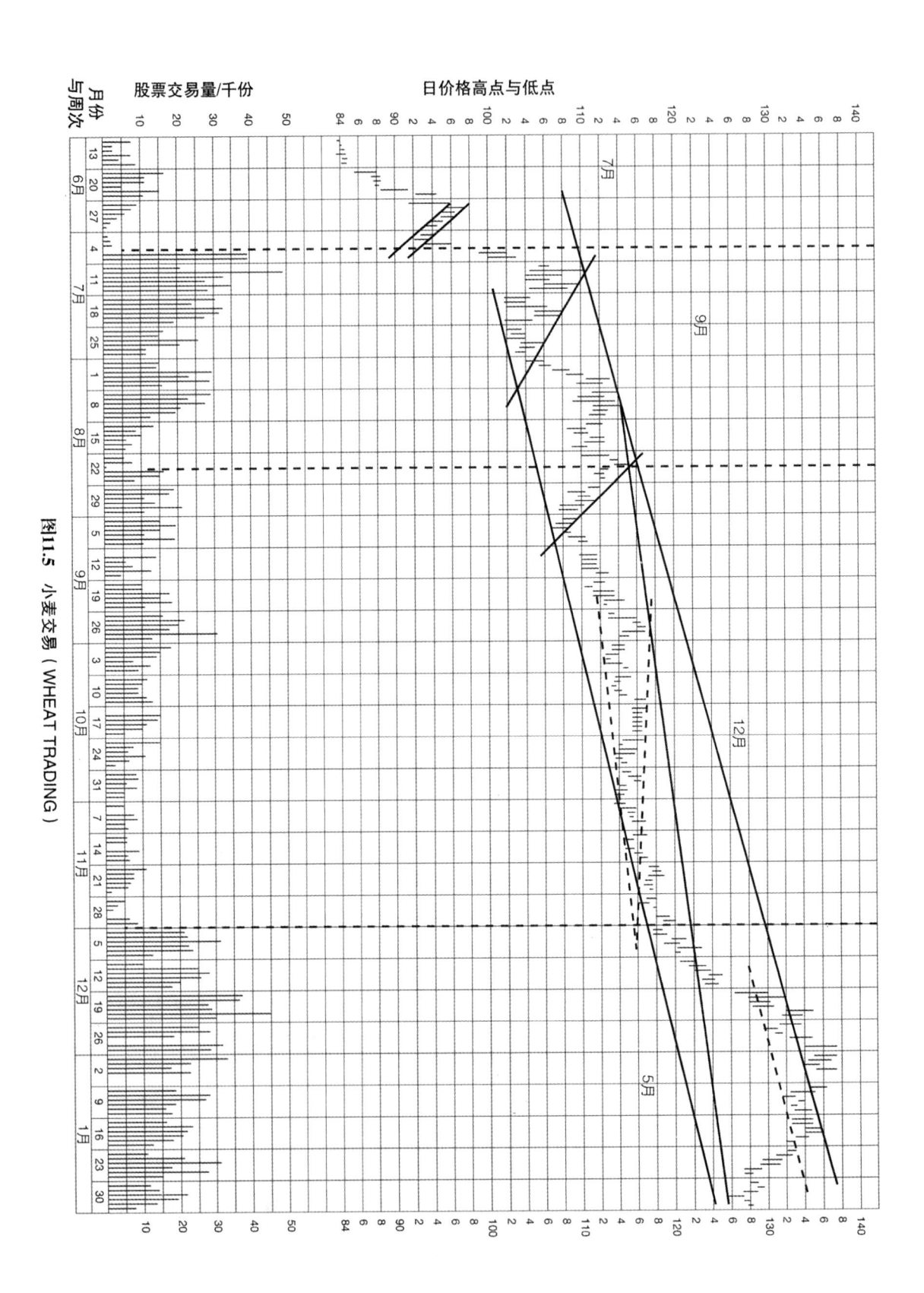

图11.5 小麦交易（WHEAT TRADING）

录的是 9 月交割选项，接着到 12 月 28 日是 12 月交割选项，最后到 1 月 30 日是 5 月交割选项。每个选项的交易量随着交割月份的临近而降低，这个基本规律需要在解读成交量时牢记。当所记录的交割选项变得不活跃时，我们的图表记录就转到下一个活跃选项。

首先，图中 6 月 23 日到 6 月 30 日之间，在从 85 延伸至 97 的"旗杆"上形成了一个旗形，接着价格从 94 快速上涨至 110 左右。7 月 13 日至 7 月 27 日之间的价格运动形成了小幅下跌趋势线，于 7 月 29 日被向上突破，同时成交量显著上升。该点处还隐含了一个对称三角形态。8 月 11 日的下跌在 7 月 16 日价格顶部处得到支撑。8 月末的下跌使价格回到 7 月末突破的支撑位，然后趋势反转，价格进入上涨通道，直到 9 月 24 日价格涨至 117。

整理三角形和测量缺口

从 9 月 24 日到 11 月 4 日之间，我们看到一个又长又细的对称三角形，价格于 11 月 16 日向上突破。注意突破时伴随的成交量上升，以及后来价格下跌至三角形上边线支撑位时成交量的萎缩。此时价格变化形成了带有长期趋势线的支架形态。12 月 12 日和 14 日之间的整理型缺口可以应用测量缺口公式，表明股价将继续上涨至 133~137 区间。1 月上旬价格从 137 左右的顶部开始下跌，后续反弹均未重新抵达该位置，形成一个颈线向上倾斜的头肩形态，并于 1 月 19 日在上升成交量的伴随下被突破。不过，接下来的价格下跌在 12 月中旬缺口位置的支撑线上停滞。

经过 7 月 18 日和 9 月 2 日两个底部的长期主要上涨趋势线直到图表末尾也没有被突破。随后，小麦价格在趋势线附近形成一个小型头肩底形态；2 月 3 日价格伴随着上升的成交量突破颈线，同时在 128 位置上形成突破缺口。在本书书稿送交出版时，小麦价格已经涨到 138 左右。

基本形态和意义保持不变

刚才分析的这幅小麦价格图表并非进行商品操作的理想类型，但是它无疑证明了一个事实，即商品市场图表中出现的形态与前面股票市场中介绍的完全相同，而且预测意义不变，因为这里的价格运动也是由于供需力量变化形成。影响股票市场技术力量变化的因素同样作用于谷类商品市场，在图表中形成了类似的图形。而且与股票相同，谷类商品的图表也呈现出供需双方各种观点、希望、担忧和知识（出版和未出版的）综合作用下的净影响。如果我们能将图表形态翻译成未来趋势的合理预测，那么就不用在意原因是什么，图表本身已经为我们做出权衡。

棉花市场的图表

总体来说，我们在小麦市场中讨论过的方法和原则同样适用于棉花市场中的技术分析。在美国，棉花期货合同的交割在纽约和新奥尔良棉花交易所进行，规模较小的合同也可以在芝加哥商品交易所进行。利物浦交易所是美国以外主要的市场。普通的美国交易者只需记录一个市场——纽约或者新奥尔良市场，取决于他的地理位置和个人偏好。这些交易所都不记录或发布官方的成交量数据，因此我们不得不在缺少这一重要因素的条件下解读价格变化。

棉花商品可以在一年中的任何月份进行交割，当年1月的现货市场一旦关闭，下一年1月的市场就开启。因此每个交易选项都在11个月内保持开放。但是，不是所有的月份选项都处于活跃交易中。在投机和对冲操作中，1月、3月、5月、7月、10月和12月一般是最重要的月份，而且通常这些月份的完整价格报告会在日报上登出。期货的最终交割日是每个月末前第7个工作日，交易关闭的通知日是交易日之前的5个工作日（不包括周六）。

棉花市场图表示例

在小麦市场制图中介绍过的诸多方法都可以应用在棉花市场中。图11.6表示纽约交易所1937年3月、7月和1月交割的棉花在1936年下半年的价格运动。3月交割选项位于图中顶部，7月交割位于中部，1月交割位于底部，每一条线都有自己的标尺。这张图的记录太短，看不出长期趋势，但是微小趋势还是很明显的。学员仔细观察可以发现岛形、三角形态和其他我们熟悉的技术形态。

比较图中的三条线，最明显的特点是趋势近乎一致。这一点很容易理解，因为它们唯一的区别在于交割日期的不同。如果图中某个选项的价格运动趋势与其他活

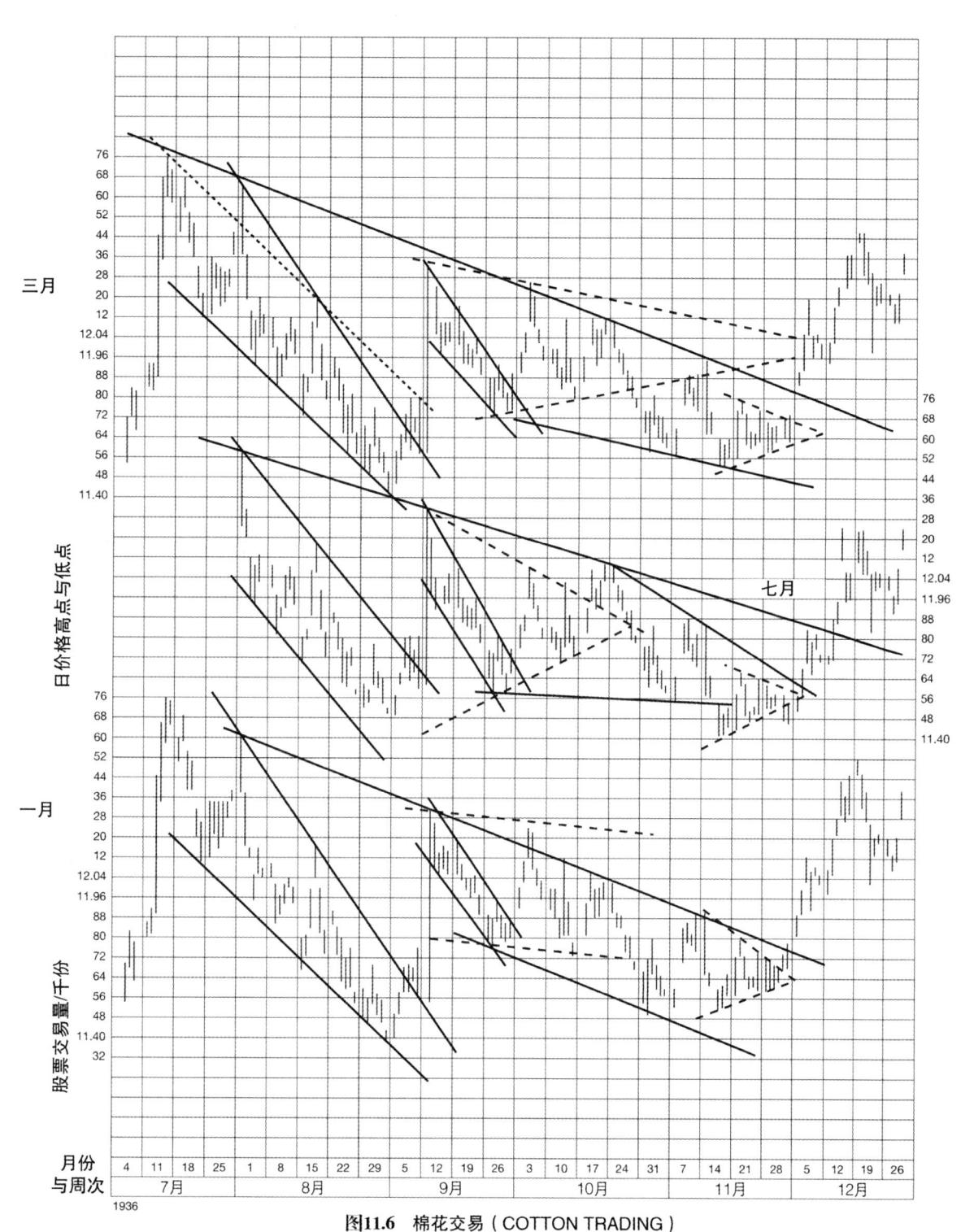

图11.6 棉花交易（COTTON TRADING）

跃选项不一致，那么我们应该有所怀疑。换句话说，除非一个选项价格的突破或趋势反转被另一个或者多个选项类似的突破或反转所确认，否则我们不能将其作为预测或操作的依据。例如，请看图中7月选项在9月8日和10月13日之间形成的三角形态，价格于10月16日向上突破。我们无法从成交量角度来评估这次突破的可靠性，但是除此之外这次价格运动符合真实突破的其他要求，说明价格将要上涨。但是，将7月选项与3月和1月选项的图形比较，我们发现后面二者的记录中没有迹象表明价格将要上涨。此时合理的结论是，直到其他两个选项的走势形成确认之前，7月选项的突破是虚假移动。这个例子告诉我们，记录多个开放选项平均值的"超级图"或者记录多个开放选项走势的图表具有相互确认的优势。

商品交易本身的问题

对于商品交易制图及技术分析的讨论，目的在于让读者理解，不论影响供需双方的各因素有多自由，图表理论的基础及意义都不变。这里我们不希望读者忽略股票和商品交易本身存在的众多差异之处。但是，我们希望这里关于商品制图的简要介绍能起到引导的作用，方便对商品市场交易有浓厚兴趣的学员进行更为深入的研究。

这里我们简要提及股票和商品价格运动的一个反映在图表中的区别。像小麦和棉花这种农业商品的生产直接受到天气和其他难以预测因素的影响。因此商品价格比股票价格更容易受到新闻的影响。一个突如其来的新闻可以使股票市场"阵脚大乱"，但是这通常只持续一到两天，然后之前的趋势将继续进行，或者股价振荡一段时间，形成一个技术形态，表明下面的趋势。而在商品市场中，新闻会引发许多小幅反转，这些是区域形态无法预测的。

第 12 讲

交易技巧

- ◎ 利用图表形态进行实际交易
- ◎ 实际交易中的一些提醒
- ◎ 操作股票的挑选
- ◎ 风险分散
- ◎ 股票的相对振荡力量
- ◎ 资本及杠杆因素
- ◎ 研究你的股票的运动习惯
- ◎ 振荡习惯持续性的示例
- ◎ 两支铁路股票的相对振荡力量
- ◎ 不适合作图的股票
- ◎ 不要强求图表形态
- ◎ 等待理想时机
- ◎ 不建议过分关心市场
- ◎ 将日线图的制作规律化

- ◎ 限价 vs 市价指令
- ◎ 勇气——说给天生保守交易者
- ◎ 过于保守的学生
- ◎ 保守型 vs 自大型
- ◎ 固执的危险
- ◎ 给市场表现的机会
- ◎ 提前衡量风险
- ◎ 如何避免过度交易
- ◎ 不要过分依靠外界建议
- ◎ 让市场自己给出预测
- ◎ 图表交易者的性格测试
- ◎ 纸上交易
- ◎ 总结和回顾
- ◎ 针对初学者的练习项目

利用图表形态进行实际交易

通过在长期图表上应用学过的各种形态,我们已经逐渐从基本图形、理论、规律的观察阶段上升到对不断更新的图形记录进行成功分析,从而在实际市场交易中成功应用所学知识的阶段。

在掌握了这些基本知识之后,技术预测及交易的学习将主要依赖学员自己持续、主动的实践,并在一次次观察、应用和对更多图表的研究中积累经验,不断提高。

实际交易中的一些提醒

不过,在放任读者自己尝试之前,我们还需要花一点时间来观察一些比较重要且容易获得的规律和理论,它们可以直接应用在我们所学图表知识的实际交易中。

我们已经提到过一条对于长线和短线图表交易者来说都是最重要的交易法则:交易者应当跟随已经确立的主要趋势,而不应在出现反方向的中期趋势时就盲目改变仓位。这条法则的推论是,充分重视主要趋势,不要总是期望出现重大反转。交易者可以在小额利润时见好就收,或者频繁换手改变仓位,但重要的是在这种短期交易过程中,必须时刻明确主要趋势的方向,因为在这个趋势上才有最佳的获利机会。

对于长线投资者来说,一条原则是注意妥协,逐渐改变操作轨迹。显而易见,跟随主要趋势而不要被中期运动影响的建议在这里更加重要。但是最重要的一点是逐渐地建仓、逐渐地出仓,而且永远要记住,不论建仓还是出仓,都不必追求在上涨过程中就全部完成。

操作股票的挑选

选择买卖的最佳股票是一个逐渐积累的过程,来源于经验和实际观察。学员会发现,他出于各种各样的原因对某些股票产生特殊的"宠爱",或者由于他追踪这只股票时间最长,或者由于这只股票的股价图中出现比较多的技术形态,或者由于他一直对这只股票很感兴趣,又或者由于他对这只股票走势的预测比其他股票更为成功等等。

这种特殊的"宠爱"其实有一定道理,但前提是不能陷入顽固、过度交易、过分集中这种狭窄的交易心态,导致不能对其他股票价格的变化做出敏锐的判断,或者不能发现更有利的交易机会。

因此,只要把握好数量、时间方面的公正性,交易者可以有宠爱的股票。如果无法做到公正,那么交易者不仅无法看到其他更有利的交易机会,被套牢在难以获利的境地,而且他将慢慢发现自己越来越难掌控这只股票,错误的分析以及损失将越来越多。出现这种情况的原因很复杂,但每一个交易"老兵"都经历过。如果真出现了,当然要立即抛弃这支"爱股",将目光转向更多的股票。

风险分散

风险分散也是一项重要因素。希望此时读者不仅相信图表形态的重要用途,同时还能清楚地意识到这些分析并非万无一失,仍然可能出现突然的反转。要将这两个看上去稍有矛盾的事情融合在一起,就需要进行风险的限制和分散。通常来说,一般交易者最好交易 4 种股票,每种 25 股,虽然这时佣金和税费都要比只交易 100 股一种股票,要高一些。更好的做法是这 4 只股票分别选自 4 个不同的行业。这样做的明智之处是显而易见的,但在实际交易中却很少得到应用。交易者必须时刻抑制在某一只股票上过分交易的冲动。当然我们也要避免走向另一个极端,即在太多不同股票中分摊我们的资本投入。

股票的相对振荡力量

当遴选一组制图跟踪和交易的股票时,一个非常有用的指标是不同行业以及各行业内不同个股的相对振荡力量。某些股票倾向于以更大幅度（以百分比计算）向上和向下振动，这是一个熟练交易者们都承认的事实。而另一些股票则是有名的"懒惰"。但是很少有交易者真正理解股票振荡习惯的持续性有多么大，以及这种振荡力量能够多么精确地通过对历史走势的研究计算得到。

对大量股票的振荡习惯进行认真的分析发现了一些相当令人惊奇的结果。例如，某些通常认为有着标志性地大幅、快速运动的股票，实际上比那些并不怎么引人注意的普通股票提供更小的获利百分比。而那些通常被看做"懒惰"的股票，却呈现出非常好的百分比幅度。股票的振荡力量取决于许多因素，其中最重要的就是行业性质。相对来说，某些行业不容易受基本经济影响而波动。另一些则属于"大起大落"型，当经济向好时，股价也随之迅速繁荣，同样当经济不佳时，股价也显著下跌。另外，组织形态比较灵活、管理层能力强、固定成本比较低的公司，能够比其他公司更好地适应快速变化的经济环境。季节性经济周期使一些公司的利润出现明显的上升或者下降，这也会反映在公司股价的大幅摆动之中。

资本及杠杆因素

发行股票数量较少的股票，尤其是流通股——在市场中供交易的股票——数量较少的股票，通常比那些大盘股变化更迅速。杠杆因素也很重要。如果公司只有普通股，没有发行在外的债券或者优先股，那么这种股票理论上将完全与公司的盈利能力同比例上升或下跌。但是如果公司有大量债券和优先股，那么在普通股收到股利之前，公司需要先支付利息与固定股利，此时杠杆高低将有显著影响，而且这种普通股也比公司总利润变化幅度更大。

研究你的股票的运动习惯

除了行业性质以及一些可以预测的因素对股票运动幅度产生影响之外，个股的振荡力量差异还取决于无形的交易习惯。读者会慢慢发现，如果他认真研究股票的运动习惯，注意以百分比形式而不是绝对点数或美元数，那么他可以依靠这个信息获得更多的利润。

振荡习惯持续性的示例

同一行业中两只不同股票的相对振荡力量如图 12.1 所示。这两只股票分别是奥蒂斯钢铁（Otis Steel）和美国钢铁（United States Steel），衡量它们运动幅度的标尺是同一时期 17 只钢铁股票的平均值。美国钢铁公司股票 1932 年 6 月至 1936 年 6 月间重要的价格涨跌用实竖线表示。奥蒂斯钢铁公司股票同期变化由虚竖线表示。

图中的零线代表当期行业平均值开始涨跌的水平。上面的 100 线代表行业平均值上涨的水平，下面的 100 线则代表行业平均值下跌的水平。换句话说，行业平均值的上涨或下跌被看做 100%，两只个股的振幅则与行业平均值比较，转化为百分比表示。

例如，行业平均值的第一次上涨出现在 1932 年 6 月，平均股价上升到初始值的 155%，为了便于比较，我们在图中将这一涨幅标于 100 线上。同时，美国钢铁公司的股价从 21 涨至 45，即比初始价位上涨 114%，相当于行业平均值涨幅的 73%。奥蒂斯钢铁同期上升了 192%，相当于行业平均值涨幅的 124%。因此图中代表美国钢铁公司的实线画到 73，而代表奥蒂斯钢铁公司的虚线画到 124。

接下来每一次上涨和下跌都采用同样方法标注。可能注意到奥蒂斯钢铁公司除其中一次运动（第一次中期下跌）之外，其余每一次运动的幅度都比美国钢铁公司要大，而且在 34 次运动中，除了 4 次之外，也都比行业平均值运动幅度要大。美国钢铁公司每一次运动的幅度都比行业平均值要小。这种持续 4 年间 34 次上涨和下跌之中的持续性可能会让人感到惊奇，但其实这一点都不异常。同样的结果也出现在对市面上所有上市满足统计要求的股票的研究中。

很显然，美国钢铁和奥蒂斯钢铁公司的相对损益力量比较说明，交易者选择后者进行跟踪和交易将更为有利。

两只铁路股票的相对振荡力量

通常来说，价格水平和振荡力量之间有一种相关关系。高价股票倾向于比低价股票在更小的百分比内振动。非专业的观察者并不容易发现这种规律，例如在扉页的例图中，股价在几天内上升了 6 到 10 个点，但并没有将绝对变化转化为百分

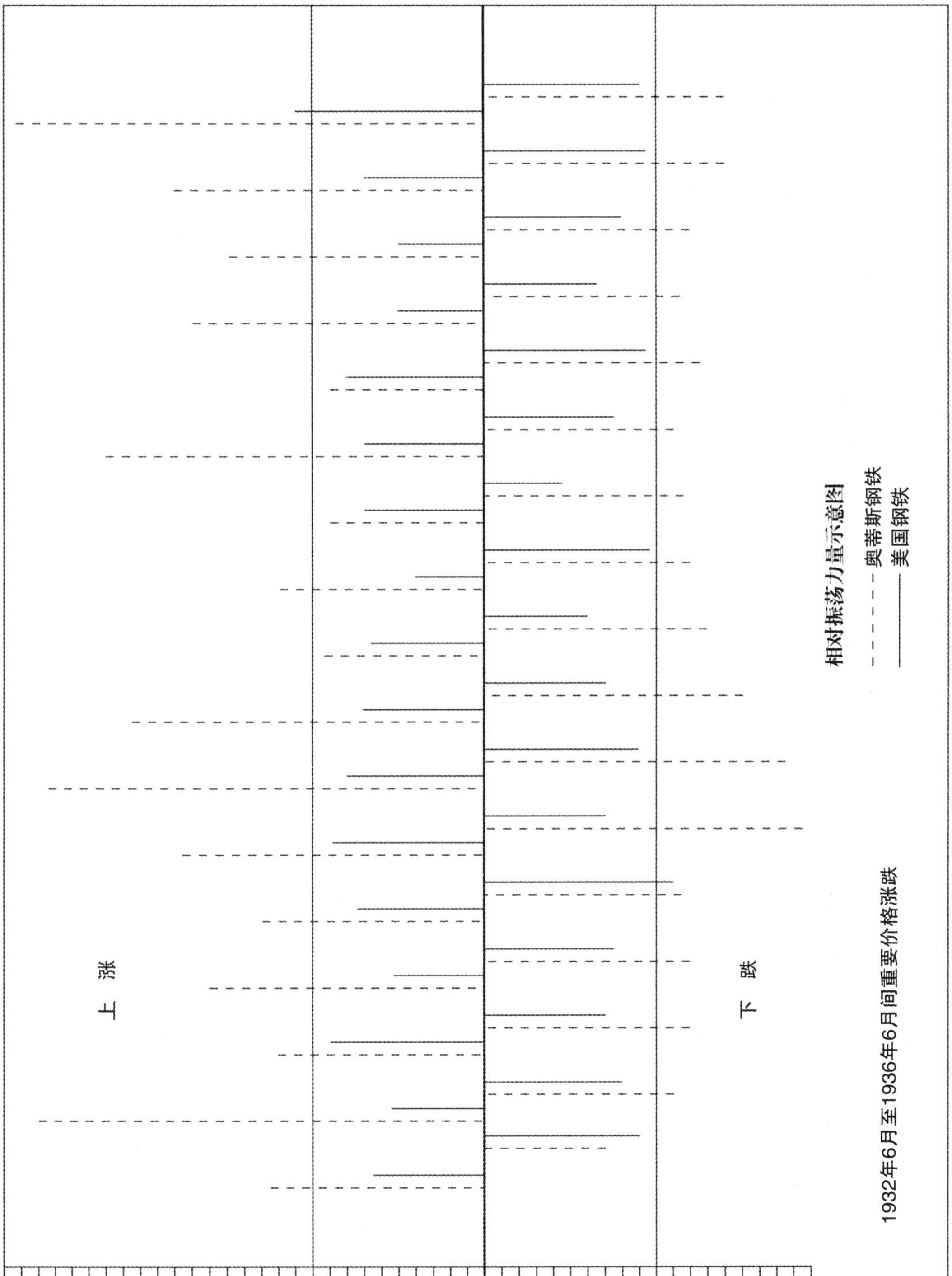

图12.1 奥蒂斯钢铁和美国钢铁两只股票的相对振荡力量图

比形式。但是这个规律也存在相当多的例外情况。图 12.2 中南方铁路和加拿大太平洋铁路与铁路行业平均值的比较就是一个例子。铁路行业 28 只股票的平均值从 1932 年 6 月至 1936 年 6 月间的涨跌变化被看做 100，南方铁路和加拿大太平洋铁路同期变化则以相对于行业平均值的百分比表示。南方铁路的股价变化为虚线，加拿大太平洋铁路为实线。在这个例子中我们将看到，价格较高的南方铁路股票持续地出现更大的振荡幅度。

不适合作图的股票

制图经验也将帮助认真的学员了解哪些股票不经常出现良好的形态，交易安全性不高。通常来说，流通量较少或者市场交易不积极的"稀薄"股票不容易显现突出的形态，也更容易被内部人操控，导致股票走势与形态预示不符。同时价格非常高的股票往往获利百分比较低，这点在前面振荡力量一节我们已经提到。另一方面，价格非常低的股票经常在一天内出现大幅变化（百分比角度），然后横向移动很长一段时间——这种习惯使得这些股票被归为不适合图表交易的股票。在其他条件相同时，价格适中的股票作图效果最好。

不要强求图表形态

在对许多股票跟踪制图几个月，有时甚至仅仅几周之后，初学者可能在热情推动下发现原本不存在的技术形态。这就涉及另一个重要的图表交易原则：永远不要强求图表形态。交易中我们总会有冲动从实际没有规律、并不完美的图形中得出极好的预测。大家可能记得，我们在之前的例子中，尤其是月线图中，允许在识别形态时使用一定的想象力，但是课堂讲授与真金白银的实际交易还是非常不同的。

如果图中一个不太清晰的图形能够确认之前清晰图形的预测，那么交易是合理的，但是学员在实际交易中永远认为"看上去类似某个特定形态"是合理的交易理由。图表交易时，即使有几近完美的形态出现，仍然可能预测失败，如果加上经过想象美化后的图形带来的风险，那么后果更是不堪设想。

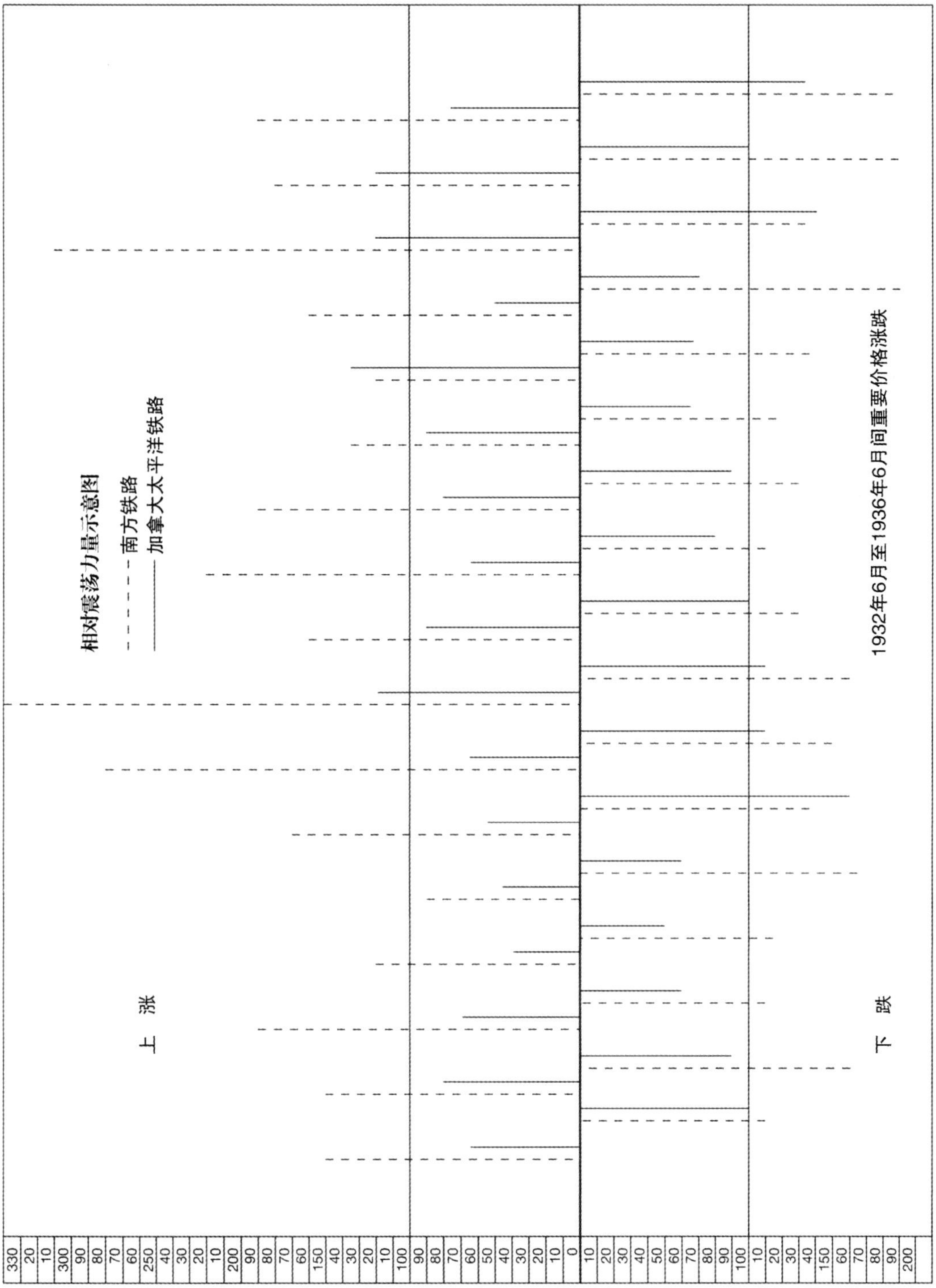

图12.2 南方钢铁和加拿大太平洋铁路两只股票的相对震荡力量图

等待理想时机

在理论分析中锻炼想象力是有必要的,但是当面对实际交易时,应该等待理想时机。例如,实际交易中会发现经过了几天、几周,甚至几个月后,某些个股的图表中仍然没有显现出任何能够用来交易的形态。此时虽然他已经几乎无法忍耐,但是很显然此时耐心仍然是最重要的原则,而且等待理想的交易时机比只因渴望操作就鲁莽地投入资金要好得多。

股价走势建立形态的过程常常可以用来获利,但是到目前为止,更确定、更多的利润都出现在形态之间或者准备期内主要趋势方向上的快速运动。最好还是要耐心,抑制自己获利的欲望,没有良好形态出现时安心呆在场外,而不是在不好的时机带着一腔热情匆匆忙忙地冲入场内。过于急躁的行动往往导致最终利润、资本和信心的损失。请记住一句交易员中流传的谚语:

股市赚钱有三条法则:

(1)耐心;
(2)耐心;
(3)更多的耐心。

不建议过分关心市场

根据我们前面利用技术预测进行市场交易的介绍,可以推断出所有的交易都应该在早晨完成制图,做出决策后进行。对于一般交易者来说,这无疑是最佳步骤。不过我们这里学习的前提是,大家并不是时刻盯盘,或者争分夺秒要求经纪商下单。职业交易者、急转型交易者、投机者可能时刻关注市场中微小的动作,寻找剧烈摆动刚刚发生的迹象。但是一般的制图者很少因为没有时刻盯着大盘而大量损失,事实上他更可能因为远离了这场在交易大厅中混杂着的兴奋、谣传、冲动、紧张而感到幸运。许多职业操盘手都是经验老到的造势大师,他们深谙如果将订单拆分或捆绑发出,使得股价的变化在交易大厅人群中引起他们需要的反应。

最理想的目标是根据市场本身的走势解读未来技术形势的预测,实现这个目标需要冷静、开放的心态,而在交易大厅不断出现的谣传、新闻、希望和恐惧中,保持这种心态将异乎寻常的困难。

将日线图的制作规律化

我们前面曾提到（第 1 讲中），最好确定一个每天规律的时间来制图，最好是在傍晚收盘之后。那时他可以放松地评估当天股价运动，根据走势重要性给予或多或少的时间，而且如果他并不急于与经纪商联系，那么他可以冷静地做出决策，并在晚间寄出去，经纪商将在第二天早晨收到。

限价 vs 市价指令

在所举的实际交易例子中，我们假设指令是"按市价买卖"（at the market），而不是限价。不过这方面我们并非教条主义。在许多情况下使用限价指令更为有利，我们宁愿冒较低的风险错过执行甚至获利，而不愿由于隔夜价差、大幅高开或低开而冒更大的风险。限价指令通常在过热的交易中更为适用，因为此时价差更容易出现，尤其当收盘后发生重大新闻时。限价指令还适用于日波动幅度较宽的股票，或者有理由认为第二天中期而非开盘时会出现较有利价格的股票。

但是，虽然限价指令的例外情况并不常见，在正常市场中采用市价指令仍然是更好的策略。限价指令可能出现错过执行，由此产生的损失和困扰在长期中将超出限价指令带来的好处。大部分情况中，交易者只有看到至少四到五点的获利空间才愿意进行交易。

因此，交易者冒着丢掉好几个点的风险，仅仅为了限价指令带来的不到一个点的好处，显然是愚蠢的、不合理的。

勇气——说给天生保守交易者

在结束实际交易基本技巧的介绍之前，我们认为有必要简要说几句关于"勇气"的话。其实我们之前曾犹豫是否要进行这样的劝导，因为大多数情况下我们发现一般学员更需要"谨慎"和"限度"的提醒，而不是鼓励他们去行动。但是确实有一种交易者非常保守，需要几句决策、行动方面的教导。这种性格有优点也有缺点，在交易者中仅占少数，但是坦白来说，也是这种性格的人在技术交易中获得最大的成功。

最适合图表技术的内向型学员对所有图表规律持有保守、怀疑的态度，因此更恐惧进行操作，而其他能力稍逊的人则盲目地、过分自信地冲向大幅损失。尽管具有这种谨慎、怀疑性格的交易者是少数，但他们确实是成功的那一小拨人，而且我们持续不断地关于小心、保守、怀疑的警示对他们比一般人产生更深的影响，尽管那些一般人才是我们警示的主要对象。因此这一小拨保守的交易者需要留心的是这个最终的建议，即分析得到稳固结论时如何决策的真理。

过于保守的学员

保守的学员也会因为这种天性而犯错，虽然他可能在长期里更为成功。但是，他必须抵抗过分保守，提防过度怀疑和胆小。这种性格的人最大的障碍是他的犹豫。他通过分析推理得到一个非常清晰、正确而且可以直接行动的结论。接着他却过分谨慎地衡量反面情况的可能性，最后决定等待。

市场的机会稍纵即逝。他的判断是正确的，但耽搁的时间越久，他就越犹豫，越不确定，也越不可能从这个正确的分析中获利。这种耽搁的结果不仅仅是心理上的失落，更使他强迫自己抛弃谨慎分析，在之前的预测已经基本耗尽、即将出现反转时冲进市场。

保守型 vs 自大型

读者必须判断自己属于哪一种类型，进而判断这些建议是对你说的还是对一种与你完全不同性格的人说的。如果是对你说的，那么你的目标应该是一旦分析得到基本稳固的结论时，迅速将其转化为行动。

天生保守、善于计算的人特别适于使用止损指令。通常这种形式的保护，如果他担心自主分析的正确性，那么他也可以冒一把险，因为他已经确切知道如果股价向相反方向发展将损失多少。

我们不想让读者认为，不属于这种保守性格的交易者就一定会失败。事实根本不是这样。我们只是说适度的保守是成功交易者的一种良好品质，但是保守主义和激进主义一样可能走向无利可得的极端。果断与保守的平衡是成功交易者理想的性格品质，对大多数职业来说都是这样。

固执的危险

对于过于保守的交易者，我们希望他更注重培养果断的素质，但是果断不能走向另一个极端，即过分自信或者固执己见，即使市场走势已经证明他是错的。如果股价没有按照交易者初始的分析发展，那是市场试图告诉交易者，应该改变分析。

图表交易者最基本的错误之一是认为成功或者失败全由于他自己的分析。这可能很大程度是真的，但是这种态度是危险的，因为它使得交易者感觉市场运动取决于他的分析以及他认为未来会发生什么，由此变得过分自信和固执。成功的交易者应该意识到，他的分析与市场实际运动没有直接关系。不是交易者告诉市场该做什么，而是市场告诉交易者该做什么。市场一直在发出信号，交易者通过技术分析来试图解读并理解市场的行动和建议。不过重要的一点是，市场随时可以改变趋势，之前交易者已经捕捉到的技术迹象也随之无用了。

如果上周根据市场运动得到了技术预测，但是本周预测结果还未实现，那么交易者改变技术分析，并改变自己的决策，不要采取固执的态度，不论上周的分析多么确定多么完美，都不意味着它永久有效。

给市场表现的机会

另一方面，技术图表交易者绝不可以缺乏信心。我们应该避免固执和过分自信，但也要注意提防缺少耐心和过分急躁。我们不必仅仅因为上周的分析还没有实现就立即改换方向，延迟、拖沓或者交易冷清都不是变换操作的原因，只有市场在之前分析的反方向上出现真实、确定的运动时我们才考虑改变分析。

回顾前几讲介绍的各种股票图示例，有许多次分析是正确的，但是技术形态的信号时机出现得比较早，需要大量耐心才能看到预测的实现。如果预测本身得到股票图很好的支撑，那么耐心等待将是值得的。

提前衡量风险

另一个基本原则是在进行操作之前对总风险进行理性衡量。这条原则告诉我们，在买卖任意一只股票之前，交易者应该假定自己的希望、期望、计划和技术分析，可能都会100%出错。在这个基本条件之下，交易者应该考虑如果这种不幸的情况发生，他将采取何种措施。

这可能看起来很简单，也很正常，但事实上这种考虑在交易者中非常少见。如果能够像这样从正反两个角度提前衡量，那么股票交易的大部分损失都可以避免。一般的交易者，甚至有一定经验和基础的交易者，都倾向于对自己的分析过于自信，过于肯定自己的投资期望会成真，以至于根本不会考虑可能发生的相反情况。

如果交易者考虑买入一只45美元左右的股票，并相信股价将上涨，那么他会满心期待在55美元，或者60美元的价格上卖出获利。他的分析可能是正确的，但是可能发生一些事情使整个局势彻底变化，如果他没有提前衡量过分析错误或者市场局势突变的后果，那么这时他将遭受巨大的损失。

如何避免过度交易

这种考虑所有可能性（包括最坏的情况）的做法，能够帮助我们减少损失，免除过分的担忧，以及对任何可能的结果准备好对策。充分考虑每一种可能性将形成健康的保守心态，同时避免高估投资收益，并建立一个合适的实际或者心理止损价位。

全面考虑还有利于建立小规模交易，或者至少以保守的规模交易。后者是很重要的一点。过度交易带来的损失，包括财务上和心理上，超过带来的收益。这个结论可以由任何一位市场分析员或者投资顾问的经历证明，他们都经历过无数次直接或者全部由于过度交易而导致的失败。

1929年大牛市之后出现了巨额损失甚至悲剧，过度交易就是原因之一。当时获利看起来如此确定，以至于一般的交易者都没有停下来想一想是否可能出现损失。只要他能借到资金，那么他就不会停下来考虑一下如果形势反转，这种过度交易将带来多大的损失。假设他初始想买入20股某只股票，并迅速计算出股价上涨10点带来的利润，仅有200美元。这不够多，也不够快。增加利润最简单的方法就是增加投资量，比如初始买入100股的利润是1000美元，而1000股的利润就是10000美元。

但是他完全忘记要考虑如果股价下跌而不是上涨可能带来的损失，也完全忘记了如果事情没有按照他的期望发展，接下来可能需要花费数年的痛苦、操劳来支付损失的资金。

请避免过度交易，在入市之前想好你愿意投入多少资金来承担风险。不要透支自己。总要预留一些后备力量以应付不时之需。

不要过分依靠外界建议

最后，当我们已经消化了从本书中、从经验中、从课堂研究中、从所有其他渠道中学到的知识，并融会贯通成自己的交易工具时，请记住我们应该掌控自己的交易决策，没有一个人有能力准确地预见股价走势。

还请记住，只要在合理的界限之内，同时避免过分自信和过分自负，那么我们和其他大多数人具有相同的分析基础。各种各样的谣言、观点和新闻可能使我们偏离真正科学的分析方法。如果我们坚持进行纯技术分析，那么我们不要用自己的想象过分加工客观事实。市场本身和我们无法获得的内部信息将为我们评估这些事实。

我们不要忽略基本面因素，或者忽视其他基本趋势和数字，比如业绩报表、资产负债表、商业计划书、公共心理等辅助信息。我们的技术图表分析需要这些信息作为补充，前提是这些信息是正确的、科学解读的而且合理使用的。但是我们不太需要关注交易大厅传闻、经纪所推介、谣言、来源不确定的报告以及小道消息。

让市场自己给出预测

简要来说，在正确的分析之下，市场能够为我们提供充足的指导，告诉我们董事会的会议室、公司的订货单、职业操盘手的私人会面，以及其他无数传闻流言发源地之中正在发生什么事情。

我们不需亲自去经纪商办公室，更不用守着大盘等待新鲜的消息出炉。只要不忽略那些基本因素和确定的信息，我们大可以舒服地坐在办公室或书房中，不要在自己的幻想中无忧无虑，也不要在自大与自负中洋洋得意，而是确保我们已经准备充足，已经通过研究、耐心、勤奋、经验和理解使自己耳聪目明，那么我们最可靠的朋友就是市场本身，因为对于能够成功解读信号的人来说，市场现在的运动轨迹就勾勒了未来的可能走势。

图表交易者的性格测试

不可能所有人都天生就适合图表交易。首先，图表交易要求相当程度的时间、兴趣和耐心。最重要的性格特点可能是基本的真诚和学习欲，因为实际经验是成功的根本所在。只有实际交易或者模拟交易能够告诉初学者，他是否具备成功、积极交易的潜质。

如果一个没有经验的学习者拿着真金白银冲到市场中测试自己是否具备交易员的潜质，那就有点鲁莽了。纸上交易（paper trading）则是良好的替代，它能提供令人愉悦的、没有痛苦的，且相对简单的方法来测试学员的基础、经验和市场中的交易能力，而不需冒损失资金的风险。

纸上交易不需要现金、经纪商账户，也不需要急匆匆地闯入实际交易的深渊。它只需要一套充足的股票图表和一个笔记本。如果纸上交易者研究了他的图表，形成了合适的交易观点，在纸上写下一个月到一年内的理论交易，然后带着毅力、规律、对真实交易的严格模仿，以及最重要的自觉和诚实，那么他将很快发现他是否适合在真实风险下进行股票技术交易。

纸上交易

如果纸上交易测试得到的利润并不太高，学习者不必失去希望，尽管很明显他暂时不应该进入场内，直到他抓住持续获利的方法。他可能需要更积极地交易，但是更多情况下他需要减少交易频率。他可能更适合长线交易，比如进行周期性投资或者只在特定阶段投资。

最坏的情况是纸上交易出现损失，这时如果学员确实非常感兴趣，那么可以进一步测试，更丰富的经验和不断培养的耐心将带领他发现利用本课所学知识取得成功的终极诀窍。

总结和回顾

在本书开始的几讲中，我们对个股图表形态做了相当完整的介绍，这些介绍在对股票技术运动进行分析时将很有帮助。在后面几讲中，我们将前面的基础融合成一个综合的体系，大家可以通过掌握这个体系更好地过渡到技术分析的实践与经验积累。

现在来到了本书的结尾，让我们花一点时间对所学内容进行大致的总结。例如，在各种形态中，有的图表形态预示着股价运动的反转。这种形态大部分是区域形态，虽然形状各有不同，但共同特点是一个规范的、自然过渡的过程，表示反转技术力量正在积累，逐渐超过了之前运动方向上的技术力量，最终带来了股价趋势的反转。

回顾反转形态——反转形态中，我们学习了头肩形态、圆形顶、多重形态、双头双肩的复合形态和喇叭顶。三角形态可能表示反转，也可能表示整理，但是后者出现的频率更高。除了主要反转形态之外，我们还学习了楔形、矩形和菱形形态。这些反转形态虽然形态不同，但共同特点是股价在某个方向上的运动遇到反方向上的技术阻力而逐渐掉头。岛形反转稍有特别，自为一类。

在实际图表观测中，这些形态中的大部分看起来都比较相似，不过我们不必为此担心，因为最重要的不是归到哪一个具体名称，而是形态的预测意义，它们都说明股价走势将与之前相反。不论哪种反转形态，关键线——突破这条线就意味着后续运动的开始——都非常明确，特别当与同样关键的成交量结合起来观察时。

回顾整理形态——整理形态中，对称三角形可能是最重要的一个。除此之外，我们还学习了多种其他形式的三角形态，包括上升和下降三角形，它的弦表明后续运动的方向。还有矩形和看上去不太明确的整理头肩形态。我们还提到旗形和三角旗形是最可靠的整理形态。另外我们学习了下垂底和加速顶、号角形态和锯齿形运动、一日线外运动、扇形等其他形态。

其他特殊方法以及整体考虑——除了图表形态之外，我们还介绍了如何应用其他基本概念，如阻力线、支撑线、与股价相关的交易量变动，以及单条、平等、扇形、趋平等种类的趋势线。另一级较为特殊的基本概念是缺口家族，包括普通缺口、整理缺口、突破缺口和竭尽缺口，以及根据单个和多个缺口判断后续运动幅度的测量理论。

现在，我们不要求学员在实际交易中熟练应用本书介绍的每一种图表形态、规律、理论和假说。在目录中我们注明了一些比较重要的理论，但具体的划分还要靠读者自己选择。我们希望通过本课能够向大家展示具有预测价值的所有图表类型和理论，为了这种完整性，课程中包括了许多对于一般交易者不太重要、使用场合较少的理论。

理论是不是太多了——我们经常遇到的一类批评是针对介绍了太多的理论。一些尖锐的批评家可能会说，我们指出主要股价运动反转时，几乎肯定会出现本课介绍的众多反转形态中的一种，可是我们又在不停强调这些形态的预测不是万无一失，所以整个理论框架其实摇摇欲坠。很明显，这种批评是对图表含义的错误理解，虽然大部分普通交易者和有经验的学员对这种误解都会嗤之以鼻，但我们仍然有必要针对少数同样没有理解图表分析技术的学员揭露这种批评的荒谬。

股票图表分析理论的拥护者并没有声称自己发明了什么崭新的基本技术原则，而仅仅是唤起交易者对某些在实践中证明有效、尚未明确阐述并确立为科学的理论规律的注意。这个简单的逻辑是各种图表理论的基础，也是对上述批评最好的回答。

图表科学就是对经验的分类总结——这里我们可以毫无顾忌地承认，每一次技术市场反转的过程中都会出现众多反转形态的某个。但是，我们还是要证明这种形态的有用性。各种形态不过是侦测股价反转的辅助工具。不论哪种形状，不论起了哪个名字，我们的最终目的都仅仅是研究股票市场中存在的规律。通过我们的定义和分类，这些规律能够更清楚、更简洁、更易理解地呈现在读者眼前。

天文学的研究从未声称能对行星运动产生任何影响，它不过是将存在的事实分类，使研究更容易，进而观测更多的事实和规律。同样，技术图表分析也从未声称要影响市场，或者发明某种市场必须遵守的新规律，而只是将存在的事实、反应、规律、理论分类，使得对股票市场的研究更容易，进而发现更多知识，最终形成一门学科。

为什么图表并非万无一失——然而不幸的是，股票市场和我们的股票图并不像天文学家研究的行星那样遵循固定的、精确的自然轨道，因此我们对技术市场的研究中总面临着虚假移动和其他现象误导的危险。人性的弱点、不可预测的消息、突发的灾难以及突然好转带来的大众心理变化，这些因素都使得技术图表分析的普遍规律可能出错，可能预测失败。但是其实失败的大多数情况并不是图表的基本预测错误，而是交易者的投资操作过于绝对。

普通的投资者懂得，对市场或某只股票的态度往往能在一夜间发生变化，可能因为爆出了某个新闻，也可能只是自己心里换了想法。但是只有内部人知道，职业操盘手有多经常在周密的计划中翻船，有多经常刚刚建仓某只股票准备拉升，且股票图也表明即将上涨，结果市场突然在其他因素作用下走弱，使得计划搁浅，只能匆忙甩出股票，承担大额损失。这种事情连能够影响股票图预测意义的内部人都无法预见，股票图更无能为力了。

操盘手设计的图表欺骗——内部人和职业交易者不可能不注意到公众对图表理论越来越浓的兴趣。在正常的交易中，使用图表技术的交易者数量还比较少，职业交易者仍然以公众为主要影响对象，毕竟操盘手的工作就是从与公众的博弈中赚钱。因此，可以想象内部人会时不时攻击一下图表交易者，操作仓内股票的股价走势形成虚假形态，知道这样做会诱使一些图表交易者买入或卖出，而他们自己则可以借机充实仓位。

这个理论之下，职业交易者的力量可能有些夸大。学员最好的防御办法就是同时跟踪一定数量的股票。职业交易者很难同时操纵许多只股票，更不可能操纵整个市场，因此几只股票的误导走势可以通过其他股票相反方向上的走势显现出来。

当然，止损指令总是一个不错的保护措施，虽然有时也会失效，另外不断发展的新技术信号也将帮助大家修正预测和仓位。我们可以说，即使最有财有势的操盘手，也不能长久地阻碍股票图显现真实的技术图形。

针对初学者的练习项目

在完成本课之后，大家现在可以在实际市场操作中检验自己对新学理论的掌握情况。如果你已经具备一定交易经验，那么你应该已经绘制过股票图，并应用技术理论进行解释，甚至已经完成了几笔交易。而对新手来说，你可能已经迫不及待，开始跟踪几只股票来试试这些预测规律。尽管如此，我们设计了一个对这两类学员都有益处的完整练习项目——初学者实际应用的基本步骤。通过介绍这个项目，我们希望将前面各讲提到的建议汇总，并形成具体的行动计划。

对于已经绘制过股票图的学员（这应该是大多数情况），这个项目将帮助你检验自己的技术，让你注意到忽略的知识点，或者对当前投资方法进行有益的修改。但是，我们的项目只是指导性的。每位交易者都需要根据自己的知识水平和具备的时间、资金条件，去发现最合适最安全的交易策略。

1. 列出股票名单——项目的第一步是选择需要制图的股票，以便未来出现有利机会时进行交易。列出股票名单时需要考虑的要点在第1讲和第11讲中有过介绍，我们简要地总结如下：

A. 跟踪的股票数量——这里时间是限制性因素。通常来说，最理想的情况是个人能够每日跟踪并制图的最大数量。50只股票是不错的选择。若少于25只，则很难形成比较和对市场趋势进行可靠解读的基础。多于 50 只也可以，只要个人有时间和精力持续跟踪并研究。根据个人条件的不同，数量的选择也不同。随着熟练程度的增长，输入数据将变得简单容易，但是不要试图跟踪超出时间允许之外的数量。跟踪的股票越多，当然效果越好，你会发现更多明显的交易机会，但是记住，你需要通过分析才能发现机会，仅仅完成一堆未消化的图表记录，机会是不会自己跳出来的。最后，不要浪费时间跟踪那些你并不想交易的股票。

B. 分散化——行业的繁荣与衰退周期是不同的，某些行业繁荣时，其他行业可能正在衰退，使得繁荣行业的股票活跃变化，而衰退行业的股票则停滞不动。请注意，在每个重要的行业中，都至少选择一或两只适于交易的股票。在此之外，你可以根据自己的喜欢进行配置。

C. 价格和股本——除了某些例外情况，中间价位的股票最适于技术分析和交易。请避开廉价股——那些价格低于 10 美元的股票——除非你有非常好的原因认为应该跟踪其中的某一或两只。将注意力集中在大致 15 美元到 60 美元范围内的股票。选择交易活跃，并且流通股占较大比例的股票，但是这里仍然要注意"中间最佳法则"。交易不活跃，且流通股占比低的股票很容易被操纵，而且股价运动经常没有规律，看不到好的图表形态。另一方面，发行量极大的股票通常变化缓慢，除非放在长线投资中考虑，否则交易利润比较有限。当然，这些规律都存在例外情况。

D. 振荡力量——这项考虑需要我们进行历史走势研究。如果观察数年的历史周线图或月线图，最好是前者，我们可以从图形中发现两只股票中哪一只摆动的幅度更大，从而获利更多。如果得不到历史走势图，那么统计机构及经纪商公报中的各年高低价差也可以作为振荡习惯的良好参考。

E. 行业图和市场均线图——我们的建议是不要费力研究这两张图。正如我们前面提到的，对于普通交易者来说，它们带来的困惑可能大于提供的帮助。但是，如果你想观察它们，市场均线图在许多杂志和报纸中可以找到。行业图表也在某些周刊或月刊杂志中登出。如果你希望自己建立某个特定行业的均线图，那么周线图足够满足实际交易需要。

F. 名单发生变化怎么办——这个问题通常在你制图一段时间后才会出现。这里提到只是想给出一个普遍建议：没有充分理由时，不要轻易从制图列表中去掉一只股票。某张股票图可以看起来没有亮点，甚至比较枯燥，几个月里都比较不活跃，但是我们仍然不能将它换成某个正处于公众焦点的股票。这只不活跃的股票可能最终会出现转机，此时你将庆幸自己手中有完整的、早期的、一手的股价记录。

2. 开始制图——在选定股票名单后，下一步自然是开始制图。关于如何选择纸张、时间和股价度量、数据来源等问题在第 1 讲中已具体介绍，我们这里不必重复。立刻对整个名单中的股票开始绘制日线图，随着数据的积累，周线图也将开始。

但是，在实际绘图中有一个关键步骤需要注意。制作周线图时，你需要至少回溯至上一个完整周期的开始。仔细分析历史周线图，来判断当前趋势中可能出现的支撑或阻力位（参见第 4 讲）。在当前绘制的日线图中标出这些重要价位。还要从历史周线图中判断趋势线是否会延续至当前日线图。

这种对趋势的研究，除了使你发现股票图中重要的价位和线，大多数情况下还能决定你所选股票的基本运动方向。在后面建立交易策略时，你还会用到这些信息，因为一条不变的真理是：总是随着主要趋势交易。

3. 研究图表形态——在分析了历史走势，并将所得信息在新的日线图中注明后，下一步就是等待发现重要的图表形态或者其他具有预测意义的图表现象。开始时你可能有些信心不足，至少研究日线图一个月后你可能才会找到感觉。不过，当图中出现微小趋势或者区域价格震荡时，你需要画出（最好用铅笔，轻轻地）它们的边界。接下来有的线可能没有什么持续意义，可以擦掉。有的线则需要随着股价的运动稍作调整。初学者经常忘记的一点是，趋势线和形态边界由确定的反转点连线确定。至少需要两个这种点才能确定一条线，而直到股价运动真正掉头时才能确定反转点。这种反转不一定非常重要，可能只是持续两到三天、幅度仅有两三点的波动，但是必须发生转向，才能作为反转点用于技术分析。

同时，仔细观察成交量，尤其当成交量逐渐下降或突然上升时，股价的变化最值得关注。

将图表形态或者震荡区域的价位与历史走势确定的支撑和阻力位比较。当股价接近和穿透这些价位时，需要尤其注意。

比较同一时间在不同股票图中形成的形态，试着比较各形态的获利可能性，注意考虑趋势线、支撑阻力位和其他测量信号（参见第 10 讲）。根据股价后续运动检验你的预测。

4. 研究股价运动——当出现有利可图的股价运动时，回头看看它开始于什么形态，以及突破信号是什么。如果你的日线图没有显现运动的技术基础，那么看一下周线图中是否出现了预测形态。

注意等待突破出现，并仔细分析与突破相关的股价运动幅度及成交量。注意收盘价。研究股价突破后的运动过程。

5. 纸上交易——当你已经绘图几个月，通过不断试错掌握了图表形态和趋势线的可靠性，并在实际情况中检验了自己做出的一系列试验性预测后，就可以开始纸上交易了。

进行纸上交易时，要与使用真实资金进行的交易完全相同。精确记录每一笔买入和卖出指令，每一个止损指令，以及第一次交易的结果，包括经纪商佣金和印花税。不要用"事后诸葛亮"来欺骗自己。如果你真的想磨炼自己的判断力和交易技术，就要一丝不苟地执行。

不要担心你会错失机会，因为做决策时你确实没有看到这个机会，或者你看到了机会但资金已经被套牢在其他股票中。最重要的是意识到自己的错误以及背后的原因。请记住，要获得最终的成功，你犯的错误比你正确的预测要有价值得多。学习避免损失，让收益积累。

但是也请记住，总有些损失是无法避免的，所以不要因为某次计划的失败就过分沮丧。学会正确使用止损指令来降低未预期到的损失。

6. 最后一关——只有当纸上交易已经进行了几个月，而且你对自己的预测及利润已经非常满意时，才能进行最后一关：将一部分交易资金投入市场。现在你可能发现自己被一堆新的问题包围——担忧、怀疑和诱惑，这些纸上交易中没有干扰你的敌人。第一笔实际交易可能是失败的。但是不要丧失信心。不要因此匆忙地改变战术。不要扑向流言、专家寻求帮助。继续遵从你在纸上交易中使用的成功策略。分析你的错误，并思考如何克服那些阻碍你将理论成功应用在实践中的障碍。如果需要，可以回到纸上交易，或者再学习一次技术交易课程，然后再踏上战场。

出版絮语

夏巴克,技术分析的开山祖师

与天下众多事情一样,股票投资领域同样门派林立。在这众多派别中,又以技术分析派的信徒最为广大。尤其在中国,据说百分之七十的A股股民相信技术分析——根据那两条K线编织出的各种图形作决策,定战守。

数典不可忘祖。如此之多的信徒,总当知道此流的来路,识得其祖师,掌握其精髓,方可握有胜券。那么,这位祖师是谁呢!

不是爱德华兹(Edwards),也不是迈吉(Magee),虽然这两位大师合著的《股市趋势技术分析》一书自1948年问世以来,其销量惊人地超过80万册,并被誉为技术分析的经典之作。

且看《股市趋势技术分析》一书的前言:"(本书)第一部分很大程度源于已故分析大师理查德·W.夏巴克(Richard W. Schabacker)先驱性的研究与著作。学习过他的《技术分析与股市盈利》(Technical Analysis and Stock Market Profits)的读者将会从我们这本书中读到很多熟悉的内容,除了插图,几乎只有一点更新。"

此言不虚!

理查德·W.夏巴克才是技术分析派真正的开山之祖。惜乎天不假年,世寿仅36岁(1902—1938)。

爱德华兹和迈吉坦诚地道出了他们写作的《股市趋势技术分析》的思想与技术源头,并极度认可理查德·W.夏巴克在技术分析领域的先驱地位与专业研究成果,将夏巴克视为技术分析的奠基之人，而他们则是其衣钵传人。

理查德·W.夏巴克是谁？

理查德·W.夏巴克是一位出色的市场技术人员，作为20世纪30年代《福布斯》的财经编辑、《纽约时报》周末版"分析师专栏"的技术分析师，他几乎整理了当时有关技术分析的所有知识，其中包括查尔斯·道(Charles Dow)等开创性的著作《道氏理论》。在精心研究道氏理论的基础上，他开创性地总结出了一套技术分析理论，并且开门授业，弟子门生半天下。与此同时，在不断探究与总结的基础上，夏巴克撰写了《技术分析与股市盈利》这部技术分析的先驱之作，为现代技术分析奠定了坚实基础。

而《股市趋势技术分析》的第一作者罗伯特·D.爱德华兹，恰是夏巴克的内弟。在夏巴克自知来日无多之时，将所授课程的油印本以及一家小型公司（夏巴克研究院）交给了爱德华兹。如佛家的袈裟传承，爱德华兹得其姐夫理论与技术真谛，联袂自己的朋友迈吉（Magee），于十年后的1948年，完成了畅销于世几十年的《股市趋势技术分析》一书。

由此可见，夏巴克是当之无愧的技术分析教父。因其英年早逝，后人对其名字鲜有所闻，但他在技术分析理论与实践方面的地位则不会随时间的长河而淹没，更不会因投资市场新技术的不断涌现而动摇。论技术分析，他是源头，是奠基人，是教父。因此在今天，翻译和出版夏巴克的著作便有追根溯源之意义；与广大读者而言，更有获取真经之价值。

经译者和编者几年的努力，今天，夏巴克奠基性的技术分析之作得以与中国读者见面。我们将这部大作的中文书名确定为《股市趋势技术分析全书》。夏巴克被后世誉为"技术分析教父"（Godfather of Technical Analysis）。他的这本著作也被赞为"技术分析的真正圣经"（The real bible of technical analysis）。这是多国专业人士奉给这位作者和这部著作的美谥。

衷心期盼此书能助中文读者以及广大股票投资者受益！